敦煌与丝绸之路研究丛书

郑炳林 主编

中古时期类书编纂的历史脉络与观念流变

刘全波——著

『十三五』国家重点图书出版规划项目

教育部人文社会科学重点研究基地兰州大学敦煌学研究所项目

教育部哲学社会科学创新团队『敦煌西域研究创新团队』

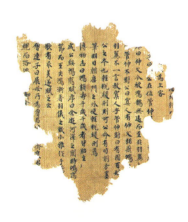

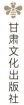

甘肃文化出版社

甘肃·兰州

图书在版编目（CIP）数据

中古时期类书编纂的历史脉络与观念流变 / 刘全波著. -- 兰州：甘肃文化出版社，2024. 12. --（敦煌与丝绸之路研究丛书 / 郑炳林主编）. -- ISBN 978-7-5490-3062-0

Ⅰ. Z22

中国国家版本馆CIP数据核字第202470FS79号

中古时期类书编纂的历史脉络与观念流变
ZHONGGU SHIQI LEISHU BIANZUAN DE LISHI MAILUO YU GUANNIAN LIUBIAN

刘全波 | 著

策　　划 | 鄢军涛
项目负责 | 甄惠娟
责任编辑 | 顾　彤
封面设计 | 马吉庆

出版发行 | 甘肃文化出版社
网　　址 | http://www.gswenhua.cn
投稿邮箱 | gswenhuapress@163.com
地　　址 | 兰州市城关区曹家巷1号 | 730030（邮编）

营销中心 | 贾　莉　王　俊
电　　话 | 0931-2131306

印　　刷 | 天津睿和印艺科技有限公司
开　　本 | 787毫米×1092毫米　1/16
字　　数 | 370千
印　　张 | 33.75
版　　次 | 2024年12月第1版
印　　次 | 2024年12月第1次
书　　号 | ISBN 978-7-5490-3062-0
定　　价 | 135.00元

兰州大学人文社会科学类高水平著作出版经费资助

国家科技支撑计划国家文化科技创新工程项目"丝绸之路文化主题创意关键技术研究"
（项目编号：2013BAH40F01）

甘肃省第三批陇原青年英才专项资助项目成果

兰州大学中央高校基本科研业务费战略发展专项项目"中国古代类书发展史"
（项目编号：2024jbkyzx004）

总　序

　　丝绸之路是东西方文明之间碰撞、交融、接纳的通道，丝绸之路沿线产生了很多大大小小的文明，丝绸之路文明是这些文明的总汇。敦煌是丝绸之路上的一颗明珠，它是丝绸之路文明最高水平的体现，敦煌的出现是丝绸之路开通的结果，而丝绸之路的发展结晶又在敦煌得到了充分的体现。

　　敦煌学，是一门以敦煌文献和敦煌石窟为研究对象的学科，由于敦煌学的外缘和内涵并不清楚，学术界至今仍然有相当一部分学者否认它的存在。有的学者根据敦煌学研究的进度和现状，将敦煌学分为狭义的敦煌学和广义的敦煌学。所谓狭义的敦煌学也称之为纯粹的敦煌学，即以敦煌藏经洞出土文献和敦煌石窟为研究对象的学术研究。而广义的敦煌学是以敦煌出土文献为主，包括敦煌汉简，及其相邻地区出土文献，如吐鲁番文书、黑水城出土文书为研究对象的文献研究；以敦煌石窟为主，包括河西石窟群、炳灵寺麦积山陇中石窟群、南北石窟为主的陇东石窟群等丝绸之路石窟群，以及关中石窟、龙门、云冈、大足等中原石窟，高昌石窟、龟兹石窟以及中亚印度石窟的石窟艺术与石窟考古研究；以敦煌历史地理为主，包括河西西域地区的历史地理研究，以及中古时期中外关系史研究等。严格意义上说，凡利用敦煌文献和敦煌石窟及其相关资料进行的一切学术研究，都可以纳入敦煌学研究的范畴。

　　敦煌学是随着敦煌文献的发现而兴起的一门学科，敦煌文献经斯坦因、伯希和、奥登堡、大谷探险队等先后劫掠，王道士及敦煌乡绅等人为流散，现分别收藏于英国、法国、俄罗斯、日本、瑞典、丹麦、印度、韩国、美国等国家博物馆和图书馆中，因此作为研究敦煌文献的敦煌学一开始兴起就是一门国际性的学术研究学科。留存中国的敦煌文献除了国家图书馆之外，还有十余省份的图书馆、博物馆、档案馆都收藏有敦煌文献，其次台北图书馆、台北"故宫博物院"、台湾"中央研究院"及香港也收藏有敦煌文献，敦煌文献的具体数量没有一个准确的数字，估计在五万卷号左右。敦煌学的研究随着敦煌文献的流散开始兴起，敦煌学一词随着敦煌学研究开始在学术界使用。

敦煌学的研究一般认为是从甘肃学政叶昌炽开始，这是中国学者的一般看法。而20世纪的敦煌学的发展，中国学者将其分为三个阶段：1949年前为敦煌学发展初期，主要是刊布敦煌文献资料；1979年中国敦煌吐鲁番学会成立之前，敦煌学研究停滞不前；1979年之后，由于中国敦煌吐鲁番学会的成立，中国学术界有计划地进行敦煌学研究，也是敦煌学发展最快、成绩最大的阶段。目前随着国家"一带一路"倡议的提出，作为丝路明珠的敦煌必将焕发出新的光彩。新时期的敦煌学在学术视野、研究内容拓展、学科交叉、研究方法和人才培养等诸多方面都有了一些进展，我们将之归纳如下：

第一，敦煌文献资料的刊布和研究稳步进行。目前完成了俄藏、英藏、法藏以及甘肃藏、上博藏、天津艺博藏敦煌文献的刊布，展开了敦煌藏文文献的整理研究，再一次掀起了敦煌文献研究的热潮，推动了敦煌学研究的新进展。敦煌文献整理研究上，郝春文的英藏敦煌文献汉文非佛经部分辑录校勘工作的成果已经出版了十五册，尽管敦煌学界对其录文格式提出了不同看法，但不可否认这是敦煌学界水平最高的校勘，对敦煌学的研究起了很大的作用。其次有敦煌经部、史部、子部文献整理和俄藏敦煌文献的整理正在有序进行。专题文献整理研究工作也出现成果，如关于敦煌写本解梦书、相书的整理研究，郑炳林、王晶波在黄正建先生的研究基础上已经有了很大进展，即将整理完成的还有敦煌占卜文献合集、敦煌类书合集等。文献编目工作有了很大进展，编撰《海内外所藏敦煌文献联合总目》也有了初步的可能。施萍婷先生的《敦煌遗书总目索引新编》在王重民先生目录的基础上，增补了许多内容。荣新江的《海外敦煌吐鲁番文献知见录》《英国国家图书馆藏敦煌汉文非佛经文献残卷目录（6981—13624)》为进一步编撰联合总目做了基础性工作。在已有可能全面认识藏经洞所藏敦煌文献的基础上，学术界对藏经洞性质的讨论也趋于理性和全面，基本上认为它是三界寺的藏书库。特别应当引起我们注意的是，甘肃藏敦煌藏文文献的整理研究工作逐渐开展起来，甘肃藏敦煌藏文文献一万余卷，分别收藏于甘肃省图书馆、甘肃省博物馆、酒泉市博物馆、敦煌市博物馆、敦煌研究院等单位，对这些单位收藏的敦煌藏文文献的编目定名工作已经有了一些新的进展，刊布了敦煌市档案局、甘肃省博物馆藏品，即将刊布的有敦煌市博物馆、甘肃省博物馆藏品目录，这些成果会对敦煌学研究产生很大推动作用。在少数民族文献的整理研究上还有杨富学《回鹘文献与回鹘文化》，这一研究成果填补了回鹘历史文化研究的空白，推动了敦煌民族史研究的发展。在敦煌文献的整理研究中有很多新成果和新发现，如唐代著名佛经翻译家义净和尚的《西方记》残卷，就收藏在俄藏敦煌文献中，由此我们可以知道义净和尚在印度巡礼的情况和遗迹；其次对《张议潮处置凉州进表》拼接复原的研究，证实敦煌文献的残缺不但是在流散中形成的，而且在唐五代的收藏中为修补佛经就已经对其进行分割，这个研究引起了日本著名敦煌学家池田温先生的高度重视。应当说敦煌各类文献的整理研究都有类似的发现和研究成果。敦煌学论著的出版出现了一种新的动向，即试图对敦煌学进行总结性的出版计划正在实施，如2000年甘肃文化出版社出版的《敦煌学百年文库》、甘肃教育出版社出版的"敦煌学研究"丛书，但都没有达到应有的目的，所以目前还没有一套研究丛书能够反映敦煌学研究的整个进展情况。随着敦煌文献的全部影印刊布和陆续进行的释录工作，将敦煌文献研究与西域出土文献、敦煌汉简、黑水城文献及丝绸之路石窟等有机结合起来，可预知只有进一步拓展敦煌学研究的领域，才能促生标志性的研究成果。

第二，敦煌史地研究成果突出。敦煌文献主要是归义军时期的文献档案，反映当时敦煌政治经济文化宗教状况，因此研究敦煌学首先是对敦煌历史特别是归义军历史的研究。前辈学者围绕这一领域做了大量工作，20世纪的最后二十年间成果很多，如荣新江的《归义军史研究》等。近年来敦煌历史研究围绕归义军史研究推出了一批显著的研究成果。在政治关系方面有冯培红、荣新江关于曹氏归义军族属研究，以往认为曹氏归义军政权是汉族所建，经过他们的详细考证认为曹议金属于敦煌粟特人的后裔，这是目前归义军史研究的最大进展。在敦煌粟特人研究方面，池田温先生认为敦煌地区的粟特人从吐蕃占领之后大部分回到粟特和回鹘地区，少部分成为寺院的寺户。经过兰州大学各位学者的研究，认为归义军时期敦煌地区的粟特人并没有外迁，还生活在敦煌地区，吐蕃时期属于丝棉部落和行人部落，归义军时期保留有粟特人建立的村庄聚落，祆教赛神非常流行并逐渐成为官府行为，由蕃部落使来集中管理，粟特人与敦煌地区汉族大姓结成婚姻联盟，联合推翻吐蕃统治并建立归义军政权，担任了归义军政权的各级官吏。这一研究成果得到学术界的普遍认同。归义军职官制度是唐代藩镇缩影，归义军职官制度的研究实际上是唐代藩镇个案研究。归义军的妇女和婚姻问题研究交织在一起，归义军政权是在四面六蕃围的情况下建立的一个区域性政权，因此从一开始建立就注意将敦煌各个民族及大姓团结起来，借助的就是婚姻关系，婚姻与归义军政治关系密切，处理好婚姻关系归义军政权发展就顺利，反之就衰落。所以，归义军政权不但通过联姻加强了与粟特人的关系，得到了敦煌粟特人的全力支持，而且用多妻制的方式建立了与各个大姓之间的血缘关系，得到他们的扶持。在敦煌区域经济与历史地理研究上，搞清楚了归义军疆域政区演变以及市场外来商品和交换中的等价物，探讨出晚唐五代敦煌是一个国际性的商业都会城市，商品来自内地及其中亚、南亚和东罗马等地，商人以粟特人为主并有印度、波斯等世界各地的商人，货币以金银和丝绸为主。特别值得我们注意的是棉花种植问题，敦煌与高昌气候条件基本相同，民族成分相近，交往密切，高昌地区从汉代开始种植棉花，但是敦煌到五代时仍没有种植。经研究，晚唐五代敦煌地区已经开始种植棉花，并将棉花作为政府税收的对象加以征收，证实棉花北传路线进展虽然缓慢但并没有停止。归义军佛教史的研究逐渐展开，目前在归义军政权的佛教关系、晚唐五代敦煌佛教教团的清规戒律、科罚制度、藏经状况、发展特点、民间信仰等方面进行多方研究，出产了一批研究成果，得到学术界高度关注。这些研究成果主要体现在《敦煌归义军史专题研究续编》《敦煌归义军史专题研究三编》和《敦煌归义军史专题研究四编》中。如果今后归义军史的研究有新的突破，那么定将主要体现在佛教等研究点上。

第三，丝绸之路也可以称之为艺术之路，景教艺术因景教而传入，中世纪西方艺术风格随着中亚艺术风格一起传入中国，并影响了中古时期中国社会生活的方方面面。中国的汉文化和艺术也流传到西域地区，对西域地区产生巨大影响。如孝道思想和艺术、西王母和伏羲女娲传说和艺术等。通过这条道路，产生于印度的天竺乐和中亚的康国乐、安国乐和新疆地区龟兹乐、疏勒乐、高昌乐等音乐舞蹈也传入中国，迅速在中国传播开来。由外来音乐舞蹈和中国古代清乐融合而产生的西凉乐，成为中古中国乐舞的重要组成部分，推进了中国音乐舞蹈的发展。佛教艺术进入中原之后，形成自己的特色又回传到河西、敦煌及西域地区。丝绸之路上石窟众多，佛教艺术各有特色，著名的有麦积山石窟、北石窟、南石窟、大象山石窟、水帘洞石窟、炳灵寺石窟、天梯山石窟、马蹄寺石窟、金塔寺石窟、文殊山石窟、榆林窟、莫高窟、西千佛洞等。祆教艺术通过粟特人的墓葬石刻表现出来并保留下来，沿着丝绸之路和中原商业城市分布。所以将丝绸之路称之为艺术之路，一点也不为过，更能体现其特色。丝绸之路石窟艺术研究虽已经有近百年的历史，但是制约其发展的因素并没有多大改善，即石窟艺术资料刊布不足，除了敦煌石窟之外，其他石窟艺术资料没有完整系统地刊布，麦积山石窟、炳灵寺石窟、榆林窟等只有一册图版，北石窟、南石窟、拉梢寺石窟、马蹄寺石窟、文殊山石窟等几乎没有一个完整的介绍，所以刊布一个完整系统的图册是学术界迫切需要。敦煌是丝绸之路上的一颗明珠，敦煌石窟在中国石窟和世界石窟上也有着特殊的地位，敦煌石窟艺术是中外文化交融和碰撞的结果。在敦煌佛教艺术中有从西域传入的内容和风格，但更丰富的是从中原地区传入的佛教内容和风格。佛教进入中国之后，在中国化过程中产生很多新的内容，如报恩经经变和报父母恩重经变，以及十王经变图等，是佛教壁画的新增内容。对敦煌石窟进行深入的研究，必将对整个石窟佛教艺术的研究起到推动作用。20世纪敦煌石窟研究的专家特别是敦煌研究院的专家做了大量的工作，特别是在敦煌石窟基本资料的介绍、壁画内容的释读和分类研究等基本研究上，做出很大贡献，成果突出。佛教石窟是由彩塑、壁画和建筑三位一体构成的艺术组合整体，其内容和形式，深受当时、当地的佛教思想、佛教信仰、艺术传统和审美观的影响。过去对壁画内容释读研究较多，但对敦煌石窟整体进行综合研究以及石窟艺术同敦煌文献的结合研究还不够。关于这方面的研究工作，兰州大学敦煌学研究所编辑出版了一套"敦煌与丝绸之路石窟艺术"丛书，比较完整地刊布了这方面的研究成果，目前完成了第一辑20册。

第四，敦煌学研究领域的开拓。敦煌学是一门以地名命名的学科，研究对象以敦煌文献和敦煌壁画为主。随着敦煌学研究的不断深入，敦煌学与相邻研究领域的关系越来越密切，这就要求敦煌学将自身的研究领域不断扩大，以适应敦煌学发展的需要。从敦煌石窟艺术上看，敦煌学研究对象与中古丝绸之路石窟艺术密切相关，血肉相连。敦煌石窟艺术与中原地区石窟如云冈石窟、龙门石窟、大足石窟乃至中亚石窟等关系密切。因此敦煌学要取得新的突破性进展，就要和其他石窟艺术研究有机结合起来。敦煌石窟艺术与中古石窟艺术关系密切，但是研究显然很不平衡，如甘肃地区除了敦煌石窟外，其他石窟研究无论是深度还是广度都还不够，因此这些石窟的研究前景非常好，只要投入一定的人力物力就会取得很大的突破和成果。2000年以来敦煌学界召开了一系列学术会议，这些学术会议集中反映敦煌学界的未来发展趋势，一是石窟艺术研究与敦煌文献研究的有力结合，二是敦煌石窟艺术与其他石窟艺术研究的结合。敦煌学研究与西域史、中外关系史、中古民族关系史、唐史研究存在内在联系，因此敦煌学界在研究敦煌学时，在关注敦煌学新的突破性进展的同时，非常关注相邻学科研究的新进展和新发现。如考古学的新发现，近年来考古学界在西安、太原、固原等地发现很多粟特人墓葬，出土了很多珍贵的文物，对研究粟特人提供了新的资料，也提出了新问题。2004年、2014年两次"粟特人在中国"学术研讨会，反映了一个新的学术研究趋势，敦煌学已经形成多学科交叉研究的新局面。目前的丝绸之路研究，就是将敦煌学研究沿着丝绸之路推动到古代文明研究的各个领域，这不仅仅是一个学术视野的拓展，而且是研究领域的拓展。

第五，敦煌学学科建设和人才培养得到新发展。敦煌学的发展关键是人才培养和学科建设，早在1983年中国敦煌吐鲁番学会成立初期，老一代敦煌学家季羡林、姜亮夫、唐长孺等就非常注意人才培养问题，在兰州大学和杭州大学举办两期敦煌学讲习班，并在兰州大学设立敦煌学硕士学位点。近年来，敦煌学学科建设得到了充分发展，1998年兰州大学与敦煌研究院联合共建敦煌学博士学位授权点，1999年兰州大学与敦煌研究院共建成教育部敦煌学重点研究基地，2003年人事部博士后科研流动站设立，这些都是敦煌学人才建设中的突破性发展，特别是兰州大学将敦煌学重点研究列入国家985计划建设平台——敦煌学创新基地得到国家财政部、教育部和学校的1000万经费支持，将在资料建设和学术研究上以国际研究中心为目标进行重建，为敦煌学重点研究基地走向国际创造物质基础。同时国家也在敦煌研究院加大资金和人力投入，经过学术队伍的整合和科研项目带动，敦煌学研究呈现出一个新的发展态势。随着国家资助力度的加大，敦煌学发展的步伐也随之加大。甘肃敦煌学发展逐渐与东部地区研究拉平，部分领域超过东部地区，与国外交流合作不断加强，研究水平不断提高，研究领域逐渐得到拓展。研究生的培养由单一模式向复合型模式过渡，研究生研究领域也由以前的历史文献学逐渐向宗教学、文学、文字学、艺术史等拓展，特别是为国外培养的一批青年敦煌学家也崭露头角，成果显著。我们相信在国家和学校的支持下，敦煌学重点研究基地一定会成为敦煌学的人才培养、学术研究、信息资料和国际交流中心。在2008年兰州中国敦煌吐鲁番学会年会上，马世长、徐自强提出在兰州大学建立中国石窟研究基地，虽因各种原因没有实现，但是这个建议是非常有意义的，很有前瞻性。当然敦煌学在学科建设和人才培养中也存在问题，如教材建设就远远跟不上需要，综合培养中缺乏一定的协调。在国家新的"双一流"建设中，敦煌学和民族学牵头的敦煌丝路文明与西北民族社会学科群成功入选，是兰州大学敦煌学研究发展遇到的又一个契机，相信敦煌学在这个机遇中会得到巨大的发展。

第六，敦煌是丝绸之路上的一颗明珠，敦煌与吐鲁番、龟兹、于阗、黑水城一样出土了大量的文物资料，留下了很多文化遗迹，对于我们了解古代丝绸之路文明非常珍贵。在张骞出使西域之前，敦煌就是丝绸之路必经之地，它同河西、罗布泊、昆仑山等因中外交通而名留史籍。汉唐以来敦煌出土简牍、文书，保留下来的石窟和遗迹，是我们研究和揭示古代文明交往的珍贵资料，通过研究我们可以得知丝绸之路上文明交往的轨迹和方式。因此无论从哪个角度分析，敦煌学研究就是丝绸之路文明的研究，而且是丝绸之路文明研究的核心。古代敦煌为中外文化交流做出了巨大的贡献，在今天也必将为"一带一路"的研究做出更大的贡献。

由兰州大学敦煌学研究所资助出版的"敦煌与丝绸之路研究丛书"，囊括了兰州大学敦煌学研究所这个群体二十年来的研究成果，尽管这个群体经历了很多磨难和洗礼，但仍然是敦煌学研究规模最大的群体，也是敦煌学研究成果最多的群体。目前，敦煌学研究所将研究领域往西域中亚与丝绸之路方面拓展，很多成果也展现了这方面的最新研究成果。我们将这些研究成果结集出版，一方面将这个研究群体介绍给学术界，引起学者关注；另一方面这个群体基本上都是我们培养出来的，我们有责任和义务督促他们不断进行研究，力争研究出新的成果，使他们成长为敦煌学界的优秀专家。

郑炳林

目　录

绪论　类书研究的"疆域"与"类书学"概念的提出

类书是一种辑录各种门类或某一门类的资料，按照一定的方法加以编排，以便于寻检、征引的知识性资料汇编。[①]一千多年来，类书作为典籍之荟萃、知识之精华，对文献保存、知识传播和学术研究都产生了重要作用。明清以来，部分学者认为类书是"獭祭""饾饤"，否定类书的存在价值与意义，其实，这是对类书不了解的片面之言，真正了解类书的人是不会如此轻视类书的，古代类书之重要性是超出想象的，只是今人已经很难体会到了。21世纪以来，类书研究再度受到学界重视，随着类书研究的深入，诸多难题也不断被攻克，未来一段时间，如欲加深类书之研究，必然是理论不断创新与古籍整理实践相互砥砺的过程，鉴于此，本书对中古时期类书编纂的历史脉络与观念流变进行了一系列探索，就算是偶有所得，也是在诸位前辈学者研究基础之上取得的，还是以前说过的话，不断推动类书研究进入新境界仍然是类书研究同仁共同的责任与使命。

---

①刘全波：《类书考略》，《山东图书馆学刊》2013年第6期，第88页。

一、类书知多少

　　曹之先生在《中国古籍编撰史》中曾发问：古代类书知多少？据其粗略统计，有六百余种，现存类书有二百余种。[①]张涤华先生《类书流别》之《存佚第六》将古今类书分为存目、存疑、黜伪、补遗、新增五部分，但张先生书中未有类书数量的最终统计数据，据笔者统计，除去黜伪部分，有近一千种。[②]戴克瑜、唐建华先生主编《类书的沿革》第九章《现存类书书目》以朝代顺序对现存类书做了统计，共载类书 263 种。[③]庄芳荣先生《中国类书总目初稿》是根据《燕京大学图书馆目录初编类书之部》《江苏省立国学图书馆图书总目》《类书流别》《哈佛大学哈佛燕京学社图书馆藏明代类书概述》《四库未收明代类书考》等 15 种目录书编成。其言："计得八二四种，其中扣除同书异名或疑为同书者，约得七六六种。"[④]吴枫先生《中国古典文献学》言："自六朝至清末，据历代艺文、经籍志著录，约有六百余种，其中大部分已经散失，今存者约有二百种左右。"[⑤]赵含坤先生《中国类书》对古往今来的类书做了编目叙录，并收录了民国与中华人民共和国成立以来所编纂的类书，其言中国古代所编纂的类书有 1600 余种（包括存疑的 125 种）。[⑥]诚然，诸位先生的统计方法不同，对类书的去取或有不同意见，但毋庸置疑的是，我们从中可以发现类书数量之多。

[①] 曹之：《中国古籍编撰史》，武汉：武汉大学出版社，2006 年，第 410 页。

[②] 张涤华：《类书流别》（修订本），北京：商务印书馆，1985 年，第 42 页。

[③] 戴克瑜、唐建华主编：《类书的沿革》，成都：四川省图书馆学会编印，1981 年，第 105—115 页。

[④] 庄芳荣：《中国类书总目初稿》（书名·著者索引篇），台北：学生书局，1983 年，第 9 页。

[⑤] 吴枫：《中国古典文献学》，济南：齐鲁书社，2005 年，第 132 页。

[⑥] 赵含坤：《中国类书·凡例》，石家庄：河北人民出版社，2005 年。

陈垣先生以《四库全书》所收篇幅大小做过古籍排序，结论是清代类书《佩文韵府》列第一，为 28027 页，宋代类书《册府元龟》列第二，为 27269 页。①可见类书卷帙之大，无与伦比。陈垣先生亦做过《文津阁四库全书册数页数表》，我们将其所做统计数据摘录整理如下：类书类，3375 册，227739 页；子部典籍，9055 册，564344 页；四库所有典籍，36277 册，2291100 页。②通过陈垣先生的统计，我们看到类书的册数、页数在子部中是首屈一指的，在整个四部中也名列前茅。类书之页数在整个《四库全书》页数中所占分量为 9.9%，而在子部中所占比例达 40.4%，可见类书数量之巨大。影印本《文渊阁四库全书》共1500 册，类书则占据了 150 册，编号 887 册至 1034 册，与上述数据正好相互印证。而陈垣先生所统计的仅仅是《四库全书》全文著录的类书，存目类类书的数量就更多了。《四库全书总目》载："右类书类六十五部，七千零四十五卷，皆文渊阁著录。"③"右类书类二百一十七部，二万七千五百零四卷(内七部无卷数)，皆附存目。"④

总体来看，赵含坤先生对于类书的定位过于宽泛，将政书、姓氏书等亦作为类书统计，故数据不免有夸大之嫌，但是，古今类书之浩瀚磅礴是不容否认的，且以上诸先生之统计并没有包括所有的佛教类书、道教类书乃至受中国文化影响较深的日本、朝鲜、越南、琉球等地区文人所编纂的域外类书。此外，诸位先生的类书统计数据之所以差距较大，一个重要的原因就是诸位先生对类书的定义、定位多有不同意

①陈垣：《陈垣学术论文集》第 2 集,北京：中华书局,1982 年,第 35 页。
②陈垣：《陈垣学术论文集》第 2 集,北京：中华书局,1982 年,第 26—34 页。
③[清]永瑢等撰：《四库全书总目》卷一三六《类书类二》,北京：中华书局,1965 年,第 1159 页。
④[清]永瑢等撰：《四库全书总目》卷一三九《类书类存目三》,北京：中华书局,1965 年,第1181 页。

见，故收录类书的范围不同，从而导致议论纷纭而莫衷一是。①对类书的定义、定位一直是困扰类书研究领域的一个难题，但进行类书研究又无法避开此问题，下面我们就先了解一下古今学者对类书的看法、认识、定义、定位。

张涤华先生《类书流别》言："夫六艺纷纶，百家踦駁，穷理尽性，则劳而少功；周览泛观，则博而寡要；且或细族寒家贫士，则艰于购求；或乡曲浅儒，则疏于铨别：学者所以勤苦而难就，皆职此之由也。若有类书，以博稽众籍，标其菁粹，则守兹一帙，左之右之，俱足以达津梁。其为功易而速，为学精而要，不假从师聚学，区以别矣。"②诚然，类书是文献的渊薮，是将各种具有相同性质、相同特点的资料分门别类地汇集在一起，对于古人来说，类书就是一个资料宝库，是古人进行资料检索征引的万宝全书。董治安先生主编《唐代四大类书·前言》言："在我国源远流长的学术史和文化史上，数量可观的一批类书，以其特殊的文献保存价值和资料查询功能，一直受到广泛的重视。"③今天的人们或许体会不到古人的感觉，因为古人的世界没有今天这般科技发达，古人获取知识也没有今天这般便捷多途，而作为典籍之荟萃、知识之精华的类书，在古人的眼中堪称奇书、万宝全书，故类书在古代中国拥有众多的编纂者、使用者、收藏者，且不断被刊刻、补编、续编、新编，类书与中国古代政治、文学、科举、教育乃至日常生

---

①对于广义类书和狭义类书之区分，学界多有不同意见，大致来说，目录学者在编制类书目录时多采取广义原则，而类书研究者在从事研究时多采取狭义原则，究其原因，编目之原则是求全求备，勿使遗漏，以展现类书发展之全貌、数量之众多，而研究者则力在阐释类书之特色、类书之个性，以区别于其他文献种类，故多斤斤计较，严格区分，以求得去伪存真。本书对类书之定位采取狭义类书原则。

②张涤华：《类书流别》(修订版)，北京：商务印书馆，1985年，第35页。

③董治安主编：《唐代四大类书·出版说明》，北京：清华大学出版社，2003年，第3页。

活都紧密相连。

　　类书是文献学研究的重要内容，2000 年以来，类书研究取得了巨大的进步，论著大增，每年论著皆百余种（篇），百万字不止，其中有内容丰富、体例完备的专著，有精深透彻的研究论文，有简明扼要的介绍性论文，更有不少博士、硕士研究生学位论文，可谓丰富，远远超出我们的想象，对比 2000 年以前之类书研究，进步巨大。在此新的形势下，类书研究的理论却相对滞后，甚至停滞不前。历来有一种偏见，认为古文献研究只有方法没有理论，也不需要理论，受此影响，多年来古文献学的理论建设非常薄弱，而类书研究理论的建设更加薄弱。众所周知，一门成熟的学科，如果只是停留在实证研究的层面而没有系统的理论和方法论的提升，就不可能有规律性的认识和持续的传承创新。具体到类书研究，我们有很多理论问题都没有彻底解决，比如，类书的定义、定位问题，这个问题关系到类书研究的定位，是一个如何立论的问题，若没有一个明确的纲领，实在无法开展研究。所以，学者们往往从自身的研究侧重点出发，各自为政，自说自话，于是关于类书的定义也就千差万别，莫衷一是，关于类书数量的统计更是大相径庭，多者有 1500 余种，少者仅二三百种。人文学科研究的常识告诉我们，学术研究的质量首先取决于学术资料的真伪，因此任何学术研究都应该以文献作为基础，倘若没有扎实的文献作基础，所谓的学术研究只能成为空中楼阁和过眼烟云，故从事类书研究也必须要重视对资料的搜集、整理和考辨，传世文献之外还应该尽可能利用出土文献、域外文献。在重视资料的基础上，类书研究亟须建立一套系统完整的理论，对类书的流传、演变、体例、分类、流弊、功能、价值、意义等问题做全面的分析，不至于使类书研究没有独立性，甚至成为其他学科或学问的附庸。正如刘乃和先生所说："要把文献工作当作一门学问，只作事务是不行的；要把文献工作当作具有科学性的学问，只凭技术也是不行的。""研究历史文献，不可避免地要涉及理论和观点的问题。"①基于这些认识，我们大胆地提出了"类书学"概念，旨在提升类书在整个文献学中的地位，或者说彰显其特殊性、独特性，并就类书研究的疆域，也就是研究方向，进行了一个简单的整体性划分。

二、官修类书

历代王朝在建国之后都很重视对图书文献的搜集整理，并形成了通过编修典籍来昭示文治之盛的传统，新王朝不惜人力、财力编纂大型图籍，很多是带有某种政治色彩的，自三国以来，类书的编纂与修史成为开国之初重要的两项文化工程。《皇览》之后历代王朝都组织人手编纂类书，南朝有《四部要略》《寿光书苑》《华林遍略》等，北朝有《修文殿御览》，隋朝有《长洲玉镜》，唐朝有《艺文类聚》《文思博要》《三教珠英》，宋朝有《太平御览》《册府元龟》，明朝有《永乐大典》，清朝有《佩文韵府》《古今图书集成》《子史精华》等，毫无疑问，带有浓厚政治色彩的官修类书一直是中国类书编纂的主流，因为只有官方才可以组织当时的精英编纂出卷帙浩繁、资料丰富的鸿篇巨著。②随着文献的聚集，历代积累下来的典籍，可谓是浩如烟海、汗牛充栋，怎样才能在最短的时间内获得更多的知识，帝王及皇子皇孙就借助编纂类书熟悉封建文化的全部知识，封建士大夫更是依靠类书熟悉这些知识，以达到明于治

---

①刘乃和：《历史文献研究论丛》，桂林：广西师范大学出版社，1998年，第32—33页。
②刘全波：《魏晋南北朝类书发展史论纲》，《天府新论》2011年第1期，第145—149页。

乱、娴于辞令。明人焦竑《国史经籍志》类家小叙说："盖施之文为通
儒，厝于事为达政，其为益亦甚巨已！"①古今学者多言官修类书有笼
络文人士大夫的功效，厚禄高官，使文人士大夫老死于书籍之中，借
以消磨他们的意志。其实，官修类书的编纂更具有锻炼、培养人才
的作用，很多学者通过编纂类书成为博学多识之士，成为王朝的中流
砥柱。

梁启超先生《中国历史研究法》言："纂辑类书之业，亦文化一种
表征。"②张涤华先生《类书流别》言："类书之升降，恒依政治、学术
及社会制度诸方面为之进退，而其间尤以政治之关系为切。"③唐光
荣教授《唐代类书与文学》亦言："虽然类书只是一种钞撮群书的资
料汇编，学术地位远不及正史，但在历代帝王的眼里，编纂类书与编
纂正史几乎是同等的润色鸿业的盛事。"④每一次大的类书编纂，朝野
之文人雅士、宿学老儒、高僧高道等都被网罗其中，天下文艺之英，
济济乎咸集于京师，可见，类书编纂一点也不逊色于开国修史，类书
编纂所拥有的官方地位、学术地位与正史编修处于伯仲之间，类书编
纂已然成为一个王朝的文化工程，甚至成为一个王朝文治兴盛与否的
标志。

三、私纂类书

伴随着官修大型类书的发展，民间私人编纂类书的现象逐渐流行起
来。南北朝时期由于文学创作乃至追求博学的需要，众多文人学者已经

---

① [明]焦竑：《国史经籍志》，《丛书集成初编》第 27 册，北京：中华书局，1985 年，第 237 页。
② 梁启超：《中国历史研究法》，上海：上海古籍出版社，1998 年，第 63 页。
③ 张涤华：《类书流别》（修订本），北京：商务印书馆，1985 年，第 34 页。
④ 唐光荣：《唐代类书与文学》，成都：巴蜀书社，2008 年，第 2 页。

开始编纂类书。陆机之《要览》，戴安道、颜延之、何承天、梁元帝之《纂要》，沈约之《袖中记》《袖中要集》，庾肩吾之《采璧》，朱澹远之《语对》《语丽》，张缵之《鸿宝》皆是此类。加之齐梁之间的"征事""策事"之风盛行，为了能够在"征事""策事"中占尽先机，文人学士必定会不自觉加入类书的编纂中来，加强自己的知识积累，以应时需，于是私纂类书乃至抄书、书钞，成为当时文学风气之下的一种必然。唐代乃至其后的不少文人、学士往往也自己编纂类书，以储备撰文作诗之资料，如张楚金《翰苑》、陆贽《备举文言》、张仲素《词圃》、元稹《类集》、白居易《白氏六帖事类集》、于立政《类林》、温庭筠《学海》、李途《记室新书》、孙翰《锦绣谷》、皮日休《皮氏鹿门家钞》、秦观《精骑集》等。

王应麟《玉海》卷五四《艺文·承诏撰述篇、类书》载："学古贵乎博，患其不精；记事贵乎要，患其不备。古昔所专，必凭简策，综贯群典，约为成书。"①博览与精通，精要与完备，似乎从来都是一对"冤家"，博览不易，精通更难，若再强求完备，则是对古今文人最大的折磨，因为任何一个人都是很难做到的。黄侃先生《文心雕龙札记·事类第三十八》中对古人为何多从事类书编纂做了透彻的分析："浅见者临文而踌躇，博闻者裕之于平素，天资不充，益以强记，强记不足，助以抄撮……后世《类苑》《书抄》，则输资于文士，效用于诹闻，以我搜辑之勤，祛人翻检之剧，此类书所以日众。"②王瑶先生《中古文学史论》则言："随着数典用事之风的流行，齐梁时编纂类书的风气也盛极一时，都是为了适应文人们隶事属对之助

①［宋］王应麟：《玉海》，京都：中文出版社，1977年，第1074页。
②黄侃：《文心雕龙札记》，上海：上海古籍出版社，2000年，第188页。

的。"①诚然，人的记忆力是有限的，为了博闻强记，就需要把难以记忆的知识按类编排，抄撮在一起，以便随时翻阅，加深记忆，先之以抄撮之力，继之以编纂之功，私纂类书就在官修类书的带动下发展起来了。

四、佛教类书

佛教类书是类书家族中的一个重要组成部分，是佛教徒模仿世俗类书编纂模式编纂出来的以利僧众行文翻检之用的资料汇编，是类书编纂形式在佛教典籍中的应用与发展。中古时期中国佛教获得了巨大的发展与进步，如译经事业，各类佛典的翻译基本齐全，印度各派经典皆在中国流传，各种学说相互激荡。随着译经事业的相对性消歇，中古佛教出现了一股重视讲诵佛典的学风，这种学风的转变是由译经到讲经的转变。当然此种转变并不是暴风骤雨式的，而是需要大量的知识积累，并且随着讲诵佛典的深入，越发需要大量的故事、譬喻、典故。如何在浩瀚的佛经中汲取、驾驭大量的故事、譬喻、典故？佛经"抄集""纂集"也就是佛教类书便出现了，诸法师、学者或是奉帝王敕令抄集，或是自觉编纂，这个过程带来了佛教类书编纂、发展的一个高峰。纵观整个中古时期，高僧大德、文人学士编纂了多部举世闻名的佛教类书，它们是《众经要抄》《义林》《经律异相》《法宝联璧》《内典博要》《真言要集》《菩萨藏众经要》《金藏论》《玄门宝海》《法苑珠林》《释氏六帖》等，它们的出现构建了中古时期佛教类书的发展史、编纂史。

---

① 王瑶：《中古文学史论》，北京：北京大学出版社，1998 年第 2 版，第 286—287 页。

在佛典浩瀚或佛典不足的情况下，佛教类书是非常实用的利器，尤其是编纂质量较好的佛教类书，其内容博而卷帙约，可以提供各种佛教知识，弥补所见不足的缺憾。此外，佛教类书编纂与世俗类书最大的不同是佛教类书有为宣讲佛法做资料准备的作用，或者是佛教讲经、说法的底本，直接应用到佛法的弘传中。[1]佛教类书既是中国类书发展史的一部分，亦是中国佛教典籍编撰史的一部分，需要从两方面进行考察探究，不能忽视它的任何一面，只有认识到它的两面性，才能更加清楚地认知它们的存在价值。具体到佛教类书研究，我们还有很多理论问题都没有彻底解决，比如佛教类书的功能、价值、流变，以及佛教类书与世俗类书之间的关系等问题。总之，我们需要把佛教类书研究放在大文献学、宗教学、历史学的视野下，不断提升佛教类书研究的理论水平，考镜源流，推动佛教类书研究的不断深入。

五、道教类书

北周武帝宇文邕崇信道教，曾多次召集百官僧道讨论三教先后，后以儒教为先，道教为次，佛教为后，因群臣、沙门皆持异议，乃于建德三年(574年)并废佛、道二教，不久下诏立通道观，令道士王延校理道书，后又自缵道书，号曰《无上秘要》。其实，《无上秘要》是一部道观学士奉北周武帝敕令编纂的道教类书，[2]而此《无上秘要》的出现，标志着道教类书的成熟，如此一部体例完备的类书的出现，绝不会是无中生有，必然是中古时期类书发展的结果。《无上秘要》被称为"六世纪的道藏"，内容之丰富，绝对超乎想象，而目前学界对《无上秘要》的研究是

---

① 刘全波：《论中古时期佛教类书的编纂》，《敦煌学辑刊》2017年第2期，第139—148页。
② 胡孚琛：《中华道教大辞典》，北京：中国社会科学出版社，1995年，第232页。

单薄的，所以不断加强对《无上秘要》的研究就显得尤为重要。总体来看，历代编纂的道教类书不是很多，但十分重要，除了《无上秘要》，宋代亦有《云笈七签》，《云笈七签》被称为"小道藏"，如此两部鼎鼎有名的道教类书之分别研究、比较研究都是极其重要的，但是目前少有人关注，或者说力度不够。我们认为，"六世纪的道藏"与"十一世纪的小道藏"之比较研究必然是有意义的，它不仅对道教研究意义重大，更对中国类书史的研究有重大意义。

六、敦煌类书

据王三庆先生《敦煌类书》统计，敦煌写卷中的类书或部分接近类书的书抄，凡 112 卷，可归纳为六体 43 种。这六体 43 种的类书，是从六朝以来迄于五代宋初，民间私纂类书的一个雏形。在学术史上，敦煌类书对于类书体制的发展及源流脉络的沿革流变具有廓清的明证作用，可说是类书史上一批极其珍贵的素材和史料。[①]《隋书》《旧唐书》《新唐书》以及稍后的书志目录里，关于五代以前的各家类书记载不详，至于《编珠》《珦玉集》《翰苑》《文场秀句》《兔园策府》等被认为伪作或残篇剩纸，以至于面对宋代之后出现的诸多类书，竟然被认作是新开创的体例。当我们看到敦煌类书之后，我们就可以知道其来有自，而且各种体例的类书均可在敦煌类书中找到蛛丝马迹。敦煌类书介于六朝至宋初之间，填补了类书发展中的空白，使类书的发展、编纂源流变得清晰。郑阿财先生言："敦煌蒙书具有实用、通俗与乡土的特性，内容颇有涉及当时社会风俗及生活习尚的材料，可据以探讨唐五代敦煌地区

---

① 王三庆：《敦煌类书》，高雄：丽文文化事业股份有限公司，1993 年，第 149 页。

的文化风俗。"①同样，敦煌类书中保存的大量中国古代典籍和历史文献，对研究中国传统文化及其在西北地区的传播也具有十分重要的学术价值，通过敦煌类书的研究，可以窥见中国传统文化与少数民族文化、西域文化乃至西方文化的融合碰撞，也可以窥见唐五代宋初敦煌等边地基层组织的文化传播途径、道德教化方式。百年匆匆而过，海内外敦煌类书研究取得了丰硕的成果，但总体来看，主要是对知名类书的研究，如《修文殿御览》《类林》《励忠节钞》《籯金》等，而对于大部分不知名类书、残类书的研究仍然较为薄弱，如《对语甲》《类辞甲》《北堂书钞体甲》等。并且，诸位学者只是在自己所熟知的领域内就某一部类、某一体例、某一种类书进行研究，而能够将敦煌类书作为一个整体、一个系统加以研究的还是少数，所以敦煌类书的研究水平还没有达到全面系统而深入的阶段。另外，对于敦煌类书的研究已不能仅仅局限于敦煌了，如果单单就敦煌所出类书文献进行研究的话，已经很难发掘出类书的流传轨迹及其流传背后的故事。

七、域外类书

类书不仅在中国大量流传，在今天的日本、韩国、越南等东亚汉字文化圈也曾广泛流传，在日本、韩国、越南现存的古籍中有不少是从中国流传过去的古类书，甚至不少在中国已经失传的古类书在域外重新被发现。古代日本、韩国、越南学者依据中国类书又编纂出了不少类书，这些类书共同构成了异中有同、同中有异的东亚类书共同体。《日本国见在书目录》记载了已经流传到日本的类书："《华林遍略》

---

① 郑阿财：《敦煌蒙书研究的回顾与前瞻》，《敦煌吐鲁番研究》第 7 卷，北京：中华书局，2004 年，第 268 页。

《修文殿御览》《类苑》《类文》《艺文类聚》《翰苑》《初学记》《玉府新书》《玉苑丽文》《玉苑》《编珠录》。"①《日本国见在书目录》中记载的类书，《隋书·经籍志》亦多有记载，但是由于年代久远，散佚严重，往往不得而见，但部分古籍在日本的重现着实拓宽了我们的视野。白化文、李鼎霞先生《日本类书简述》言："日本一向善于汲取外来文化，尤其热衷于吸收中国文化。日本历代引进了大量中国的类书，又仿效中国的办法自编了许多类书。"②日本学者一般将流传在日本的中国古籍称为"汉籍"，而日本古代学者用汉文编纂的典籍则被称为"准汉籍"，其中，中国典籍的日本刻本又被称为"和刻木汉籍"。纵观日本所存类书文献，既有从中国流传来的"汉籍"，又有日本学者编纂、抄写、刊刻的"准汉籍""和刻本汉籍"。为了更加清晰地区分，我们也可以将之分为"汉籍类书""准汉籍类书""和刻本类书"。"汉籍类书"就是《瑶玉集》《翰苑》等，"准汉籍类书"就是《秘府略》《香字抄》《拾芥抄》等，而"和刻本类书"则有《三才图会》《事林广记》等。

朝鲜半岛在地理位置上与中国大陆直接相连，故其与古代中国的交往更是十分紧密，类书在朝鲜半岛的流传也十分广泛。《韩国所藏中国汉籍总目》子部下《类书类》收录了目前韩国各大图书收藏机构如高丽大学、庆尚大学、奎章阁、成均馆大学、韩国国立中央图书馆等所藏中国古类书的情况，从唐宋至明清的中国古类书触目可见，其中亦不乏精本、善本。如《北堂书钞》《艺文类聚》《白孔六帖》《册府元龟》《事文类聚》《事类赋》《翰苑新书》《三才图会》《唐类函》《图书编》《山堂肆考》《百家类

---

①宫内厅书陵部所藏室生寺本：《日本国见在书目录》，东京：名著刊行会，1996 年，第 52—54 页。当然，对于《日本国见在书目录》所载图书文献的真实性问题，也是要抱有怀疑精神的。以上诸书目究竟只是目录，还是真实有图书存在，不能一概而论，要具体问题具体分析。

②白化文、李鼎霞：《日本类书简述》，《社会科学战线》1981 年第 3 期，第 346—348 页。

纂》《图书集成》《渊鉴类函》《骈字类编》《广事类赋》《格致镜原》等。①《奎章阁图书韩国本总目录》则记载了朝鲜古代学者编纂的朝鲜本土类书，其子部《类书》载有"《简牍精要抄》《经史集说》《经书类抄》《考事新书》《考事撮要》《万象丛玉》《星湖先生僿说》《五洲衍文长笺散稿》《类苑丛宝》《杂同散异》《篆海心境》《竹侨便览》《芝峰类说》等"②。可见，朝鲜古代学者在接受中国类书的同时也依据自己的实际情况编纂了大量具有朝鲜特色的本土类书。

同日本和朝鲜一样，越南曾使用汉字作为书写文字，并完好保存了大量汉文古籍，据统计其数量不下 7000 种。刘春银、王小盾、陈义主编《越南汉喃文献目录提要》共收录越南古籍文献 5027 笔，其中汉文 4232 种，喃文 795 种，其中子部类书共 19 种，汉文书 16 种，中国重抄重印本 3 种。③它们是《天南余暇集》《村学指径》《芸台类语》《典林撷秀》《采玉捷录》《钦定人事金鉴》《酬奉骈体》《群芳合录长编》《摘锦汇编》《诗学圆机活法大成》《翰墨名家记》《学源摘对》《渊鉴类函略编》《古事苑》《源流至论》等。

八、日用类书

明清时期，书肆中又出现了大量日用类书，这些类书主要是为适应普通百姓日常生活而编写的，书里面有大量的实用知识和经验总结，甚至还有许多修身齐家、劝人行善的治家格言。吴蕙芳教授《万宝全书：

---

① [韩]全寅初：《韩国所藏中国汉籍总目》子部下《类书类》，首尔：学古房，2005 年，第 649—747 页。

②《奎章阁图书韩国本总目录》，汉城：东亚文化研究所，1965 年，第 549—554 页。

③ 刘春银、王小盾、陈义主编：《越南汉喃文献目录提要》，台北：中国文哲研究所，2002 年，第 373—378 页。

明清时期的民间生活实录》载："最早的日用类书应为南宋时陈元靓的
《事林广记》，以后陆续有元代的《启札青钱》《居家必用事类全集》，乃
至明代前期的《多能鄙事》《便民图纂》《居家必备》《家居要览》《日用便览
事类全集》等书。"①真正专供庶民百姓、士农工商使用的日用类书，大
量出现在明朝后期的万历年间。日本学者酒井忠夫、坂出祥伸、小川
阳一收集日本各机构所藏的日用类书善本编成《中国日用类书集成》，
其收录影印了《五车拔锦》《三台万用正宗》《万书渊海》《五车万宝全书》
《万用正宗不求人》《妙锦万宝全书》六种明清时期乃至今天都流传极广
的日用类书。此外，流传较广的还有《博览不求人》《万象全编不求人》
《万事不求人博考全书》《万珠聚囊不求人》《一事不求人》《文林聚宝万卷
星罗》《诸书博览》《学海群玉》《文林广记》《积玉全书》《全书备考》《博览
全书》《燕闲秘录》《酬世锦囊》《商贾指南》《士商类要》等。日用类书的内
容十分庞杂，可谓无所不包，以《三台万用正宗》为例，其内容包括天文
门、地舆门、时令门、音乐门、书法门、画谱门、文翰门、四礼门、
蹴鞠门、博戏门、商旅门、算法门、金丹门、养生门、医学门、护幼
门、胎产门、星命门、相法门、卜筮门、梦珍门、营宅门、牧养门、农
桑门等四十三门，②囊括了民众居家生活所能遇见的各种事情，是当之
无愧的万宝全书兼民众生活指南。

日用类书以便利快捷的服务民众为宗旨，故日用类书题名多标有
"天下""四民""士民""便用""利用""便观""便览"等字眼。日用类书实
现了生活常识的系统化，它将四民百姓日常生活中所能遭遇到的问题
全部聚合在一起，且提供了解决之道、应急之方，在没有现代化工具

---

①吴蕙芳：《万宝全书：明清时期的民间生活实录》，台北：政治大学历史学系，2001年，第623页。
②《三台万用正宗》，[日]酒井忠夫主编：《中国日用类书集成》第3卷，东京：汲古书院，2000年。

的古代，四民百姓所能接触到的世界毕竟是有限的，他们所能得到的信息也是有限的，而日用类书这个知识宝库，就给四民百姓提供了一个窗口。日用类书的流传极广，版本众多，不断有新刊新刻本出现，吴蕙芳教授《万宝全书：明清时期的民间生活实录》共搜集到66种版本的《万宝全书》。①如此多的刊刻版本只能说明市场需求量十分大，进一步展现了日用类书的流传之广，如此众多的日用类书流散在民间，这对于社会文化的影响该是多么巨大，反过来，民众为何乐于接受日用类书呢？无疑还是因为它强大的知识性，所谓一册在手，万事不求人。日用类书的繁荣还源于当时商品经济的兴盛，经济的繁荣造成了生活环境的改变，教育也得到一定程度的普及，于是，庶民阶层识字的人增多了，普通百姓、农牧商贾对于知识的需求开始增加，日用类书成为最佳选择。日用类书收录了较多的市井生活资料，今天看来，这些资料确有不少早已过时甚至是错误的内容，但其与民众生活紧密相连，所载之天下路程、双陆投壶、蹴鞠武术、酒令灯谜、养生去病恰恰成为我们研究明清民众日常生活史的绝佳史料，给我们提供了一部生动鲜活的民众社会史。

九、小结

我们大胆地提出"类书学"概念，旨在提升类书在整个文献学中的地位，或者说是强调其特殊性、独特性，使更多学者关注类书、研究类书，只有更多的学者参与进来，并进行更为细致的研究，才能从整体上提升类书研究的理论水平。我们提出了类书研究的"疆域"，也就是研

---

① 吴蕙芳：《万宝全书：明清时期的民间生活实录》，台北：政治大学历史学系，2001年，第87页。

究方向，有官修类书、私纂类书、佛教类书、道教类书、敦煌类书、域外类书、日用类书七个方向，当然其中亦有交叉与重复，或有界限不清之憾。比如，我们对官修类书、私纂类书、佛教类书、道教类书的定义乃至分类并不是十分严格，主要的原则是以类相从，便于考察探究，其实佛教类书也有官修与私纂之区分，道教类书亦然，但是为了展现佛教类书、道教类书的整体性，我们不对之进行细分。再比如，私纂类书与敦煌类书之间亦是多有交叉，敦煌类书多是私纂小型教材性类书，为了展现敦煌类书为代表的出土文献中的类书的整体性，我们将之作为一个方向专门介绍，在研究中敦煌类书与私纂类书之间必然是相互补充的，不可顾此失彼。域外类书也是一个整体性的方向，《秘府略》是日本官方编纂的大型类书，而《翰苑》则是仅存日本的唐代私纂类书，对于它们的归属，究竟是置于官修类书还是私纂类书之中，亦是需要推敲，但是为了保持域外类书的完整性，我们暂时不对域外类书再进行细分，但在研究中仍然需要具体问题具体分析。总之，这个对于类书研究领域的划分，主要目的是引起学界的共鸣或争鸣，以推动类书研究的新发展、新进步，其不合理之处，仍有待继续补充与完善。

第一章 《皇览》与类书编纂体例的出现

《皇览》是汉魏交替之际魏文帝曹丕敕令诸儒编纂的一部大型官修类书，其在中国类书发展史上具有划时代的意义，他开创了一个新的图书编纂模式，被后人追奉为"类书之祖"，虽然在流传中已经几乎散佚殆尽，但他为中国类书发展史做出的重要贡献是无可替代的。

王应麟《玉海》卷五四《艺文·承诏撰述篇、类书》载："类事之书，始于《皇览》。建云台者非一枝，成珍裘者非一腋，言集之者众也。"[1]后世学者已经基本接受了王应麟的观点，奉《皇览》为"类书之祖"。《四库全书总目》卷一二三《古今说海》提要载："考割裂古书，分隶门目者，始魏缪袭、王象之《皇览》。"[2]又《四库全书总目》卷一三五《事类赋》提要载："类书始于《皇览》。"[3]清人孙冯翼辑得《皇览》一卷，其在《皇览序》中亦言"其书采集经传，以类相从，实为类书之权舆"[4]。张涤华先生《类书流别》则言："考类书莫古于《皇览》，其书凡分四十余部，可谓周

---

[1][宋]王应麟:《玉海》,京都:中文出版社,1977年,第1074页。
[2][清]永瑢等撰:《四库全书总目》卷一三三《杂家类七》,北京:中华书局,1965年,第1062页。
[3][清]永瑢等撰:《四库全书总目》卷一三五《类书类一》,北京:中华书局,1965年,第1145页。
[4][清]孙冯翼辑:《皇览》,《丛书集成初编》第172册,北京:中华书局,1985年,第1页。

详；惟其名目，今已不可详知，末由判其得失。"①由此可见，古今学者对于《皇览》之重要地位及价值还是有共识的，只是由于资料的散佚，故无法看清《皇览》的真面目。

一、《皇览》编纂的历史背景

对于《皇览》的研究，我们不能不分析魏文帝曹丕，他是《皇览》编纂的领导者，或许也亲自参与了《皇览》的编纂，他的思想对于《皇览》的编纂无疑具有重要的意义。后世评论家多言曹丕之才不及曹植，而刘勰并不这样认为。《文心雕龙·才略第四十七》载："魏文之才，洋洋清绮，旧谈抑之，谓去植千里，然子建思捷而才俊，诗丽而表逸，子桓虑详而力缓，故不竞于先鸣；而乐府清越，典论辩要，迭用短长，亦无懵焉。但俗情抑扬，雷同一响，遂令文帝以位尊减才，思王以势窘益价，未为笃论也。"②《三国志》卷二《魏书·文帝纪》亦载："《魏书》曰：帝初在东宫，疫疠大起，时人凋伤，帝深感叹，与素所敬者大理王朗书曰：'生有七尺之形，死唯一棺之土，唯立德扬名，可以不朽，其次莫如著篇籍。疫疠数起，士人凋落，余独何人，能全其寿？'故论撰所著《典论》、诗赋，盖百余篇，集诸儒于肃城门内，讲论大义，侃侃无倦。"③由上可见，曹丕之文学才气应该不减曹植，而拥此大才，加之曹丕对死生之深刻认识，故其对立德扬名、著书立说格外关注。《皇览》编纂的历史大背景，是与当时的这种社会风气分不开的，荣乐止乎其身，唯有篇籍可扬名后世，传之无穷。

---

① 张涤华：《类书流别》（修订本），北京：商务印书馆，1985 年，第 22 页。

② [南朝梁]刘勰撰，黄叔琳注，李详补注，杨明照校注拾遗：《增订文心雕龙校注》，北京：中华书局，2000 年，第 575 页。

③《三国志》卷二《魏书·文帝纪》，北京：中华书局，1959 年，第 88 页。

　　鲁迅先生《魏晋风度及文章与药及酒之关系》言："他（曹丕）说诗赋不必寓教训，反对当时那些寓训勉于诗赋的见解，用近代的文学眼光看来，曹丕的一个时代可说是'文学的自觉时代'，或如近代所说是为艺术而艺术的一派。"①"曹操曹丕以外，还有下面的七个人：孔融，陈琳，王粲，徐干，阮瑀，应场，刘桢，都很能做文章，后来称为建安七子。七人的文章很少流传，现在我们很难判断；但，大概都不外是'慷慨''华丽'罢。华丽即曹丕所主张，慷慨就因当天下大乱之际，亲戚朋友死于乱者特多，于是为文就不免带着悲凉，激昂和'慷慨'了。"②魏宏灿教授《曹丕集校注》亦言："虽然东汉人已有所注意，但将文摆脱过去的以说理记事为主的传统，而向吟咏性情、文辞欲丽的诗歌靠拢，由实用性转变为抒情性，乃是曹丕的功绩。"③曹丕《典论论文》云："夫文本同而末异，盖奏议宜雅，书论宜理，铭诔尚实，诗赋欲丽。"④诚然，在中国文学史上，魏晋文章趋于通脱自由，生动活泼，向抒情、个性、华丽发展，而曹丕就是最杰出的代表，且曹丕作为邺下文人集团的首领，有引领风潮的作用。

　　在建安末年至曹魏初期，曹操、曹丕、曹植周围聚集了大批文士，他们被称为邺下文人集团。《文心雕龙·时序第四十五》载：

　　　　自献帝播迁，文学蓬转，建安之末，区宇方辑。魏武以相王之尊，雅爱诗章；文帝以副君之重，妙善辞赋；陈思以公子之豪，下

---

①鲁迅：《而已集》，《鲁迅全集》第3册，北京：人民文学出版社，2005年，第526页。
②鲁迅：《而已集》，《鲁迅全集》第3册，北京：人民文学出版社，2005年，第527页。
③魏宏灿校注：《曹丕集校注》，合肥：安徽大学出版社，2009年，第9页。
④［三国魏］曹丕著，易健贤译注：《魏文帝集全译》（修订版）卷一《论·典论论文》，贵阳：贵州人民出版社，2009年，第252页。

笔琳琅：并体貌英逸，故俊才云蒸。仲宣委质于汉南，孔璋归命于河北；伟长从宦于青土，公干徇质于海隅；德琏综其斐然之思，元瑜展其翩翩之乐，文蔚、休伯之俦，于叔、德祖之侣，傲雅觞豆之前，雍容衽席之上，洒笔以成酣歌，和墨以藉谈笑。观其时文，雅好慷慨，良由世积乱离，风衰俗怨，并志深而笔长，故梗概而多气也。①

曹操、曹丕、曹植三人都重视人才，王粲、陈琳、徐干、刘桢、应场、阮瑀、路粹、繁钦、邯郸淳、杨修等人皆是才学之士，诗文往复不断，相互激励，出现了一个创作高峰，即后世艳羡的建安文学，而他们就是曹丕从事集体创作、编纂《皇览》等著述的人才基础。程章灿先生《赋学论丛》言："类书产生于魏晋之时，那正是一个辞赋创作繁荣的时代。一般认为最早的类书，魏文帝时缪袭、王象等人奉诏编纂的《皇览》，就是适应当时文人诗赋创作的需要而产生的。"②程章灿先生从赋的角度论说《皇览》的产生，很有道理，值得借鉴。其实，《皇览》的产生也受到当时文风、学风乃至整个社会风气的影响。

郜明教授在《〈皇览〉之编撰与曹魏之士》中对《皇览》产生的文化背景做了阐释，对其出现的必然性与偶然性问题进行了思索，分析了《皇览》与当时知识分子之间的关系。郜明教授认为个体的觉醒、文学的自觉，尤其是诗赋创作追求华丽，致使文章中充塞着典故排比，而文士

---

① [南朝梁]刘勰撰，黄叔琳注，李详补注，杨明照校注拾遗：《增订文心雕龙校注》，北京：中华书局，2000年，第540—541页。

② 程章灿：《赋学论丛》，北京：中华书局，2005年，第54页。

们竞相收集典故，以备临文翻检和查考，是类书之祖《皇览》出现的必然；他还认为曹丕敕修《皇览》另外的目的就是抚士、储才、炫耀文治，安抚拥汉派，使之编纂类书，考察士大夫的政治态度，耗磨士大夫的锐气，粉饰太平，炫耀文治。①王雪梅教授《〈皇览〉探微》对《皇览》之内容做了猜测，其言"可能会偏重前朝故事、典故、文人学士的轶事、王侯名臣的言行、宫闱趣闻、帝王驾驭之术、理财之道和历代典章制度的递嬗等，不会像以后发展到唐代《艺文类聚》和宋代《太平御览》那样，于天、地、人、事、物，无所不包。另外，从辑佚各条看，还未见有器物、虫兽等条目，也可算是一个佐证"②。张天俊教授《论类书之祖——〈皇览〉》言："《皇览》的内容来自五经及注解五经的群书，其体例是割裂古书，以类相从，即将经传中的文字材料按一定的需要辑录出来，并分门别类地编排而成，以便皇王一览。《皇览》的产生则与汉魏时代的文学、经学及曹丕尊儒有关系。"③

诚然，曹丕编纂类书的一个大背景就是在他即将取代汉室江山的背景下，要做出顺应天命，接续道统的姿态。《皇览》的内容囊括四部，且曹丕本人对于知识的接受也是比较综合的，经史百家都是其关注的内容。《三国志》卷二《魏书·文帝纪》载："《魏书》曰：集诸儒于肃城门内，讲论大义，侃侃无倦。常嘉汉文帝之为君，宽仁玄默，务欲以德化民，有贤圣之风。"④曹丕《典论自序》亦载："余是以少诵《诗》论。及长而备历五经、四部。《史》《汉》、诸子百家之言，靡不毕

---

① 郜明：《〈皇览〉之编撰与曹魏之士》，《大学图书馆学报》1989 年第 6 期，第 27—29 页。

② 王雪梅：《〈皇览〉探微》，《贵州大学学报（社会科学版）》1993 年第 4 期，第 92—93 页。

③ 张天俊：《论类书之祖——〈皇览〉》，《南通师专学报》1995 年第 4 期，第 98—101 页。

④《三国志》卷二《魏书·文帝纪》，北京：中华书局，1959 年，第 88 页。

览。"①《中国哲学发展史(魏晋南北朝)》言:"黄巾起义把东汉王朝的政治经济体制连同与之相配合的意识形态分裂成一个一个的碎片,如何依据新的形势把这些碎片重新组合起来,就成了三国时期的人们所面临的共同的历史任务。"②马上取天下,不能马上治天下,比起曹操时期,曹丕时期三足鼎立之势已成,国家渐趋安定,治天下自然不能完全脱离儒家学说。立太学,制五经课试之法,置《春秋谷梁》博士,更集经典,这些举措都是曹丕对儒家态度的转变,这种转变就在《皇览》编纂前后,也是《皇览》之内容以"经传"为主的重要原因。

《皇览》的编纂不能仅仅看作是一项单纯的类书编纂工作,其应该是一项文化工程,是一个影响较大的社会意识形态工程,诸儒在曹丕的敕令下整理文献,是对汉末以来典籍的整理,是对暂时中断的儒家道统的重续,虽然其结果并没有挽救经学的中衰,但是其本意在于文献的整理、道统的重建。虽然《皇览》散佚严重,但是从其残存的部分来看,《皇览》之博深可以说在当时是无与伦比的,囊括之浩瀚,资料使用之丰富,亦是绝无仅有。可以说,魏文帝调动了当时的诸儒,使用了当时的宫廷藏书,并且以一个较为系统的体例,历经多年编纂出一部鸿篇巨制《皇览》,后世学者看到《皇览》乃至其残篇,惊为天人之作,奉为类书之祖,这就是《皇览》编纂质量的证明。其实在曹魏时代,《皇览》就不是类书,是诸儒所作的文献集成,西晋荀勖《中经新簿》将之列入史部,与《史记》并列,又可见其性质。

---

①[三国魏]曹丕著,易健贤译注:《魏文帝集全译》(修订版)卷一《序·典论自序》,贵阳:贵州人民出版社,2009年,第239页。

②任继愈主编:《中国哲学发展史(魏晋南北朝)》,北京:人民出版社,1988年,第20—21页。

铃木启造《类书考——〈皇览〉について》①与木岛史雄《类书の发生——〈皇览〉の性格をめぐって》②针对《皇览》的逸文中没有引用书名为论据，主张《皇览》非"类书"说，他们认为，随着著作的急速增加，开始有必要对这些信息进行迅速处理，这是《皇览》编纂的主要原因，《皇览》是抄撮、抄撰之书的发展，所以他们把《皇览》看作某种"便览"，认定其不是类书。

津田资久的《汉魏交替期における〈皇览〉の编纂》发表在《东方学》第 108 辑上，③其中文译本则发表在《魏晋南北朝史论文集——中国魏晋南北朝史学会第八届年会暨缪钺先生百年诞辰国际学术研讨会论文集》中，其首先对日本国内学者提出的《皇览》非类书说做了评价，并在此基础上，对类书之祖《皇览》的编纂背景、编纂意图、编纂实践做了分析。其言："《皇览》是在延康元年（220）曹丕继承曹操为魏王后不久，在汉魏之际开始编纂，与九品官人法的制定时期相重叠。因此，很难认为这是简单地依据曹魏文帝兴趣而编纂的，可以推测与九品官人法一样，和曹魏政权指向的新国家构想有密切关系。""《皇览》是马上要面临禅让问题的曹魏政权自认为东汉的正统后继者而编纂的。该书是作为新国家理念深刻认识到《周礼》中'类'和序列化的世界观，并将之扩展至宇宙规模并赋予了秩序的最初的类聚体书籍，基本上是'经国'的记录集成，即可以认为应称之为'通

---

① [日]铃木启造：《类书考——〈皇览〉について》，《中国古代史研究》第 6 辑，东京：研文出版，1989 年，第 236—255 页。

② [日]木岛史雄：《类书の发生——〈皇览〉の性格をめぐって》，《汲古》第 26 号，1994 年，第 27—32 页。

③ [日]津田资久：《汉魏交替期における〈皇览〉の编纂》，《东方学》第 108 辑，2004 年，第 55—68 页。

史'。"①津田氏的看法很有价值、很有启发，津田氏认为在曹魏时代的人们眼中，《皇览》不是类书，而是一部承续道统的史书，或称为"通史"。这个观点在后世的人们看来的确有些奇怪，但是毫无疑问，反映了曹魏时代人们的真实想法，其后不久的西晋时代，荀勖编纂《中经新簿》时果真将《皇览》放在了史部，难道是巧合？在曹魏时期，《皇览》或许就是被当作"文献大成""文献集成"的，也就是说，曹丕敕令编纂的这部大书的政治含义远比我们后人想象的要高、要大，必然是帝王之书，更是曹丕文化政策的代表作。

此时造纸技术的进步与纸张的使用，也为一千卷的《皇览》编纂奠定了物质条件。方师铎先生《传统文学与类书之关系》言："从汉献帝初平元年（190年），到魏文帝曹丕的黄初年间（220—226年），这中间只不过相隔了三十几年；但由于曹氏父子的魏室后方，尚称安定，所以秘书郎郑默才能够'删定旧文，制作《中经》'。这些旧文，当然是董卓之乱以后，采拾遗亡，重新抄录，藏诸秘府的。我们推想三十余年间，造纸的技术必然较前大为进步，魏室才得以利用这种轻便价廉的书写工具，抄录大量的图书，收藏于'秘府内外三阁'。也只有这种：既有大量的参考图书，又有轻便价廉的书写工具之双重条件下，八百余万言，一千余卷的'类事之书'的《皇览》，才能够出现于世。在此以前，是从未出现过'千卷'的大书的。"②

---

① [日]津田资久:《汉魏之际的〈皇览〉编纂》,《魏晋南北朝史论文集——中国魏晋南北朝史学会第八届年会暨缪钺先生百年诞辰国际学术研讨会论文集》,成都:巴蜀书社,2006年,第319—324页。

②方师铎:《传统文学与类书之关系》,天津:天津古籍出版社,1986年,第12—13页。

二、《皇览》的编纂时间与编纂者

《三国志》卷二《魏书·文帝纪》载："初，帝好文学，以著述为务，自所勒成垂百篇。又使诸儒撰集经传，随类相从，凡千余篇，号曰《皇览》。"①《唐六典》卷一〇《秘书省》亦载："文帝黄初中，分秘书立中书，因置监、令，乃以散骑常侍王象领秘书监，撰《皇览》。"②据《文帝纪》所载，《皇览》的编纂是由诸儒撰集而成，那么，这些编纂《皇览》的诸儒又是哪些人呢？《三国志》卷二一《魏书·刘劭传》载："刘劭字孔才，广平邯郸人也……黄初中，为尚书郎、散骑侍郎。受诏集五经群书，以类相从，作《皇览》。"③《三国志》卷二三《魏志·杨俊传附王象传》载："《魏略》曰：王象字羲伯……魏有天下，拜象散骑侍郎，迁为常侍，封列侯。受诏撰《皇览》，使象领秘书监。象从延康元年始撰集，数岁成，藏于秘府，合四十余部，部有数十篇，通合八百余万字。"④《三国志》卷九《魏书·桓范传》载："桓范字元则，世为冠族。建安末，入丞相府。延康中，为羽林左监。以有文学，与王象等典集《皇览》。"⑤由上可知，魏文帝使诸儒撰集经传，随类相从，以成《皇览》，但陈寿撰、裴松之注《三国志》中仅记载了刘劭、王象、桓范三人，《皇览》是一部大书，必定还有其他的编纂者是《三国志》中没有记载的，因为类书资料的搜集是非常广泛的，要编著一部巨大的、无所不包的类书，绝不是两三人的力量所能及的，而且编书不仅需要动用

---

① 《三国志》卷二《魏书·文帝纪》，北京：中华书局，1959年，第88页。
② [唐]李林甫等撰，陈仲夫点校：《唐六典》卷一〇《秘书省》，北京：中华书局，1992年，第296页。
③ 《三国志》卷二一《魏书·刘劭传》，北京：中华书局，1959年，第617—618页。
④ 《三国志》卷二三《魏书·杨俊传附王象传》，北京：中华书局，1959年，第664页。
⑤ 《三国志》卷九《魏书·曹爽传附桓范传》，北京：中华书局，1959年，第290页。

大量的人力，还需要足够的物质基础保障，统治者的支持和重视也是不可缺少的。

《史记》卷一《五帝本纪》司马贞《索隐》载："《皇览》，书名也。记先代冢墓之处，宜皇王之省览，故曰《皇览》。是魏人王象、缪袭等所撰也。"①《隋书》卷三四《经籍三》载："《皇览》一百二十卷，缪袭等撰。(注：缪袭'袭'原作'卜'，据《史记·五帝本纪》《索隐》改。)"②由《史记》司马贞《索隐》与《隋书》之记载，我们得知了《皇览》的又一位编纂者缪袭。孙冯翼辑《丛书集成初编》本《皇览序》亦云："魏代诸臣撰集《皇览》，据《魏志》言：乃刘劭、王象奉敕作。《史记索隐》则云：王象、缪袭等。《隋书·经籍志》复称缪袭为缪卜，《唐志》不载，窃疑袭、卜本一人，而名字互见，然袭于史无专传，不可考矣。"③

《太平御览》卷六〇一《文部十七·著书上》引《三国典略》又载："齐主如晋阳，尚书右仆射祖珽等上言，昔魏文帝命韦诞诸人撰著《皇览》，包括群言，区分义别。"④韦诞是目前我们所知的《皇览》的第五位编纂者。通过以上记载，我们知道了《皇览》的五位编纂者，即刘劭、王象、桓范、缪袭、韦诞，即便是魏文帝曹丕也会参与其中，《皇览》的编纂者才有六人而已，应该还有其他"诸儒"的参加，只是史料散佚，暂时无从考证。

《皇览》的编纂者在当时皆是一时俊杰，确实是有真才实学之人。《三国志》卷二一《魏书·刘劭传》载："劭同时东海缪袭亦有才学，多所述叙，官至尚书、光禄勋。"①《三国志》卷二三《魏书·杨俊传附王象传》载："《魏略》曰：象既性器和厚，又文采温雅，用是京师归美，称为儒宗。"②

对于《皇览》的编纂时间，《王象传》载："象从延康元年（220 年）始撰集，数岁成，藏于秘府。"③220 年，三次改元，初为建安二十五年，正月，曹操去世，曹丕嗣魏王，自为丞相，三月改年号为延康元年，在接下来的几个月内，曹丕加紧了代汉的步伐，大造谶纬祥瑞，制造代汉的舆论基础，并最终于该年十月，废汉献帝，称帝，改延康为"黄初"。既然《皇览》是延康元年开始编纂的，那么《皇览》的开始撰集必定是在 220 年的三月之后十月之前。试想当时，曹丕继承了其父曹操的权力，汉室江山也必定走到尽头，取代汉室江山就只是时间问题了，夺人江山又要名正言顺，所以曹丕在嗣丞相、魏王之后采取了一系列活动，包括官员的任免、阵亡将士的抚恤，等等，按捺不住的公卿百官也猜到了曹丕的心思，不断制造谶纬、祥瑞为曹丕营造代汉的舆论氛围。

《三国志》卷二《魏书·文帝纪》记载了 220 年曹丕的一系列活动：

改建安二十五年为延康元年。

元年二月壬戌，以太中大夫贾诩为太尉，御史大夫华歆为相国，大理王朗为御史大夫。置散骑常侍、侍郎各四人，其宦人为官者不得过诸署令；为金策著令，藏之石室。

---

① 《三国志》卷二一《魏书·刘劭传》，北京：中华书局，1959 年，第 620 页。
② 《三国志》卷二三《魏书·杨俊传附王象传》，北京：中华书局，1959 年，第 664 页。
③ 《三国志》卷二三《魏书·杨俊传附王象传》，北京：中华书局，1959 年，第 664 页。

初，汉熹平五年，黄龙见谯，光禄大夫乔玄问太史令单飏："此何祥也？"飏曰："其国后当有王者兴，不及五十年，亦当复见。天事恒象，此其应也。"内黄殷登默而记之。至四十五年，登尚在。三月，黄龙见谯，登闻之曰："单飏之言，其验兹乎！"

夏四月丁巳，饶安县言白雉见。

五月戊寅，天子命王追尊皇祖太尉曰太王，夫人丁氏曰太王后，封王子睿为武德侯。

六月辛亥，治兵于东郊，庚午，遂南征。

秋七月庚辰，令曰："轩辕有明台之议，放勋有衢室之问，皆所以广询于下也。百官有司，其务以职尽规谏，将率陈军法，朝士明制度，牧守申政事，缙绅考六艺，吾将兼览焉。"

甲午，军次于谯，大飨六军及谯父老百姓于邑东。

八月，石邑县言凤凰集。

冬十月癸卯，令曰："诸将征伐，士卒死亡者或未收敛，吾甚哀之；其告郡国给槥椟殡敛，送致其家，官为设祭。"

汉帝以众望在魏，乃召群公卿士，告祠高庙。使兼御史大夫张音持节奉玺绶禅位……乃为坛于繁阳。庚午，王升坛即阼，百官陪位。事讫，降坛，视燎成礼而反。改延康为黄初，大赦。①

这几个月正处在曹丕代汉的关键时期，曹丕为了拉拢士族而采纳陈群的意见，在曹丕篡汉前夕颁布了由吏部尚书陈群制定的九品官人法。《三国志》卷二二《魏书·陈群传》载："文帝在东宫，深敬器焉，待

---

① 《三国志》卷二《魏书·文帝纪》，北京：中华书局，1959 年，第 57—61 页。

以交友之礼，常叹曰：'自吾有回，门人日以亲。'及即王位，封群昌武亭侯，徙为尚书。制九品官人之法，群所建也。及践阼，迁尚书仆射，加侍中，徙尚书令，进爵颍乡侯。"[1]曹丕制定九品中正制缓和了中央政府与世家大族的矛盾，以求得世家大族对曹丕代汉称帝的支持。

　　曹丕还采取了其他措施为其称帝做舆论动员，其七月颁布的"庚辰之令"是曹丕效法古之帝王申明制度的一个举措，且其言"将率陈军法，朝士明制度，牧守申政事，缙绅考六艺"，显然这是一项督促官员对其负责的命令，这个诏令的颁布说明曹丕在给各级官吏制定考核任务，以巩固政权。我们关注的"缙绅考六艺"是一项文化政策，而此项文化政策的宗旨，就是让缙绅加强对六艺的学习，且曹丕还说"吾将兼览焉"，也就是说，曹丕会考察他们的执行力度。

　　通过对《文帝纪》的观察，我们认为《皇览》编纂的开始时间当在此"庚辰令"颁布前后、"缙绅考六艺"的要求之下，缙绅们做点什么才能让曹丕满意呢？编纂一部囊括六艺百家的大书，或许就是当时缙绅们的想法。周少川先生等著《中国出版通史（魏晋南北朝卷）》亦言："西汉时期，特别是汉武帝之后，儒学大盛，皇帝往往视儒家经传为必修课，多有亲自讲述经义、回答诸儒诘难的才学，也经常组织群儒辩驳议论。然而到了汉末，由于政治腐败、宦官专权，太学生激抨时政，遭到两次血腥镇压，使儒学遭到巨大打击。挟天子以令诸侯的曹操又重法度、破传统，更使得儒学衰微，一落千丈。'讲论大义，侃侃无倦'的曹丕在对待儒学的态度上则与其父不同，他向往西汉时儒学繁

---

①《三国志》卷二二《魏书·陈群传》，北京：中华书局，1959 年，第 634—635 页。

荣的景象，所以登基后修孔庙、开太学、立石经，采取了一系列为儒学'拨乱反正'的举措，撰修《皇览》可视为系列举措中的一项。"①孟昭晋教授《曹丕与图书》亦言："他（曹丕）是文论、总集、类书等图书新品种的开创者，是秘书官署的改革者。""曹丕接受刘协的禅让，曾百般利用谶纬书。但谶纬书的张扬利用限于造一时舆论，最高统治者更需要切实提供各方面知识的书。以曹丕为核心的邺下文士集团，也把这种书创作出来了，这就是中国类书之祖《皇览》。"对于曹丕所下"庚辰令"，孟先生评价道："此令的直接反响，史无明文。不过，通读史文，依时考迹，可知此令下之日，正当《皇览》开修之时。不久，又有李伏、许芝条魏代汉见谶纬的事，均属庚辰令的效应——发动了群臣，挖掘图书文献中一切有利于推进曹氏统治的内容，使之成为执政的舆论支持。"②

又因为《皇览》的编纂者之一王象死于黄初三年（222年）或稍后，而王象病死之前，《皇览》差不多已经成书，可知《皇览》的编纂时间在延康元年至黄初三年之间。③

《三国志》卷二三《魏书·杨俊传附王象传》载：

> 黄初三年，车驾至宛，以市不丰乐，发怒收俊。尚书仆射司马宣王、常侍王象、荀纬请俊，叩头流血，帝不许。俊曰："吾知罪矣。"遂自杀。众冤痛之……王象字羲伯。既为俊所知拔，果有才志……车驾南巡，未到宛，有诏百官不得干豫郡县。及车驾

①周少川等著：《中国出版通史（魏晋南北朝卷）》，北京：中国书籍出版社，2008年，第287页。
②孟昭晋：《曹丕与图书》，《北京大学学报（哲社版）》1986年第5期，第99—104页。
③胡道静：《中国古代的类书》，北京：中华书局，2005年新1版，第40—42页。

到，而宛令不解诏旨，闭市门。帝闻之，忿然曰："吾是寇邪？"
乃收宛令及太守杨俊。诏问尚书："汉明帝杀几二千石？"时象见
诏文，知俊必不免。乃当帝前叩头，流血竟面，请俊减死一等。
帝不答，欲释入禁中。象引帝衣，帝顾谓象曰："我知杨俊与卿
本末耳。今听卿，是无我也。卿宁无俊邪？无我邪？"象以帝言
切，乃缩手。帝遂入，决俊法，然后乃出。象自恨不能济俊，遂
发病死。①

由上可知，黄初三年，文帝借故逼死了杨俊，杨俊对王象有知遇之
恩，故王象以自己没有能够解救杨俊而内心自责，不久也发病而死。
《王象传》载："象从延康元年始撰集，数岁成，藏于秘府。"可见，《皇
览》在王象生前已经基本完成，不然如何"藏于秘府"？

对于《皇览》的卷帙，《文帝纪》言"凡千余篇"，而《王象传》言"合四
十余部，部有数十篇，通合八百余万字"，这个"四十余部，部有数十篇"，
此数十或可理解为三十或者四十，两者相乘，果然是千余篇，可见两
者的记载是相符的。而通合八百余万字，可以理解为每篇的字数是八
千字上下，这个数量是相当可观的，但是也让人怀疑，在汉魏之交，
是如何编纂出如此卷帙浩瀚的一部《皇览》的呢？②

---

①《三国志》卷二三《魏书·杨俊传附王象传》，北京：中华书局，1959年，第664页。
②当我们对孙冯翼辑本《皇览》之《冢墓记》作字数统计时，其字数有四千，可见我们对于篇之
字数的推断是合理的，同时也印证了《三国志》的记载是真实的。夏南强《类书通论》载："'篇'，
本义指竹简、简册。"后来文章有首有尾的便称"篇"。如《尚书·太甲上》："伊尹作《太甲》三篇。"
《史记·孟子荀卿列传》："作《孟子》七篇。"清代姚振宗认为，这里的"篇"即是"卷"，"凡千余篇，
当是千余卷"。他根据《隋书·经籍志》著录《皇览》梁六百八十卷，隋一百二十卷，判断其反映了
流传过程中的存佚情况。以上诸多方面说明，《皇览》正是一部一千卷、分四十余类的文献资料
汇编，是一部地地道道的大型类书。

对于《皇览》的内容，《文帝纪》言"撰集经传"，《刘劭传》言"受诏集五经群书"。这里面提到的"经"自然是指儒家经典，但是《皇览》的内容绝不仅仅如此，应该是收纳了当时魏之秘书所藏大部分图书，包括后来的经史子集四部之书。

《三国志》卷一九《魏书·陈思王曹植传》载：

> 《典略》曰：昔田巴毁五帝，罪三王，呰五伯于稷下，一旦而服千人，鲁连一说，使终身杜口。刘生之辩未若田氏，今之仲连求之不难，可无叹息乎！人各有所好尚。兰茝荪蕙之芳，众人之所好，而海畔有逐臭之夫；《咸池》《六英》之发，众人所乐，而墨翟有非之之论；岂可同哉！……臣松之案《吕氏春秋》曰："人有臭者，其兄弟妻子皆莫能与居，其人自苦而居海上。海上人有悦其臭者，昼夜随之而不能去。"此植所云"逐臭之夫"也。田巴事出《鲁连子》，亦见《皇览》，文多故不载。①

据上文记载，我们可以知道两件事情，第一，裴松之说"田巴事出《鲁连子》，亦见《皇览》，文多故不载"，也就是说，裴松之是见过《皇览》的，或者见过《皇览》的部分内容，裴松之（372—451 年）是东晋南朝宋时人，其在给《三国志》补注的时候，本应该对"曹植征引田巴事"做说明，但是由于文多，裴松之未载，但是裴松之说此事"亦见《皇览》"，其必然是见过《皇览》中关于此内容的记载，故《皇览》的流传已经到了南朝；第二，前文说"使诸儒撰集经传"，我们通常认为《皇览》的取材是

---

① 《三国志》卷一九《魏书·陈思王曹植传》，北京：中华书局，1959 年，第 559—560 页。

以"经""传"为主，但是通过《鲁连子》我们应该认识到《皇览》的取材不限于"经""传"，亦包括子部诸书。

清人侯康(1798—1837年)《补三国艺文志》卷四《杂家类》言：

> 《皇览》六百八十卷(魏文帝命王象、缪卜等撰)。《魏略》云：桓范以有文学与王象等典集《皇览》(曹爽传注)。又云：王象字羲伯，受诏撰《皇览》，使象领秘书监，象从延康元年始，撰集数岁成，藏于秘府合四十余部，部有数十篇，通合八百余万字(杨俊传注)。《御览》六百一引《三国典略》曰：祖珽等上言，昔魏文帝命韦诞诸人撰著《皇览》，包括群言，区分义别。《史记索隐》卷一云：《皇览》记先代冢墓之处，宜皇王之省览，故曰《皇览》。康案：《御览·礼仪部》三十九，引《皇览·冢墓记》二十余条，《水经注》引《皇览》十三条，言冢墓者十之九，冢墓盖即四十余部中之一。《御览》卷五百九十，又引《皇览·记阴谋》，疑亦书中篇名也。《论语·三省章·释文》称《皇览》引鲁读六事，则兼及经义，此魏文帝纪所谓撰集经传，随类相从者，盖后世纬书之滥觞，故无所不包矣。[1]

对于皇览的部篇分类，孙冯翼辑得《皇览》一卷，其中有《逸礼》《冢墓记》二篇，亦有《记阴谋》似另一篇目。其言：

> 今辑《逸篇》，虽不审昔人所引，是否缪著，抑系何、徐合并，第

---

[1]　[清]侯康：《补三国艺文志》，《丛书集成初编》第3册，北京：中华书局，1985年，第76—77页。

其分篇，可见者则有《逸礼》及《冢墓记》二篇。刘劭《续汉·祭祀志》补注，载《逸礼》春夏秋冬天子迎四节之乐，刊本误以逸为迎，证以《艺文类聚》《北堂书钞·岁时部》《太平御览·礼仪部》引语相符，并题《皇览·逸礼》，知《逸礼》确为篇名。

《冢墓记》分篇，《史记》集解索引等书，共引六十余事，虽未尽题《冢墓记》名，而举一例余，其类显而易见。然汉东平思王冢上松柏皆西靡一事，《汉书》本传注，引称《皇览》，而《文选·刘峻重答刘秣陵书》注，引语尤详，则题《圣贤冢墓记》，按《隋志》史部地理类，有李彤撰《圣贤冢墓记》一卷，乃别自为书，选注，刘先生夫人墓志，又引孔子冢一事，语虽与《皇览·冢墓记》大同而不得以李彤所撰，认为《皇览》也。又《太平寰宇记》引有古今葬地记，《古今冢墓记》，《城冢记》，《御览》引有《苏州冢墓记》，皆不著于隋唐志，当是唐以后书矣，刘昭补注汉《礼仪志》……述汉家葬仪，引《皇览》而无篇名，观其文义，以入《逸礼》《冢墓记》，以无能分篇也。

金人器铭称《皇览·记阴谋》，《困学纪闻》并同，似《记阴谋》亦一篇名，而他无考见，则宁为阙疑，余独惜此书篇部众多，而征引仅取二篇，且又《冢墓记》见引数十倍于《逸礼》，致使司马贞作《索引》，专谓记先代冢墓之处，宜皇王之省览，盖只见裴骃《集解》，惟引《冢墓记》中语，遂强成其说，然则《皇览》虽存于李唐，而贞固未见本书也。①

王应麟《困学纪闻》卷八《经说》亦载：

---

① [清]孙冯翼辑：《皇览》，《丛书集成初编》第172册，北京：中华书局，1985年，第1—2页。

《皇览·冢墓记》曰："汉明帝时，公卿大夫诸儒八十余人，论《五经》误失。符节令宋元上言：秦昭王与吕不韦好书，皆以书葬。王至尊，不韦久贵，冢皆以黄肠题凑，处地高燥未坏。臣愿发昭王、不韦冢，视未烧《诗》《书》。"愚谓：儒以《诗》《礼》发冢，《庄子》讥假经以文奸者尔。乃欲发冢以求《诗》《书》，汉儒之陋至此。①

王应麟《困学纪闻》卷一〇《诸子》又载：

《皇览·记阴谋》黄帝《金人器铭》：武王问尚父曰："五帝之诫，可得闻乎？"尚父曰："黄帝之诫曰：'吾之居民上也，摇摇恐夕不至朝。'故为金人，三封其口，曰古之慎言。"按《汉·艺文志》道家，有《黄帝铭》六篇。蔡邕《铭论》：黄帝有《巾机》之法。《皇览》撰集于魏文帝时，汉《七略》之书犹存。《金人铭》，盖六篇之一也。②

对于《皇览》是否有"目"的问题，清代学者姚振宗在《三国艺文志》里将"魏《皇览簿》"置于史部"簿录类"，"魏文帝《皇览》千余篇"则录于子部"杂家类"。姚振宗认为："皇览必有部目。魏略称四十余部，其总要也。部分数十篇，凡千余篇则其子目。荀氏取其门类部分编入新簿之。丙曰《皇览簿》盖即魏之旧名。隋志杂家：梁有《皇览

---

①［宋］王应麟撰，孙海通校点：《困学纪闻》卷八《经说》，沈阳：辽宁教育出版社，1998年，第188页。

②［宋］王应麟撰，孙海通校点：《困学纪闻》卷一〇《诸子》，沈阳：辽宁教育出版社，1998年，第210页。

目》四卷，则又从残佚之余钞合其目也。"①针对姚振宗的论断，我想做一点补充。

《隋书》卷三二《经籍志序》载："魏氏代汉，采掇遗亡，藏在秘书中、外三阁。魏秘书郎郑默，始制《中经》，秘书监荀勖，又因《中经》，更著《新簿》，分为四部，总括群书。一曰甲部，纪六艺及小学等书；二曰乙部，有古诸子家、近世子家、兵书、兵家、术数；三曰丙部，有史记、旧事、皇览簿、杂事；四曰丁部，有诗赋、图赞、汲冢书，大凡四部合二万九千九百四十五卷。"②此"皇览簿"，或言其是《皇览》之别称，或言其为《皇览》之簿。姚振宗撰《隋书经籍志考证》卷三〇又言："案：《皇览》簿者，载《皇览》之目录也。魏《中经》以此为丙部中之一类，晋《新簿》仍之。"③逯耀东先生《魏晋史学的思想与社会基础》亦言："其中的《皇览簿》，就是《皇览》的目录。由于荀勖的《新簿》是根据魏郑默的《中经》而来的，由此可知《皇览》的目录，在曹魏时代已单行成书，成为目录编辑的专门书目。"④我们认为姚振宗、逯耀东二位前辈依据《隋书经籍志》所得到的"皇览簿"恐怕难以认定为《皇览》之目，此处"《皇览簿》"应该就是《皇览》之别称，《皇览》列入"史部"都会令古今学者狐疑不止，单单一个《皇览》之目录怎会有资格列入"史部"，且与"史记、旧事、杂事"并列？此外，"《皇览簿》"之"簿"绝不可与后世之"谱录类"典籍相混淆，二者明显性质不

①[清]姚振宗：《三国艺文志》，《续修四库全书》第914册，上海：上海古籍出版社，2002年，第518、544页。

②《隋书》卷三二《经籍志序》，北京：中华书局，1973年，第906页。

③[清]姚振宗：《隋书经籍志考证》，《续修四库全书》第915册，上海：上海古籍出版社，2002年，第485页。

④逯耀东：《魏晋史学的思想与社会基础》，北京：中华书局，2006年，第45页。

同。①但是我们目前还真没有证据证明《皇览》是否有目，只能阙疑，但毋庸置疑的是，《隋书·经籍志》记载了一个"《皇览目》四卷"。《隋书》卷三四《经籍三》载："《皇览》一百二十卷。缪袭等撰。梁六百八十卷。梁又有《皇览》一百二十三卷，何承天合；《皇览》五十卷，徐爰合，《皇览目》四卷；又有《皇览抄》二十卷，梁特进萧琛抄。亡。"②但是这个"《皇览目》四卷"究竟是徐爰合《皇览》的目，还是《皇览目》的残存？我们认为，前者可能性更大一点，上文所引资料显示，姚振宗也是赞同这个观点的。

三、《皇览》的流传与散佚

历代目录学著作中，对于《皇览》之流传记载颇多。《隋书》卷三四《经籍三》载："《皇览》一百二十卷。缪袭等撰。梁六百八十卷。梁又有《皇览》一百二十三卷，何承天合；《皇览》五十卷，徐爰合，《皇览目》四卷；又有《皇览抄》二十卷，梁特进萧琛抄。亡。"③《旧唐书》卷四七《经籍下》载："《皇览》一百二十二卷。何承天撰。又八十四卷。徐爰并合。"《新唐书》卷五九《艺文三》载："何承天并合《皇览》一百二十二卷。徐爰并合《皇览》八十四卷。"④《通志·艺文略第七》载："何承天并合《皇览》一百二十二卷。宋御史中丞何承天编。徐爰并合《皇览》八十四卷。"⑤《宋史》卷二〇七《艺文六》载："《皇览总论》十卷。"⑥

---

①刘全波：《论类书与史部书的关系》，《典籍·社会与文化国际学术研讨会暨中国历史文献研究会第34届年会论文选集》，上海：华东师范大学出版社，2015年，第34—45页。

②《隋书》卷三四《经籍三》，北京：中华书局，1973年，第1009页。

③《隋书》卷三四《经籍三》，北京：中华书局，1973年，第1009页。

④《新唐书》卷五九《艺文三》，北京：中华书局，1975年，第1562页。

⑤[宋]郑樵撰，王树民点校：《通志二十略·艺文略第七》，北京：中华书局，1995年，第1731页。

⑥《宋史》卷二〇七《艺文六》，北京：中华书局，1985年，第5296页。

张涤华《类书流别》言："《皇览》一书，昔人并推为千古类书之权舆。由今考之，其书作者六七人，分部四十余，字数数百万，且历时数载始成，较之后世《太平御览》《册府元龟》诸大书，未遑多让。言类书者，此诚其巨擘矣。惟惜其书李唐时已不得见。"①张涤华先生认为《皇览》到李唐时期已经不得见，而《宋史》所载之《皇览总论》或许只是借用《皇览》之名而已，但其书不传，也无从得知了。

《三国志》卷二三《魏书·王象传》载："受诏撰《皇览》，使象领秘书监。象从延康元年始撰集，数岁成，藏于秘府，合四十余部，部有数十篇，通合八百余万字。"②既然《皇览》编纂完成之后被"藏于秘府"，那么，在没有大动乱的情况下，其必然不会被损毁遗弃，故在曹魏至西晋灭亡的这段时间里，虽然有魏晋交替发生，但是由于西晋是通过政变而不是大规模战争建立的，故藏于秘府的《皇览》应该不会受到损失，荀勖编纂《中经新簿》时仍然提及《皇览簿》即明证，可见《皇览》并未因为魏晋交替而受到损毁。西晋末年，衣冠南渡，东晋政权建立的过程中，《皇览》是否安然无恙，就需要我们考察，但是据《隋书》《旧唐书》《新唐书》中的记载，何承天、徐爰、萧琛皆对《皇览》做过"合"或者"抄"，他们所依据的底本是什么呢？这是不是意味着《皇览》并未遗失，完好无损地转移到了东晋南朝，并且如上文所述，裴松之亦见过《皇览》。通过这些记载，我们可以肯定的是，经过衣冠南渡、立国江南这些事情之后，《皇览》或是《皇览》的部分内容已流传到了东晋南朝。

《宋书》卷六四《何承天传》载："永初末，补南台治书侍御史……十六

①张涤华：《类书流别》（修订本），北京：商务印书馆，1985年，第12—13页。
②《三国志》卷二三《魏书·杨俊传附王象传》，北京：中华书局，1959年，第664页。

年，除著作佐郎，撰国史……寻转太子率更令，著作如故……十九年，立国子学，以本官领国子博士。皇太子讲《孝经》，承天与中庶子颜延之同为执经。顷之，迁御史中丞……二十四年，承天迁廷尉，未拜，上欲以为吏部，已受密旨，承天宣漏之，坐免官。卒于家，年七十八。先是，《礼论》有八百卷，承天删减并合，以类相从，凡为三百卷，并《前传》《杂语》《纂文》、论并传于世。"①《南史》卷三三《何承天传》又载："承天博见古今，为一时所重。张永尝开玄武湖遇古冢，冢上得一铜斗，有柄。文帝以访朝士。承天曰：'此亡新威斗。王莽三公亡，皆赐之。一在冢外，一在冢内。时三台居江左者，唯甄邯为大司徒，必邯之墓。'俄而永又启冢内更得一斗，复有一石铭'大司徒甄邯之墓'。时帝每有疑议，必先访之，信命相望于道。"②何承天（370—447 年）是《隋书·经籍志》所记载的第一位对《皇览》进行抄合的人，《隋书》载"梁又有《皇览》一百二十三卷，何承天合"，而《旧唐书》《新唐书》则记载为"一百二十二卷"。可惜的是《何承天传》中并没有对何承天抄合《皇览》之事做记载，但纵观何承天一生，聪明博学，并且"除著作佐郎，撰国史"，以类相从地删减合并《礼论》等事迹来看，何承天确实有可能也有能力对《皇览》进行抄合。

《宋书》卷九四《恩幸传·徐爰传》载："徐爰字长玉，南琅邪开阳人也。本名瑗，后以与傅亮父同名，改为爰……时世祖将即大位，军府造次，不晓朝章。爰素谙其事，既至，莫不喜悦，以兼太常丞，撰立仪注……先是，元嘉中，使著作郎何承天草创国史。世祖初，又使奉朝请山谦之、南台御史苏宝生踵成之。六年，又以爰领著作郎，使终

---

① 《宋书》卷六四《何承天传》，北京：中华书局，1974 年，第 1701—1711 页。
② 《南史》卷三三《何承天传》，北京：中华书局，1975 年，第 870 页。

其业。爱虽因前作，而专为一家之书。"①此记载与《南史》卷七七《徐爱传》所载相同。②南朝宋一代之内，何承天与徐爱（394—475 年）皆并合《皇览》，但是徐爱之并合本已只有《皇览》五十卷，《皇览目》四卷，徐爱所据底本是不是《皇览》原本，我们不得而知。但是何承天与徐爱皆曾做过"领著作郎"，并撰修国史，且何承天所草创之国史，在徐爱领著作郎时完成，可见此二人在撰史一事上有先后承继的关系，更为巧合的是，此二人曾先后对《皇览》进行过抄合，此处的《皇览目》四卷当是徐爱独创，是徐爱抄合《皇览》的副产品。

《梁书》卷二六《萧琛传》载："琛少而朗悟，有纵横才辩。起家齐太学博士。时王俭当朝，琛年少，未为俭所识，负其才气，欲候俭。时俭宴于乐游苑，琛乃著虎皮靴，策桃枝杖，直造俭坐，俭与语，大悦。俭为丹阳尹，辟为主簿，举为南徐州秀才，累迁司徒记室。永明九年，魏始通好，琛再衔命到桑乾，还为通直散骑侍郎……始琛在宣城，有北僧南渡，惟赍一葫芦，中有《汉书序传》。僧曰：'三辅旧老相传，以为班固真本。'琛固求得之，其书多有异今者，而纸墨亦古，文字多如龙举之例，非隶非篆，琛甚秘之。及是行也，以书饷鄱阳王范，范乃献于东宫……琛常言：'少壮三好，音律、书、酒。年长以来，二事都废，惟书籍不衰。'而琛性通脱，常自解灶事，毕狄余，必陶然致醉。"③据萧琛本传记载可知，萧琛（476—512 年）也是博学之人，有才气，早年得到王俭赏识，位列"竟陵八友"，但其本传同样没有记载其抄合《皇览》之事。何承天、徐爱、萧琛三人在当时皆是博学

---

①《宋书》卷九四《恩幸传·徐爱传》，北京：中华书局，1974 年，第 2306—2312 页。

②《南史》卷七七《徐爱传》，北京：中华书局，1975 年，第 1918 页。

③《梁书》卷二六《萧琛传》，北京：中华书局，1973 年，第 396—398 页。

之人，且地位较高，他们在宋齐梁时期之所以能够见到《皇览》必然是与其特殊身份有关，他们参与撰修国史，可以阅览官府藏书，而《皇览》或其残存必然是在官府的藏书中，使得何承天、徐爰、萧琛可以见到，但如此重要的一部大书，为何流传并不广，从何承天的一百二十三卷，到徐爰的五十卷，再到萧琛的二十卷，甚至逐渐散佚，都没有其他人对之做整理。

我们通过上文的考察，再细细读《隋书·经籍志》所记载的关于《皇览》的这些文字，我们会对这些记载产生新的理解，也关系到《皇览》的流传等问题。第一，据《隋书》所载，《皇览》是缪袭等人所编纂的，有"一百二十卷"，这个卷数大概相当于隋至唐初时期《皇览》的体量，编纂者有可能是唐初编纂《隋书》的人，从此前的南北朝至隋时期的某些目录学著作中因袭而来，我们从中知道了南朝梁时期《皇览》的卷数是"梁六百八十卷"，而到了隋唐时代只剩下"一百二十卷"，对于这个"一百二十卷"与"梁六百八十卷"，我们认为它或许是《皇览》官方系统流传的状况，是何承天、徐爰、萧琛见到并进行抄撮的底本。第二，在官方系统之外，《皇览》应该还有一个私人抄合系统，即何承天、徐爰、萧琛的抄写本，且《隋书》有明确记载，南朝宋时期，何承天、徐爰二人皆曾抄合过《皇览》，"梁又有《皇览》一百二十三卷，何承天合""《皇览》五十卷，徐爰合，《皇览目》四卷"既然说是"梁有"，可见这两个抄合本无疑是保存到了南朝梁时代，在他们之后的萧琛亦曾抄合过《皇览》，"又有《皇览抄》二十卷，梁特进萧琛抄"。可见在南朝梁应该有三个私人系统的《皇览》抄合本存在，并且这个私人系统抄本与官方系统中所说的"一百二十卷""六百八十卷"不是一个系统，且私人系统有可能就是对官方系统的抄合。但是《隋书》最后所说的"亡"字，我们就不知道如何解释了，究竟是萧琛的抄本亡了，还是三个抄本都亡了，或者是"梁六百八十卷"也亡了。当然这一切都是我们的臆测，但是南北朝早期，类书家族的确没有什么大的发展，只有这几种《皇览》抄合本在流传。

明方以智（1611—1671年）《通雅》卷三《释诂》载：

> 类书始于皇览。《通考》：类书始于梁元帝《同姓名录》。晁氏曰：齐梁喜征事，类书之起，当在此时。智按：《唐志》类事之书，始于《皇览》，而《直斋》止于祖珽、李征撰《修文殿御览》，不引前有《皇览》《类苑》《遍略》等书，则世已无其书，皆并合入新编内矣。考《魏志·刘劭传》，黄初中，受诏集群书，以类相从，号《皇览》。《魏略》云：常侍王象撰，八百余万字。《隋志·杂家》：《皇览》百二十卷，缪卜等撰，何承天、徐爰合之，萧琛抄之，而《史记注》皇览记先代冢墓，是魏人王象、缪袭等撰，则当时亦止就《修文御览》等书，引用未及核其全书也。①

方以智的观点是说陈振孙《直斋书录解题》编纂的年代，《皇览》等书已经没有了，这个"没有"不是散佚殆尽，而是被后来者合入新编内，即后来的类书消化了《皇览》等前世类书，产生了新的类书。黄永年先生《谈类书和丛书的兴替》亦言："《皇览》等之所以失传，当是为《北堂书钞》等后来居上者取代而自然淘汰。"②类书的编纂如积薪，后世类书多

---

① [明]方以智：《通雅》卷三《释诂》，《文渊阁四库全书》第 857 册，上海：上海古籍出版社，2003 年，第 117 页。

② 黄永年：《谈类书和丛书的兴替》，《海峡两岸古典文献学学术研讨会论文集》，上海：上海古籍出版社，2002 年，第 1 页。

因袭前世类书，并对之进行改造，使得前世类书逐渐被后世类书取代，但是《华林遍略》《修文殿御览》编纂之时，并未见利用《皇览》为底本之事，只不过《史林》《四部要略》皆言自己是《皇览》之流，想必当时的人对《皇览》是有所了解的。方以智又据《隋志》所载，认为《皇览》虽有何承天、徐爰合之，萧琛抄之，但是此等抄合本，唐司马贞撰《史记索隐》时或许没有见到，只是从《修文殿御览》等书中引用了部分内容，所以才做出"《皇览》记先代冢墓"的结论，其实《冢墓记》只是《皇览》四十部类之一。

清周中孚（1768—1831年）撰《郑堂读书记》子部《类书类一》载：

> 《皇览》一卷（问经堂丛书本）。魏皇象等奉敕撰，国朝孙冯翼辑。案《魏志·文帝纪》，帝使诸儒撰集经传，随类相从，凡千余篇，号曰《皇览》，鱼豢《魏略》载皇象受诏撰《皇览》，使象领秘书监，象从延康元年始撰集，数岁成，藏于秘府，合四十余部，部有数十篇，通合八百余万字（魏志杨俊传注引）。阮氏《七录》作六百八十卷，见《隋志》，当是原书卷数，至隋已亡其七八，故《隋志》止作一百二十卷，缪卜等撰，征诸《史记·五帝本纪》索隐，缪卜当是缪袭之误。魏《刘邵传》亦言邵受诏作《皇览》，《玉海》又以《皇览》为韦诞诸人撰，盖当时作者本非一人也。至《新旧唐志》仅有何承天并合《皇览》一百二十二卷，徐爰并合《皇览》八十四卷，知缪氏旧著，唐人已未及见，后来无论矣。其书采集五经群书，以类相从，实为类书之祖。凤卿所辑逸篇，虽不审昔人所引，是否缪著，抑系何、徐并合？第其分篇可见者，则有《逸礼》及《冢墓记》二篇，余独惜此书篇部众多，而征引仅取二篇，且义《冢墓记》见引十倍于逸礼篇，以

致司马贞索引专谓记先代冢墓之处，宜皇王之省览，盖只见裴骃集解惟引《冢墓记》中记语，遂强成其说，然则《皇览》虽存于李唐，而贞固未见本书也。是本卷首有凤卿序及考证八条。①

周中孚提出了一个新的问题，他怀疑"凤卿所辑逸篇，虽不审昔人所引，是否缪著，抑系何、徐并合"。这个问题很有意思，就是说孙冯翼所辑佚的《皇览》佚文，究竟是《皇览》原文，还是经过何承天、徐爰、萧琛抄合之后的《皇览》，现没有办法得到证实，这里关注的主要问题是《皇览》原本的流传时间、被古人引用的情况，我们认为，这个问题其实不难回答，因为在印刷术尚未发达之前，书籍全靠抄写，《皇览》原本那么大，抄写者必定会根据自己的喜好、需要进行抄合，其间，又经过朝代变迁，《皇览》原本必然会不知所终，而后世所见必多是抄合本。此处周中孚还说司马贞之所以称《皇览》是专"记先代冢墓之处"的著作，是因为其看见了"裴骃集解惟引《冢墓记》中记语"，这样，上文方以智的问题也就有了答案。《皇览》虽然在唐朝还有抄合本流传，但是司马贞没有见到这些抄合本。

《汪辟疆文集》之《读常见书斋小记》之"皇览"条对《皇览》做了较全面的概括，言：

类书为体，意出于杂家，形成于《皇览》，《魏志文帝纪》："帝好文学，以著述为务，自所勒成垂百篇（此当指其诗文），又使诸儒撰集经传，随类相从，凡千余篇，号曰《皇览》。"诸臣，纪不著其名。

① [清]周中孚：《郑堂读书记》，北京：中华书局，1993年，第300页。

据《魏志》《隋志》《史记索隐》《御览》等书，有王象(《魏志·杨俊传》注引《魏略》)、刘劭(《魏志·刘邵传》)、桓范(《魏志曹爽传》注引《魏略》)、缪袭(《史记索引》卷一)、缪卜(《隋志》)、韦诞(《御览》六○一引《三国典略》)诸家。又《魏志杨俊传》："《皇览》合四十余部，部有数十篇，合八百余万字。"固北齐《修文御览》(三百六十篇，祖珽等撰)以前最大之类书也。按《史记索引》(卷一)云："《皇览》，书名也，记先代冢墓之处，宜皇王之省览，故曰《皇览》。"小司马之意，似以《皇览》谓专记先代冢墓之书。然《御览》(五百九十)引《皇览》记阴谋，论语"三省"章释文，称《皇览》引《鲁论》六事。又《御览》属引《皇览逸礼》。又《陈思王传》注谓田巴事出《鲁连子》，亦见《皇览》。是《皇览》固兼收经传诸子，以类相从，《魏志文帝纪》所言盖不虚也。小司马但见裴骃《史记集解》，只引《皇览冢墓记》，又未睹本书，遂有此臆说耳。(《御览礼仪部》三十九引《皇览冢墓记》二十余条，《水经注》引《皇览》十三条，言冢墓者十之九。)《皇览》撰集于延康元年，数岁成书，藏于秘府(《魏志杨俊传》注)。姚振宗曰：《皇览》当有千余卷，至梁存六百八十四卷(《七录》著录)。至隋存一百二十卷。至唐惟有何承天、徐爰二家之合并本。(唐志称《皇览》八十四卷，当为何、徐合并本。)而魏时原本早亡，至宋并合抄本亦亡。(按沈亚之《秦梦记》引《皇览》云"秦穆公葬雍橐泉祈年宫下"，沈氏未必果见《皇览》，恐从《水经注渭水》转引耳。)小司马为开元时人，朝散大夫宏文馆学士，不应不见本书，弇陋如此，此不可解也。①

---

① 汪辟疆：《汪辟疆文集》之《读常见书斋小记》，上海：上海古籍出版社，1988年，第771—772页。

由于《皇览》的散佚，后世学者所能见到的《皇览》佚文越来越少，而对《皇览》的研究就只能在有限的信息上猜测了，但是《皇览》的流传恐怕不会很广。

四、文献大成与资料汇编：《皇览》的本质

《皇览》是学术界公认的"类书之祖"，但是《皇览》在西晋荀勖编纂的《中经新簿》里被划入了"史部"。在《皇览》之后出现的我们目前所知道的第一部官修类书是三十卷的《史林》，由南齐高帝萧道成敕令东观学士编纂而成。《史林》虽自称是《皇览》之流，但更像是一部史书。究竟是类书编纂体例在"史部"得到了运用，还是类书体例本来就脱胎于"史部"？通过考察，我们认为，就算类书不是直接脱胎于"史部"，类书的发展过程与"史部"的关系也是十分密切的，尤其是在魏晋南北朝时期，在不知类书为何物的时代，此时的《皇览》《史林》等类书一度被当作史部资料汇编，并且在当时人们眼中，《皇览》《史林》等类书的史书性质明显多于类书性质，甚至其史书性质几乎完全掩盖了类书性质。

北宋的《龙图阁书目》是目前我们所知道的目录学著作中最早出现"类书类"子目的著作。我们不禁要追问，北宋之前，也就是《龙图阁书目》之前，类书又被称作什么？五代刘昫修《旧唐书》时将原属于《隋书》"子部"杂家的类书独立出来，另立门户，称为"事类"或"类事"，[1]列于"子部"第十五类。既然刘昫在《旧唐书》中将类书家族归入"子部"之"事类"或"类事"之中，可见，北宋以前类书是被称为"事类"或"类事"的。唐宋以来，无论是"类书类"还是"事类"或"类事"，在目录学著作中多

---

[1] 刘全波：《"事类"还是"类事"——关于类书别名的考察》，王承略主编：《汉学与汉籍》2020年第1期，总第6期，济南：山东人民出版社，2020年，第112—125页。

被列于"子部"，但是《皇览》在目录学著作中的最初位置并不属于"子部"，西晋荀勖编纂《中经新簿》时将《皇览》划归"史部"。《隋书》卷三二《经籍志序》载：

> 魏氏代汉，采掇遗亡，藏在秘书中、外三阁。魏秘书郎郑默，始制《中经》，秘书监荀勖，又因《中经》，更著《新簿》，分为四部，总括群书。一曰甲部，纪六艺及小学等书；二曰乙部，有古诸子家、近世子家、兵书、兵家、术数；三曰丙部，有史记、旧事、皇览簿、杂事；四曰丁部，有诗赋、图赞、汲冢书，大凡四部合二万九千九百四十五卷。①

西晋荀勖据郑默《中经》作《中经新簿》，其"丙部"，也就是后来的"史部"之下，收录有"史记、旧事、皇览簿、杂事"四类，其中引起学界关注较多的就是"皇览簿"，言其是《皇览》之别称，或为《皇览》之簿。我们认为此处"皇览簿"应该就是《皇览》之别称，《皇览》列入"史部"都会令古今学者狐疑不止，《皇览》之目录哪会有资格列入"史部"，且与"史记、旧事、杂事"并列呢？

当然，我们更关心的是《皇览》为何会被划入"史部"。古今学者对此也有较多关注。《四库全书总目》卷一三五《类书类序》载："类事之书，兼收四部，而非经非史，非子非集。四部之内，乃无类可归。《皇览》始于魏文，晋荀勖《中经部》分隶何门，今无所考。"②《四库全书总目》的编纂者皆是博学硕儒，很显然他们是不会不知道《中经新簿》将《皇览》

①《隋书》卷二二《经籍志序》，北京：中华书局，1973年，第906页。
②[清]永瑢等撰：《四库全书总目》卷一三五《类书类一》，北京：中华书局，1965年，第1141页。

归入"史部"之事的。但是他们为什么又在"类书类序"中明知故问呢？所言"《皇览》始于魏文，晋荀勖《中经部》分隶何门，今无所考"即说明清儒对荀勖《中经新簿》将《皇览》归入"史部"是表示不理解或质疑的。

近代目录学者姚名达先生在研究《中经新簿》时，同样遇到了这个问题，其在《中国目录学史》中亦曾提出疑问：

> 其有不可解者三：一、《兵书》与《兵家》何异？二、《皇览》何以与《史记》并列？三、《汲冢书》何以不入丙部而附于丁部？意者《汲冢书》出于编定目录之后，为插架方便计，故置于最后之空架耶？其余二者，则不宜意度。①

姚名达先生对《中经新簿》中《皇览》何以与《史记》并列这个问题，没有作答，只是把问题更加明确地提了出来。

余嘉锡先生在《目录学发微》中引用明人胡应麟的说法，对《皇览》何以与《史记》并列这个问题做了初步解释，其认为"史部"在《中经新簿》时代刚刚从"经部"脱离，独立不久，书籍不多，为了使四部之间卷帙匀称，于是将无类可归的类书暂时附入了"史部"。其言："史书本附《春秋》，《中经簿》始自六艺内析出。然分门未久，其书不能甚多。诗赋在汉志虽有五种百六家，然至晋当已亡失大半，新作盖亦无几。胡应麟谓此时史集二部尚希，其说是也。故丙丁两部之中，史记、旧事（即故事）、杂事（即杂史）皆史也，而《皇览》簿则非（《皇览》乃类书之祖，隋志言梁有六百八十卷，故能以一书自为一类）。诗赋图赞皆集

---

① 姚名达：《中国目录学史》，上海：上海古籍出版社，2002 年，第 59 页。

也，而汲冢书则非。盖为此两部之书过少，故取无类可归之书，分别附入，以求卷帙匀称。"①唐光荣教授《唐代类书与文学》则言："《皇览》像后世的类书一样杂采群言，包罗万象，将之归入史部是很令人费解的。"②

类书被附入"史部"，这种解释是有一些道理的，因为荀勖时代，"史部""集部"的确是书籍不多，难免会有"拉郎配"的嫌疑。但是我们也必须搞清楚一个基本前提，荀勖等编纂《中经新簿》肯定是根据西晋时代的藏书情况做出的分类，也是经过深思熟虑之后做出的编目。《三国志》卷二三《魏书·王象传》载：

> 《魏略》曰：王象字羲伯……魏有天下，拜象散骑侍郎，迁为常侍，封列侯。受诏撰《皇览》，使象领秘书监。象从延康元年始撰集，数岁成，藏于秘府，合四十余部，部有数十篇，通合八百余万字。③

通过以上记载，我们可以知道《皇览》编纂完成之后被"藏于秘府"。之后，司马氏取代曹氏建立西晋，司马氏是通过政变完成朝代更替的，并且政变过程中并未发生大规模的战乱，所以被"藏于秘府"的《皇览》会完好无缺地保存到西晋。也就是说，荀勖是有机会见到《皇览》的。就算当时"史部"新独立，书籍不多，但是拉人入伙之事，肯定也要选择志同道合的人，绝不可能是随随便便将《皇览》拉入"史部"，如此，《皇览》与"史部"至少是要有些渊源的。

来新夏先生《古典目录学浅说》载："《皇览》是类书之祖，当时尚难

---

①余嘉锡：《目录学发微》，成都：巴蜀书社，1991年，第137页。
②唐光荣：《唐代类书与文学》，成都：巴蜀书社，2008年，第18页。
③《三国志》卷二三《魏书·王象传》，北京：中华书局，1959年，第664页。

成类，其撰集目的是便于魏文帝观览引作史鉴的，列于史部未为不可。"①陈仕华教授《类书与辑录体解题》言："晋荀勖《中经新簿》置《皇览》于丙部史记之后，或因视其为资料、史料，故置于此处，亦可见类书为资料性质的特点。"②乔好勤先生《中国目录学史》言："丙部所记《皇览》一书，是我国最早的类书，依今日看自当别为一类，但那时是当作历史资料汇辑看待的，列之于丙部并不错。"③辛德勇教授《中国古典目录学中史部之演化轨迹述略》对这个问题的发展作了动态阐述，其言："'皇览簿'是指《皇览》，它是曹魏时编纂的一部类书，为我国类书之祖。在荀勖编纂《中经新簿》的时候，也只有这一部类书。类书在后世比较成熟的四部分类中，归属于'子部'，这是着眼于它的工具性、技艺性。由于这种体裁的著述在当时刚刚出现，人们对于其属性的认识还需要一个过程。同时，从另一个角度来看，类书是分类汇编旧言故事，与史传本有相通之处，所以，荀勖把它归入史部，也不是完全没有道理。类书至齐梁间因骈偶文的风行而兴盛，人们自然也就会更为准确地认识其部类归属。所以，在梁元帝萧绎的著述书目当中，就已经把它归入子书类中。"④诚然，前辈学者已经做了诸多有益探索，为我们继续推进研究奠定了基础。

为了更加清楚地阐释《皇览》与"史部"的关系，我们需要全面分析《中经新簿》所载"史部"诸子目与《皇览》的关系，也就是要看看"史记""旧事""杂事"与"皇览簿"的异同。前文我们讲过，北宋之前，类书是

①来新夏：《古典目录学浅说》，北京：中华书局，2003年，第90—91页。

②陈仕华：《类书与辑录体解题》，《海峡两岸古典文献学学术研讨会论文集》，上海：上海古籍出版社，2002年，第25页。

③乔好勤：《中国目录学史》，武汉：武汉大学出版社，1992年，第95页。

④辛德勇：《中国古典目录学中史部之演化轨迹述略》，《中国典籍与文化》2006年第1期，第10—14页。

被称作"类事"，亦有称作"事类"，《中经新簿》之"史记""旧事""杂事"与"皇览簿"放在一起的确会显得有些格格不入，但是如果将《史记》去掉，将"皇览簿"转化为"类事"或"事类"，把"旧事""杂事"与"类事""事类"放在一起，就有可比性了。"旧事"大体就是前代流传下来的稗官野史，如《汉武帝故事》《西京杂记》；"杂事"即"杂史"，如《战国策》《吴越春秋》等；而《皇览》是分类汇编的旧言故事。将众多采撷自群书的"类事""事类"分门别类排列起来，俨然就是上文诸位先生所说的资料汇编、史料汇辑，三者相比较，的确有诸多类似之处。

《隋书》卷三二《经籍二》所载魏晋南北朝之"旧事""杂事"书目中有：

《汉、魏、吴、蜀旧事》《晋朝杂事》《晋、宋旧事》《晋要事》《晋故事》《晋建武故事》《晋咸和、咸康故事》《晋修复山陵故事》《交州杂事》《晋八王故事》《晋四王起事》《晋东宫旧事》等。[1]

《魏武本纪》《魏尚书》《魏晋世语》《魏末传》《吕布本事》《晋诸公赞》《晋后略记》《晋书钞》《晋书鸿烈》等。[2]

这些"旧事""杂事"之书与"类事""事类"之书的距离并没有后世学者所认为的那么遥远，"旧事"之书《晋要事》，"杂事"之书《晋书钞》就是对有关晋代典籍所做的抄撮、整理。如果是一个体例完善、以类相从的抄撮、整理，那么它们与最初的类书没什么大的区别，且彼此间还有很多的交叉。

加之，《皇览》是魏文帝曹丕敕令编纂的，备受重视，荀勖时代肯定

①《隋书》卷三二《经籍二》，北京：中华书局，1973 年，第 966—967 页。
②《隋书》卷三二《经籍二》，北京：中华书局，1973 年，第 960 页。

要将之作为重要典籍对待，一部极重要且与史部书有诸多相似之处的《皇览》被归入"史部"也就是顺理成章的事情，所以《皇览》在西晋荀勖时代被归入"史部"是没有任何问题的。《皇览》的史料价值也广为后世史学家所重视，《史记》等史书的注疏中大量征引了《皇览》，足见《皇览》的史料价值，并且我们对《皇览》辑佚本进行考察时，其内容就如史书一般，尤其是《冢墓记》所记载的内容皆古代帝王圣贤的冢墓位置，无疑就是一部历史资料汇编。北齐编纂的著名类书《修文殿御览》的补史价值亦很显著，《文渊阁四库全书》本《魏书》卷三《太宗明元帝纪》考证记载："《帝纪第三》。魏收书此《纪》阙。后人补以《北史》，又取《高氏小史》《修文殿御览》附益之"①。中华书局点校本《魏书》卷三《太宗纪》校勘记载："又案《北史》《高氏小史》《修文殿御览·皇王部》皆抄略魏收书，其间事及曰有此《纪》所不载者。"②

所以，类书尤其是早期类书，与史部的关系是比较紧密的，只是随着时间的推移，类书与史部都发生了重大变化，二者之间的关系渐渐疏远，直至分道扬镳。

五、小结

《皇览》开创了一个新的图书编纂模式，《皇览》之后出现了千余种各式类书，这个庞大的家族占据了《四库全书》的十分之一，并且作为典籍之荟萃、知识之精华的类书，成为读书人的锦绣万花谷，不断被刊刻、补编、续编、新编，类书渐渐与中国古代政治、文学、科举、教育

---

① 《魏书》卷三《太宗明元帝纪》，《文渊阁四库全书》第 261 册，上海：上海古籍出版社，2003 年，第 62 页。

② 《魏书》卷三《太宗纪》，北京：中华书局，1974 年，第 64 页。

乃至日常生活都紧密相连，甚至流传到了日本、韩国、越南等地。但是，《皇览》的产生存在诸多偶然性因素，虽然唐宋以来的学者多称《皇览》为类书之祖，但是《皇览》产生之时何曾有"类书"之名？"类书"之名是宋代才出现的，甚至在当时人们眼中《皇览》根本就不是类书，《皇览》在当时是一部文献大成、资料汇集。《皇览》之后，虽然晋宋齐梁间有人抄合《皇览》，亦有人编纂了几部私纂小类书，如陆机《会要》、戴安道《纂要》等，但是直到南朝齐高帝萧道成敕令编纂《史林》，萧子良编纂《四部要略》，称为"《皇览》之流"的类书体例才再次受到重视，并发展起来。从《皇览》编纂的时代，到《史林》《四部要略》编纂的时代，中间相隔了二百多年，虽然这期间《皇览》被不断抄合，但是我们没有见到其他大型类书、官修类书的编纂与出现，这是为什么呢？《皇览》所代表的类书体例开创之后，没有被继承，而是中断了二百多年，直到南朝齐梁时代，称为"《皇览》之流"的类书编纂才再次受到重视，再次得到帝王的支持，这是为什么呢？当然这与晋宋时期的政治混乱有关，与当时文风、学术有关，如果《皇览》所代表的类书的产生是势不可挡的，那么《皇览》之后接踵而至的续作应该很多，中间停歇了二百多年，只能说明《皇览》所代表的类书的产生并不是必然的，更多的是曹丕及其群臣的一时杰作，所以，《皇览》产生的偶然性因素也是需要我们认识清楚的，只有这样我们才可以更加清楚地认识《皇览》的编纂及其时代背景。当然，《皇览》"类书之祖"的名号也是实至名归，《皇览》以类相从的文献排列方式，开启了类书编纂模式，由此开始了中国古代类书编纂的历史，1800 多年来，类书不断被文人墨客编纂出来，数量有千余种，蔚为大观，这是曹丕君臣难以想象的结果，也是历史发展的必然，偶然性有时比必然性更能影响历史，但历史潮流又是任何人、任何力量所难以阻挡的。

第二章　南朝齐时期类书编纂的觉醒

《皇览》之后的西晋、东晋时期，史籍中没有见到官方编纂类书的记载，就是南朝宋也没有见到记载。在《皇览》编纂刚刚完成的时代，《皇览》虽受到重视，但是《皇览》的价值并没有得到较大的发挥，因为此时玄风高唱，玄谈名士对《皇览》这类资料汇编、后世类书之祖应该没有多大的兴趣，随着后来的动乱迁徙，《皇览》的命运可想而知，但是《皇览》的大部分内容肯定流传到了南朝，并受到部分学者的重视，他们或是珍之秘之，等玄风消歇、庄老告退、山水方滋之时，类书体例再次受到重视之时，好博之人有了新编《皇览》之行动，于是《史林》《四部要略》等先后出现。

一、齐高帝萧道成与《史林》的编纂

南朝齐是南朝四个朝代中存在时间最短的，仅有二十三年。齐高帝萧道成借鉴了宋灭亡的教训，以宽厚为本，提倡节俭。齐高帝萧道成（427—482年）字绍伯，小名斗将，在位四年（479—482年），少时跟从名儒雷次宗受业，治《礼》及《左氏春秋》。《南史》卷四《齐本纪上第四》载：

上少有大量，喜怒不形于色，深沈静默，常有四海之心。博学，善属文，工草隶书，弈棋第二品。虽经纶夷险，不废素业。

所著文，诏中书侍郎江淹撰次之。又诏东观学士撰《史林》三十篇，魏文帝《皇览》之流也。①

《南齐书》没有记载《史林》的情况，而《南史》对于《史林》的记载也很简单，仅有"又诏东观学士撰《史林》三十篇，魏文帝《皇览》之流也"一句而已。齐高帝萧道成于 479 年的五月登基称帝，482 年三月崩，虽说是四年，其实总共在位的时间不足三年。在这短短的三年里，齐高帝移风易俗，崇尚节俭，更敕令东观学士编纂《史林》三十卷，其用意是什么呢？或许是有以史为鉴的意思在里面。

《册府元龟》卷一九二《闰位部十一·文学》载：

南齐太祖年十三，受业于雷次宗，治《礼》及《左氏春秋》。其后，关康之尤善《左氏春秋》，帝为领军，素好此学，送《春秋》五经，康之手自点定；并得论《礼记》十余条，帝甚悦，宝爱之。在位所著文诏，中书侍郎江淹撰次之。又诏东观学士撰《史林》三十篇，魏文帝《皇览》之流也。②

《通志》卷一二《南齐纪》载：

---

① 《南史》卷四《齐本纪上第四》，北京：中华书局，1975 年，第 113 页。
② [宋] 王钦若等编纂，周勋初等校订：《册府元龟》卷一九二《闰位部十一·文学》，南京：凤凰出版社，2006 年，第 2146 页。

又诏东观学士撰《史林》三十篇，魏文帝《皇览》之流也。①

《玉海》卷四九《艺文·论史》载：

> 齐《史林》。《南史》齐太祖建元四年，诏东观学士撰《史林》三十
> 篇，魏文《皇览》之流也。②

以上文献中，《通志》与《册府元龟》记载与《南史》相同。《玉海》则加上了"齐太祖建元四年"。《南齐书》卷二《高帝下》记载了建元四年的大事，载：

> (建元)四年春正月壬戌，诏曰："夫胶庠之典，彝伦攸先，所以
> 招振才端，启发性绪，弘字黎珉，纳之轨义，是故五礼之迹可传，
> 六乐之容不泯。朕自膺历受图，志阐经训，且有司群僚，奏议咸
> 集，盖以戎车时警，文教未宣，思乐泮宫，永言多慨。今关燧无
> 虞，时和岁稔，远迩同风，华夷慕义。便可式遵前准，修建教学，
> 精选儒官，广延国胄。"
>
> 二月，乙未，以冠军将军桓康为青、冀二州刺史。上不豫，庚
> 戌，诏原京师囚系有差，元年以前逋责皆原除。
>
> 三月，庚申，召司徒褚渊、左仆射王俭诏曰："吾本布衣素族，
> 念不到此，因藉时来，遂隆大业。风道沾被，升平可期。遘疾弥

---

① [宋]郑樵：《通志》卷一二《南齐纪》，《文渊阁四库全书》第 372 册，上海：上海古籍出版社，2003 年，第 557—558 页。
② [宋]王应麟：《玉海》，京都：中文出版社，1977 年，第 979 页。

留，至于大渐。公等奉太子如事吾，柔远能迩，缉和内外，当令太子敦穆亲戚，委任贤才，崇尚节俭，弘宣简惠，则天下之理尽矣。死生有命，夫复何言！"壬戌，上崩于临光殿，年五十六。

四月庚寅，上谥曰太祖高皇帝。奉梓宫于东府前渚升龙舟。丙午，窆武进泰安陵。[①]

建元四年正月壬戌诏载齐高帝兴办学校，是一项文化政策，与《史林》的编纂或许有关，但是此后不久的二月里齐高帝病重，并于三月去世，可见，在建元四年齐高帝的学士们编纂《史林》的时间很少。但是对于齐高帝萧道成的好学、博学，《南齐书》的记载与《南史》的记载基本无二。

上少沈深有大量，宽严清俭，喜怒无色。博涉经史，善属文，工草隶书，弈棋第二品。虽经纶夷险，不废素业。从谏察谋，以威重得众。[②]

对于《史林》的编修者史籍中没有指出具体的人，只说是东观学士，那么此时期的东观学士究竟是何人，我们只能从永明时代担任东观学士的古人中去寻找。

《南史》卷三《宋本纪下》载：

(泰始六年)九月戊寅，立总明观，征学士以充之。置东观祭酒、

①《南齐书》卷二《高帝下》，北京：中华书局，1972年，第37—38页。
②《南齐书》卷二《高帝下》，北京：中华书局，1972年，第38页。

访举各一人，举士二十人，分为儒、道、文、史、阴阳五部学，言阴阳者遂无其人。①

《南史》卷二二《王俭传》载：

> （永明）三年，领国子祭酒，又领太子少傅。旧太子敬二傅同，至是朝议接少傅以宾友礼。宋时国学颓废，未暇修复，宋明帝泰始六年，置总明观以集学士，或谓之东观，置东观祭酒一人，总明访举郎二人；儒、玄、文、史四科，科置学士十人，其余令史以下各有差。是岁，以国学既立，省总明观，于俭宅开学士馆，以总明四部书充之。②

宋明帝泰始六年（470年）置总明观，有人称为东观，学士有四科四十人。这些人或许就是后来为齐高帝编纂《史林》的诸学士。

永明是齐高帝的儿子齐武帝萧赜的年号，永明三年是485年，设立国学，废掉总明观。

《南齐书》卷三四《王谌传》载：

> 出为临川内史，还为尚书左丞。寻以本官领东观祭酒，即明帝所置总明观也。迁黄门，转正员常侍，辅国将军，江夏王右军长史，冠军将军。转给事中，廷尉卿，未拜。建元中，武陵王晔为会稽，以谌为征虏长史行事，冠军如故。永明初，迁豫章王太尉司

---

①《南史》卷三《宋本纪下》，北京：中华书局，1975年，第82页。
②《南史》卷二二《王俭传》，北京：中华书局，1975年，第595页。

马，将军如故。世祖与谌相遇于宋明之世，欲委任，为辅国将军、晋安王南中郎长史、淮南太守，行府、州事。①

《南齐书》卷五二《丘灵鞠传》载：

> 升明中，迁正员郎，领本郡中正，兼中书郎如故。时方禅让，太祖使灵鞠参掌诏策。建元元年，转中书郎，中正如故，敕知东宫手笔。寻又掌知国史。明年，出为镇南长史、寻阳相，迁尚书左丞。世祖即位，转通直常侍，寻领东观祭酒。灵鞠曰："久居官不愿数迁，使我终身为祭酒，不恨也。"②

《南史》卷七二《司马宪传》载：

> 宪字景思，河内温人，待诏东观为学士，至殿中郎，口辩有才地，使魏见称于北。③

上文中，我们可以知道王谌、丘灵鞠曾任东观祭酒，司马宪曾为东观学士，但是通过时间来看，王谌为东观祭酒当在南朝宋末；丘灵鞠为东观祭酒又在世祖即位之后，即齐武帝萧赜继位之后的永明初年，只有司马宪或许在齐高帝时做过东观学士，但也不能确定其参与了《史林》的编纂。可以确定的是，齐高帝萧道成时期，曾诏令东观学士，

---

①《南齐书》卷三四《王谌传》，北京：中华书局，1972年，第617页。
②《南齐书》卷五二《丘灵鞠传》，北京：中华书局，1972年，第890页。
③《南史》卷七二《丘巨源传附司马宪传》，北京：中华书局，1975年，第1771页。

以《皇览》为例编纂了《史林》三十卷。

以"史林"为名，必然是以史料为根底汇集而成的一部著作，凭直觉很像是史部中的史书，前文我们也曾说过，《皇览》在当时人们的眼中绝非后人眼中的类书，而是被视作历史资料汇编，也就是类书的最初形式，类书最初被归入史部，必然也有此种原因，后来的《隋书》中类书被归入子部杂家，可见南北朝至隋唐间，类书经历了一个从史部往子部转变的过程。以我们今天的视角去看，《史林》既然是《皇览》之流，其性质必然是类书，在南朝齐初《皇览》何曾有类书之名？"类书"一名晚至宋初才被使用。这就是说，至少在齐初，《皇览》《史林》与史部的关系更为密切，被当时的人们看作史部资料汇编，而不是后世人们所认为的子部类书。《章学诚遗书》卷六《杂说》载有一段极为精辟之话语，其言：

> 诸子不难其文，而难于宗旨之卓然有其不可灭；诸史不难其事，而难其有以成一家之言。故诸子仅工文辞，即后世文集之滥觞；史学惟求事实，即后世类书之缘起。[①]

章学诚的观点是：史学求事实，也就是说史学重事类、故事、典故，而类书的最初形态是编纂事类，这无疑是找到了史学与类书的共同点，也就是它们之间融通的关键点，二者对待事实、收集事实的态度是一样的，所不同的是史学要对资料进行加工，而类书主要是寻找以类相从的内容排列组合起来。既然史学是类书之缘起，那么类书与

---

① [清]章学诚：《章学诚遗书》卷六《杂说》，北京：文物出版社，1985年，第55页。

史部的关系就显而易见了，前文我们所说的《皇览》被归入史部也就容易理解了，而《史林》的出现也就顺理成章了。

王锦贵教授主编《中国历史文献目录学》亦言："所谓类书，就是博采群书有关资料，然后依照类别或韵部组织而成的史书。"①许兆昌、于薇教授《魏晋南北朝简史》言："实录、类书是魏晋南北朝时期创立的新的史书类型……类书是采辑群书、以类相从的一种史书，以便检寻之用。当时著有《皇览》《圣寿堂御览》等，但这类书已经全部散佚了。"②曹文柱教授主编《中国文化通史（魏晋南北朝卷）》载："类书是采辑群书、以类相从的一种史书，以便寻检之用。唐宋以后，各种鸿文巨篇的类书不断问世，就是受这一时期类书影响的结果。"③王锦贵、许兆昌、于薇、曹文柱诸先生径直将类书称为史书，目光如炬，透过现象发现了本质，反映了类书在魏晋南北朝时期的真实存在情况，类书在当时不但不是杂家之附庸，亦非子部之一类，而是史书，至少是有补于史的资料汇编。

二、竟陵王萧子良与《四部要略》的编纂

《四部要略》是由南朝齐武帝次子竟陵王萧子良召集文人学士编纂而成的一部大型类书，其卷帙浩繁，达一千卷。从《四部要略》的名称来看，类书在此时已经将取材范围扩展至四部，"采集经传"的《皇览》虽然也包含经史子集之内容，但是，《四部要略》更加突出"经传"的内容。

---

① 王锦贵主编：《中国历史文献目录学》，北京：北京大学出版社，1994年，第168页。
② 许兆昌、于薇编著：《魏晋南北朝简史》，福州：福建人民出版社，2007年，第336页。
③ 曹文柱主编：《中国文化通史（魏晋南北朝卷）》，北京：北京师范大学出版社，2009年，第294页。

类书就是在这个时候，走上了一条"兼收四部，而非经非史，非子非集。四部之内，乃无类可归"①的道路。

竟陵王萧子良是齐高帝萧道成的孙子，齐武帝萧赜的次子。《南齐书》卷四〇《武十七王·萧子良传》载："子良少有清尚，礼才好士，居不疑之地，倾意宾客，天下才学皆游集焉。善立胜事，夏月客至，为设瓜饮及甘果，著之文教。士子文章及朝贵辞翰，皆发教撰录。"②萧子良非但礼贤下士，其对于永明时代的文风、学风乃至社会风气都起着引导作用，他组织的文人团体更是南北朝时期有名的文学集团之一，他们吟诗酬唱，编书译经，成为永明时代文学乃至社会风气的带动者。《四部要略》就是在萧子良组织下编纂的一部大书，虽然《四部要略》已经失传，甚至不为人知，但是它在当时的影响，使得我们不得不去关注。

《南齐书》卷四〇《武十七王·萧子良传》载：

> （永明）五年，正位司徒，给班剑二十人，侍中如故。移居鸡笼山邸，集学士抄《五经》、百家，依《皇览》例为《四部要略》千卷。招致名僧，讲语佛法，造经呗新声。道俗之盛，江左未有也。③

《南史》卷四四《齐武帝诸子·萧子良传》载同。④《金楼子校笺》卷三《说蕃篇第八》又载：

---

① [清]永瑢等撰：《四库全书总目》卷一三五《类书类序》，北京：中华书局，1965年，第1141页。
② 《南齐书》卷四〇《武十七王·萧子良传》，北京：中华书局，1972年，第694页。
③ 《南齐书》卷四〇《武十七工·萧子良传》，北京：中华书局，1972年，第698页。
④ 《南史》卷四四《齐武帝诸子·萧子良传》，北京：中华书局，1975年，第1103页。

少有清尚，礼才好士，居不疑之地，倾意宾客，天下才学皆游集焉。善立胜事，夏月客至，为设瓜饮及甘果，著之文教。士子文章及朝贵辞翰，皆发教撰录。居鸡笼山西邸，集学士抄《五经》、百家，依《皇览》例为《四部要略》千卷。招致名僧，讲论佛法，造经呗新声，道俗之盛，江左未有也。好文学，我高祖、王元长、谢元晖、张思光、何宪、任昉、孔广、江淹、虞炎、何倜、周颙之俦，皆当时之杰，号士林也。①

《通志》卷八二《宗室传第五》亦载："五年，正位司徒，给班剑二十人，侍中如故。移居鸡笼山西邸，集学士抄《五经》、百家，依《皇览》例为《四部要略》千卷。"②《册府元龟》卷二七〇《宗室部九·文学》亦载："竟陵王子良，武帝第二子也，永明五年，移居鸡笼山西邸，集学士抄五经百家，依《皇览》例，为《四部要略》千卷，令司徒右长史陆惠晓参知事。子良所著内外文笔数十卷，虽无文采，多是劝戒。"③《玉海》卷五二《艺文·书目》载："齐《四部要略》。《齐史》竟陵王子良集学士抄五经百家，依《皇览》例为《四部要略》千卷。"④

由上可知，《南齐书》《南史》《金楼子》《通志》《册府元龟》《玉海》对于《四部要略》的记载大致相同，主要观点就是永明五年，萧子良移居鸡笼山西邸"集学士抄《五经》百家，依《皇览》例为《四部要略》千卷"。上

---

① [南朝梁] 萧绎撰，许逸民校笺：《金楼子校笺》卷三《说蕃篇第八》，北京：中华书局，2011 年，第 643 页。

② [宋] 郑樵：《通志》卷八二《宗室传第五》，《文渊阁四库全书》第 375 册，上海：上海古籍出版社，2003 年，第 331 页。

③ [宋] 王钦若等编纂，周勋初等校订：《册府元龟》卷二七〇《宗室部九·文学》，南京：凤凰出版社，2006 年，第 3063 页。

④ [宋] 王应麟：《玉海》，京都：中文出版社，1977 年，第 1031—1032 页。

文我们说《四部要略》取材范围是四部，但是需要指出的是，以上诸书皆说是"抄《五经》百家"，经部自然毋庸赘言，而此"百家"自然是包括史部与子部，其次就是集部之圣贤诗篇。《四部要略》的卷帙为千卷，如此大部头的著作，就算其每卷内容皆不丰，但与三十卷的《史林》比较亦是数量巨大，此必然是萧子良集合众学士所做，其中，众多学士随着南齐的覆灭进入了萧梁，梁武帝萧衍就是最典型的例子，曾经参与或见闻《四部要略》编纂的诸多学士在入梁之后，必然会将这个事业继续做下去，萧子良编纂《四部要略》锻炼、培养了一大批人才，为梁武帝时代类书编纂奠定了基础。

南朝皇室贵胄子弟多效仿古代诸侯养士之风，招揽才俊，组成文人集团，这些集团名义上是吸纳文学之士从事文化活动，实际则有壮大自己势力的图谋，而文人则多借助文学集团获取名声，取得庇护，萧子良是当时最有权势的王子皇孙，声势显赫，召集众多学士抄书、编书、译经、讲经，据统计，前后出入萧子良王府的文人有一百余人，主要是世家子弟和一些得道高僧，他们在竟陵王的组织下，从事文学活动，对当时社会的思想、文化、文学发展产生了重要的影响，这些人中又以"竟陵八友"为代表，此时他们对类书的认识开始发生变化，或许就是他们要仿效曹丕，编纂一部兼容并包、囊括无遗的大著作，他们试图突破经传也就是史部对他们的制约，开始在当时所有藏书中辑录事类，编纂《四部要略》，这表明类书此时获得了一个新的更为重要的认同。

《四部要略》编纂之时，《皇览》的残卷应该还有流传，萧琛就有《皇览抄》二十卷。萧琛是"竟陵八友"之一，是竟陵王幕府的重要人物之一，他对于《四部要略》的编纂或许有比较重要的作用，但是史书没有记载，并且在以后的梁武帝时代里，萧琛并没有领修类书。《四部要略》在后世湮灭无闻，只言片语也难见到，如此一部大书，瞬间消失，实在令人不解。这或许与萧子良的政治生命有关，萧子良在争夺皇位的斗争中失败，并很快死去，其所组织编纂的《四部要略》必然无法在后世流传，甚至我们认为此《四部要略》的编纂质量或许也无多少可以称道的地方，多种原因之下，致使其过早地湮没。

三、裴景融与北朝《四部要略》的编纂

《册府元龟》卷六〇八《学校部十二·目录》载："后魏裴景融领著作。撰《四部要略》，令景融专典。"①此《四部要略》与南朝萧子良时代编纂的《四部要略》是同名之书，其性质也应该是相同的，属于类书。《册府元龟》的编纂者或许把此书的性质当作群书目录、书目了。此《四部要略》的编纂者是裴景融，《魏书》有传。

《魏书》卷六九《裴延俊传附裴景融传》载：

> 景融，字孔明，笃学好属文。正光初，举秀才，射策高第，除太学博士。永安中，秘书监李凯以景融才学，启除著作佐郎，稍迁辅国将军、谏议大夫，仍领著作。出帝时，议孝庄谥，事遂施行。时诏撰《四部要略》，令景融专典，竟无所成。元象中，仪同高岳以为录事参军。弟景颜被劾廷尉狱。景融入选，吏部拟郡，为御史中丞崔暹所弹，云其贪昧苟进，遂坐免官。武定四年冬，病卒，年五十二。景融卑退廉谨，无竞于时。虽才不称学，而缉

---

① ［宋］王钦若等编纂，周勋初等校订：《册府元龟》卷六〇八《学校部十二·目录》，南京：凤凰出版社，2006年，第7011页。

缀无倦，文词泛滥，理会处寡。所作文章，别有集录。又造《邺都、晋都赋》云。①

《魏书》卷八五《文苑传·裴伯茂传》载：

> 裴伯茂，河东人，司空中郎叔义第二子。少有风望，学涉群书，文藻富赡。释褐奉朝请……伯茂先出后其伯仲规，与兄景融别居。景融贫窘，伯茂了无赈恤，殆同行路，世以此贬薄之。②

裴景融，笃学好属文，出帝（531—532年）时，奉诏撰《四部要略》，竟无所成，此处的"无所成"，恐怕是因为裴景融的才气不足，没有把这部书编纂好，为什么说其才气不足呢？其本传言："虽才不称学，而缉缀无倦，文词泛滥，理会处寡。"就是说，虽然裴景融才气与其学问不对称，但是仍然缉缀无倦，以至于文词泛滥，没有神韵风骨，徒有辞藻，是一个有学无才的人。而编纂《四部要略》必然会牵涉到谋篇布局等极具宏观性的问题，需要个人才气、创造力，而裴景融没有处理好这些问题，致使《四部要略》编纂无所成就，甚或半途而废。此外，由于此时期北魏政权进入了衰弱期，正处于一个权力斗争激烈的时期，帝王之位尚朝不保夕，又哪来的时间、精力、财力去支持一部《四部要略》的编纂呢？

《隋书》卷三四《经籍三》载："《部略》十五卷。"③姚振宗《隋书经籍志

---

① 《魏书》卷六九《裴延俊传附崔景融传》，北京：中华书局，1974年，第1534页。
② 《魏书》卷八五《文苑传·裴伯茂传》，北京：中华书局，1974年，第1872—1873页。
③ 《隋书》三四《经籍三》，北京：中华书局，1973年，第1007页。

考证》卷三〇《子部七》载:"案《南齐书·竟陵文宣王子良传》:永明五年,正位司徒,移居鸡笼山西邸,集学士抄《五经》、百家,依《皇览》例为《四部要略》千卷。此《部略》疑即《四部要略》之省名,十五卷者,或千之残剩,或部首之总称。又《魏书·裴景融传》:出帝时诏撰《四部要略》,令景融专典,竟无所成,则又疑裴氏未成之书。"①按照姚振宗的研究,此《部略》与南朝或者北朝的《四部要略》有关系,但是也只是猜测,此《部略》或者是另外一部书也未可知,对于失传已久的古代典籍,我们只能寄希望于辑佚工作了,如能找寻到它的断章残句,才可以对它有更多的认识和了解。

四、类书与史钞

章学诚《校雠通义》对抄书乃至其后形成的史钞体做过深入分析。其言:"钞书始于葛稚川。然其体未杂,后人易识别也。唐后史家,无专门别识,钞撮前人史籍,不能自擅名家;故《宋志》艺文史部,创为史钞一条,亦不得已也。嗣后学术,日趋苟简,无论治经业史,皆有简约钞撮之工;其始不过便一时之记忆,初非有意留青;后乃父子授受,师弟传习,流别既广,巧法滋多;其书既不能悉界丙丁;惟有强编甲乙;弊至近日流传之残本《说郛》而极矣。"②黄侃先生《文心雕龙札记·事类第三十八》中对古人为何多从事抄撮也做了透彻的分析:"浅见者临文而踌躇,博闻者裕之于平素,天资不充,益以强记,强记不足,助

---

① [清]姚振宗:《隋书经籍志考证》,《续修四库全书》第 915 册,上海:上海古籍出版社,2002年,第 478 页。

② [清]章学诚著,叶瑛校注:《文史通义校注》附《校雠通义》卷一《宗刘第二》,北京:中华书局,1985年,第 958 页。

以抄撮，自《吕览》《淮南》之书，《虞初》百家之说，要皆探取往书，以资博识。后世《类苑》《书抄》，则输资于文士，效用于谀闻，以我搜辑之勤，祛人翻检之剧，此类书所以日众。"①章学诚、黄侃二位先生说出了两层意思，一是，人的记忆力是有限的，为了博闻强记，就需要把难于记忆的知识按类编排，抄撮在一起，以便随时翻阅，加深记忆；第二，黄侃先生把抄撮之事与类书的发展做了说明，章学诚先生则把抄书与史钞体的发展做了说明，其实，类书与史钞的发展在某种意义上都是古代抄撮、抄撰之风的产物，所不同的是类书兼抄四部，史钞专抄史部。

　　类书与史钞最初都是由于学者苦于典籍的卷帙浩繁，难以阅读，于是删繁就简，提要钩玄，博取约存而成。"史钞体"在文献学上与类书一样，有其不可替代的地位。徐蜀先生《史钞的起源和发展》言："史钞是中国古代一种重要的史书编撰形式。史钞没有一定的格式，它是根据一种或数种史书，本着删繁就简的原则钞撮而成。"②徐先生认为第一部史钞是东汉初年卫飒的《史要》。《隋书》卷三三《经籍二》史部杂史类载："《史要》十卷，汉桂阳太守卫飒撰。约《史记》要言，以类相从。"③这里《史要》的以类相从，与类书编纂中的以类相从有异曲同工之妙。

　　隋唐时代，被史部排挤出来的类书被置于子部杂家类之末，可谓是无家可归，无处容身，唐开元时毋煛编《古今书录》时，类书被称为"类事""事类"，开始在子部中独立门户；宋以前，史钞多属于史部杂史

---

①黄侃：《文心雕龙札记》，上海：上海古籍出版社，2000年，第188页。
②徐蜀：《史钞的起源和发展》，《史学史研究》1990年第2期，第51—54页。
③《隋书》卷三三《经籍二》，北京：中华书局，1973年，第961页。

类，学者多以之为体制不经之作，亦是无处容身，自《宋史·艺文志》起，史钞成为史部中的一个独立门类。《四库全书总目》卷六五《史钞类序》载："帝魁以后书凡三千二百四十篇，孔子删取百篇。此史钞之祖也。《宋志》始自立门。然《隋志》杂史类中有《史要》十卷，注汉桂阳太守卫飒撰，约史记要言，以类相从。又有《三史略》二十卷，吴太子太傅张温撰。嗣后专钞一史者，有葛洪《汉书钞》三十卷，张缅《晋书钞》三十卷。合钞众史者，有阮孝绪《正史削繁》九十四卷。则其来已古矣。沿及宋代，又增四例。《通鉴总类》之类，则离析而编纂之。《十七史详节》之类，则简汰而刊削之。《史汉精语》之类，则采摭文句而存之。《两汉博闻》之类，则割裂词藻而次之。"①

很显然，根据《四库全书总目》的记载，史钞的渊源与类书之渊源是极为相近的，都是中古时期的抄撮、抄撰之风。②只不过，兼抄四部的类书一度掩盖了专抄史部的史钞，史钞至两宋才获得较大发展，成为一个独立发展体，并在史部中独立门户。抄撮、抄撰之风在中国文化史上的发展是绵绵不绝的，其影响也是巨大的，它不仅是类书类与史钞类著作之母体，还是众多的"经钞""子钞""集钞"之母体。合起来，兼抄四部的是类书，分开来，专抄经部的是经钞，专抄史部的是史钞，专抄子部的是子钞，专抄集部的是集钞，当然"经钞""子钞""集钞"一直都没有强大到像"史钞"一样可以独立门户，所以就被人为地归入近似的子目中去了。

魏晋南北朝时期，类书多是以类事类书的编纂为主，类事类书的编

①［清］永瑢等撰：《四库全书总目》卷六五《史钞类序》，北京：中华书局，1965年，第577页。

②刘全波：《魏晋南北朝时期的抄撮、抄撰之风》，《山西师大学报（社科版）》2011年第1期，第70—73页。

纂内容主要为史实、典故，大量史实、典故经过以类相从的排列组合之后形成一部部新的著作，后世学者往往可以见到这些典籍的两种性质：一种是以类相从的类书性质，且此类典籍多称自己是《皇览》之流；另一种是丰富史料整理的史书性质，这是类书编纂方法与史料整理相结合的一种产物，是特定时代的特殊现象，我们不能忽略其中的任何一种性质。并且我们透过这种现象还可以发现早期类书的发展有借壳史书的现象，如同章学诚所言"史学惟求事实，即后世类书之缘起"，或者早期类书的存在形式就是历史资料汇集，这种借壳现象无论是有意的还是无意的，都说明了早期类事类书与史部书之间的亲密关系。当然，类书与史书二者之间的区别也很明显，史书是著作，是史家在收集到众多史料之后，进行加工，重新撰写出来的生动鲜活的著作；而类书是资料汇编，就算是运用不同的编纂体例，类书仍然是"述而不作"，仅是对资料的整理加工、排列组合。随着时代的发展，类书与史书的差别越来越大，六朝时期是中国史学急速发展的时代，史学的自觉意识得到充分发展，主要表现在：史籍数量的增多，史书体裁的丰富，史官制度的完善，史家队伍的壮大，史学思想的成熟。①迅猛发展起来的史学再也不需要拉人入伙，这就导致《皇览》等类书被排挤出史部。与此同时，类书也获得了较大的发展，类书的编纂模式亦多样化，类事类书之外的类语类书、类句类书、类文类书随着南北朝文学的勃兴迅猛发展起来。如果类书还是向着类事类书的方向发展，那么类事类书必然不会被史部所排挤，类事类书的近亲史钞就是例子。类书与史部书之间的分裂是各自独立发展的必然结果，但是它们之间的联系无疑

---

①郝润华：《六朝史籍与史学》，北京：中华书局，2005年，第297页。

是难以割断的，各个时代不时出现的既具有类书性质，又具有史书性质的典籍就是例子。

五、小结

通过南北朝皆编纂《四部要略》之事来看，此时期的类书编纂已经引起南北朝文人乃至帝王将相的重视与支持，并且此时期类书的发展空间扩大了，类书开始从"史部"的空间里走出来，在更为广大的空间里面发展自己。类书之所以远离"史部"，一则是由于史学的大发展，史学独立意识的强化，类书被排挤出来；更为重要的原因是类书自身也发生了重要变化，如果类书仍然只是一个类事类书，仍然是重视史料汇集的类事类书，那么这个类书或许还可以被放在"史部"，后来的史钞体不就是一个最佳的例子吗？但是随着社会文化、学术风气的发展，类书自身发生了重要的变化，类书不满足于做一个单纯的类事类书，类书的编纂模式、体例更加趋于多样化，出现了更多模式，辑录词语、句子的类语类书、类句类书逐渐多了起来，再后来，诗文辞赋也被类书大量收纳进来，类句类书、类语类书、类文类书的迅猛发展，必然是史部书所无法接受的，只能将发展起来的多样化的类书排挤出去，当然"史部"在此时也形成了不少新的编纂体例，日益强大起来，于是史部书与类书必然会分离。但是类书与史部书之间的关系是忽隐忽现的，后世之史钞体之外，各朝各代皆会不时出现一些既具有类书性质又具有史书性质的典籍。如《旧唐书》卷四七《经籍下》所载："《检事书》一百六十卷。《帝王要览》二十卷。"①《新唐书》卷五九《艺文三》所载："《东殿

---

① 《旧唐书》卷四七《经籍下》，北京：中华书局，1975年，第2046页。

新书》二百卷。许敬宗、李义府奉诏于武德内殿修撰。其书自《史记》至
《晋书》，删其繁辞。龙朔元年上，高宗制序。"①虽然《检事书》《帝王要
览》《东殿新书》多已散佚，但在今天看来，它们无疑是史部书，可是令
人意外的是，在刘昫、欧阳修等人的眼中它们是类书，被归入了"类事"
"事类""类书类"之中，足见类书与史部书之间难解难分的情愫。前辈学
者多言齐梁时代是类书发展史上的第一个高潮，通过考察，南朝齐时代
确已开启了类书编纂的潮流，虽然《四部要略》丢失了，但是参与编纂
《四部要略》的大多学士来到了梁朝，他们的存在就是南朝梁开启类书编
纂高潮的人才基础。

①《新唐书》卷五九《艺文三》，北京：中华书局，1975 年，第 1563 页。

第三章　梁武帝时代类书编纂范式的确立

梁武帝时代是一个文化繁荣的时代，也是一个类书编纂大发展的时代。梁武帝时代《华林遍略》的编纂是南北朝类书编纂史上的一件大事，是类书编纂体例最终确立且流传开来的标志。《华林遍略》吸取了《皇览》以来类书编纂的所有经验教训，尤其是汲取了《寿光书苑》与《类苑》优秀的内容与体例，最终编纂出一部体例严谨的开创性巨著。《华林遍略》之后的类书，如《修文殿御览》《长洲玉镜》《文思博要》的编纂皆以之为模范，《华林遍略》在中国类书发展史上的承前启后之功，远远大于类书之祖《皇览》，《华林遍略》的编成是中古中国类书编纂成熟的标志。

一、殆同书抄的《寿光书苑》及其时代

胡道静先生《中国古代的类书》言："这是开国初年诏修的一部类书，在天监初年（502年）即已开始。"[1]这部南朝梁开国之初就诏修的类书是《寿光书苑》。梁武帝萧衍得位之初，就诏修类书，可能是效仿魏文帝之编纂《皇览》，但是更有可能是效仿萧子良编纂《四部要略》——在南齐

---

① 胡道静：《中国古代的类书》，北京：中华书局，2005年新1版，第57页。

至梁初这段时间内《四部要略》被毁坏，曾经参与或见闻《四部要略》编纂的萧衍在自己称帝之后有所行动，弥补《四部要略》被毁坏的遗憾。但是，很可惜，《寿光书苑》的命运也是坎坷，散佚殆尽是其一，籍籍无名是其二。后来梁武帝为了与刘峻刘孝标所编纂的《类苑》争高下，又敕纂《华林遍略》，其中的原因就是《寿光书苑》的编纂体例、质量不如《类苑》。

《隋书》三四《经籍三》载："《寿光书苑》二百卷。梁尚书左丞刘杳撰。"①《旧唐书》卷四七《经籍下》载："《寿光书苑》二百卷。刘香撰。"②《新唐书》卷五九《艺文三》载："刘杳《寿光书苑》二百卷。"③《玉海》卷五四《艺文·承诏撰述、类书》载："刘杳《寿光书苑》二百卷。"④历代目录对《寿光书苑》的记载皆是二百卷，只不过《旧唐书》将刘杳误为刘香。《寿光书苑》的编纂者刘杳是一位好学且博览群书、记忆力超群的人物，受到当时的文坛领袖沈约、任昉青睐。

《梁书》卷五〇《文学下·刘杳传》载：

> 杳少好学，博综群书，沈约、任昉以下，每有遗忘，皆访问焉。⑤
>
> 尝于约坐语及宗庙牺樽，约云："郑玄答张逸，谓为画凤皇尾娑娑然。今无复此器，则不依古。"杳曰："此言未必可按。古者樽彝，皆刻木为鸟兽，凿顶及背，以出内酒。顷魏世鲁郡地中得齐大

---

①《隋书》三四《经籍三》，北京：中华书局，1973年，第1009页。

②《旧唐书》卷四七《经籍下》，北京：中华书局，1975年，第2045页。

③《新唐书》卷五九《艺文三》，北京：中华书局，1975年，第1562页。

④[宋]王应麟：《玉海》，京都：中文出版社，1977年，第1074页。

⑤《梁书》卷五〇《文学下·刘杳传》，北京：中华书局，1973年，第715页。

夫子尾送女器，有牺樽作牺牛形；晋永嘉贼曹嶷于青州发齐景公冢，又得此二樽，形亦为牛象。二处皆古之遗器，知非虚也。"约大以为然。约又云："何承天《纂文》奇博，其书载张仲师及长颈王事，此何出？"杳曰："仲师长尺二寸，唯出《论衡》。长颈是毗骞王，朱建安《扶南以南记》云：古来至今不死。"约即取二书寻检，一如杳言。①

《梁书》卷五〇《文学下·刘杳传》载：

又在任昉坐，有人饷昉樝酒而作柤字。昉问杳："此字是不？"杳对曰："葛洪《字苑》作木旁者。"昉又曰："酒有千日醉，当是虚言。"杳云："桂阳程乡有千里酒，饮之至家而醉，亦其例也。"昉大惊曰："吾自当遗忘，实不忆此。"杳云："出杨元凤所撰《置郡事》。元凤是魏代人，此书仍载其赋，云三重五品，商溪揉里。"时即检杨记，言皆不差。②

《梁书》卷五〇《文学下·刘杳传》载：

王僧孺被敕撰谱，访杳血脉所因。杳云："桓谭《新论》云：'太史《三代世表》，旁行邪上，并效周谱。'以此而推，当起周代。"僧孺叹曰："可谓得所未闻。"③

---

① 《梁书》卷五〇《文学下·刘杳传》，北京：中华书局，1973 年，第 715 页。
② 《梁书》卷五〇《文学下·刘杳传》，北京：中华书局，1973 年，第 716 页。
③ 《梁书》卷五〇《文学下·刘杳传》，北京：中华书局，1973 年，第 716 页。

《梁书》卷五〇《文学下·刘杳传》载：

　　周舍又问杳："尚书官著紫荷橐，相传云'契囊'，竟何所出?"杳答曰："《张安世传》曰'持橐簪笔，事孝武皇帝数十年'。韦昭、张晏注并云'橐，囊也。近臣簪笔，以待顾问'。"范岫撰《字书音训》，又访杳焉。其博识强记，皆此类也。①

　　以上诸文对于刘杳的记载可谓详尽。通过记载我们知道了刘杳的学问博综，对于典故、旧事了如指掌，沈约、任昉、王僧孺、周舍皆是才名卓著的人物，而刘杳可以得到他们的赏识，可见刘杳之学问确实深博，绝非浪得虚名。通过《隋书》《旧唐书》《新唐书》之记载，我们可以知道，《寿光书苑》为二百卷，卷帙虽不及《皇览》《四部要略》，也算是卷帙颇丰，且既然明文写定二百卷，可知此书在梁武帝敕纂《华林遍略》之前，已然成书，不然此二百卷无从而来，即使此书没有编纂完成，此二百卷本必定已经在社会上流传，不然时人如何将之与《类苑》比高下？

　　《寿光书苑》之得名，多半是因其编纂之地在寿光苑。《梁书》没有寿光苑之记载，但是有寿光阁、寿光殿之记载。《梁书》卷一三《沈约传》载："俄而云自外来，至殿门不得入，徘徊寿光阁外，但云'咄咄'。"②此处之寿光阁是梁武帝称帝之前，南齐之寿光阁。《梁书》卷三〇《裴子野传》载："普通七年，王师北伐，敕子野为喻魏文，受诏立成，高祖以其事体大，召尚书仆射徐勉、太子詹事周舍、鸿胪卿刘之

---

①《梁书》卷五〇《文学下·刘杳传》，北京：中华书局，1973年，第716页。
②《梁书》卷一三《沈约传》，北京：中华书局，1973年，第234页。

遄、中书侍郎朱异，集寿光殿以观之，时并叹服。"①普通七年之寿光殿，就是梁武帝之宫殿了。《梁书》卷四八《皇侃传》载："召入寿光殿讲《礼记义》，高祖善之，拜员外散骑侍郎，兼助教如故。"②既然在寿光殿讲《礼记义》，那么此寿光殿很显然是梁武帝读书讲学之处，当无可疑。

《梁书》卷四九《文学传序》载："其在位者，则沈约、江淹、任昉，并以文采妙绝当时。至若彭城到沆、吴兴丘迟、东海王僧孺、吴郡张率等，或入直文德，通宴寿光，皆后来之选也。"③《太平御览》卷六〇〇《文部十六·思迟》载："《梁书》曰：武帝宴寿光殿，令刘孺、张率赋诗，时率与孺并辞未及成，帝取孺手板戏题之曰：'张率东南羡，刘孺洛阳才，揽笔便应就，何事久迟回。'"④通过"或入直文德，通宴寿光""宴寿光殿"可知，"寿光殿"又是梁武帝宴请诸学士、大臣的地方。总之，寿光殿必然是梁武帝时期读书、讲学、宴请群臣、举行聚会的地方，或许刘杳待诏于此，并奉敕令编纂类书，故而得名《寿光书苑》，与后来的《华林遍略》《修文殿御览》之得名缘由相同。

当时侍讲寿光殿的人才不只有刘杳，《刘苞传》记载了刘苞为太子洗马，掌书记，侍讲寿光殿的事情。《梁书》卷四九《文学传·刘苞传》载："少好学，能属文……久之，为太子洗马，掌书记，侍讲寿光殿。"⑤并且有称寿光为"省"者，这就好比是帝王处理公务的尚书省、秘书省。《梁书》卷四九《文学传·周兴嗣传》载："周兴嗣字思纂，陈郡项人……高擢

①《梁书》卷三〇《裴子野传》，北京：中华书局，1973 年，第 443 页。
②《梁书》卷四八《皇侃传》，北京：中华书局，1973 年，第 680 页。
③《梁书》卷四九《文学传序》，北京：中华书局，1973 年，第 686 页。
④［宋］李昉等撰：《太平御览》卷六〇〇《文部十六·思迟》，北京：中华书局，1960 年，第 2703 页。
⑤《梁书》卷四九《文学传·刘苞传》，北京：中华书局，1973 年，第 687—688 页。

员外散骑侍郎，进直文德、寿光省。"①《梁书》卷五〇《陆云公传》载：
"陆云公字子龙，吴郡人也……吴兴太守张缵罢郡经途，读其文叹曰：
"今之蔡伯喈也。"缵至都掌选，言之于高祖，召兼尚书仪曹郎，顷之即
真，入直寿光省，以本官知著作郎事。俄除著作郎，累迁中书黄门郎，
并掌著作。"②《梁书》卷五〇《任孝恭传》载："任孝恭，字孝恭，临淮人
也……外祖丘它，与高祖有旧，高祖闻其有才学，召入西省撰史。初
为奉朝请，进直寿光省，为司文侍郎，俄兼中书通事舍人。"③通过以
上记载，可知周兴嗣、陆云公、任孝恭皆曾入"直寿光省"，至于"寿光
殿"与"寿光省"是否为同一地点，我们认为，即使理解为同一地点也
无不可。

《宋高僧传》卷三《唐京师满月传》载："或曰：译场经馆，设官分职，
不得闻乎……其处则秦逍遥园、梁寿光殿、瞻云馆、魏汝南王宅。又隋
炀帝置翻经馆，其中僧有学士之名。唐于广福等寺，宫园不定。"④据此可
知，梁武帝时期的寿光殿还曾是译经的地方。总而言之，《寿光书苑》
的编纂必然是在梁武帝之寿光殿或寿光省进行的，此处是梁武帝讲学、
宴请群臣的地方，也是图书收藏之地，故刘杳在这里编纂梁武帝的第
一部类书，并且应该还有其他学士协助刘杳编纂，因为在进直寿光省
的学者不只刘杳一人。

虽然我们不知道是否有其他学者参与《寿光书苑》的编纂，但是
梁武帝初期，曾敕令到洽、张率抄甲、乙、丙、丁四部书史有明

①《梁书》卷四九《文学传·周兴嗣传》，北京：中华书局，1973 年，第 697—698 页。
②《梁书》卷五〇《陆云公传》，北京：中华书局，1973 年，第 724 页。
③《梁书》卷五〇《任孝恭传》，北京：中华书局，1973 年，第 726 页。
④[宋]赞宁撰，范祥雍点校：《宋高僧传》卷三《唐京师满月传》，北京·中华书局，1987 年，第
57 页。

文。《梁书》卷二七《到洽传》载："天监初……二年，迁司徒主簿，直待诏省，敕使抄甲部书。五年，迁尚书殿中郎。洽兄弟群从，递居此职，时人荣之。七年，迁太子中舍人，与庶子陆倕对掌东宫管记。俄为侍读，侍读省仍置学士二人，洽复充其选。九年，迁国子博士，奉敕撰《太学碑》。十二年，出为临川内史，在郡称职。"①《梁书》卷三三《张率传》载："张率，字士简，吴郡吴人……天监初，临川王已下并置友、学。以率为鄱阳王友，迁司徒谢朏掾，直文德待诏省，敕使抄乙部书，又使撰妇人事二十余条，勒成百卷。使工书人琅邪王深、吴郡范怀约、褚洵等缮写，以给后宫……七年，敕召出，除中权建安王中记室参军，预长名问讯，不限日。俄有敕直寿光省，治丙丁部书抄。"②

此种抄书与当时或后来的类书编纂皆有关系，前文我们也做了说明，此处需注意的是，张率"撰妇人事二十余条，勒成百卷"，很显然，张率已经编纂了一部类书，且卷帙颇丰，达到百卷，此处的"妇人事二十余条"或可理解为二十余部类。而张率"直寿光省，治丙丁部书抄"与刘杳编纂《寿光书苑》恐怕不能没有关系。而通过天监初年梁武帝敕令学士抄四部书的事情来看《寿光书苑》的编纂，我们认为此时期《寿光书苑》的编纂体例或许如同抄书，只不过刘杳学问广博，聚集、抄撮起来的故事、旧事更多一些而已，而这一点恰恰成为其体例不精的原因，当体例精良的《类苑》一旦出现，《寿光书苑》必定是黯然失色，但是刘杳的学问学识是不容怀疑的。

---

①《梁书》卷二七《到洽传》，北京：中华书局，1973 年，第 404 页。

②《梁书》卷三三《张率传》，北京：中华书局，1973 年，第 475—478 页。

二、刘孝标《类苑》的声名鹊起

刘杳编纂《寿光书苑》本是选举得人，偏偏不巧的是，一部由耿直且傲慢的刘孝标编纂的《类苑》的出现，使得《寿光书苑》在很短的时间内被后起之秀所替代，以至于声名不显，湮没无闻。刘孝标，名峻，字孝标，本名法武，南朝齐梁间著名学者、文学家，祖父刘昶，平原人，幼年时身陷北魏为奴，为生活所迫，十一岁出家为僧，刘孝标勤奋好学，史载他"寄人庑下，自课读书"。南朝萧齐永明四年（486年）时逃还江南，并将名字刘法武改为刘峻。到达京城建康后，他自认为少年困窘，读书不多，学问不深，没有"开悟"，便发愤攻读，到处寻找书籍阅读，听说哪里有好书，必然想方设法借来读，被时人称为"书淫"，经过一段时期的苦读，他"博极群书，文藻秀出"。梁武帝登基之后，他已经四十开外，被诏令典校秘书，但是由于他为人正直，率性而为，在梁武帝面前不能曲意逢迎，为梁武帝所厌恶，被长期抑而不用。梁武帝之弟安成王萧秀欣赏刘孝标的才学，萧秀转任荆州刺史时，起用刘孝标为户曹参军，并给其书籍，使撰《类苑》。

《梁书》卷五〇《文学下·刘峻传》载：

> 刘峻，字孝标，平原平原人。父珽，宋始兴内史。峻生期月，母携还乡里。宋泰始初，青州陷魏，峻年八岁，为人所略至中山，中山富人刘实愍峻，以束帛赎之，教以书学。魏人闻其江南有戚属，更徙之桑乾。峻好学，家贫，寄人庑下，自课读书，常燎麻炬，从夕达旦，时或昏睡，蒸其发，既觉复读，终夜不寐，其精力如此。齐永明中，从桑乾得还，自谓所见不博，更求异书，闻京师

有者，必往祈借，清河崔慰祖谓之"书淫"。①

《南史》卷四九《刘怀珍传附刘峻传》载：

> 峻字孝标，本名法武，怀珍从父弟也。父璇之，仕宋为始兴内史。峻生期月而璇之卒，其母许氏携峻及其兄法凤还乡里。宋泰始初，魏克青州，峻时年八岁，为人所略为奴至中山。中山富人刘实愍峻，以束帛赎之，教以书学。魏人闻其江南有戚属，更徙之代都。居贫不自立，与母并出家为尼僧，既而还俗。峻好学，寄人庑下，自课读书，常燎麻炬，从夕达旦。时或昏睡，蒸其须发，及觉复读，其精力如此。时魏孝文选尽物望，江南人士才学之徒，咸见申擢，峻兄弟不蒙选拔。齐永明中，俱奔江南，更改名峻字孝标。自以少时未开悟，晚更厉精，明慧过人。苦所见不博，闻有异书，必往祈借。清河崔慰祖谓之"书淫"。于是博极群书，文藻秀出。故其自序云："黉中济济皆升堂，亦有愚者解衣裳。"言其少年鲁钝也。②

罗国威先生《六朝文学与六朝文献》之《书〈梁书刘峻传〉后》载：

> 《南史》卷四九《刘峻传》云："本名法武"，"齐永明中"，与兄"俱奔江南，更改名峻，字孝标"。"兄法凤自北归，改名孝庆，字仲昌"。其兄本名法凤，则孝标当名法虎。《南史》作法武者，盖唐人避唐祖讳，改虎作武也。又案：平原郡有二：一为宋侨置，故址在今

---

① 《梁书》卷五〇《文学下·刘峻传》，北京：中华书局，1973 年，第 701—702 页。
② 《南史》卷四九《刘怀珍传附刘峻传》，北京：中华书局，1975 年，第 1218—1219 页。

山东淄博市附近。又一为梁置，并置平原县，故治在今广东双桥附近。考之《梁书》峻本传，魏克青州峻即陷身为奴，孝标之籍贯，当为前者。①

《魏书》卷四三《刘休宾传附刘旋之传》载：

休宾叔父旋之，其妻许氏，二子法凤、法武。而旋之早亡。东阳平，许氏携二子入国，孤贫不自立，并疏薄不伦，为时人所弃。母子皆出家为尼，既而反俗。太和中，高祖选尽物望，河南人士，才学之徒，咸见申擢。法凤兄弟无可收用，不蒙选授。后俱奔南。法武后改名孝标云。②

《北史》卷三九《刘休宾传附刘旋之传》载：

休宾叔父旋之，其妻许氏生二子法凤、法武，而旋之早卒。东阳平，许氏携二子入魏，孤贫不自立，母子并出家为尼僧。既而反俗，俱奔江南。法武后改名峻，字孝标，《南史》有传。③

《魏书》卷四三《刘休宾传》载："刘休宾，字处干，本平原人。祖昶，从慕容德度河，家于北海之都昌县。父奉伯，刘裕时，北海太守。休宾少好学，有文才，兄弟六人，乘民、延和等皆有时誉。"④《北史》卷三

①罗国威：《六朝文学与六朝文献》，成都：巴蜀书社，2010年，第211页。
②《魏书》卷四三《刘休宾传附刘旋之传》，北京：中华书局，1974年，第969页。
③《北史》卷三九《刘休宾传附刘旋之传》，北京：中华书局，1974年，第1414页。
④《魏书》卷四三《刘休宾传附刘旋之传》，北京：中华书局，1974年，第969页。

九《刘休宾传》载："刘休宾字处干，本平原人也。祖昶，从慕容德度河，家于北海都昌县。父奉伯，宋北海太守。"①刘休宾称孝标父为叔，则可知刘休宾与刘孝标兄弟之关系，刘奉伯即孝标兄弟之伯父，刘昶为其祖父，从慕容德渡河，家于北海之都昌县者。

刘孝标闻见博洽，才华出众，但仕途坎坷，郁郁不得志。自北朝归来后，一直渴望进入当时的文坛核心萧子良文学集团中去，但是不知何故，总是不如意。

《梁书》卷五〇《文学下·刘峻传》载：

> 时竟陵王子良博招学士，峻因人求为子良国职，吏部尚书徐孝嗣抑而不许，用为南海王侍郎，不就。至明帝时，萧遥欣为豫州，为府刑狱，礼遇甚厚。遥欣寻卒，久之不调。②

竟陵王萧子良在永明五年，"移居鸡笼山邸，集学士抄《五经》、百家，依《皇览》例为《四部要略》千卷。招致名僧，讲语佛法，造经呗新声。道俗之盛，江左未有也"③。此时的竟陵王集团可谓是炙手可热，既是文学之士，又曾参与译经的刘孝标却不曾被重视。徐孝嗣为何抑刘孝标，我们不得而知，但是此时徐孝嗣官拜吏部尚书，掌知选举。《南齐书》卷四四《徐孝嗣传》载："竟陵王子良甚善之。子良好佛法，使孝嗣及庐江何胤掌知斋讲及众僧。转吏部尚书。寻加右军将军，转领太子左卫率。台阁事多以委之。"④"吏部尚书徐孝嗣抑而不许"，使得刘孝

---

①《北史》卷三九《刘休宾传附刘旋之传》，北京：中华书局，1974年，第1413页。
②《梁书》卷五〇《文学下·刘峻传》，北京：中华书局，1973年，第701—702页。
③《南齐书》卷四〇《武十七王·萧子良传》，北京：中华书局，1972年，第698页。
④《南齐书》卷四四《徐孝嗣》，北京：中华书局，1972年，第772页。

标不得入竟陵王萧子良的西邸，也无法与当时诸多知名文士交游，刘孝标之仕途必然大受影响。

《梁书》卷五〇《文学下·刘峻传》载：

> 天监初，召入西省，与学士贺踪典校秘书。峻兄孝庆，时为青州刺史，峻请假省之，坐私载禁物，为有司所奏，免官。[1]

秘阁是当时政府重要的藏书、编书机构之一，有着众多的珍贵书籍，而刘孝标在天监初年，得以典校秘书，必然可以接触众多政府所藏书籍，这也成就了他的博学多闻。秘书监向来是储才之地，文士们欢欣踊跃，期望遍阅秘阁藏书，提升自己的素养。

《梁书》卷五〇《文学下·刘峻传》载：

> 高祖招文学之士，有高才者，多被引进，擢以不次。峻率性而动，不能随众沉浮，高祖颇嫌之，故不任用。[2]

《南史》卷四九《刘怀珍传附刘峻传》载：

> 初，梁武帝招文学之士，有高才者多被引进，擢以不次。峻率性而动，不能随众沈浮。武帝每集文士策经史事，时范云、沈约之徒皆引短推长，帝乃悦，加其赏赍。会策锦被事，咸言已罄，帝试呼问峻，峻时贫悴冗散，忽请纸笔，疏十余事，坐客皆惊，帝不觉

---

① 《梁书》卷五〇《文学下·刘峻传》，北京·中华书局，1973年，第701—702页。
② 《梁书》卷五〇《文学下·刘峻传》，北京·中华书局，1973年，第701—702页。

失色。自是恶之，不复引见。及峻《类苑》成，凡一百二十卷，帝
即命诸学士撰《华林遍略》以高之，竟不见用。乃著《辩命论》以
寄其怀。论成，中山刘沼致书以难之，凡再反，峻并为申析以
答之。会沼卒，不见峻后报者，峻乃为书以序其事。其文论并多
不载。①

通过《南史》的记载，我们看到性格耿介的刘孝标，不能随众沉浮，
竟然在"策锦被事"的时候得罪了梁武帝。从"坐客皆惊"来看，刘孝标闯
的祸不小，梁武帝脸色都变了，可见对他厌恶之极，以至于再也不见
他。刘孝标是有才学之人，《类苑》使梁武帝敕令刘杳编纂的《寿光书苑》
相形见绌，这自然激起了梁武帝的嫉妒，于是，梁武帝令学士编纂《华
林遍略》以高之。

经历了人生的诸多风波之后，刘孝标看破世事，退隐金华山
中。罗国威先生《刘孝标集校注》言："孝标五十岁以前积极用世，当
他一再受排斥遭打击之后，对统治集团开始有了认识，然而对于腐
败的政治他又无能为力，只好以消极的方式与黑暗的现实作对抗，
他于是'啸歌弃城市，归来务耕织'，到金华山过起与世无争的隐逸
生活来。"②

刘孝标一生的转折点就是遇到了一个赏识他的人，此人就是梁武帝
的弟弟安成康王萧秀，安成康王萧秀生于宋元徽三年（475年），卒于梁
天监十七年（518年），安成康王提供书籍，让刘孝标编纂《类苑》。

《梁书》卷五〇《文学下·刘峻传》载：

---

① 《南史》卷四九《刘怀珍传附刘峻传》，北京：中华书局，1975年，第1219—1220页。
② ［南朝梁］刘峻著，罗国威校注：《刘孝标集校注》（修订本），北京：学苑出版社，2003年，第7页。

安成王秀好峻学，及迁荆州，引为户曹参军，给其书籍，使抄录事类，名曰《类苑》。未及成，复以疾去，因游东阳紫岩山，筑室居焉。为《山栖志》，其文甚美。①

《南史》卷四九《刘怀珍传附刘峻传》载：

安成王秀雅重峻，及安成王迁荆州，引为户曹参军，给其书籍，使撰《类苑》。未及成，复以疾去，因游东阳紫岩山，筑室居焉。为《山栖志》，其文甚美。②

《梁书》卷二二《太祖五王·安成康王秀》载：

精意术学，搜集经记，招学士平原刘孝标，使撰《类苑》，书未及毕，而已行于世。③

《南史》卷五二《梁宗室下·安成康王秀》载：

秀精意学术，搜集经记，招学士平原刘孝标使撰《类苑》，书未及毕，而已行于世……当世高才游王门者，东海王僧孺、吴郡陆倕、彭城刘孝绰、河东裴子野，各制其文，欲择用之，而咸称实录，遂四碑并建。④

---

① 《梁书》卷五〇《文学下·刘峻传》，北京：中华书局，1973年，第701—702页。
② 《南史》卷四九《刘怀珍传附刘峻传》，北京：中华书局，1975年，第1218—1219页。
③ 《梁书》卷二二《太祖五王·安成康王秀》，北京：中华书局，1973年，第345页。
④ 《南史》卷五二《梁宗室下·安成康王秀》，北京：中华书局，1975年，第1289—1290页。

《梁书》卷二二《太祖五王·安成康王秀》载：

安成康王秀字彦达，太祖第七子也。年十二，所生母吴太妃亡，秀母弟始兴王憺时年九岁，并以孝闻，居丧，累日不进浆饮，太祖亲取粥授之。哀其早孤，命侧室陈氏并母二子。陈亦无子，有母德，视二子如亲生焉……天监元年，进号征虏将军，封安成郡王，邑二千户……六年，出为使持节、都督江州诸军事、平南将军、江州刺史……七年，遭慈母陈太妃忧，诏起视事。寻迁都督荆、湘、雍、益、宁、南北梁、南北秦州九州诸军事、平西将军、荆州刺史。其年，迁号安西将军。立学校，招隐逸……十一年，征为侍中、中卫将军，领宗正卿、石头戍事。①

《南史》卷五二《梁宗室下·安成康王秀》载：

七年，遭慈母陈太妃忧，诏起视事。寻迁荆州刺史，加都督。立学校，招隐逸。辟处士河东韩怀明、南平韩望、南郡庚承先、河东郭麻等。②

安成康王的为官履历表中，其"天监七年，遭慈母陈太妃忧，诏起视事，寻迁荆州刺史"，这个"诏起""寻迁"究竟是哪一年，也就是安成康王为荆州刺史是哪一年，这关系到《类苑》开始编纂的时间。罗国威先生《六朝文学与六朝文献》之《书〈梁书刘峻传〉后》载："孝标为荆州户曹参

①《梁书》卷二二《太祖五王·安成康王秀》，北京：中华书局，1973年，第342—344页。
②《南史》卷五二《梁宗室下·安成康王秀》，北京：中华书局，1975年，第1288页。

军,当始于天监七年(508年)。《类苑》的编纂,亦当始于是年。"①胡道静先生《中国古代的类书》言:"萧秀迁荆州是天监七年(508年)遭母忧,诏起视事之后。故《类苑》的着手编纂,大约是天监十年(511年)左右之事。"②按照古代为父母守丧三年的规定,萧秀是不可能那么快就被"诏起视事,寻迁荆州刺史"的,但是通过萧秀的传记,我们发现,"遭慈母陈太妃忧"中的陈太妃并非萧秀生母,或许由于此种原因,萧秀并没有守丧三年,而是不久就出任了荆州刺史。且《梁书》本传亦载"其年,迁号安西将军",可见萧秀在天监七年出任了荆州刺史,而且还下令"立学校,招隐逸",想必刘孝标就是在此时进入萧秀的幕府出任户曹参军,而《类苑》的编纂就是在此时开始的,最迟至天监十一年(512年)《类苑》就编纂结束了,因为天监十一年萧秀"征为侍中、中卫将军,领宗正卿、石头戍事",而据《梁书·刘孝标传》的记载,《类苑》"未及成",刘孝标就"复以疾去",可见《类苑》的编纂大致是在天监七年、八年之后,最迟至天监十一年。

罗国威先生《刘孝标集校注》之《答刘之遴借类苑书》注文载:"孝标《类苑》一书,成于天监八年(详《山栖志》注一)。"③《刘孝标集校注》之《山栖志》注文载:"孝标为荆州户曹参军,当始于天监七年。编纂《类苑》,亦当始于是年。翌年,《类苑》成(孝标友人刘之遴借类苑书有'安能闭志经年,勒成若此'之语),则《山栖志》之作,当在天监八年至九年之间。"④其实,罗国威先生对于《类苑》成书于天监八年的依据就是

①罗国威:《六朝文学与六朝文献》,成都:巴蜀书社,2010年,第215页。

②胡道静:《中国古代的类书》,北京:中华书局,2005年,第58页。

③[南朝梁]刘峻著,罗国威校注:《刘孝标集校注》(修订本),北京:学苑出版社,2003年,第39—40页。

④[南朝梁]刘峻著,罗国威校注:《刘孝标集校注》(修订本),北京:学苑出版社,2003年,第154页。

"安能闭志经年，勒成若此"，合乎情，只是有较多推测的成分，"闭志经年"不一定是一年，或许是刘之遴的奉承礼貌之词，但是刘孝标在萧秀的幕府时间不会很长，从"未及成，复以疾去"可知，并且天监十一年萧秀的官职也变动了。

周祖谟先生《世说新语笺疏·前言》载："孝标博综群书，随文施注，所引经史杂著四百余种，诗赋杂文七十余种，可谓弘富；而且所引的书籍后代大都亡佚无存，所以清代的辑佚家莫不视为鸿宝……刘孝标《注》独传至今，这或与孝标书晚出，且引据该洽、注释详密、剪裁得当有关。"[①]胡应麟《少室山房笔丛》卷二九《丙部·九流绪论下》载："然诸书惟孝标一二出自独创，自余皆聚集一时之文士，奉诏编纂者，非一人手裁也。"[②]这些更加说明刘孝标编纂的《类苑》质量之高，体例之优。且刘孝标早年曾参与过佛经的翻译工作，所以在编纂《类苑》的过程中，其对于内典非常熟悉，编纂资料来源更加广博。

陈垣先生《云冈石窟寺之译经与刘孝标》载：

> 孝标逃还江南后，有两大著述：其一为《世说新语注》，引书一百六十余种，至今士林传诵。其一为《类苑》，一百二十卷，隋唐三志皆著录。南宋末陈氏撰书录解题时，始说不存。以今日观之，孝标之注《世说》及撰《类苑》，均受其在云冈石窟时所译《杂宝藏经》之影响。印度人说经，喜引典故；南北朝人为文，亦喜引典故。《杂宝藏经》载印度故事，《世说》及《类苑》载中国故事者，多取材于《世

---

①[南朝宋]刘义庆著，[南朝梁]刘孝标注，余嘉锡笺疏，周祖谟、余淑宜、周士琦整理：《世说新语笺疏》卷上之下《文学第四》，北京：中华书局，2007 年第 2 版，第 1—2 页。

②[明]胡应麟：《少室山房笔丛》卷二九《丙部·九流绪论下》，北京：中华书局，1958 年，第 397 页。

说新语注》及《类苑》，实一时风尚也。《南史》称：梁武帝每集文士，策经史事，加其赏赉。曾策"锦被"事，咸言已罄。帝视呼问峻，峻请纸笔，疏十余事，坐客皆惊。及峻《类苑》成，帝即命诸学士撰《华林遍略》以高之。其博洽见忌如此。其根底全植于云冈石窟寺为沙门时也。①

费长房《历代三宝纪》卷九载：

《杂宝藏经》十三卷。《付法藏因缘传》六卷。《称扬诸佛功德经》三卷。《大方广菩萨十地经》一卷。《方便心论》二卷。右五部合二十五卷。宋明帝世，西域沙门吉迦夜，魏言何事，延兴二年，为沙门统释昙曜于北台重译，刘孝标笔受，见道慧宋齐录。②

《出三藏记集》卷二载：

《杂宝藏经》十三卷。阙。《付法藏因缘经》六卷。阙。《方便心论》二卷。阙。右三部，凡二十一卷。宋明帝时，西域三藏吉迦夜于北国，以伪延兴二年，共僧正释昙曜译出，刘孝标笔受，此三经并未至京都。③

陈垣先生《云冈石窟寺之译经与刘孝标》载：

① 陈垣：《陈垣学术论文集》第 1 集，北京：中华书局，1980 年，第 443—448 页。
② ［隋］费长房：《历代三宝纪》，《大正藏》第 49 册，台北：新文丰出版公司，1983 年，第 85 页。
③ ［南朝梁］释僧祐著，苏晋仁、萧𬊈子点校：《出三藏记集》，北京：中华书局，1995 年，第 62—63 页。

峻之逃奔江南，《梁书》《南史》均谓在齐永明中。据《文选·重答刘秣陵沼书》，李善注引峻自序，峻之逃还江南，实在齐永明四年（四八六）二月，斯时峻已二十五岁矣。八岁被略，至廿五岁，在魏凡十八年。此十八年中，正峻在魏都(今大同)读书及译经时也。《南史》又称峻奔江南后，始"改名峻，字孝标"。其在魏时，名并不显。但今《开元释教录》称孝标不称法武，盖根据《大唐内典录》；《大唐内典录》盖根据道慧《宋齐录》。其所以称孝标不称法武者，盖从孝标改名以后追称之也。①

历代目录著作对《类苑》的编纂、流传情况做了记载。《隋书》卷三四《经籍三》载："《类苑》一百二十卷。梁征虏刑狱参军刘孝标撰。梁《七录》八十二卷。"②《旧唐书》卷四七《经籍下》载："《类苑》一百二十卷，刘孝标撰。"③《新唐书》卷五九《艺文三》载："刘孝标《类苑》，一百二十卷。"④《通志·艺文略第七》载："刘孝标《类苑》，一百二十卷。"⑤《日本国见在书目录》载："《类苑》百廿卷，梁征虏刑狱参军刘孝标撰。"⑥

刘孝标编纂的《类苑》很受欢迎，"书未及毕，而已行于世"，可惜的是"未及成，复以疾去"。此处之"书未及毕，而已行于世"多半是发生在天监十一年(512年)左右。《隋书》卷三四《经籍三》又载有"梁《七录》

---

①陈垣：《陈垣学术论文集》第 1 集，北京：中华书局，1980 年，第 446 页。
②《隋书》卷三四《经籍三》，北京：中华书局，1973 年，第 1009 页。
③《旧唐书》卷四七《经籍下》，北京：中华书局，1975 年，第 2045 页。
④《新唐书》卷五九《艺文三》，北京：中华书局，1975 年，第 1562 页。
⑤[宋]郑樵撰，王树民点校：《通志二十略·艺文略第七》，北京：中华书局，1995 年，第 1732 页。
⑥宫内厅书陵部所藏室生寺本：《日本国见在书目录》，东京：名著刊行会，1996 年，第 52—54 页。

八十二卷"一句，就更加坚定了后世学者对《类苑》在荆州萧秀幕府未完全成书的推想。姚振宗《隋志考证》作一种解释道："案，梁《七录》八十二卷，殆所谓'书未成而已行于世'之未完本也。其后三十八卷则已在普通四年（523年）《七录》成书之后矣。"胡道静先生对这个解释做了评价，其言："这个推测是不妥当的。因为刘孝标已在普通二年（521年）去世，哪能在普通四年以后续书呢？这只能说，一百二十卷的就是'未完本'；《七录》著录的八十二卷本更是'未完本'的不足本。"①

王玫教授《刘孝标生平事迹三考》言，刘孝标栖学东阳、离开萧秀幕府的时间不晚于天监十一年（512年），又言《类苑》的成书时间当晚于天监八年（509年），甚或到天监十五年（516年）。②王玫教授之所以将《类苑》的成书时间推后到天监十五年，主要是考虑到《华林遍略》的编纂开始时间为天监十五年。或许刘孝标在栖身东阳之后仍在编纂《类苑》，将其在荆州萧秀幕府编纂的且已经在社会上流传的《类苑》继续做了修订。但是梁武帝为何对天监十一年左右即已经在社会上流传的《类苑》没有任何反应，而是等到天监十五年才敕令学士编纂《华林遍略》呢？不得其解。

《艺文类聚》卷五八《杂文部四》载：

《梁刘之遴与刘孝标书》曰：间闻足下作《类苑》，括综百家，驰骋千载，弥纶天地，缠络万品。撮道略之英华，搜群言之隐赜。铅摘既毕，杀青已就。义以类聚，事以群分。述作之妙，杨班俦也。

---

① 胡道静：《中国古代的类书》，北京：中华书局，2005年新1版，第59页。
② 王玫：《刘孝标生平事迹三考》，《文献》2000年第4期，第48—55页；王玫、王江玉：《刘孝标年谱简编》，《文献》1998年第3期，第3—16页。

擅此博物，何快如之。虽复子野调声，寄知音于后世；文信构览，悬百金于当时，居然无以相尚。自非沉郁澹雅之思，安能闭志经年，勤成若此，吾尝闻为之者劳，观之者逸。足下已劳于精力，宜令吾见此异书。①

《艺文类聚》卷五八《杂文部四》载：

　　《梁刘孝标答刘之遴借〈类苑〉书》曰：九冬有隙，三余暇时，多游书圃，代树萱苏。若夫采蕚蕚于缃纨，阅微言于残竹，噮饫膏液，咀嚼英华，不知地之为舆，天之为盖，靡测回塘，莫辩舆马，乌足以言乎！是用周流《坟》《索》，详观图牒，搦管联册，纂兹英奇。蛩蛩之谋，止于善草；周周之计，利在衔翼。故鸠集斯文，盖自缀其漏耳。岂冀藏山之石，播于士大夫哉！②

《梁书》卷四〇《刘之遴传》载：

　　刘之遴，字思贞，南阳涅阳人也。父虬，齐国子博士，谥文范先生。之遴八岁能属文，十五举茂才对策，沈约、任昉见而异之……之遴笃学明审，博览群籍。时刘显、韦稜并强记，之遴每与讨论，

　　①［唐］欧阳询撰，汪绍楹校：《艺文类聚》卷五八《杂文部四》，上海：上海古籍出版社，1999 年第 2 版，第 1043 页；又见［南朝梁］刘峻著，罗国威校注：《刘孝标集校注（修订本）》，北京：学苑出版社，2003 年，第 39 页。

　　②［唐］欧阳询撰，汪绍楹校：《艺文类聚》卷五八《杂文部四》，上海：上海古籍出版社，1999 年第 2 版，第 1043 页；又见［南朝梁］刘峻著，罗国威校注：《刘孝标集校注（修订本）》，北京：学苑出版社，2003 年，第 43 页。

咸不能过也。①

之遴好古爱奇，在荆州聚古器数十百种……之遴好属文，多学古体，与河东裴子野、沛国刘显常共讨论书籍，因为交好。是时《周易》《尚书》《礼记》《毛诗》并有高祖义疏，惟《左氏传》尚阙。之遴乃著《春秋大意》十科，《左氏》十科，《三传同异》十科，合三十事以上之。高祖大悦……太清二年，侯景乱，之遴避难还乡，未至，卒于夏口，时年七十二。前后文集五十卷，行于世。②

刘之遴是一位好古爱奇的人，他听说刘孝标编纂《类苑》之后，写信求书，其对《类苑》的评价应该是最早的，虽有溢美之词，相比也算是公道的。其言"铅摘既毕，杀青已就"，可见《类苑》的大部分必然是编纂完成了，而内容体例则是"撮道略之英华，搜群言之隐赜""义以类聚，事以群分""述作之妙，杨班俦也"。"擅此博物，何快如之"，刘之遴称《类苑》为博物之书，是刘之遴对《类苑》的定位，也可见当时人对类书之定位。"闭志经年，勤成若此"之"经年"可以理解为经过一年，也可以理解为经过多年，无疑说明了刘孝标勤苦成书。总之，刘之遴求书是因为自己没有见过这样的奇书，所以写信求书，但是刘之遴把自己听闻来的关于《类苑》的情况做了陈述，这也应该是当时社会上人们对《类苑》的大体认识。

刘孝标的回信首先写了自己利用空闲时间，对资料做了梳理，所谓"周流《坟》《索》，详观图牒，搦管联册，纂兹英奇"。刘孝标自己也认为《类苑》是"纂兹英奇"，可见自视甚高，但是最后刘孝标说"故鸠集斯文，

①《梁书》卷四〇《刘之遴传》，北京：中华书局，1973 年，第 572 页。
②《梁书》卷四〇《刘之遴传》，北京：中华书局，1973 年，第 573—574 页。

盖自缀其漏耳。岂冀藏山之石，播于士大夫哉"，这是什么意思呢？刘孝标的意思是说为了防止自己的遗漏、疏忘，才编纂了《类苑》，不想藏诸名山传之其人，不想"播于士大夫"，也就是说，刘孝标没有同意把书借给刘之遴。既然刘之遴这样的好古爱奇之人都没有借到刘孝标的《类苑》，其他人恐怕也难以见到了，这或许是《类苑》在后来流传不广的原因。总体来看，刘孝标的一生是坎坷的，但刘孝标的学问是极好的，通过《世说新语》的注释即可得到印证。我们对于《类苑》的评价一直很高，也是基于对刘孝标学问的认可，此外，我们还可以从其他方面，尤其是类书的发展史来印证，类书编纂在南朝齐重新受到重视，《四部要略》的编纂对刘孝标也有影响，刘孝标虽然被排挤在竟陵王文学集团之外，但他是极想进入竟陵王西邸的，正是因为没有如愿，所以他更要编纂一部新类书，以证明自己。后来，终于有了机会，《类苑》也就出现了。再者，刘孝标在梁初是整理宫廷藏书的人，如此背景之下读书的刘孝标之学问必然更上一层楼，凡此种种，我们认为《类苑》一书之编纂质量必然是极高的，刘孝标有可能也在不断修订《类苑》，社会上也就有了多种不完全本在流传，当然《类苑》流传不广，或许与《华林遍略》的出现有关，因为后出的《华林遍略》体例更精良、内容更丰富。

三、《华林遍略》：中古早期类书编纂成熟的标志

《华林遍略》又名《华林偏略》《华林园遍略》《芳林遍略》，[1]是梁武帝天监十五年（516年）敕令编纂的一部大型官修类书，由刘杳、顾协、何

---

①《洛阳图经》载："华林园在城内东北隅。魏明帝起，名芳林园，齐王芳改为华林。"刘汝霖：《汉晋学术编年》，上海：华东师范大学出版社，2010 年，第 573 页。此处之"华林园"与梁武帝之"华林苑"必有关联，而"华林"又名"芳林"，梁武帝敕纂之《华林遍略》亦曾被称为《芳林遍略》。

思澄、钟屿、王子云等人历时八年编纂而成。梁武帝令刘杳编纂《寿光书苑》,刘杳是当时学问博洽的人物,编纂《寿光书苑》却效果不佳,以至于刘孝标所编纂的《类苑》一出来,《寿光书苑》就黯然失色。由于梁武帝对刘孝标有意见,于是在刘孝标《类苑》声名鹊起的时候,再次敕令编纂新类书《华林遍略》。《南史》卷四九《刘峻传》载:"及峻《类苑》成,凡一百二十卷,帝即命诸学士撰《华林遍略》以高之,竟不见用。"①《魏书》卷九八《萧衍传》载:"衍好人佞己,末年尤甚,或有云国家强盛者,即便忿怒,有云朝廷衰弱者,因致喜悦。是以其朝臣左右皆承其风旨,莫敢正言。"②《隋书》卷二三《五行下》载:"时帝(梁武帝)自以为聪明博达,恶人胜己。又笃信佛法,舍身为奴,绝道蔽贤之罚也。"③虽然史书多言梁武帝嫉妒心强烈,但是在编纂《华林遍略》这个问题上,梁武帝的嫉妒心或许被后人夸大了。

梁武帝敕令诸学士编纂《华林遍略》,那么这里的诸学士都是什么人呢?第一位就是编纂《寿光书苑》的刘杳,刘杳编纂《寿光书苑》应该已经基本成书,只是在《类苑》的冲击下,相形见绌,在梁武帝再次要编纂类书《华林遍略》的时候,徐勉荐举刘杳作为首要人选。

《梁书》卷五〇《刘杳传》载:

> 詹事徐勉举杳及顾协等五人入华林撰《遍略》,书成,以本官兼廷尉正,又以足疾解。④

---

①《南史》卷四九《刘怀珍传附刘峻传》,北京:中华书局,1975 年,第 1219—1220 页。
②《魏书》卷九八《萧衍传》,北京:中华书局,1974 年,第 2184—2185 页。
③《隋书》卷二三《五行下》,北京:中华书局,1973 年,第 659 页。
④《梁书》卷五〇《刘杳传》,北京:中华书局,1973 年,第 714—715 页。

据《刘杳传》所载，《华林遍略》的编纂者是"杳及顾协等五人"，顾协究竟是什么人呢？

《梁书》卷三〇《顾协传》载：

　　既长，好学，以精力称。外氏诸张多贤达有识鉴，从内弟率尤推重焉。起家扬州议曹从事史，兼太学博士。举秀才，尚书令沈约览其策而叹曰："江左以来，未有此作。"①

　　协博极群书，于文字及禽兽草木尤称精详。撰《异姓苑》五卷，《琐语》十卷，并行于世。②

《梁书》所载："协博极群书，于文字及禽兽草木尤称精详"，充分说明了顾协的学术水平，既博览群书，又对文字及禽兽草木最为熟悉了解，这样的人恰恰适合类书的编纂，类书编纂是以类相从地汇集各类知识，而禽兽草木更是类书所不可缺少的部分。但是很可惜，《梁书》与《南史》之《顾协传》中皆没有提及顾协参与编纂《华林遍略》的事情，这是为什么呢？我们不得而知。好在《刘杳传》中将顾协的名字写了出来，我们才知道他参加了《华林遍略》的编纂。《华林遍略》的第三位编纂者是钟屿，《梁书》卷四九《钟嵘传附钟屿传》记载了钟屿参与编纂《华林遍略》的事：

　　钟嵘字仲伟，颍川长社人，晋侍中雅七世孙也。父蹈，齐中军参军。嵘与兄岏、弟屿并好学，有思理……岏，字长岳，官至府参

_____

①《梁书》卷三〇《顾协传》，北京：中华书局，1973 年，第 444—445 页。
②《梁书》卷三〇《顾协传》，北京：中华书局，1973 年，第 446 页。

军、建康平。著《良吏传》十卷。岵，字季望，永嘉郡丞。天监十五年，敕学士撰《遍略》，岵亦预焉。兄弟并有文集。[①]

《华林遍略》的第四位编纂者是何思澄，《梁书》卷五〇《何思澄传》载：

> 何思澄，字元静，东海郯人。父敬叔，齐征东录事参军、余杭令。思澄少勤学，工文辞。起家为南康王侍郎，累迁安成王左常侍，兼太学博士，平南安成王行参军，兼记室。随府江州，为《游庐山诗》，沈约见之，大相称赏，自以为弗逮。约郊居宅新构阁斋，因命工书人题此诗于壁。傅昭常请思澄制《释奠诗》，辞文典丽。除廷尉正。天监十五年，敕太子詹事徐勉举学士入华林撰《遍略》，勉举思澄等五人以应选。[②]

《梁书》记录《华林遍略》编纂者总是"等五人"，我们在《梁书》中却只能找到以上四人。而《南史》中记载得更加全面，《南史》卷七二《文学传·何思澄传》载：

> 何思澄字元静，东海郯人也……天监十五年，敕太子詹事徐勉举学士入华林撰《遍略》，勉举思澄、顾协、刘杳、王子云、钟岵等五人以应选。八年乃书成，合七百卷。思澄重交结，分书与诸宾朋校定，而终日造谒。每宿昔作名一束，晓便命驾，朝贤无不

---

① 《梁书》卷四九《钟嵘传附钟岵传》，北京：中华书局，1973 年，第 697 页。
② 《梁书》卷五〇《何思澄传》，北京：中华书局，1973 年，第 713—714 页。

悉狎，狎处即命食。有人方之楼护，欣然当之。投晚还家，所赍名必尽。自廷尉正迁书侍御史。宋、齐以来，此职甚轻，天监初始重其选。①

此《南史》之《何思澄传》的记载不但将《华林遍略》编纂者五人悉数列出，而且还交代了编纂时间、卷帙等问题。天监十五年开始编纂，"八年乃书成，合七百卷"。《华林遍略》的第五位编纂者我们也知道了他的姓名。

《南史》卷七二《文学传·何思澄传附王子云传》载：

王子云，太原人，及江夏费昶，并为同里才子。昶善为乐府，又作鼓吹曲。武帝重之，敕曰："才意新拔，有足嘉异。昔郎恽博物，卞兰巧辞。束帛之赐，实惟劝善。可赐绢十匹。"子云尝为自吊文，甚美。②

只是《王子云传》中并未提及其编纂《华林遍略》的事情。到目前为止，我们搞清楚了《华林遍略》的五位编纂者，即刘杳、顾协、何思澄、钟屿、王子云五人。

唐释法琳《辩正论》卷七《品藻众书篇第九》载：

案梁武皇帝使阮孝绪等，于文德政御殿撰"文德政御书"四万四千五百余卷。于时帝修内法，多参佛道，又使刘杳、顾协等一十八

①《南史》卷七二《文学传·何思澄》，北京：中华书局，1975年，第1782—1783页。
②《南史》卷七二《文学传·何思澄传附王子云传》，北京：中华书局，1975年，第1783页。

人，于华林苑中纂"要语"七百二十卷，名之《遍略》，悉抄撮众书，以类相聚，于是文笔之士须便检用。①

按照《辩正论》的记载，《华林遍略》的编纂者应该有十八人，但是除了我们已经知道的刘杳、顾协外，也没有说出其他编纂者的具体姓名，但是这个十八人的数量还是可信的，如此巨大的一部类书，单凭刘杳、顾协、何思澄、钟屿、王子云五人恐难完成。

对于《华林遍略》的领修者，或曰是徐僧权，或载为徐勉。《隋书》卷三四《经籍三》载："《华林遍略》六百二十卷。梁绥安令徐僧权等撰。"②《日本国见在书目录》载："《华林遍略》六百廿卷，梁绥安令徐僧权等撰。"③《旧唐书》卷四七《经籍下》载："《华林遍略》六百卷，徐勉撰。"④《新唐书》卷五九《艺文三》载："徐勉《华林遍略》六百卷。"⑤《通志·艺文略第七》载："《华林遍略》，六百卷。徐勉编。"⑥

徐勉是梁武帝时期著名政治家、文学家，自幼善文，好学无怠，学问宏富，竭诚事主，得到了梁武帝的信任和重用，辅佐梁武帝成就了梁代前期的兴盛，得到了"梁代宗臣""一代贤相"的美誉。

《梁书》卷二五《徐勉传》载：

勉善属文，勤著述，虽当机务，下笔不休。尝以起居注烦杂，

---

①[唐]释法琳：《辩正论》卷七《品藻众书篇第九》，《大正藏》第52册，台北：新文丰出版公司，1983年，第541页。

②《隋书》卷三四《经籍三》，北京：中华书局，1973年，第1009页。

③宫内厅书陵部所藏室生寺本：《日本国见在书目录》，东京：名著刊行会，1996年，第53页。

④《旧唐书》卷四七《经籍下》，北京：中华书局，1975年，第2045页。

⑤《新唐书》卷五九《艺文三》，北京：中华书局，1975年，第1562页。

⑥[宋]郑樵撰，王树民点校：《通志二十略·艺文略第七》，北京：中华书局，1995年，第1732页。

乃加删撰为《别起居注》六百卷；《左丞弹事》五卷；在选曹，撰《选品》五卷；齐时，撰《太庙祝文》二卷；以孔释二教殊途同归，撰《会林》五十卷。凡所著前后二集四十五卷，又为《妇人集》十卷，皆行于世。①

在这冗长的传记中，记载了徐勉的方方面面，却没有提及《华林遍略》的编纂，实在令人感到疑惑。好在上文的记载中，已经说过"天监十五年，敕太子詹事徐勉举学士入华林撰《遍略》，勉举思澄、顾协、刘杳、王子云、钟屿五人以应选"。这些编纂《华林遍略》的学士皆是徐勉举荐的，而领修者自然就是徐勉。

至于徐僧权为何人，为何他的名字被《隋书》乃至《日本国见在书目录》的编纂者撰写在《华林遍略》的编纂者上，也很令人疑惑。《陈书》卷三四《文学传·徐伯阳传》载："徐伯阳，字隐忍，东海人也。祖度之，齐南徐州议曹从事史。父僧权，梁东宫通事舍人、领秘书，以善书知名。"②《南史》卷二三《王锡传》载："普通初，魏始连和，使刘善明来聘，敕中书舍人朱异接之。善明彭城旧族，气调甚高，负其才气，酒酣谓异曰：'南国辩学如中书者几人？'异曰：'异所以得接宾宴，乃分职是司，若以才辩相尚，则不容见使。'善明乃曰：'王锡、张缵，北间所闻，云何可见？'异具启闻，敕即使南苑设宴，锡与张缵、朱异四人而已。善明造席，遍论经史，兼以嘲谑。锡、缵随方酬对，无所稽疑，善明甚相叹挹。他日谓异曰：'一日见二贤，实副所期，不有君子，安能为国。'引宴之日，敕使左右徐僧权于坐后，言则

---

① 《梁书》卷二五《徐勉传》，北京：中华书局，1973 年，第 377—388 页。
② 《陈书》卷三四《文学传·徐伯阳传》，北京：中华书局，1973 年，第 468 页。

书之。"①可见徐僧权只是善书之人，其才学如何，史书无载，编纂类书，力求博赡，而徐僧权名不显，恐难为领修之人，《隋书》之记载或有舛误。

刘宝春教授《南朝东海徐氏家族文化与文学研究》载："徐勉是萧统身边最重要的谋臣之一。天监五年八月，七岁的萧统出居东宫，徐勉成为太子属官，负责东宫诸事，直到普通二年才离开东宫，总共主持东宫十六年，二人培养了亲密的感情。徐勉对萧统《文选》的编纂产生了重要影响。徐勉领修《华林遍略》触发萧统《文选》的编纂；徐勉对萧统《文选》'文质彬彬'文学批评思想的形成以及《文选》'事类'编录方法的运用都有重要影响。徐勉还为萧统编撰《文选》推荐了大批人才，使萧统最终完成了《文选》的编纂。"②可见，徐勉不仅是深得梁武帝信任的人，官职显赫，并且是萧统的老师，甚见亲待，而《华林遍略》这样的形象工程，梁武帝必然会找亲近且能干之人领衔，徐勉正是其人。刘宝春《〈华林遍略〉对中国古代类书编纂的影响》言："《华林遍略》是萧梁时期梁武帝敕众学士所撰类书，其领修人是徐勉。以类事为重、追求宏富、一事多录是《华林遍略》的特点。《华林遍略》是中国类书史上的一座高峰，成书后盛传数代，为我国古代许多重要类书的蓝本，对中国古代类书的编纂具有深远的影响。"③

前文我们说《华林遍略》的编纂或许不是因为梁武帝的嫉妒，而是后人将梁武帝的嫉妒夸大了，至少在《华林遍略》与《类苑》这件事情上，

①《南史》卷二三《王锡传》，北京：中华书局，1975 年，第 641 页。

②刘宝春：《南朝东海徐氏家族文化与文学研究》，山东师范大学博士学位论文，2010 年，第 163 页；刘宝春：《论徐勉对萧统〈文选〉编纂的影响》，《文学遗产》2010 年第 5 期，第 17—25 页。

③刘宝春：《〈华林遍略〉对中国古代类书编纂的影响》，《图书情报工作》2010 年第 11 期，第 136—139 页。

梁武帝的嫉妒有点反应迟钝了。为什么呢？上一节我们考察《类苑》的编纂时间时，认为《类苑》的编纂大致是在天监七年、八年之后，最迟至天监十一年，而《华林遍略》的编纂则是在天监十五年开始的，就算《类苑》的编纂在天监十一年，与《华林遍略》的编纂还相差四年时间，加之刘孝标之《类苑》未成，就已经流传于世，在这么久的时间里，梁武帝难道会没有一点耳闻？试想，梁武帝在强烈的嫉妒之下决意要修书超过《类苑》，为何会如此缓慢，而且时间晚了这么久，才大发嫉妒之心，故我们认为所谓的"及峻《类苑》成，帝即命诸学士撰《华林遍略》以高之"之事，还是需要慎重考虑。或许后世学者多被《大业杂记》中的记载迷惑了，未作考察，以讹传讹。《大业杂记》载："梁主以隐士刘孝标撰《类苑》一百二十卷，自言天下之事，毕尽此书，无一物遗漏，梁武心不伏，即敕华林园学士七百余人，人撰一卷，其事数倍多于《类苑》。"①《大业杂记》所言之"自言天下之事，毕尽此书，无一物遗漏"是引起梁武帝嫉妒的关键，此言确实有些狂傲，但是这样的话未见《刘孝标传》及其作品有过记载，孰知《大业杂记》不是以讹传讹？且《大业杂记》所言"梁武心不伏，即敕华林园学士七百余人，人撰一卷"之事，也是捕风捉影，通过我们上文的考察，目前所能知道的《华林遍略》的编纂者仅五六人而已，就算是如《辩正论》所言，有十八人参与了《华林遍略》的编纂，也不可能是《大业杂记》记载的七百人参与其中，"七百余人"之说必是以讹传讹。

《华林遍略》是梁武帝时代编纂精良的类书之一，刘杳、顾协、何思澄、钟屿、王子云等人历时八年之久，吸取了《寿光书苑》编纂的教

①［宋］晁载之：《续谈助》卷四《大业杂记》，《丛书集成初编》第272册，北京：中华书局，1985年，第95页。

训以及《类苑》编纂的优点，故能成就一部精华。《南史》卷七二《文学传·何思澄传》亦载："思澄重交结，分书与诸宾朋校定，而终日造谒。每宿昔作名一束，晓便命驾，朝贤无不悉狎，狎处即命食。有人方之楼护，欣然当之。投晚还家，所赍名必尽。"①这是主要说何思澄如何编纂《华林遍略》，其他四位编纂《华林遍略》的方法我们尚且不知，唯知刘杳当时编纂《寿光书苑》时类似书钞。何思澄重交结，把编纂中的《华林遍略》分给诸宾朋校定，这可见《华林遍略》的编纂并不是只有刘杳、顾协、何思澄、钟屿、王子云五人的智慧在里面，而是吸取了更多人的意见。

"每宿昔作名一束，晓便命驾，朝贤无不悉狎，狎处即命食。"此句话很难理解，但是我们通过上下文可以大致明白，何思澄每天晚上都要作名一束，早晨起来便驾着马车出访宾朋，朝中的贤士大夫无不与之亲近，并在一起吃饭谈论，以至于终日造谒。"有人方之楼护，欣然当之。"楼护是西汉末年的名臣，《汉书》卷九二《游侠传·楼护传》载："是时，王氏方盛，宾客满门，五侯兄弟争名，其客各有所厚，不得左右，唯护尽入其门，咸得其欢心。结士大夫，无所不倾，其交长者，尤见亲而敬，众以是服。"②此处所载，主要是说楼护同时受到五侯的赏识，且其与士大夫交往，无所不倾，没有保留，没有隐藏，坦诚待人，与长者交往，特别"见亲而敬"。而史书中关于楼护的记载最有意思的是"五侯鲭"，楼护同时受到汉成帝五个舅舅王谭、王根、王立、王商、王逢的赏识，五侯经常同时送去诸多山珍海味、珍馐美食，吃多了，自然会索然无味，于是楼护将五家之饭菜放在一锅里面煮，竟然别有一

①《南史》卷七二《文学传·何思澄传》，北京：中华书局，1975 年，第 1782—1783 页。
②《汉书》卷九二《游侠传·楼护传》，北京：中华书局，1962 年，第 3707 页。

番滋味，称为"五侯鲭"。《编珠》卷三载："《语林》曰：娄护字君卿，历游五侯之门，每旦五侯遣饷之，君卿乃合五侯所饷，鲭之而美，所谓五侯鲭，君卿之为也。"①

待人坦诚与"五侯鲭"是楼护此人最受关注的地方，而南朝梁时代的人把何思澄比作楼护，自然是何思澄也有此两个特点，通过《何思澄传》的记载来看，何思澄的确有这两个特点，第一是交朋友坦诚相待，"朝贤无不悉狎，狎处即命食"，此处的狎是接近、亲近的意思，并无贬义，"狎处即命食"就是在一起吃饭，以至于终日造谒；"五侯鲭"的最通俗意思就是大杂烩，而且是山珍海味的大杂烩，而何思澄编纂《华林遍略》所用的方法就有点大杂烩的意思，"分书与诸宾朋校定"即有此意，"而每宿昔作名一束"，"投晚还家，所赍名必尽"，是说何思澄每天晚上拟定出要编纂的类书类名、题目，第二天就带着这些类名、题目去找宾朋讨论，讨论一天之后，所要编纂的内容也就完成了，这不也是一个大杂烩吗？吸取各家之论说，融合成一家。这好比拿着论文题目找专家聊天，聊天结束时，论文的写作思路也就出来了。由此我们可以看到《华林遍略》的编纂情况，当然这只是何思澄一人的编纂办法，并不能代表全部，但毫无疑问的是，《华林遍略》在编纂过程中必然是吸取了众多贤士大夫的意见，且《华林遍略》之草本已经在士大夫群体中流传开来，当然这时的流传与成书后的流传必然不同。

殆至《华林遍略》成书之时，其流传更加广阔，甚至从南朝流传到北朝。《北齐书》卷三九《祖珽传》载："祖珽，字孝征，范阳遒人也……后

---

①［隋］杜公瞻撰，［清］高士奇补：《编珠》，《文渊阁四库全书》第 887 册，上海：上海古籍出版社，2003 年，第 85 页。

为秘书丞，领舍人，事文襄。州客至，请卖《华林遍略》。文襄多集书人，一日一夜写毕，退其本曰：'不须也。'珽以《遍略》数帙质钱樗蒲，文襄杖之四十……又盗官《遍略》一部。"①《北史》卷四七《祖珽传》载："后为秘书丞，领舍人，事文襄。州客至，请卖《华林遍略》，文襄多集书人，一日一夜写毕，退其本曰：'不须也。'珽以《遍略》数帙质钱挗蒲，文襄杖之四十……并盗官《遍略》一部。"②既然有人要卖《华林遍略》，可见此书在南朝的流传是较广了，不然南朝人如何将之带到北方贩卖，但是七百卷的书，也不是那么容易获得的，况且是在印刷术未流行的时代。

《华林遍略》在后来的史籍中少有记载，其流传反而不如依其模样编纂而来的《修文殿御览》长久，或许是因为在北方，《华林遍略》被新出的《修文殿御览》取代了。黄永年先生《古籍整理概论》言："某些书在一个时期很风行，过了若干年另有新的学问出来取而代之，原先风行的书变得很少有人看，日久就难免失传的厄运，这就叫自然淘汰。"③但在南方，《华林遍略》为何亦不见记载？我们只能将之归于侯景之乱和梁元帝焚书，致使质量上乘的《华林遍略》湮没无闻。1932年，洪业先生撰《所谓〈修文殿御览〉者》一文，对敦煌遗书中被罗振玉命名为《修文殿御览》的残卷 P.2526 做了考察，他认为这卷敦煌古类书不是《修文殿御览》，可能是比其更早的《华林遍略》。④但是学术界主流的观点仍然认为 P.2526 是《修文殿御览》，原因之一恐怕是南北朝时期《华林遍略》失

---

① 《北齐书》卷三九《祖珽传》，北京：中华书局，1972 年，第 514—515 页。

② 《北史》卷四七《祖珽传》，北京：中华书局，1974 年，第 1737—1738 页。

③ 黄永年：《古籍整理概论》，上海：上海书店，2001 年，第 97 页。

④ 洪业：《所谓修文殿御览者》，《洪业论学集》，北京：中华书局，1981 年，第 64—94 页；原载《燕京学报》第 12 期，1932 年，第 2499—2558 页。

传的可能性较大，而《修文殿御览》流传了下来。

对于《华林遍略》的佚文，古今学者关注不多，主要原因就是《华林遍略》的散佚与失传，再就是《修文殿御览》对它的因袭与超越，故我们很难寻得《华林遍略》的只言片字，幸运的是，《大藏经》中保存了《华林遍略》的佚文一则。

唐沙门释法琳撰《辩正论》卷七《信毁交报篇第八》载：

久鬼多慧，能现怪而饱餐；新鬼无知，入佛家而转磨。《遍略》云："有新鬼不得饮食，形瘦疲顿，忽逢故友，死来积年，形体肥健，便相问讯，请示活方。久鬼答曰：为人作怪，人必大怖，因致饮食，尔乃肥健也。新鬼便入事佛之家，其家精进，常修善业，屋西有磨，鬼往推之，家主大喜。敕子弟曰：吾家至贫，善神助磨，急辇麦与之，至暮磨数十斛麦。既不得食，疲顿乃去。复到一家，上碓而舂，其家正信，相与喜曰，昨日某甲家磨，今复来助我舂，益更辇谷，使婢簸之至，暮得五十斛米。如是疲弊，又不得食。中心忿怒，不自堪任，夜见久鬼，亟申怨责。久鬼曰：君自不虑耳，此二家奉佛正信，其心难动，用心一至，亦能感彻，冥空我辈，正当其使，今去可觅门前有竹竿，悬断索灌口者，往彼为怪。新鬼用语，至一家门有竹竿，见一群女子，窗前共食，中庭有一白狗，鬼便令狗在空中行，其家惶怖，竞唱云生来未见此怪。卜占云：客鬼索食，可杀狗煮饼果于庭中祠之，可得无他，便如师言，鬼遂得食，后恒饱满也。"[1]

---

[1]［唐］释法琳：《辩正论》卷七《信毁交报篇第八》，《大正藏》第 52 册，台北：新文丰出版公司，1983 年，第 538 页。

此则佚文主要给我们讲了一个"久鬼多慧，能现怪而饱餐；新鬼无知，入佛家而转磨"的故事，此则故事虽然是在讲久鬼多慧，现怪饱餐以至形体肥健，新鬼无知，形瘦疲顿，但是透过这个故事，我们更多发现的是他在宣扬佛法，劝导人们奉佛正信。对于《华林遍略》之中出现宣扬佛法的故事，我们又当如何理解呢？这就需要我们考察另一部类书《经律异相》的编纂情况。《经律异相序》载：

> 以天监七年敕释僧旻等备钞众典，显证深文，控会神宗，辞略意晓，于钻求者已有太半之益。但稀有异相犹散众篇，难闻秘说，未加标显。又以十五年末，敕宝唱钞经律要事，皆使以类相从，令览者易了。又敕新安寺释僧豪、兴皇寺释法生等相助检读，于是博综经籍，择采秘要。上询神虑，取则成规，凡为五十卷。又目录五卷，分为五秩，名为《经律异相》。将来学者，可不劳而博矣。①

梁武帝敕令编纂的《华林遍略》是在华林园完成的，但是我们通过《经律异相序》发现，《经律异相》的编纂也是在天监十五年开始的，并且《经律异相》的编纂也是在华林园进行的。《宝唱传》载："十四年，敕安乐寺僧绍撰《华林佛殿经目》。未惬帝旨。又敕唱重撰，遂敕掌华林园宝云经藏，搜求遗逸，备造三卷，以用供上。又敕撰《经律异相》五十五卷。"②可见，天监十四年，宝唱重撰《华林佛殿经目》之时，他已经开始主管华林园宝云经藏，《经律异相》的编纂则是在天监十五年末开始的。《华林遍略》与《经律异相》都是奉梁武帝的敕令开始编纂的，并且他

---

① 董志翘主撰：《〈经律异相〉整理与研究》，成都：巴蜀书社，2011年，第85—86页。
② [南朝梁]释慧皎等：《高僧传合集》，上海：上海古籍出版社，1991年，第107页。

们编书的地方同在华林园，故他们之间没有联系是不可能的，佛教类书编纂与世俗类书编纂必然是相互影响、相互促进，所以《华林遍略》收录佛教故事也就顺理成章了。诚如陈垣、周祖谟先生所言，刘孝标之所以编纂出高质量的《类苑》，与其早年对佛法的熟知关系较深，更进一步来说，刘孝标编纂《类苑》之时必然会吸收部分佛教内容，而《华林遍略》对佛教内容的吸收，便容易理解了。此外，梁武帝十分崇信佛教，其不断敕令编纂佛教类书《众经要抄》《义林》《经律异相》等，同在华林园编纂类书的宝唱等高僧与刘杳等学士之间不可能是处于隔绝状态，他们之间存在着资料共享、信息互通的现象。

四、小结

张涤华先生《类书流别》言："若夫类书纂组之体，其始大抵排比旧文，次其时代而已，《华林遍略》以前，无异轨也。自后世踵事增华，体制遂多新创。"[1]刘宝春教授《〈华林遍略〉对中国古代类书编纂的影响》言："《华林遍略》是我国类书史上的一座高峰。《华林遍略》以其博富的原始材料、成熟的体制特点，为后世数代类书所效仿、因袭。《华林遍略》对我国类书编纂的影响是极其深刻而久远的。"[2]《华林遍略》奠定了中古中国类书的发展模式，并且其深远的影响带动了类书编纂高潮的到来，在此之后，南北朝出现了中国类书编纂史上的第一个高潮，在这个高潮中，类书编纂者众多，文人学者、高僧高道乃至帝王将相多参与其中，即使在动乱流离之余，一代代文人学者仍然笔耕不辍、孜孜不

---

[1]张涤华：《类书流别》（修订本），北京：商务印书馆，1985年，第18页。

[2]刘宝春：《〈华林遍略〉对中国古代类书编纂的影响》，《图书情报工作》2010年第11期，第136—139页。

倦，编纂出各式类书。张涤华先生《类书流别》言："类事之书，历代多有，而总其最盛，兹厥有三期：曰齐梁，曰赵宋，曰清初。"①戴克瑜、唐建华先生主编《类书的沿革》载："齐梁与北魏类书的编纂大盛，上至王公贵族，下至一般士大夫阶层莫不竞相编制类书，以为行文之资助。因此，类书较前代大为增加。"②唐光荣教授《唐代类书与文学》亦言："我们可以说南北朝类书不仅总的部类结构已经相当成熟，而且某些部类下边的子目设置也和唐以后的类书很相仿佛。"③类书在南北朝时期之所以能够迅猛发展起来，是与魏晋南北朝时期的政治、文化、历史背景密切相关的，南北朝时期尤其是梁武帝时代，类书再次被上至帝王将相、下至文人墨客所重视。如果没有纸的普及，类书就没有了载体，如果没有了丰富的藏书，类书编纂必然成为无源之水，如果没有用典之风气，征事、策事之风行，编纂出来的类书必然没有了用武之地，如果没有那群好文之帝王将相、抄撰学士参与其中，类书的编纂必然会失色不少，如果没有玄风的消歇，记问之学的反拨，知识性的类书恐怕还要沉睡很久。总之，南北朝时期尤其是齐梁时期有了类书产生、发展乃至繁荣所需要的一切条件，再加上一群孜孜不倦、风姿绰约、才华出众、追求博学的俊才秀士，于是出现了一个类书迅猛发展的新时代。

---

①张涤华：《类书流别》（修订本），北京：商务印书馆，1985 年，第 24 页。
②戴克瑜、唐建华主编：《类书的沿革》，成都：四川省图书馆学会编印，1981 年，第 17 页。
③唐光荣：《唐代类书与文学》，成都：巴蜀书社，2008 年，第 96 页。

第四章　《修文殿御览》的编纂及其影响

　　《修文殿御览》是北齐后主高纬于武平三年（572年）以《华林遍略》为蓝本，历时七个月官修的一部类书，曾名《玄洲苑御览》《圣寿堂御览》。《隋书·经籍志》以《圣寿堂御览》著录。《修文殿御览》仿天地之数，为55部，象乾坤之策，共360卷。南宋时，《中兴馆阁书目》《遂初堂书目》《直斋书录解题》都有著录，约在明初，不传于世。①胡道静先生《中国古代的类书》言："在承前启后上，它（《修文殿御览》）却占着一个重要的位置，对现存的古类书有直接的关系，所以我们需要较详细地了解它。"②诚然，《修文殿御览》之声名是极大的，知名度非常高，并且《修文殿御览》之内容与体例也是不错的。古往今来，能够不断流传的典籍，主要还是依靠它本身的内容与质量，但是大类书完整流传一千年，也是极难的，第一是因为各种灾祸的威胁，第二是后出典籍对前朝典

---

　　①刘安志先生认为："从明初到明末清初，王祎《大事记续编》、杨慎《升菴集》、王世贞《弇州山人四部稿》、方以智《通雅》都曾引用过《修文殿御览》，明初《文渊阁书目》、明末清初《绛云楼书目》也都明确著录过该书，而且还记录了此书存世的具体册数。这些皆可充分表明，有明一代，《修文殿御览》一书并未完全散佚。相较而言，清代极少有学者直接引用《修文殿御览》，则其不传于世，当在清初以后。"刘安志：《〈修文殿御览〉佚文辑校》，《魏晋南北朝隋唐史资料》第28辑，武汉：武汉大学人文社会科学学报编辑部编辑出版，2012年，第302页；刘安志：《〈修文殿御览〉佚文辑校》，《新资料与中古文史论稿》，上海：上海古籍出版社，2014年，第317页。

　　②胡道静：《中国古代的类书》，北京：中华书局，2005年新1版，第62页。

籍的因袭与替代，故《修文殿御览》在唐以后就很难见到了，就算是图书目录中有收录，在没有充分证据的情况下，只能持怀疑的态度。

一、《修文殿御览》编纂的历史背景

北魏早期，文化相对落后，中原衣冠士族多南迁，故南朝文化较为发达，并且由于南北敌对，文化交流相对较少，北魏孝文帝迁都之后，实行汉化政策，开始接受中原文化，而南北之交流亦渐增多。《魏书》卷七下《高祖纪下》载：

> 雅好读书，手不释卷。《五经》之义，览之便讲，学不师受，探其精奥。史传百家，无不该涉。善谈《庄》《老》，尤精释义。才藻富赡，好为文章，诗赋铭颂，任兴而作。有大文笔，马上口授，及其成也，不改一字。自太和十年已后诏册，皆帝之文也。自余文章，百有余篇。爱奇好士，情如饥渴。待纳朝贤，随才轻重，常寄以布素之意。悠然玄迈，不以世务婴心。①

孝文帝爱慕中原文化，经史百家、玄谈诗赋、佛道精义，皆信手拈来，运用自如。在孝文帝的带动之下，北魏崇尚文化之风气渐渐兴盛起来，北方士子文人亦多向往南朝士人风度，在北朝渐渐出现了南朝之风尚。《北史》卷五五《元文遥传》载：

> 元文遥字德远，河南洛阳人也。魏昭成皇帝六世孙也。五世祖

常山王遵。父唏，有孝行，父卒，庐于墓侧而终。文遥贵，赠特
进、开府仪同三司、中书监，谥曰孝。文遥敏慧夙成，济阴王晖业
每云："此子王佐才也。"晖业常大会宾客，时有人将何逊集初入洛，
诸贤皆赞赏之。河间邢邵试命文遥诵之，几遍可得。文遥一览诵，
时年始十余岁。济阴王曰："我家千里驹，今定如何？"邢云："此殆
古来未有。"①

《洛阳伽蓝记》卷四《法云寺》载：

> 寺北有侍中尚书令临淮王彧宅。彧博通典籍，辨慧清悟，风仪
> 详审，容止可观。至三元肇庆，万国齐珍，金蝉曜首，宝玉鸣腰，
> 负荷执笏。逶迤复道，观者忘疲，莫不叹服。彧性爱林泉，又重宾
> 客。至于春风扇扬，花树如锦，晨食南馆，夜游后园，僚寀成群，
> 俊民满席，丝桐发响，羽觞流行，诗赋并陈，清言乍起，莫不饮其
> 玄奥，忘其祸郜焉。是以入彧室者，谓登仙也，荆州秀才张裴裳为
> 五言，有清拔之句云："异林花共色，别树鸟同声。"彧以蛟龙锦赐
> 之。亦有得绯绌绯绫者。唯河东裴子明为诗不工，罚酒一石。子明
> 八斗而醉眠，时人譬之山涛。②

据上文之记载，可见北魏后期之风尚。北魏分裂之后，北齐国力明
显强于北周，北齐政权之下聚集了大量文人，而此时北齐国家亦相对

---

① 《北史》卷五五《元文遥传》，北京：中华书局，1974 年，第 2004 页。
② ［北魏］杨衒之著，杨勇校笺：《洛阳伽蓝记校笺》卷四《法云寺》，北京：中华书局，2006 年，第
176 页。

安定，为北方文人提供了一个文化繁荣发展的机会。南方文化向北发展，北方文化渐染南风，南北文化融合加深。李源澄先生《魏末北齐之清谈名理》言："魏代自孝文而后，其风气日与南朝接近，经学佛学既有改变，文学尤盛，玄学亦渐兴起，而北来之南人尤为北士所慕。"①《北朝南化考》又言："元魏历史本以孝文迁洛为一大分界，武质文华四字，足以尽前后之不同。东魏、北齐承袭孝文以来之大流而与南朝接近，西魏、北周则一返于武质，一切礼文，皆置而不讲。周、齐之异又一武质文华之异也。""北周在未有江陵与齐以前，文士殊少，即以文化论，北齐实为承继北魏之大流，而北周别为一支。"②黄永年先生《六至九世纪中国政治史》亦言："创建东魏政权的高欢父子虽习于鲜卑，但东魏、北齐能继承北魏迁都洛阳后汉化的传统，其文化远高于西魏、北周。从西魏之灭江陵尽俘其百官士民为奴婢，颜之推不辞砥柱之险自西魏东奔北齐，其后且以北齐为本朝、以北齐见灭于北周为亡国，撰写《北史》的李延寿也说齐为周灭是'生灵厄夫左衽'，均可证实。今看《北齐书》，其君臣似多欠文明之言行，则缘是亡国后所撰写毋庸隐讳，然北周将相之后嗣至唐初仍多显贵，《周书》中遂多美化之辞。"③

诚然，北齐之渐染南风尤甚，以至于南北朝后期之文化中心从南方转移到北齐。《北齐书》卷二四《杜弼传》载："弼性好名理，探味玄宗，自在军旅，带经从役。注老子《道德经》二卷。"④"六年四月八日，魏帝集名僧于显阳殿讲说佛理，弼与吏部尚书杨愔、中书令邢邵、秘书监

①李源澄：《李源澄学术论著初编》，台北："中研院"中国文哲研究所，2008年，第663页。
②李源澄：《李源澄学术论著初编》，台北："中研院"中国文哲研究所，2008年，第1566页。
③黄永年：《六至九世纪中国政治史》，上海：上海书店，2004年，第3页。
④《北齐书》卷二四《杜弼传》，北京：中华书局，1972年，第348页。

魏收等并侍法筵。敕弼升师子座，当众敷演。昭玄都僧达及僧道顺并缁林之英，问难锋至，往复数十番，莫有能屈。帝曰：'此贤若生孔门，则何如也。'"①"尝与邢邵偃从东山，共论名理……前后往复再三，邢邵理屈而止，文多不载。"②"弼儒雅宽恕，尤晓史职，所在清洁，为吏民所怀。耽好玄理，老而愈笃。又注《庄子·惠施篇》《易·上下系》，名《新注义苑》，并行于世。"③

《北齐书》卷三一《王昕传附王晞传》载："弟晞，字叔朗，小名沙弥。幼而孝谨，淹雅有器度，好学不倦，美容仪，有风则。魏末，随母兄东适海隅，与邢子良游处。子良爱其清悟，与其在洛两兄书曰：'贤弟弥郎，意识深远，旷达不羁，简于造次，言必诣理，吟咏情性，往往丽绝。恐足下方难为兄，不假虑其不进也。'……遨游巩洛，悦其山水，与范阳卢元明、巨鹿魏季景结侣同契，往天陵山，浩然有终焉之志。"④《北齐书》卷三一《王昕传附王晞传》又载："帝使斋帅裴泽、主书蔡晖伺察群下，好相诬枉，朝士呼为裴、蔡。时二人奏车驾北征后，人言阳休之、王晞数与诸人游宴，不以公事在怀。帝杖休之、晞胫各四十。"⑤《北齐书》卷三一《王昕传附王晞传》又载："性闲淡寡欲，虽王事鞅掌，而雅操不移。在并州，虽戎马填闾，未尝以世务为累。良辰美景，啸咏遨游，登临山水，以谈燕为事，人士谓之物外司马。"⑥

---

① 《北齐书》卷二四《杜弼传》，北京：中华书局，1972 年，第 350 页。
② 《北齐书》卷二四《杜弼传》，北京：中华书局，1972 年，第 351—352 页。
③ 《北齐书》卷二四《杜弼传》，北京：中华书局，1972 年，第 353 页。
④ 《北齐书》卷三一《王昕传附王晞传》，北京：中华书局，1972 年，第 417 页。
⑤ 《北齐书》卷二一《工昕传附工晞传》，北京：中华书局，1972 年，第 421 页。
⑥ 《北齐书》卷三一《王昕传附王晞传》，北京：中华书局，1972 年，第 422 页。

魏收、邢邵是北朝后期的两位文史大家，他们对任昉、沈约的模仿更是全面而深刻地表现了北朝的南方化。《北齐书》卷三七《魏收传》载："收每议陋邢邵文。邵又云：'江南任昉，文体本疏，魏收非直模拟，亦大偷窃。'收闻乃曰：'伊常于沈约集中作贼，何意道我偷任昉。'任、沈俱有重名，邢、魏各有所好。武平中，黄门郎颜之推以二公意问仆射祖珽，珽答曰：'见邢、魏之臧否，即是任、沈之优劣。'收以温子升全不作赋，邢虽有一两首，又非所长，常云：'会须作赋，始成大才士。唯以章表碑志自许，此外更同儿戏。'"①北齐学风、文风对南朝的模仿、学习，使得北齐出现了一个文化发展的高潮，南朝的类书编纂很是繁荣，而且类书的编纂与文学、史学、佛教的发展皆有关系，北齐的学者们在南方化的过程中必然会模仿南朝编纂类书，这也就带来了北朝类书的新发展。

二、《修文殿御览》的编纂时间

对于《修文殿御览》编纂之原因，胡道静先生说"高纬之于文学，远远不如曹丕、萧衍。《修文殿御览》之纂修，只不过是他听从了祖珽的建议，以沽文治之名"②。当时祖珽深得后主信任，权倾朝野，祖珽建议编纂《修文殿御览》得到后主的批准，并敕令祖珽选拔当时的俊才秀士编纂此书。其实编纂典籍也不是祖珽自己的想法，而是听从了阳休之的建议。《北齐书》卷四二《阳休之传》载："休之本怀平坦，为士友所称。晚节：说祖珽撰《御览》，书成，加特进。"③要全面理解《修

---

①《北齐书》卷三七《魏收传》，北京：中华书局，1972年，第492页。
②胡道静：《中国古代的类书》，北京：中华书局，2005年，第62页。
③《北齐书》卷四二《阳休之传》，北京：中华书局，1972年，第563页。

文殿御览》的编纂情况，我们先看一下后主高纬在武平三年都有哪些活动。

《北齐书》卷八《后主纪》载：

三年春正月己巳，祀南郊。辛亥，追赠故琅邪王俨为楚帝。二月己卯，以卫菩萨为太尉。辛巳，以并省吏部尚书高元海为尚书右仆射。庚寅，①以左仆射唐邕为尚书令，侍中祖珽为左仆射。是月，敕撰《玄洲苑御览》，后改名《圣寿堂御览》。三月辛酉，诏文武官五品已上各举一人。是月，周诛冢宰宇文护。夏四月，周人来聘。秋七月戊辰，诛左丞相、咸阳王斛律光及其弟幽州行台、荆山公丰乐。八月庚寅，废皇后斛律氏为庶人。以太宰、任城王湝为右丞相，太师、冯翊王润为太尉，兰陵王长恭为大司马，广宁王孝珩为大将军，安德王延宗为司徒。使领军封辅相聘于周。戊子，拜右昭仪胡氏为皇后。己丑，以司州牧、北平王仁坚为尚书令，特进许季良为左仆射，彭城王宝德为右仆射。癸巳，②行幸晋阳。是月，《圣寿堂御览》成，敕付史阁，后改为《修文殿御览》。九月，陈人来聘。冬十月，降死罪已下囚。甲午，拜弘德夫人穆氏为左皇后，大赦。十二月辛丑，废皇后胡氏为庶人。是岁，新罗、百济、勿吉、突厥并遣使朝贡。于周为建德元年。③

《北史》卷八《齐本纪下》所载与上文内容基本相同。通过上文的记

①胡道静先生注此日为"农历十八日，公元 572 年 3 月 17 日"。
②胡道静先生注此日为"农历二十四日，公元 572 年 9 月 16 日"。
③《北齐书》卷八《后主纪》，北京：中华书局，1972 年，第 105—106 页。

载，我们知道了《修文殿御览》的大体编纂时间是武平三年二月，其年八月，被改名后的《圣寿堂御览》编纂完成，敕付史阁，收藏起来。《隋书·经籍志》对《修文殿御览》的著录即为《圣寿堂御览》，后来又改名为《修文殿御览》。《修文殿御览》从敕令编纂到编纂完成，总共用了七个月时间，速度之快，的确令人惊讶。洪业先生《所谓修文殿御览者》说："祖珽等编《修文御览》时，所用为蓝本之《华林遍略》，殆即当初中书监抄本，抑或从中书监复抄之本。然七百卷之书，以一日一夜集多人抄毕，则所抄者必不精；幸而《修文御览》之编纂，卷数以三百六十为限，则凡《遍略》抄本中伪夺太甚之处，可尽行删削；唯其编纂方法之如是简便，故七月而书成。梁以八年成书，齐以七月毕纂，创难而踵易也。"①

对于《修文殿御览》之编纂及其因袭《华林遍略》的事情，《太平御览》卷六〇一《文部十七·著书上》引《三国典略》记载更为详细：

《三国典略》曰：齐主如晋阳，尚书右仆射祖珽等上言，昔魏文帝命韦诞诸人撰著《皇览》，包括群言，区分义别，陛下听览余日，眷言缃素，究兰台之籍，穷策府之文，以为观书贵博，博而贵要，省日兼功，期于易简，前者修文殿令臣等讨寻旧典，撰录斯书，谨罄庸短登即，编次放天地之数，为五十部，象乾坤之策，成三百六十卷，昔汉时诸儒集论经传，奏之白虎阁，因名《白虎通》，窃缘斯义，仍曰《修文殿御览》，今缮写已毕，并目上呈，伏原天鉴，赐垂裁览，齐主命付史阁。

初齐武成令宋士素，录古来帝王言行要事三卷，名为《御览》，

---

① 洪业：《所谓修文殿御览者》，《洪业论学集》，北京：中华书局，1981 年，第 93 页；原载《燕京学报》第 12 期，1932 年，第 2499—2558 页。

置于齐王巾箱。阳休之创意取《芳林遍略》，加《十六国春秋》《六经
拾遗录》《魏史》旧书，以士素所撰之名，称为《玄洲苑御览》，后改
《圣寿堂御览》，至是珽等又改为《修文殿》，上之，徐之才谓人曰，
此可谓床上之床，屋上之屋也。①

　　《三国典略》载有《修文殿御览》的诸多信息，对于《修文殿御览》之
得名，自然是因为此书是在修文殿编纂的，但是为何其先名《玄洲苑御
览》，后改《圣寿堂御览》，最后定为《修文殿御览》，难道修书地点在不
断变化，从玄洲苑、圣寿堂，再到修文殿？②《华林遍略》编纂时间八年
之久，尚且一直没有转移地点，为何《修文殿御览》之编纂频频转移阵
地？再者，由于《修文殿御览》之命名是援引汉代白虎阁著《白虎通》的
典故，上文言"奏之白虎阁，因名《白虎通》"，可见或许只是在修文殿
奏上，因而名为《修文殿御览》。"御览"二字得来或与《皇览》有关，但是
与之关系更为密切的是宋士素所撰之三卷《御览》，且此《御览》成书早，
甚至是让齐王十分中意，不然为何置于齐王巾箱？

　　"今缮写已毕，并目上呈"是说此《修文殿御览》是有目的。前文我
们说了，《修文殿御览》之编纂提议者是阳休之，而《三国典略》记载尤详
细。"阳休之创意取《芳林遍略》，加《十六国春秋》《六经拾遗录》《魏史》旧
书，以士素所撰之名。"此处的意思最为明了，《修文殿御览》之编纂构
想一览无余，需要注意的是，在《华林遍略》的基础上，《修文殿御览》

---

①［宋］李昉等撰：《太平御览》卷六〇一《文部十七·著书上》，北京：中华书局，1960年，第
2706—2707页。
②《资治通鉴》卷一七一《陈纪五》载："齐大统中，毁东宫，起修文等殿。"北京：中华书局，1956
年，第5316页。

新增收的典籍主要是《十六国春秋》《魏史》与《六经拾遗录》，前二者是史部著述，《六经拾遗录》是经部著述，时至今天，《十六国春秋》与《魏史》仍然是我们了解北朝事实非常重要的文献资料，为何此三部著作被着重表明，很显然是由于南方士人所编纂的《华林遍略》主要取材于南方资料，在南北朝对立的情况之下，南方士人一是对北方情况不熟悉，二是故意不取北方资料，贬低北方，故在《修文殿御览》的编纂之中必然要加入北方之著述、史料，亦可见《修文殿御览》之取材包括经、史。

《直斋书录解题》卷十四《类书类》载：

> 《修文殿御览》三百六十卷。北齐尚书左仆射范阳祖珽孝征等撰。案《唐志》类书，在前者有《皇览》《类苑》《华林遍略》等六家，今皆不存。则此书当为古今类书之首。珽之行事，奸贪凶险，盗贼小人之尤无良者，言之则污口舌。而其所编集，乃独至今传于世。然珽尝以他人所卖《遍略》质钱受杖。又尝盗官《遍略》一部，坐狱论罪。今书毋乃亦盗《遍略》之旧，以为己功耶？《遍略》者，梁徐僧权所为也。又案《隋志》作《圣寿堂御览》，卷数同。圣寿者，实齐后主所居。①

胡道静先生言："《修文殿御览》以《华林遍略》为蓝本，大采而特用，是公开的事，并不是偷偷摸摸。阳休之创意辑《玄洲苑御览》，即以《遍略》为蓝本。因袭的问题，不在于祖珽。祖珽虽两番盗书，

---

① [宋]陈振孙撰，徐小蛮、顾美华点校：《直斋书录解题》卷十四《类书类》，上海：上海古籍出版社，1987年，第423页。

但他确实也懂得《遍略》的好处。阳休之的主意，他必是由衷地赞同。"
陈乐素先生《宋史艺文志考证·子部杂家类》言："祖孝征《修文殿御览》
三百六十卷。《隋志》作《圣寿堂御览》，不著撰人。《唐志》《通志》祖孝
征等撰，《崇文目》《解题》祖珽等撰。按：北齐祖珽字孝征，盖宋人避
讳称字，然"征"亦讳。此盖修太祖、太宗两朝史时，著录其书，故
避讳称字。及仁宗时更修真宗史，合为三朝史，不能复改，而只阙
笔也。"①

　　对于上文中"篇次放天地之数，为五十部，象乾坤之策，成三百
六十卷"，胡道静先生提出了修订意见，其认为"为五十部"脱"五"
字。其言：按，"放天地之数"，一定是五十五，不会是五十。因为
《易·系辞》说："天一，地二，天三，地四，天五，地六，天七，地
八，天九，地十。天数五，地数五，五位相得而各有合。天数二十
有五，地数三十，凡天地之数五十有五。"宋代的《太平御览》模仿
《修文殿御览》，也是分五十五部。由于《三国典略》脱去一个"五"字，
故聂崇岐《太平御览引得序》认为《太平御览》的分部比《修文殿御览》
多五部，是一个误会。②《周易系辞》载："大衍之数五十，其用四十有
九。分而为二以像两。挂一以像三，揲之以四以象四时，归奇于扐
以象闰。五岁再闰，故再扐而后挂。天一，地二；天三，地四；天
五，地六；天七，地八；天九，地十。天数五，地数五。五位相得
而各有合，天数二十有五，地数三十，凡天地之数五十有五，此所
以成变化而行鬼神也。《乾》之策二百一十有六，《坤》之策百四十有
四，凡三百六十，当期之日。二篇之策万有一千五百二十，当万物

---

①陈乐素：《宋史艺文志考证》，广州：广东人民出版社，2002 年，第 325 页。
②胡道静：《中国古代的类书》，北京：中华书局，2005 年，第 63 页。

之数也。"①古代占卜用的蓍草根数为"策",一根为一策。占筮时,经过四十九根蓍草的三次演变,剩下三十六根,就得出一阳爻,一卦为六爻,如果演变十八次,这个策数与万物之数相当。《修文殿御览》在卷部的安排上,以天地万物为对象,可见其当时的编纂动机。

《修文殿御览》的卷帙计五十五部,三百六十卷,历代目录学著作的记载大体相同。《玉海》卷五四《艺文·承诏撰述、类书》载:"北齐《修文殿御览》。《唐志》祖孝征等《修文殿御览》三百六十卷(《崇文目》同。书目有之。采摭群书,分二百四十部,以集之)。《修文殿御览》放天地之数,为五十部,象乾坤之策,成三百六十卷(书目)。""北齐《圣寿堂御览》。《阳休之传》:武平三年与朝士撰《圣寿堂御览》。《隋志》杂家三百六十卷。阳休之取《芳林遍略》加《十六国春秋》《六经拾遗录》《魏史》为《玄洲苑御览》,后改为《圣寿堂》,祖孝征等又改为《修文殿御览》三百六十卷,上之。"②《玉海》这里所说的"采摭群书,分二百四十部",或许就是五十五部之下的下一级类目。

《修文殿御览》的部类设置,我们已经知道是五十五部,但是这五十五部的部目又是些什么呢?元陶宗仪撰《说郛》卷二十四下施青臣《继古蕞编》载:"《藕花诗》。韩昌黎古意诗:太华峰头玉井莲,开花十丈藕如船。始意退之自为豪伟之辞,后见真人关令尹喜传,老子曰:真人游时各坐莲花之上,花辄径十丈,有迎香生莲,逆水闻三千里。又北齐《修文御览》有花生香一门,专载此事。诸家集注韩诗皆遗而不收,特表出之。"③中国书店

---

① 周振甫译注:《周易译注》,北京:中华书局,1991年,第241页。
② [宋]王应麟:《玉海》,京都:中文出版社,1977年,第1075页。
③ [元]陶宗仪纂:《说郛》卷二四下《继古蕞编》,《文渊阁四库全书》第877册,上海:上海古籍出版社,2003年,第374页。

据涵芬楼 1927 年影印本《说郛》卷三六《续古丛编》载："《藕花十丈》。韩昌黎古意诗，太华峰头玉井莲，开花十丈藕如船。始意退之自为豪伟之辞，后见真人关令尹喜传，老子真人游时各坐莲花之上，花辄径十丈，有返生香，莲香闻三千里。又北齐《修文御览》有反生香一门，专载此事，诸家集注韩诗皆遗而不收，特表出之。"①清汪灏、张逸少等撰《御定佩文斋广群芳谱》卷二九《花谱·荷花一》载："《继古丛编》：韩昌黎古意诗，太华峰头玉井莲，开花十丈藕如船。始意退之自为豪伟之辞，后见真人关令尹喜传，老子曰：天涯之洲，真人游时各坐莲花之上，花辄径十丈，有返香生莲，逆水闻三千里。又北齐《修文御览》有花生香一门，专载此事，诸家集注韩诗皆遗而不收，特表出之。"②所谓"花生香一门""反生香一门"，或许也是《修文殿御览》的一小部类，但是需要注意的是，此处的称谓用的是"门"。③

通过后文之辑佚，我们也可以补充出《修文殿御览》的部目。刘安志先生《〈修文殿御览〉佚文辑校》言："根据目前掌握的资料，可以确认《修文殿御览》有'皇王部''服章部''果部'等，此与《太平御览》同；又前揭《政事要略》所引《吕氏春秋》后有'同书'二字，夹注'布帛'，似《修文殿御览》有'布帛部'，同于《艺文类聚》，而与《太平御览》有异。至于部下的门类，据前揭佚文，可知有'木甘草''鸡舌香''芸香''人参''远志''天门冬''车渠''马脑''琉璃''金''枸橼''衣''衣裳''学校'等；

---

① [元]陶宗仪纂：《说郛》卷三六《续古丛编》，北京：中国书店，1986 年。

② [清]汪灏、张逸少等撰：《御定佩文斋广群芳谱》卷二九《花谱·荷花一》，《文渊阁四库全书》第 846 册，上海：上海古籍出版社，2003 年，第 76 页。

③ [日]胜村哲也：《修文殿御览卷第三百一香部の复元——森鹿三氏〈修文殿御览について〉を手挂りとして》，《佛教と文学·艺术》，京都：平乐寺店，1973 年，第 153—176 页。胜村哲也对《修文殿御览》"香部"复原果有"反生香"。

此外尚有'黄柑''花生香''水滴器'等门类,其中'水滴器'见于《太平御览》卷六〇六《文部》,而'黄柑''花生香'两门则未见,说明二书在部类名称上还是存在着某些差异。"①

前辈学者经过研究,多认为《太平御览》承袭《修文殿御览》之处较多,部类设置相似之处也多,我们或可通过《太平御览》对《修文殿御览》有更多了解。

> 天部、时序部、地部、皇王部、偏霸部、皇亲部、州郡部、居处部、封建部、职官部、兵部、人事部、逸民部、宗亲部、礼仪部、乐部、文部、学部、治道部、刑法部、释部、道部、仪式部、服章部、服用部、方术部、疾病部、工艺部、器物部、杂物部、舟部、车部、奉使部、四夷部、珍宝部、布帛部、资产部、百谷部、饮食部、火部、休征部、咎征部、神鬼部、妖异部、兽部、羽族部、鳞介部、虫鱼部、木部、竹部、果部、菜部、香部、药部、百卉部。②

有学者认为日本所编纂的《秘府略》之原本是《修文殿御览》,其残存的部类有"卷八百六十四(百谷部中)与卷八百六十八(布帛部三)"。③《秘府略》残存部类仅有"百谷部""布帛部",通过此"百谷部中"

---

①刘安志:《〈修文殿御览〉佚文辑校》,《魏晋南北朝隋唐史资料》第28辑,武汉:武汉大学人文社会科学学报编辑部编辑出版,2012年,第301页;刘安志:《〈修文殿御览〉佚文辑校》,《新资料与中古文史论稿》,上海:上海古籍出版社,2014年,第315页。

②[宋]李昉等撰:《太平御览》,北京:中华书局,1960年,第21—22页。

③《秘府略卷第八百六十四》,东京:古典保存会,1929年;《秘府略(卷八百六十八附卷八百六十四)》,《尊经阁善本影印集成》第13册,东京:八木书店,1997年。

与"布帛部三"，可以知道《秘府略》卷八百六十三是"百谷部上"，卷八百六十五是"百谷部下"，卷八百六十六是"布帛部一"，卷八百六十七是"布帛部二"，且此百谷部与布帛部是前后相连接，与《太平御览》之部类虽同名，却顺序有异。

《秘府略》		《太平御览》	
卷八百六十三	百谷部上	卷八百一十四	布帛部一
卷八百六十四	百谷部中	卷八百一十五	布帛部二
卷八百六十五	百谷部下	卷八百一十六	布帛部三
卷八百六十六	布帛部一	卷八百一十七	布帛部四
卷八百六十七	布帛部二	卷八百一十八	布帛部五
卷八百六十八	布帛部三	卷八百一十九	布帛部六
		卷八百二十	布帛部七
		……	
		卷八百三十七	百谷部一
		卷八百三十八	百谷部二
		卷八百三十九	百谷部三
		卷八百四十	百谷部四
		卷八百四十一	百谷部五
		卷八百四十二	百谷部六

对于《修文殿御览》是否收录诗文之事，我们找到一则材料。明杨慎撰《丹铅余录总录》卷二十《诗话类·李陵诗》载："《修文殿御览》载：李陵诗云：红尘蔽天地，白日何冥冥。微阴盛杀气，凄风从此兴。招摇西北指，天汉东南倾。嗟尔穹庐子，独行如履冰。短褐中无绪，带断续以绳。泻水置瓶中，焉辩淄与渑。巢父不洗耳，后世有何称。此诗

《古文苑》止载首二句，注云下缺，当补入之以传好古者。"①明杨慎撰《升庵集》卷五四《李陵诗》又载："《修文殿御览》载：李陵诗云：红尘蔽天地，白日何冥冥。微阴盛杀气，凄风从此兴。招摇西北指，天汉东南倾。嗟尔穷庐子，独行如履冰。裋褐中无绪，带断续以绳。写水置瓶中，焉辨淄与渑。巢父不洗耳，后世有何称。此诗《古文苑》止载首二句，注云下缺，当补入之以传好古者。"②杨慎在《修文殿御览》中找到了李陵诗一首，且对《古文苑》做了补遗，可知，《修文殿御览》也在收录诗文。

明杨慎撰《丹铅总录》卷一二《史籍类》又载："《古蜡祝丁令威歌遗句》。《礼记》蜡祝辞云：土反其宅，水归其壑，昆虫毋作，草木归其泽。而蔡邕《独断》又有：丰年若土，岁取千百。增此二句，意始足。《丁令威歌》：城郭是，人民非，何不学仙，冢累累而。《修文御览》所引云：何不学仙去，空伴冢累累。增此三字文义始明，书所以贵乎博考也。"③此处应该理解为《修文殿御览》援引了《丁令威歌》，可见《修文殿御览》作为一个时代的文化工程，虽然后世称为类书编纂，但是在当时，《修文殿御览》的编纂如同《皇览》之编纂，是一次文献整理、文献汇集，故其所欲收罗的材料必然是天地万物，经史子集四部群书。日本学者胜村哲也指出《修文殿御览》条文是按"经部书·字书·史部书·子部书·集部书"的顺序排列的。④

---

①[明]杨慎撰：《丹铅余录总录》卷二十《诗话类·李陵诗》，《文渊阁四库全书》第855册，上海：上海古籍出版社，2003年，第588页。

②[明]杨慎撰：《升庵集》卷五四《李陵诗》，《文渊阁四库全书》第1270册，上海：上海古籍出版社，2003年，第475页。

③[明]杨慎撰：《丹铅总录》卷一二《史籍类》，《文渊阁四库全书》第855册，上海：上海古籍出版社，2003年，第469页。

④[日]胜村哲也：《修文殿御览天部の复元》，[日]山田庆儿编：《中国の科学と科学者》，京都：京都大学人文科学研究所，1978年，第643—690页。

这里有一个问题需要说明，《艺文类聚》中的"事文并举"模式与《修文殿御览》兼录四部、兼录诗文之"事前文后"模式不同。欧阳询《艺文类聚序》载："以为前辈缀集，各杼其意，《流别》《文选》，专取其文；《皇览》《遍略》，直书其事。文义既殊，寻检难一。爰诏撰其事且文，弃其浮杂，删其冗长，金箱玉印，比类相从，号曰《艺文类聚》，凡一百卷。其有事出于文者，便不破之为事，故事居其前，文列于后，俾夫览者易为功，作者资其用，可以折衷今古，宪章坟典云尔。"①汪绍楹先生《校艺文类聚序》说："《艺文类聚》……创始以类事居前，列文于后，改善了以往类书的偏重类事，不重采文，以及随意摘句，不录片段的缺点。"②胡道静先生《中国古代的类书》说："《艺文类聚》是中国古代类书发展中的一个转折，它在辑存文献的方法、方式上有一重大特点，和它以前的类书及以后的大多数类书非常不同，从而构成了它自己在类书群中的独特之处，就是把'事'与'文'两条龙并成了一条龙，变更了类书的常规体制。"③

刘安志先生《〈修文殿御览〉佚文辑校》言："'事''文'分列，开后世类书'事前文后'之先河。过去学界皆认为《艺文类聚》首创类书'事前文后'的编纂体例，现在看来，这一观点大有修正之必要。因为北齐所撰《修文殿御览》已率先采用了这一体例，如前揭'芸香'佚文15条，其中'事'11条，'赋'4条，'事'居前，'赋'处后；又'琉璃'13条、'马脑'8条也是如此，这一编纂体例完全为北宋《太平御览》所承袭。"④刘安志先

①［唐］欧阳询撰，汪绍楹校：《艺文类聚序》，上海：上海古籍出版社，1999年第2版，第27页。
②［唐］欧阳询撰，汪绍楹校：《校艺文类聚序》，上海：上海古籍出版社，1999年第2版，第17页。
③胡道静：《中国古代的类书》，北京：中华书局，2005年，第107页。
④刘安志：《〈修文殿御览〉佚文辑校》，《魏晋南北朝隋唐史资料》第28辑，武汉：武汉大学人文社会科学学报编辑部编辑出版，2012年，第281—302页；刘安志：《〈修文殿御览〉佚文辑校》，《新资料与中古文史论稿》，上海：上海古籍出版社，2014年，第291—317页。

生《〈华林遍略〉乎？〈修文殿御览〉乎？——敦煌写本 P.2526 号新探》又言："北朝高齐所编之《修文殿御览》，则以《华林遍略》为基础，除增加《十六国春秋》《拾遗录》《魏书》等内容外，还对《华林遍略》进行过删改和调整，其体例谨严，文字简洁、凝练，条目清楚，且首创'事'先'文'后这一类书编排体例，对南朝类书既有承袭，又有创新，带有整合南北文化之兴味，成为北宋初编纂《太平御览》一书的主要蓝本。"①刘安志先生《关于中古官修类书的源流问题》亦言："有趣的是，欧阳询批评此前的类书，却对北齐所编《修文殿御览》只字不提；而且，'事居其前，文列于后'，这种对后世影响极大的类书编纂体例，早在《修文殿御览》编纂时就已产生，《艺文类聚》不过是沿袭并有所丰富、完善、发展而已，然欧阳询对此并无任何交代与说明。""从目前所知《修文殿御览》佚文看，该书编纂虽'事'先'文'后，然对'文'并没有具体的区分；而《艺文类聚》则把'文'区分为诗、赋、颂、碑、铭、赞、表、启、序、书、论、寺碑、墓志、祭文等，这是其对《修文殿御览》的丰富、完善与发展之处。"②

窃以为，刘安志先生所说《修文殿御览》之"事先文后"与《艺文类聚》所言之"事文并举"并非一事，故《修文殿御览》虽然已经在《华林遍略》的基础上，以及在"事文混杂""事文不分"的基础上将体例调整为"事先文后"，但是并没有突破《艺文类聚》首创"事文并举"之新体例的

---

① 刘安志：《〈华林遍略〉乎？〈修文殿御览〉乎？——敦煌写本 P.2526 号新探》，高田时雄主编：《敦煌写本研究年报》第 7 号，京都：京都大学人文科学研究所，2013 年，第 167—202 页；刘安志：《〈华林遍略〉乎？〈修文殿御览〉乎？——敦煌写本 P.2526 号新探》，《新资料与中古文史论稿》，上海：上海古籍出版社，2014 年，第 227—265 页。

② 刘安志：《关于中古官修类书的源流问题》，《魏晋南北朝隋唐史资料》第 29 辑，武汉：武汉大学人文社会科学学报编辑部编辑出版，2013 年；刘安志：《关于中古官修类书的源流问题》，《新资料与中古文史论稿》，上海：上海古籍出版社，2014 年，第 266—290 页。

地位。所谓"事文并举"之理解，应该重点考虑"其有事出于文者，便不破之为事，故事居其前，文列于后"一句，《艺文类聚序》的意思是，以前编纂类书也是要大量引用"文"的，但是为了符合类事类书的模式，若有事出于文者，便要破之为事，就是从"文中"节录有关的片段使之成为"事"，如汪绍楹先生所说，以往类书偏重类事，不重采文，随意摘句，不录片段。从《艺文类聚》开始，由于《艺文类聚》的编纂者认识到"破之为事"的弊端，故他们在编纂《艺文类聚》时开启了新的体例，不再破之为事，而是将"文"列于"事"后，且这个"文"是倾向于"全文"的，或者是大片段，而不再是摘句。我们可以去比较《艺文类聚》之"文"，与《太平御览》之"文"，完全不是一种体例，继承了《修文殿御览》体例的《太平御览》之体例绝对是"事先文后"，但是与《艺文类聚》之"事文并举"模式，截然不同，故我们只能说《修文殿御览》之编纂体例已经从"事文混杂""事文不分"走向"事先文后"，但是这时候的"事"与"文"其实都是"事"，"文"是没有独立地位的，"文"是依附于"事"的，而《艺文类聚》中的"事"与"文"则是分庭抗礼，是并列地位，这是《文选》与《华林遍略》双重作用的产物。诚如刘安志先生所言，《初学记》之内容渊源自《修文殿御览》，并与《太平御览》关系密切，但是《初学记》之体例必然是受到《艺文类聚》"事文并举"体例的影响，《初学记》对"文"的追求更为主动、直接，无疑是受《艺文类聚》的影响。

三、《修文殿御览》的编纂者

《修文殿御览》的编纂者有监撰、撰例、撰书各职，其参加者众多，可以说北齐武平时代的文人墨客、官僚公卿，几乎都参与了《修文殿御览》的编纂。

《北史》卷八三《文苑传》载：

后主虽溺于群小，然颇好咏诗，幼时尝读诗赋，语人云："终有解作此理不？"初因画屏风，敕通直郎萧放及晋陵王孝式录古贤烈士及近代轻艳诸诗以充图画，帝弥重之。后复追齐州录事参军萧悫、赵州功曹参军颜之推同入撰录，犹依霸朝，谓之馆客。放及之推意欲更广其事，又因祖珽辅政，爱重之推，又托邓长颙渐说后主，属意斯文。①

三年，祖珽奏立文林馆，于是更召引文学士，谓之待诏文林馆焉。珽又奏撰《御览》，诏珽及特进魏收、太子太师徐之才、中书令崔劼、散骑常侍张凋②、中书监阳休之监撰。珽等奏追通直散骑侍郎韦道逊、陆乂、太子舍人王劭、卫尉丞李孝基、殿中侍御史魏澹、中散大夫刘仲威、袁奭、国子博士朱才、奉车都尉眭道闲③、考功郎中崔子枢④、左外兵郎薛道衡、并省主客郎中卢思道、司空东阁祭酒崔德立⑤、太傅行参军崔儦、太学博士诸葛汉⑥、奉朝请郑公超、殿中侍御史郑子信等入馆撰书，并敕放、悫、之推等同入撰例。复命散骑常侍封孝琰、前乐陵太守郑元礼、卫尉少卿杜台卿⑦、通直散骑常侍杨训、前南兖州长史羊肃、通直散骑侍郎马元熙、并

①《北史》卷八三《文苑传》，北京：中华书局，1974 年，第 2780—2781 页。
②应作张雕武。
③眭道闲之眭应为陆。
④其父为崔长瑜。
⑤崔季通之子。
⑥即《玄门宝海》的作者诸葛颖。
⑦即《玉烛宝典》的作者。

省三公郎中刘珉、开府行参军李师上、温君悠入馆，亦令撰书。后复命特进崔季舒、前仁州刺史刘逖、散骑常侍李孝贞、中书侍郎李德林续入待诏。

寻又诏诸人各举所知。又有前济州长史李翥、前广武太守魏骞、前西兖州司马萧溉、前幽州长史陆仁惠①、郑州司马江旰、前通直散骑侍郎辛德源、陆开明②、通直郎封孝骞、太尉掾张德冲、并省右户郎元行恭③、司徒户曹参军古道子、前司空功曹参军刘颢、获嘉令崔德儒、给事中李元楷、晋州中从事阳师孝、太尉中兵参军刘儒行、司空祭酒阳辟疆、司空士曹参军卢公顺④、司空中兵参军周子深、开府行参军王友伯、崔君洽、魏师骞并入馆待诏。又敕仆射段孝言亦入焉。

《御览》成后，所撰录人亦有不得待诏，付所司处分者。凡此诸人，亦有文学肤浅，附会亲识，妄相推荐者十三四焉。虽然，当时操笔之徒，搜求略尽。其外如广平宋孝王、信都刘善经辈三数人，论其才性，入馆诸贤亦十三四不逮之。⑤

《册府元龟》卷六〇七《学校部十一·撰集》载："待诏文林，亦是一时盛事，故存录其姓名。"⑥《北史》所载参与《修文殿御览》编纂的有几十人，史书亦言，此中诸人，亦有文学肤浅、附会亲识、妄相推荐者，

①即陆宽。

②即陆爽。

③又作高行恭，天统二年诏赐高姓。

④即卢正山。

⑤《北史》卷八三《文苑传》，北京：中华书局，1974 年，第 2780—2781 页。

⑥［宋］王钦若等编纂，周勋初等校订：《册府元龟》卷六〇七《学校部十一·撰集》，南京：凤凰出版社，2006 年，第 6998 页。

但是当时北齐武平时代的知名文士，多在此中，可见《修文殿御览》虽然编纂的时间很短，仅仅七个月，但是在当时的影响是巨大的，当时的文士、公卿，以参与此中为荣幸。

《修文殿御览》之编纂机构，始于武成三年祖珽建议设立的文林馆，但是文林馆存在的时间极短，武成三年魏收死，崔季舒、张雕武亦被害于此年，文林馆的成就主要是编纂《修文殿御览》。费海玑先生《北齐文林馆》引用丁爱博先生的论说，言文林馆知名之士六十二员，其中南人十名，北人三十八名，无传者十三名；丁先生认为此一统计显示南方文化影响北方的趋势。诚然，《修文殿御览》的编纂受到了南方文风的影响，并且此时北齐政权与南朝陈关系密切，正密谋联合伐周，且北齐后主高纬雅好南方的轻艳诗和北方的琵琶曲，故北齐此时期的风气多染南风，甚或侯景之乱后南方的文化中心已经转移至北齐。对于北齐文林馆之特点，费先生亦有论说，其言，文林馆待诏以少年为主，文林馆似为吴士或亲吴派之机关，文林馆工作清闲，祖珽、崔季舒是无行之人，颜之推、陆乂、陆爽、羊肃等则是博学君子，有真才实学。①

《修文殿御览》编纂者人数众多，很多人未必真的参与过编纂，多是沽名钓誉而已。《修文殿御览》本身也是北齐皇帝、政府乃至文武百官的沽名钓誉之举，故《修文殿御览》编纂的最初目的是不纯正的，编纂中以《华林遍略》为蓝本，故可以事半功倍，但是《修文殿御览》在后世的流传、影响大大超过了《华林遍略》，这是古人无法想象的事情。《修文

---

① 费海玑：《北齐文林馆》，《大陆杂志》第 28 卷第 12 期，1964 年，第 387—391 页；[日]山崎宏·《北周の麟趾殿と北齐の文林馆》，《铃木博士古稀记念东洋学论丛》，东京：明德出版社，1972 年，第 571—589 页。

殿御览》之所以流传得更加长久，一则是北齐之藏书在战乱中受损较少，北齐藏书被北周乃至后来的隋唐所继承，故保存相对较好，而南朝在经历侯景之乱之后，藏书多有损失，梁元帝乃至陈朝之乱中，书籍多受焚烧，故南朝所存《华林遍略》在后来的流传中多有散佚。此外，《修文殿御览》之所以可以流传久远，也因为其编纂体例更加精良和科学，这与负责编例的颜之推有密切关系，不止颜之推，其他如陆乂、陆爽、羊肃等亦是博学君子，他们的存在保证了《修文殿御览》的质量。唐光荣教授《唐代类书与文学》言："《修文殿御览》从北齐一直流传到明初，行世近千年，较之早早失传了的《华林遍略》等南北朝类书，一定有独到之处。距离第一部类书《皇览》，又过去三百多年了，这中间产生了多部官修和私修的类书，类书的编纂应该已经积累了不少的经验。《修文殿御览》的时代当不是类书编纂史上筚路蓝缕的草创时代，它距离唐初的《艺文类聚》差不多只有五十年，所以这部书的类书设置对我们溯源唐代类书的部类结构很有意义。"①但是对于《修文殿御览》之编纂质量、编纂体例的考量，也不能定位太高。洪业先生《所谓修文殿御览者》亦言："则凡《遍略》抄本中伪夺太甚之处，可尽行删削；唯其编纂方法之如是简便，故七月而书成。"②

四、《修文殿御览》的流传及其影响

历代目录学著作多载有《修文殿御览》，故我们可以通过这些目录学典籍了解《修文殿御览》之流传。《隋书》卷三四《经籍三》载："《圣寿堂御

---

① 唐光荣：《唐代类书与文学》，成都：巴蜀书社，2008年，第87页。

② 洪业：《所谓修文殿御览者》，《洪业论学集》，北京：中华书局，1981年，第93页；原载《燕京学报》第12期，1932年，第2499—2558页。

览》三百六十卷。"①《旧唐书》卷四七《经籍下》载："《修文殿御览》三百六十卷。"②《新唐书》卷五九《艺文三》载："祖孝征等《修文殿御览》三百六十卷。"③《通志·艺文略第七》载："《修文殿御览》三百六十卷。"④《宋史》卷二〇七《艺文六》载："祖孝征等《修文殿御览》三百六十卷。"⑤《日本国见在书目录》载："《修文殿御览》三百六十卷，祖孝征撰。"⑥《崇文总目》载："《修文殿御览》三百六十卷。祖珽等撰。（侗按，《玉海》引《崇文目》同。旧本脱修文二字，今校增。《隋志》作《圣寿堂御览》。陈诗庭云：诸家书目或提祖孝征撰，即珽字也。）"⑦《遂初堂书目》载有："类书类。《修文殿御览》。"⑧《文渊阁书目》卷一一《类书》载："《修文御览》。一部四十五册。阙。"⑨

唐刘肃撰《大唐新语》卷六《举贤第十三》载："姚崇初不悦学，年逾弱冠，尝过所亲，见《修文殿御览》，阅之，喜，遂耽玩坟史，以文华著名。"⑩《太平御览》卷四二二《人事部六十三》亦载："（《唐新语》）又曰：姚崇少不慕学，年逾弱冠，尝过所亲，见《修文殿御览》，阅之，甚喜，

①《隋书》卷三四《经籍三》，北京：中华书局，1973年，第1009页。

②《旧唐书》卷四七《经籍下》，北京：中华书局，1975年，第2046页。

③《新唐书》卷五九《艺文三》，北京：中华书局，1975年，第1562页。

④[宋]郑樵撰，王树民点校：《通志二十略·艺文略第七》，北京：中华书局，1995年，第1731页。

⑤《宋史》卷二〇七《艺文六》，北京：中华书局，1985年，第5293页。

⑥宫内厅书陵部所藏室生寺本：《日本国见在书目录》，东京：名著刊行会，1996年，第53页。

⑦[宋]王尧臣等编次，钱东垣等辑释：《崇文总目》，《丛书集成初编》第22册，北京：中华书局，1985年，第175页；又见[宋]王尧臣、王洙、欧阳修撰：《崇文总目》，《文渊阁四库全书》第674册，上海：上海古籍出版社，2003年，第73页。

⑧[宋]尤袤：《遂初堂书目》，《丛书集成初编》第32册，北京：中华书局，1985年，第24页。

⑨[明]杨士奇等编：《文渊阁书目》，《丛书集成初编》第30册，北京：中华书局，1985年，第143页。

⑩[唐]刘肃撰，许德楠、李鼎霞点校：《大唐新语》卷六《举贤第十三》，北京：中华书局，1984年，第91页。

遂耽坟史，以文华著名。"①姚崇是唐中期的名相，其早年在所亲之家见到了《修文殿御览》，使得本不喜欢学习的他，耽玩坟史，并以文华著名，这一则可见《修文殿御览》之劝学功效，更可见唐代中期《修文殿御览》之流传。

《太平御览》编纂开始于北宋太平兴国二年三月十七日戊寅（977 年 4 月 8 日），太平兴国八年十二月十九日庚子（984年1月24日）编纂完成，共历时六年九个月。《太平御览·引》："谨按《国朝会要》曰：太平兴国二年三月，诏翰林学士李昉、扈蒙，知制诰李穆，太子詹事汤悦，太子率更令徐铉，太子中允张洎，左补阙李克勤，左拾遗宋白，太子中舍陈鄂，光禄寺丞徐用宾，太府寺丞吴淑，国子监丞舒雅，少府监丞李文仲、阮思道等，同以群书类集之分门，编为千卷。先是帝阅前代类书，门目纷杂，失其伦次，遂诏修此书，以前代《修文御览》《艺文类聚》《文思博要》及诸书参详条次，分定门目，八年十二月书成。"②以此意思来推测，宋初修《太平御览》之时，《修文殿御览》还是存在的。

宋李攸撰《宋朝事实》卷三《圣学》载："太宗笃好儒学，尝览前代《修文殿御览》《艺文类聚》，门目繁杂，失其伦次，乃诏翰林学士李昉、扈蒙、知制诰李穆、右拾遗宋白等，参详类次，分定门目，编为《太平总类》一千卷，俄改为《太平御览录》（案《宋史》及各家书目皆作《太平御览》，此多一录字，与各书异）。又谓稗官之说，或有可采，令取野史、传记、故事、小说，编为五百卷，赐名《太平广记》。"③《直斋书录解题》卷

①[宋]李昉等撰：《太平御览》卷四二二《人事部六十三》，北京：中华书局，1960 年，第 1946 页。

②[宋]李昉等撰：《太平御览·引》，北京：中华书局，1960 年，第 3 页。

③[宋]李攸：《宋朝事实》卷三《圣学》，《文渊阁四库全书》第 608 册，上海：上海古籍出版社，2003 年，第 30 页。

一四《类书类》又载："《册府元龟》一千卷。景德二年，命资政殿学士王钦若、知制诰杨亿修《历代君臣事迹》。八年而成，总五十部，部有总序，一千一百四门，门有小序，赐名制序，所采正经史之外，惟取《战国策》《国语》《韩诗外传》《吕氏春秋》《管》《晏》《韩子》《孟子》《淮南子》及《修文殿御览》，每门具，进上亲览，摘其舛误，多出手书，或召对指示商略，案《文献通考》作一千二百四门。"①《宋朝事实》言宋太宗曾观览《修文殿御览》，《直斋书录解题》则言宋初修《册府元龟》是征引《修文殿御览》，看来，《修文殿御览》果真存在于宋初。

杨士奇（1365—1444年）所编纂的《文渊阁书目》卷一一《类书》载："《修文御览》。一部四十五册。阙。"②对于此《修文御览》是否仍然是北齐之《修文殿御览》之事，我们或许不用担心，《修文殿御览》名声如此之大，恐怕不会有造假者，但《文渊阁书目》已经明确说此书已经阙失。明杨慎（1488—1559年）在其《升庵集》卷六〇《古诗十九首拾遗》中言："近又阅《类要》及《北堂书钞》《修文殿御览》。"③难道杨慎果真见过《修文御览》？上文我们已说，杨慎在《修文殿御览》中发现了"李陵诗"，看来杨慎是见到了《修文殿御览》，但是其所见必不是完璧，而应该是残卷，不然，杨慎的著述中不会只记载这样一点点关于《修文殿御览》的信息。杨士奇早于杨慎，杨士奇反而未见《修文殿御览》，这就是说官府藏书中已经没有《修文殿御览》，或许杨慎是在私人藏书中发现的。另外，杨慎

①［宋］陈振孙撰，徐小蛮、顾美华点校：《直斋书录解题》卷一四《类书类》，上海：上海古籍出版社，1987年，第425页。

②［明］杨士奇等编：《文渊阁书目》，《丛书集成初编》第30册，北京：中华书局，1985年，第143页。

③［明］杨慎：《升庵集》卷六〇《古诗十九首拾遗》，《文渊阁四库全书》第1270册，上海：上海古籍出版社，2003年，第585页。

此人是大明第一才子，"明世记诵之博，著作之富，推慎为第一"，由此可见，杨慎关于《修文殿御览》的记载应该也是可信的。

明叶盛编《菉竹堂书目》"类书"载："《修文御览》四十五册。"①如这个记载是可信的，明代果然还有《修文殿御览》在流传。

清钱谦益撰，陈景云注《绛云楼书目》类书类载："《修文殿御览》一百六十四册。三百六十卷。祖珽。"②此处之记载更令我们疑惑，第一，钱谦益之《绛云楼书目》是否可信？其中记载之内容是否果真是绛云楼真实的图书收藏情况？第二，此时的《修文殿御览》经历几百年的流传，仍然可以保存有一百六十四册、三百六十卷，竟是完帙？钱谦益是从何处得到此《修文殿御览》的呢？为何没有记载来源？明末清初时代钱谦益的藏书中果真有《修文殿御览》存在？令人疑惑，难断真假。钱谦益是古今藏书名家、著名学者、文坛领袖，其图书收藏不可谓不丰富，即使此《修文殿御览》果真在其藏书之中，也是无从核查，因为后来钱谦益的藏书毁于大火，此《修文殿御览》恐亦遭劫难。

《汪辟疆文集》之《读常见书斋小记》之"修文御览"条载：

> 北齐《修文御览》三百六十卷，书久亡佚。是襄居南京，有言金陵大学购得《修文御览》全帙者，余大惊诧，以为人间环宝也。一日访刘衡如索观之，确为明人旧钞，凡百许册。展卷则大失望，全书固宋修《文苑英华》也；卷首李昉表文与英华全同，但表内书名则易《文苑英华》为《修文御览》耳。明人好古，书坊及士人，每喜取古

---

① [明]叶盛编：《菉竹堂书目》，《丛书集成初编》第 33 册，北京：中华书局，1985 年，第 94 页。

② [清]钱谦益撰，陈景云注：《绛云楼书目》，《丛书集成初编》第 35 册，北京：中华书局，1985 年，第 69 页。

书，改头换面，以欺贵官之附庸风雅者，此当是一例。又《杨升庵诗话》云："李陵'红尘蔽天地'一首，见《修文御览》。"又有《传修文御览》，明时尚存汉中张氏。恐为耳食，不见本书，况衾然巨帙，固明明有伪题为《修文御览》耶。①

汪辟疆先生对金陵大学所购之《修文御览》做了鉴定，认为是伪作。但是汪辟疆先生并没有怀疑杨慎所言，且补充了明代汉中张氏有《修文殿御览》，只是不知消息真假，恐为讹传。

张之洞撰，范希曾补正《书目答问补正》载："《皇览》一卷。魏缪袭。问经堂辑本。〔补〕此本孙冯翼辑。《修文殿御览》，北齐祖珽等撰，上虞罗氏《鸣沙石室古佚书》影印唐写残卷本。珽书尚存传抄本，有百余册。"②此处所言之"珽书尚存传抄本，有百余册"，难道是说《修文殿御览》有传抄本在世？且有百余册？不知何据，亦不可信。

五、小结

316 年，西晋灭亡，北方士族多随司马氏南渡，北方尤其是中原地区被诸少数民族政权占领，诸少数民族政权建立之后，为了维护统治，并没有一概摒弃汉文化，而是逐渐接受了汉文化，以之为治国兴邦之道。刘国石教授《十六国时期少数民族贵族的汉文化修养》言："十六国时期少数民族贵族出于统治需要及物质生活、精神生活的需要而接受汉文化。当时接受汉文化不是某一地区或某个民族的现象，而是北方少数民族的普遍现象。具体说包括匈奴、卢水胡、羯族、鲜卑慕容氏、

---

① 汪辟疆：《汪辟疆文集》之《读常见书斋小记》，上海：上海古籍出版社，1988 年，第 773 页。
② 张之洞撰，范希曾补正：《书目答问补正》，上海：上海古籍出版社，2001 年，第 188 页。

秃发氏、氐族、羌族等。汉文化修养的提高，带来其自身的进步。这种进步又引起少数民族贵族从抵触到热衷于汉文化。"①刘国石教授《北朝时期少数民族贵族的汉文化修养》亦言："继十六国之后的北方少数民族贵族接受汉文化的程度及汉文化修养明显加强。汉文化修养的提高使北方胡汉大族在文化上渐趋一致。南方汉族政权统治者也因此改变了对北方少数民族政权的传统看法。在此基础上民族融合最后形成。"②

　　北方少数民族统治者对汉文化的重视，首先带来的必然是经学的复兴，因为自孔子以来的儒家文化体系是治理国家、维护统治的有效方略。《魏书》卷八四《儒林传》载："太祖初定中原，虽日不暇给，始建都邑，便以经术为先，立太学，置五经博士生员千有余人……高祖钦明稽古，笃好坟典，坐舆据鞍，不忘讲道。刘芳、李彪诸人以经书进，崔光、邢峦之徒以文史达，其余涉猎典章，关历词翰，莫不縻以好爵，动贻赏眷。于是斯文郁然，比隆周汉。"③经学复兴不是两汉经学的简单复活，而是经学在新时代的新发展，此时的经学早已没有了神学经学的神圣地位，而经学羽翼下的各类学问随之发展起来，文学、史学、艺术渐趋活跃，并成为经学之辅弼。《魏书》卷八五《文苑传》载："永嘉之后，天下分崩，夷狄交驰，文章殄灭。昭成、太祖之世，南收燕赵，网罗俊义。逮高祖驭天，锐情文学，盖以颉颃汉彻，掩踔曹丕，气韵高艳，才藻独构。衣冠仰止，咸慕新风。"④《北齐书》卷四五《文苑传序》

---

　　①刘国石：《十六国时期少数民族贵族的汉文化修养》，《社会科学战线》2005年第6期，第125—129页。

　　②刘国石：《北朝时期少数民族贵族的汉文化修养》，《东北师大学报（社科版）》2006年第4期，第66—70页。

　　③《魏书》卷八四《儒林传》，北京：中华书局，1974年，第1841—1842页。

　　④《魏书》卷八五《文苑传》，北京：中华书局，1974年，第1869页。

载："有齐自霸图云启，广延髦俊，开四门以纳之，举八纮以掩之，邺京之下，烟霏雾集，河间邢子才、巨鹿魏伯起、范阳卢元明、巨鹿魏季景、清河崔长儒、河间邢子明、范阳祖孝征、乐安孙彦举、中山杜辅玄、北平阳子烈并其流也。"①

类书虽然作为一个独立的书籍编纂体例面世，且发展蔚然，数量众多，但是从魏晋至明清，类书的发展还有一个鲜明的特点，就是依附性。类书的发展总是依赖于一个时代的主流学风、文风，始终不能自行其是地独自发展，这也是类书与史学、文学、科举、教育关系紧密的一个重要原因，一个时代的学风、文风塑造着一个时代的类书个性，当一个时代的风气改变之时，类书的个性无疑也会随之而变。魏晋南北朝时代，类书的发展依赖于史学、文学的发展，无论是南朝还是北朝，类书的发展都是如此，我们讨论南朝类书时曾说过，类书的最初发展依赖于史学，《皇览》之入史部，齐高祖编纂《史林》就是例子，北朝类书的发展轨迹与南朝无二，可谓是如出一辙，北朝最先出现的具有类书性质的典籍是《帝王集要》与《科录》，它们也具有"史"的性质，可见类书混迹于"史"是无疑的，类书只是在后来的发展中，被史部所排斥，不得已遂入了子部，且其内容逐步发展成无所不包、囊括天地的样子，杂的特点鲜明，只得与杂家同室。总之，北方文化的恢复与发展，首先是从儒学的恢复与发展开始的，儒学之后才是文学、史学等的恢复与发展，因为文史皆为六经之羽翼，但是等到文学、史学发展到一定程度，必然会带来类书的发展，因为文史之学的发展，需要类书的羽翼、辅佐，北朝类书就是在这样的背景下发展起来的。《修文

①《北齐书》卷四五《文苑传序》，北京：中华书局，1972 年，第 602—603 页。

殿御览》虽然是在《华林遍略》基础上成书的，但《修文殿御览》也是有其特殊的价值与意义，我们认为其体例必然是有大的发展与创新，唯有如此，《修文殿御览》才能被后世认可。前文有提及的一点，即《修文殿御览》可能是有"目"的，此前的《皇览》《华林遍略》都没有关于"目"的记载。修书的同时，有目录出现，《修文殿御览》是目前可知的第一家。如此种种，造就了《修文殿御览》的特色，反而成为早期类书中流传最久远、影响最大的一家。对于早期类书，既需要辑佚、整理与研究，更需要从宏观视角去构建类书的发展史、编纂史、流传史，透过其中的因袭与替代，认清类书编纂的历史脉络。

第五章　《长洲玉镜》与南北类书编纂的合流

《隋书》卷三二《经籍志序》载："隋开皇三年，秘书监牛弘，表请分遣使人，搜访异本。每书一卷，赏绢一匹，校写既定，本即归主。于是民间异书，往往间出。"①到隋炀帝时期，天下图籍之富，已经达到了前无古人后无来者的程度。隋炀帝本人好读书，前后近二十载，修撰未尝暂停，并且隋炀帝对秘书省进行了数次改革以提升秘书省职能，使之更好地管理国家藏书与主持典籍修撰。《资治通鉴》卷一八二"炀帝大业十一年"条载："春，正月，增秘书省官百二十员，并以学士补之。帝好读书著述，自为扬州总管，置王府学士至百人，常令修撰。以至为帝，前后近二十载，修撰未尝暂停；自经术、文章、兵、农、地理、医、卜、释、道乃至蒲博、鹰狗，皆为新书，无不精洽，共成三十一部，万七千余卷。"②吴炯炯教授《隋代秘书省职司考论》言："秘书机构是我国古代主持国家图书事业的中央行政机构，也是保存及整理国家藏书的主要场所。到隋代，其下辖太史、著作两曹，为中央五省之一，在机构建制、权责范围、员额编制等方面都发展到了一个空前

---

① 《隋书》卷三二《经籍志序》，北京：中华书局，1973 年，第 908 页。
② 《资治通鉴》卷一八二《隋纪六》，北京：中华书局，1956 年，第 5694 页。

高度。"①

在隋炀帝及秘书省的领导下，大隋文士共同编纂了多部资料丰富的各式典籍。以类书的编纂为例，短短几十年间，不但编纂有大型官修类书，中小型类书亦是多有出现，且质量较高，流传亦广。胡道静先生《中国古代的类书》言："隋代享国之年甚短，但在类书史上占一个重要的位置。"②崔文印先生《隋唐时期的类书》言："隋朝虽享国时短，却编了不少类书。其重要者：（一）诏命编修的《长洲玉镜》，（二）杜公瞻奉敕编的《编珠》，（三）虞世南在秘书省时私辑的《北堂书钞》，（四）诸葛颖辑的《玄门宝海》。"③曹之先生《试论隋代图书编撰的特点》言："隋代编撰的类书也很多，例如《长洲玉镜》四百卷、《北堂书钞》一百七十卷、《玄门宝海》一百二十卷、《桂苑珠丛》一百卷、《四海类聚方》二千六百卷、《四海类聚单要方》三百卷等。"④汪受宽先生《隋代的古籍整理》对隋代编纂的《玉烛宝典》《长洲玉镜》《玄门宝海》《编珠》《桂苑珠丛》《北堂书钞》六部类书做了介绍。其言："类书的撰集，是对古籍的一种综合性整理。隋代在书籍数量空前增多和科举取士制度产生以后，为了供帝王阅读和士人临文寻检之用，编纂类书的风气很盛，不仅种类较多，而且内容丰富，卷帙庞大，价值较高。"⑤诚然，有隋一代，编纂了多部十分重要的类书，如《北堂书钞》，至今仍是我们研究中国类书的重要典籍与模范。但是在隋代，还有另外一部类书更为声名显赫，那就是隋炀帝敕修的《长洲玉镜》。

①吴炯炯：《隋代秘书省职司考论》，《敦煌学辑刊》2011 年第 4 期，第 126—138 页。

②胡道静：《中国古代的类书》，北京：中华书局，2005 年，第 76 页。

③崔文印：《隋唐时期的类书》，《史学史研究》1990 年第 4 期，第 47 页。

④曹之：《试论隋代图书编撰的特点》，《山东图书馆季刊》2004 年第 3 期，第 1—6 页。

⑤汪受宽：《隋代的古籍整理》，《文献》1987 年第 2 期，第 3—15 页。

它上承南北朝，下启唐宋，是中古类书发展史、编纂史上的关键环节，但是由于散佚，我们目前已经无法知道它的具体情况，好在诸史籍中保存了对它的零星记载，让我们可以越千年而重见其模糊的样貌。

一、《长洲玉镜》的编纂者

对于《长洲玉镜》的编纂者，前辈学者已有关注，但是不够全面，我们依据诸史籍之记载，再做考察。

《隋书》卷七六《文学传·虞绰传》载：

> 虞绰字士裕，会稽余姚人也。父孝曾，陈始兴王谘议。绰身长八尺，姿仪甚伟，博学有俊才，尤工草隶。陈左卫将军傅縡有盛名于世，见绰词赋，叹谓人曰："虞郎之文，无以尚也！"仕陈，为太学博士，迁永阳王记室。及陈亡，晋王广引为学士。大业初，转为秘书学士，奉诏与秘书郎虞世南、著作佐郎庾自直等撰《长洲玉镜》等书十余部。绰所笔削，帝未尝不称善，而官竟不迁。初为校书郎，以藩邸左右，加宣惠尉。迁著作佐郎，与虞世南、庾自直、蔡允恭等四人常居禁中，以文翰待诏，恩盼隆洽……绰恃才任气，无所降下。著作郎诸葛颖以学业幸于帝，绰每轻侮之，由是有隙。帝尝问绰于颖，颖曰："虞绰粗人也。"帝颔之。时礼部尚书杨玄感称为贵倨，虚襟礼之，与结布衣之友。绰数从之游……坐斩江都，时年五十四。所有词赋，并行于世。①

①《隋书》卷七六《文学传·虞绰传》，北京：中华书局，1973年，第1738—1741页。

通过《虞绰传》之记载，我们可以清楚地知道虞绰、虞世南和庾自直三人参与了《长洲玉镜》的编纂。关于虞绰参与《长洲玉镜》的编纂，我们还可以找到其他佐证材料。《旧唐书》卷四七《经籍下》载："《长洲玉镜》一百三十八卷。虞绰等撰。"①《新唐书》卷五九《艺文三》亦载："虞绰等《长洲玉镜》二百三十八卷。"②《通志二十略·艺文略第七》子部"类书类"载："《长洲玉鉴》，二百三十八卷。虞绰等编。"③虞绰其人，博学多才，仕陈时，即为太学博士，陈亡入隋，晋王杨广又引为学士，可见其才学。但是虞绰的仕途不顺利，"官竟不迁"是也，恃才傲物的虞绰，渐渐被隋炀帝疏远，且虞绰与杨玄感亲近，殆至杨玄感败亡后，隋炀帝穷治其事，虞绰被发配且末，胆大的虞绰中途逃走，亡命东阳，后被人告发，坐斩江都。虞绰除了参与编纂《长洲玉镜》外，还有《帝王世纪音》《驿马四位法》《类集》等著作传世。《隋书》卷三三《经籍二》载："《帝王世纪音》四卷。虞绰撰。"④《通志二十略·艺文略第六》载："《驿马四位法》，一卷。虞绰撰。"⑤《旧唐书》卷四七《经籍下》之"总集类"载："《类集》一百一十三卷。虞绰等撰。"⑥《新唐书》卷六〇《艺文四》之"总集类"亦载："庾绰等《类集》一百一十三卷。"⑦虞绰所撰《类集》在《日本国见在书目》中亦有记载："《类集》二卷。"据孙猛考证言："两《唐志》著录虞绰等《类集》一百一十三卷，疑此二卷乃其残

①《旧唐书》卷四七《经籍下》，北京：中华书局，1975 年，第 2046 页。
②《新唐书》卷五九《艺文三》，北京：中华书局，1975 年，第 1562 页。
③［宋］郑樵撰，王树民点校：《通志二十略·艺文略第七》，北京：中华书局，1995 年，第 1732 页。
④《隋书》卷三三《经籍二》，北京：中华书局，1973 年，第 961 页。
⑤［宋］郑樵撰，王树民点校：《通志二十略·艺文略第六》，北京：中华书局，1995 年，第 1693 页。
⑥《旧唐书》卷四七《经籍下》，北京：中华书局，1975 年，第 2080 页。
⑦《新唐书》卷六〇《艺文四》，北京：中华书局，1975 年，第 1621 页。

帙。"①可见，虞绰《类集》还传到了日本，我们暂时不知道《类集》具体的编纂时间，但是看到它被《旧唐书》《新唐书》置于"总集类"中，我们还是有些想法：《类集》的位置与《玉台新咏》前后相邻，可以想见其性质，但是我们也怀疑它是类文类书性质的著作，或许它是在《长洲玉镜》影响下，虞绰等综辑群文而成的类文类书。②

《长洲玉镜》的第二位编纂者是虞世南，查阅史料发现，关于虞世南的记载多在唐朝，可谓是大唐名臣。唐太宗刚即位，就"使吕才协音律，李百药、虞世南、褚亮、魏征等制歌辞"③。又至贞观六年，"诏褚亮、虞世南、魏征等分制乐章"④。虞世南过世后，"太宗尝谓侍中魏征曰：'虞世南死后，无人可以论书'"⑤。可惜的是，《虞世南传》中没有记载其参与编纂《长洲玉镜》的事情。

《旧唐书》卷七二《虞世南传》载：

> 虞世南，字伯施，越州余姚人，隋内史侍郎世基弟也……世南性沈静寡欲，笃志勤学，少与兄世基受学于吴郡顾野王，经十余年，精思不倦，或累旬不盥栉。善属文……陈灭，与世基同入长安，俱有重名，时人方之二陆。时炀帝在藩，闻其名，与秦王俊辟书交至，以母老固辞，晋王令使者追之。大业初，累授秘书郎，迁起居舍人。时世基当朝贵盛，妻子被服拟于王者。世南虽同居，而

---

①孙猛：《日本国见在书目录详考》，上海：上海古籍出版社，2015年，第2055页。孙猛言："《日本国见在书目录》此条或为元积《类集》零本。"我们认为，此《类集》应为虞绰《类集》的可能性更大。

②刘全波：《论敦煌类书的分类》，王三庆、郑阿财主编：《2013敦煌、吐鲁番国际学术研讨会论文集》，台南：成功大学中国文学系出版，2014年，第547—579页。

③《旧唐书》卷二九《音乐二》，北京：中华书局，1975年，第1059—1060页。

④《旧唐书》卷二九《音乐二》，北京：中华书局，1975年，第1089页。

⑤《旧唐书》卷八〇《褚遂良传》，北京：中华书局，1975年，第2729页。

躬履勤俭，不失素业。①

虞世南自幼勤奋好学，善文章，仕隋前，他就以博学被陈文帝看重，召为建安王法曹参军，陈灭，又被晋王杨广招至麾下，大业初，授秘书郎，此处我们更关注虞世南在大业初的官职，正好与《虞绰传》中记载的相一致，肯定不是巧合，综合来看，虞世南确为《长洲玉镜》的编纂者之一。陈桥驿先生《论郦学研究及其学派的形成与发展》亦言："所以隋代的《北堂书钞》，唐初的《初学记》等类书中，都收录了《水经注》的大量资料。《北堂书钞》虽非官方著作，但作者虞世南是大业年间的秘书郎，而且在编撰此书前不久参与过官修类书《长洲玉镜》的工作。故其撰述所据资料，无疑来自朝廷藏书，至于《初学记》，则是朝廷文化机构集贤院的集体编撰，资料当然出自内库。"②为何要引用陈桥驿先生论《水经注》的文字？其实是为了从侧面说明虞世南与《长洲玉镜》的关系，细读陈桥驿先生的文章，我们可以清楚地认识到，学界其实已经公认虞世南是《长洲玉镜》的编纂者之一，并由此认为其所私纂的《北堂书钞》之材料来源有很强的官方背景。更进一步说，我们其实有更加深刻的认识，即我们认为《北堂书钞》其实是《长洲玉镜》的节钞本、升级版，当然，直接的证据还不充分，但合理的推测是成立的。

《长洲玉镜》的第三位编纂者是著作佐郎庾自直。《隋书》卷七六《文学传·庾自直传》载："庾自直，颍川人也。父持，陈羽林监。自直少好

---

① 《旧唐书》卷七二《虞世南传》，北京：中华书局，1975 年，第 2565 页。

② 陈桥驿：《论郦学研究及其学派的形成与发展》，《水经注论丛》，杭州：浙江大学出版社，2008 年，第 318 页。

学，沉静寡欲。仕陈，历豫章王府外兵参军、宣惠记室。陈亡，入关，不得调。晋王广闻之，引为学士。大业初，授著作佐郎。自直解属文，于五言诗尤善。性恭慎，不妄交游，特为帝所爱。帝有篇章，必先示自直，令其诋诃。自直所难，帝辄改之，或至于再三，俟其称善，然后方出。其见亲礼如此。后以本官知起居舍人事。化及作逆，以之北上，自载露车中，感激发病卒。有文集十卷行于世。"①很可惜，《庾自直传》中也没有说明其参与了《长洲玉镜》的编纂，但是很显然，庾自直是隋炀帝的学士，且大业初的官职是著作佐郎，可见其是有机会参与《长洲玉镜》的编纂的，并且"大业初，授著作佐郎"与《虞绰传》当中其撰写《长洲玉镜》的时间、官职皆相吻合。

《旧唐书》《新唐书》皆记载庾自直编纂有《类文》一书，三百七十七卷。《旧唐书》卷四七《经籍下》之"总集类"载："《类文》三百七十七卷。庾自直撰。"②《新唐书》卷六〇《艺文四》之"总集类"亦载："庾自直《类文》三百七十七卷。"③《日本国见在书目录》亦载："《类文》二百十三卷。""《类文》三百七十七卷。"据孙猛考证言："此书《日本国见在书目录》三见。子部杂家此条与集部总集类第二条（1579年），为同书同卷，集部总集类第一条（1578年）属同书不同本，乃完帙。"④此《类文》之卷帙还是比较多的，且亦流传到了日本，洪迈《容斋随笔》亦有记载，可见其在中国至少流传至宋，对于此《类文》之性质，前辈学者亦有论述，我们认为此《类文》当亦是与上文虞绰之《类集》极其类似。我们认为《类

①《隋书》卷七六《文学传·庾自直传》，北京：中华书局，1973年，第1742页。

②《旧唐书》卷四七《经籍下》，北京：中华书局，1975年，第2077页。

③《新唐书》卷六〇《艺文四》，北京：中华书局，1975年，第1619页。

④孙猛：《日本国见在书目录详考》，上海：上海古籍出版社，2015年，第1145页。

文《类集》之书，应该是庾自直、虞绰编纂《长洲玉镜》的副产品，应该是具有类文类书性质的作品，不然《日本国见在书目录》为何将之录入"杂家"，且处于《类苑》《艺文类聚》等类书之间？当然此《类文》《类集》还是有些"总集"的性质，且后世学者认为其"总集"性质更多一点，所以将之归入"总集"中。类文类书与总集之间还是有些渊源的，二者之间有交叉，如果论其区别亦很明显，类文类书更多是截取"诗文"之片段，而总集则是"全文"收录，而具体到上文所说之《类文》《类集》，我们认为它们就是在中古时期官修类书影响下出现的专门性的类文类书。

对于《长洲玉镜》的编纂者，《大业杂记》亦载有二人，即柳顾言、王曹。《大业杂记辑校》载："大业二年，六月，学士秘书监柳顾言、学士著作佐郎王曹等撰《长洲玉镜》一部，四百卷。"①可见《长洲玉镜》的献上者是柳顾言、王曹，看来他们应该是《长洲玉镜》的领修者，而前文所说虞绰等人则是实际编纂人员。

《北史》卷八三《文苑传·柳顾言传》载：

柳䛒，字顾言，河东人也。世仕江南，居襄阳。祖惔，《南史》有传。䛒少聪敏，解属文，好读书，所览将万卷。仕梁，为著作佐郎。后萧察据荆州，以为侍中，领国子祭酒、吏部尚书。及梁国废，拜开府，为内史侍郎。以无吏干，转晋王咨议参军。王好文雅，招引才学之士诸葛颖、虞世南、王胄、朱瑒等百余人以充学士，而䛒为之冠。王以师友处之，每有文什，必令其润色，然后示人。尝朝京还，作《归藩赋》，命䛒为序，词甚典丽。初王属文，效

---

① [唐]杜宝撰，辛德勇辑校：《大业杂记辑校》，西安：三秦出版社，2006年，第23页。

庾信体，及见訔后，文体遂变……炀帝嗣位，拜秘书监，封汉南县公。帝退朝后，便命入阁，言宴讽读，终日而罢。常每与嫔后对酒，时逢兴会，辄遣命之至，与同榻共席，恩比友朋。帝犹恨不能夜召，乃命匠刻木为偶人，施机关，能坐起拜伏，以像訔。帝每月下对饮酒，辄令宫人置于座，与相酬酢，而为欢笑。从幸扬州，卒，帝伤惜者久之。赠大将军，谥曰康。①

柳顾言在大业初为秘书监，有史才，善训诂。《史记索隐后序》载："隋秘书监柳顾言，尤善此史。"②《资治通鉴》卷一八二"炀帝大业十一年"条亦载："初，西京嘉则殿有书三十七万卷，帝命秘书监柳顾言等诠次，除其复重猥杂，得正御本三万七千余卷，纳于东都修文殿。"③总之，柳顾言是一位备受隋炀帝宠信，且官为秘书监的秘书省最高长官，而他成为《长洲玉镜》领修也是顺理成章，修成上奏更是分内之事。

《大业杂记》记载王曹亦是《长洲玉镜》的编纂者，但是据我们目前所查到的史料来看，除了在《大业杂记》当中提到了王曹，隋炀帝时期并没有关于此人的其他任何记载，因此，我们怀疑王曹很可能是王胄的误写。《隋书》卷七六《文学传·王胄传》载："王胄，字承基，琅邪临沂人也。祖筠，梁太子詹事。父祥，陈黄门侍郎。胄少有逸才，仕陈，起家鄱阳王法曹参军，历太子舍人、东阳王文学。及陈灭，晋王广引为学士。仁寿末，从刘方击林邑，以功授帅都督。大业初，为著作佐郎，

---

①《北史》卷八三《文苑传·柳顾言传》，北京：中华书局，1974年，第2800页。

②《史记》（点校本二十四史修订本）第10册《史记索隐后序》，北京：中华书局，2014年，第4045页。

③《资治通鉴》卷一八二《隋纪六》，北京：中华书局，1956年，第5694页。

以文词为炀帝所重。"①《隋书》卷七六《文学传·王胄传》载:"帝所有篇什,多令继和。与虞绰齐名,同志友善,于时后进之士咸以二人为准的。从征辽东,进授朝散大夫。胄性疏率不伦,自恃才大,郁郁于薄宦,每负气陵傲,忽略时人。为诸葛颖所嫉,屡潜之于帝,帝爱其才而不罪。礼部尚书杨玄感虚襟与交,数游其第。及玄感败,与虞绰俱徙边。胄遂亡匿,潜还江左,为吏所捕,坐诛,时年五十六。所著词赋,多行于世。"②可见,大业初王胄的官职恰为著作佐郎,况"曹""胄"两字很是相似,讹舛也并不奇怪,所以,《大业杂记》应是把王胄误写成了王曹。再者,王胄与虞绰友善且齐名,后来二人又同时与杨玄感有交往,再后来二人又同时被隋炀帝徙边,可见二人之关系。故我们猜测,王胄与虞绰在《长洲玉镜》之编纂过程中亦是关系密切。

编纂《长洲玉镜》这样一部四百卷的大书,编纂者肯定不止以上五位,我们很有必要考察大业初秘书省的其他官员。吴炯炯教授在《隋代秘书省职司考论》一文中对隋朝秘书省的官员做了详细考察,通过任职经历就可以推断出他们是否参与了《长洲玉境》的编纂。尤其是大业初年曾在秘书省任职的官员,他们都很有可能是参与《长洲玉镜》编纂的学士。蔡允恭、诸葛颖、王邵、刘善经、韦万顷、蔡延寿、袁承家、王眘、袁庆隆、李德饶、宋文、徐仪、陆从典、陆德明、顾彪、朱子奢、曹宪、鲁世达、杜宝、陵敬诸人,在隋炀帝时期皆有任职秘书省的经历。③

蔡允恭有史才,善缀文,并且他与虞绰、虞世南、庾自直常居

---

①《隋书》卷七六《文学传·王胄传》,北京:中华书局,1973 年,第 1741 页。

②《隋书》卷七六《文学传·王胄传》,北京:中华书局,1973 年,第 1742 页。

③吴炯炯:《隋代秘书省职司考论》,《敦煌学辑刊》2011 年第 4 期,第 129—132 页。

禁中，以文翰待诏。《隋书》卷七六《文学传·虞绰传》载："迁著作佐郎，与虞世南、庾自直、蔡允恭等四人常居禁中，以文翰待诏，恩盼隆洽。"①

《旧唐书》卷一九〇上《文苑上·蔡允恭传》载：

> 蔡允恭，荆州江陵人也。祖点，梁尚书仪曹郎。父大业，后梁左民尚书。允恭有风彩，善缀文。仕隋历著作佐郎、起居舍人。雅善吟咏。炀帝属词赋，多令讽诵之。尝遣教宫女，允恭深以为耻，因称气疾，不时应召。炀帝又许授以内史舍人，更令入内教宫人，允恭固辞不就，以是稍被疏绝。江都之难，允恭从宇文化及西上，没于窦建德。及平东夏，太宗引为秦府参军，兼文学馆学士。贞观初，除太子洗马。寻致仕，卒于家。有集十卷，又撰《后梁春秋》十卷。②

并且蔡允恭为著作佐郎的时间亦是大业初，故他很可能参与了《长洲玉镜》的编纂。《唐六典》卷九《中书省集贤院史馆瓯使》载："隋炀帝三年，减内史舍人四员；置起居舍人二人，从第六品上，次内史舍人下，始以虞世南、蔡允恭为之。皇朝因之。"③蔡允恭仕隋历著作佐郎、起居舍人，大业三年始任起居舍人，之前应该任著作佐郎，而作为著作佐郎的蔡允恭无疑是参加《长洲玉镜》编纂的不二人选。

---

①《隋书》卷七六《文学传·虞绰传》，北京：中华书局，1973年，第1739页。
②《旧唐书》卷一九〇上《文苑上·蔡允恭传》，北京：中华书局，1975年，第4988页。
③〔唐〕李林甫等撰，陈仲夫点校：《唐六典》卷9《中书省集贤院史馆瓯使》，北京：中华书局，1992年，第278页。

　　诸葛颖能属文，起家梁邵陵王参军事，转记室，侯景之乱，奔齐，待诏文林馆，历太学博士、太子舍人，周武平齐，不得调，杜门不出者十余年，晋王广素闻其名，引为参军事，转记室，及王为太子，除药藏监，隋炀帝即位，迁著作郎，甚见亲幸，《长洲玉镜》作为敕修类书，其编纂也算是国家头等大事，作为主管修撰的著作郎不可能袖手旁观，且诸葛颖为著作郎的时间就是隋炀帝即位之初，与《长洲玉镜》的编纂时间重合。

　　《隋书》卷七六《文学传·诸葛颖传》载：

　　　　诸葛颖，字汉，丹阳建康人也。祖铨，梁零陵太守。父规，义阳太守。颖年八岁，能属文，起家梁邵陵王参军事，转记室。侯景之乱，奔齐，待诏文林馆。历太学博士、太子舍人。周武平齐，不得调，杜门不出者十余年。习《周易》、图纬、《仓》《雅》《庄》《老》，颇得其要。清辩有俊才，晋王广素闻其名，引为参军事，转记室。及王为太子，除药藏监。炀帝即位，迁著作郎，甚见亲幸。出入卧内，帝每赐之曲宴，辄与皇后嫔御连席共榻。颖因间隙，多所谮毁，是以时人谓之"冶葛"。后录恩旧，授朝散大夫。①

　　此外，我们应该注意的是，此诸葛颖也就是《北史》所载之诸葛汉，他曾经参与编纂《修文殿御览》。②《北史》卷八三《文苑传》载：

　　　　三年，祖珽奏立文林馆，于是更召引文学士，谓之待诏文林馆

---

①《隋书》卷七十六《文学传·诸葛颖传》，北京，中华书局，1973 年，第 1734 页。
②刘全波：《〈修文殿御览〉编纂考》，《敦煌学辑刊》2014 年第 1 期，第 31—45 页。

焉。斑又奏撰《御览》，诏斑及特进魏收、太子太师徐之才、中书令崔劼、散骑常侍张凋、中书监阳休之监撰。斑等奏追通直散骑侍郎韦道逊、陆义、太子舍人王劭、卫尉丞李孝基、殿中侍御史魏澹、中散大夫刘仲威、袁奭、国子博士朱才、奉车都尉眭道闲、考功郎中崔子枢、左外兵郎薛道衡、并省主客郎中卢思道、司空东阁祭酒崔德立、太傅行参军崔儦、太学博士诸葛汉、奉朝请郑公超、殿中侍御史郑子信等入馆撰书，并敕放、恶、之推等同入撰例。①

诸葛颖的重要之处，不仅在于他出身北朝，参与过《修文殿御览》之编纂，更在于他还编纂有另外一部类书《玄门宝海》。《隋书》卷三四《经籍三》子部"杂家"载："《玄门宝海》一百二十卷。大业中撰。"②《旧唐书》卷四七《经籍下》子部"事类"或"类事"载："《玄门宝海》一百二十卷。诸葛颖撰。"③《新唐书》卷五九《艺文三》子部"类书类"载："诸葛颖《玄门宝海》一百二十卷。"④如此，我们不但得到了《修文殿御览》与《长洲玉镜》的直接联系，还得到了诸葛颖私纂类书的信息，一个人与三部类书紧密相连，对研究中国类书发展史编纂史是多么有意义的事。

王劭，史书又作王邵，应是同一人，王劭与诸葛颖一样，亦是北朝人，亦曾经参与过《修文殿御览》之编纂，而进入隋朝后，在著作将二十年，专典国史，炀帝继位之初，王劭迁秘书少监，数载，卒官。可

---

① 《北史》卷八三《文苑传》，北京：中华书局，1974 年，第 2780 页。
② 《隋书》卷三四《经籍三》，北京：中华书局，1973 年，第 1010 页。
③ 《旧唐书》卷四七《经籍下》，北京：中华书局，1975 年，第 2046 页。
④ 《新唐书》卷五九《艺文三》，北京：中华书局，1975 年，第 1562 页。

见，大业初，作为秘书省副长官的王劭亦是有可能参与《长洲玉镜》的编纂的。《隋书》卷六九《王劭传》载：

> 王劭，字君懋，太原晋阳人也。父松年，齐通直散骑侍郎。劭少沉默，好读书。弱冠，齐尚书仆射魏收辟参开府军事，累迁太子舍人，待诏文林馆。时祖孝征、魏收、阳休之等尝论古事，有所遗忘，讨阅不能得，因呼劭问之。劭具论所出，取书验之，一无舛误。自是大为时人所许，称其博物。后迁中书舍人。齐灭，入周，不得调。高祖受禅，授著作佐郎。以母忧去职，在家著《齐书》。时制禁私撰史，为内史侍郎李元操所奏。上怒，遣使收其书，览而悦之。于是起为员外散骑侍郎，修起居注……炀帝嗣位，汉王谅作乱，帝不忍加诛……劭以此求媚，帝依违不从。迁秘书少监，数载，卒官。劭在著作，将二十年，专典国史，撰《隋书》八十卷。多录口敕，又采迂怪不经之语及委巷之言，以类相从，为其题目，辞义繁杂，无足称者，遂使隋代文武名臣列将善恶之迹，淹没无闻。初撰《齐志》为编年体，二十卷，复为《齐书》纪传一百卷，及《平贼记》三卷。或文词鄙野，或不轨不物，骇人视听，大为有识所嗤鄙。然其采摘经史谬误，为《读书记》三十卷，时人服其精博。[①]

《北史》卷八八《隐逸传·崔赜传》载："赜与河南元善、河东柳䞇、太原王劭、吴兴姚察、琅琊诸葛颖、信都刘焯、河间刘炫相善，每因休

[①]《隋书》卷六九《王劭传》，北京：中华书局，1973年，第1601—1610页。

假，清谈竟日。"①通过《北史》之《崔赜传》我们可以知道，原来王劭与柳
顾言、诸葛颖皆是崔赜的好朋友，而作为秘书监的柳顾言与诸葛颖都
在参与编纂《长洲玉镜》，作为秘书少监的王劭只要还在世，肯定也要
参与其中。

　　刘善经也是一位从北朝入隋的学士，他的学问被时人所称赞，但
是他在北齐时期参修《修文殿御览》不成。《北史》卷八三《文苑传》载：
"《御览》成后，所撰录人亦有不得待诏，付所司处分者。凡此诸人，亦
有文学肤浅，附会亲识，妄相推荐者十三四焉。虽然，当时操笔之徒，
搜求略尽。其外如广平宋孝王、信都刘善经辈三数人，论其才性，入
馆诸贤亦十三四不逮之。"②《隋书》卷七六《文学传·刘善经传》载："河间
刘善经，博物洽闻，尤善词笔。历仕著作佐郎、太子舍人。著《酬德传》
三十卷，《诸刘谱》三十卷，《四声指归》一卷，行于世。"③虽然刘善经未
曾参与《修文殿御览》的编纂，我们认为其很有可能是知晓《修文殿御
览》编纂情况的，因为北齐时期编纂《修文殿御览》是当时朝廷的大事，
但是我们不能确认刘善经在隋朝做著作佐郎的具体时间，通过《隋书》
所载与其前后相连之文士之传记生平，如尹式、祖君彦、孔德绍、刘
斌诸人，皆曾活动于隋炀帝时代甚至稍晚，可见刘善经在隋炀帝初
年任著作佐郎的可能性还是有的，而其也有可能参与《长洲玉镜》的
编纂，甚至可以说，刘善经内心深处更渴望得到一个参与官修类书的
机会。

　　韦万倾、蔡延寿、袁承家、王眘、袁庆隆、李德饶、宋文、徐仪、

---

①《北史》卷八八《隐逸传·崔赜传》，北京：中华书局，1974年，第2914页。
②《北史》卷八三《文苑传》，北京：中华书局，1974年，第2781页。
③《隋书》卷七六《文学传·刘善经传》，北京：中华书局，1973年，第1748页。

陆从典、陆德明、顾彪、朱子奢、曹宪、鲁世达、杜宝、陵敬诸人，虽然确实有在隋秘书监任职的经历，但时间不详，故我们不能确定他们是否参与过《长洲玉镜》的编纂，姑且存疑，等待新资料的发现，再行证明。

综上所述，我们至少可以确定八位《长洲玉镜》的编纂者，他们分别是虞绰、虞世南、庾自直、柳顾言、王胄、蔡允恭、诸葛颖、王劭，刘善经亦是只能存疑，他们无疑是《长洲玉镜》编纂的核心，并且他们多是隋炀帝未继位之前就跟随隋炀帝的扬府文士。田媛博士《隋暨初唐类书编纂与文学》言："杨广镇扬州时聚集在府中的扬府文人。扬府文学集团早在杨广登基之前就已形成，其主要成员一直在杨广周围。隋炀帝时期几部重要的类书，《长洲玉镜》《玄门宝海》《北堂书钞》的主要编者都曾是扬府文学集团的重要成员。他们对隋朝类书的编纂起了重要作用。"①总之，《长洲玉镜》的奏成者是秘书监柳顾言，而具体专门负责此书编纂工作的应该是虞绰，故后世《经籍志》《艺文志》皆以虞绰为《长洲玉镜》的编纂者。

二、《长洲玉镜》的卷帙和内容

《长洲玉镜》的卷帙史书记载不一。《隋书》卷三四《经籍三》子部"杂家"载："《长洲玉镜》二百三十八卷。"②《旧唐书》卷四七《经籍下》子部"类事"载："《长洲玉镜》一百三十八卷。虞绰等撰。"③《新唐书》卷五九《艺文三》子部"类书类"载："虞绰等《长洲玉镜》二百三十八

---

① 田媛：《隋暨初唐类书编纂与文学》，北京大学博士学位论文，2008 年，第 81 页。

② 《隋书》卷三四《经籍三》，北京：中华书局，1973 年，第 1009 页。

③ 《旧唐书》卷四七《经籍下》，北京：中华书局，1975 年，第 2046 页。

卷。"①《通志二十略·艺文略第七》子部"类书类"载："《长洲玉鉴》，二百三十八卷。虞绰等编。"②《大业杂记》载："《长洲玉镜》一部，四百卷。"③

　　对于《长洲玉镜》的卷帙，《隋书》和《新唐书》《通志》记载一致，《新唐书》《通志》无疑沿用了《隋书》的记载，很显然《旧唐书》之"一百三十八卷"是有误的，应该是误抄。柳顾言奏成此书时，炀帝曾对此书作出了评价，即"此书源本出自《华林遍略》，然无复可加，事当典要，其卷虽少，其事乃多于《遍略》"。《华林遍略》六百二十卷，④就算《长洲玉镜》是对其进行了一番删繁就简的整理，卷帙也不至于少了一半甚至更多，何况《长洲玉镜》还增补了《华林遍略》未记载之事，所以，上文"二百三十八卷"亦不是完帙。综合来看，我们推测"四百卷"的记载比较符合《长洲玉镜》的原始卷帙，只是因为隋末战火频频，流传到唐代的只有二百三十八卷，故《隋书》记载为"二百三十八卷"。此外，《浙江通志》卷二四七《经籍七·类书》载："《长洲玉镜》二百四十八卷。《隋书经籍志》虞绰撰。按《唐书艺文志》作二百三十八卷。"⑤查阅史料，并无"二百四十八卷"的记载，此处与《隋书》《旧唐书》《新唐书》的记载皆不同，可又偏偏多了十卷，究竟怎么回事呢？待考。不论"二百三十八卷"还是"二百四十八卷"，显然都是《长洲玉镜》逸散之后的卷数，不会影响《长洲玉

---

　　①《新唐书》卷五九《艺文三》，北京：中华书局，1975年，第1562页。

　　②[宋]郑樵撰，王树民点校：《通志二十略·艺文略第七》，北京：中华书局，1995年，第1732页。

　　③[唐]杜宝撰，辛德勇辑校：《大业杂记辑校》，西安：三秦出版社，2006年，第23页。

　　④《隋书》卷三四《经籍三》载："《华林遍略》六百二十卷。梁绥安令徐僧权等撰。"《日本国见在书目录》载："《华林遍略》六百廿卷，梁绥安令徐僧权等撰。"《旧唐书》卷四七《经籍下》载："《华林遍略》六百卷，徐勉撰。"《新唐书》卷五九《艺文三》载："徐勉《华林遍略》六百卷。"《通志·艺文略第七》载："《华林遍略》，六百卷。徐勉编。"

　　⑤[清]嵇曾筠等监修，[清]沈翼机等编纂：《浙江通志》卷二四七《经籍七·类书》，《文渊阁四库全书》第525册，上海：上海古籍出版社，2003年，第625页。

镜》"四百卷"的结论。

《长洲玉镜》的失传，使我们无法对其内容进行深入研究，但是我们不妨做一个简单猜测，首先看其编纂者阵容，都是当时国家顶级的才学之士，一度受到炀帝格外重视，同时，他们各自擅长的领域涵盖了史学、经学、训诂、文辞等，可见编纂人员的结构亦是比较全面的，可谓是一个相当豪华的阵容，所以他们为皇帝编纂的《长洲玉镜》想必也代表了当时的最高水平，当然这都是我们的猜测。

杜宝撰，辛德勇辑校《大业杂记辑校》载：

> 大业二年，六月，学士秘书监柳顾言、学士著作佐郎王曹等撰《长洲玉镜》一部，四百卷。帝谓顾言曰："此书源本出自《华林遍略》，然无复可加，事当典要，其卷虽少，其事乃多于《遍略》。"对曰："梁主以隐士刘孝标撰《类苑》一百二十卷，自言天下之事，毕尽此书，无一物遗漏，梁武心不伏，即敕华林园学士七百余人，人撰一卷，其事数倍多于《类苑》。今文□又富梁朝，是以取事多于《遍略》。然梁朝学士取事，意各不同，至如'宝剑出自昆吾溪，照人如照水，切玉如切泥'，序剑者尽录为剑事，序溪者亦取为溪事，撰玉者亦编为玉事，以此重出，是以卷多。至于《玉镜》则不然。"帝曰："诚如卿说。"[1]

可见，《长洲玉镜》深受《华林遍略》的影响，正如隋炀帝所说"此书源本出自《华林遍略》"，其内容和结构想必都模仿了《华林遍略》，但是

---

[1][唐]杜宝撰，辛德勇辑校：《大业杂记辑校》，西安：三秦出版社，2006年，第23页。

它避免了《华林遍略》复记之弊病。遗憾的是,《华林遍略》也失传了。拙文《〈华林遍略〉编纂考》辑佚到一条《华林遍略》的佚文,[①]凭借仅有的一条佚文,我们还是难以窥见《华林遍略》之全貌,更何况《长洲玉镜》之样貌。

刘安志教授认为敦煌文书 P.2526 让我们可以见到更多的《华林遍略》的佚文。刘安志教授《〈修文殿御览〉佚文辑校》言:"我们有理由相信,P.2526 号写本绝非《修文殿御览》,而更有可能是比之更早的《华林遍略》。"[②]刘安志教授《〈华林遍略〉乎?〈修文殿御览〉乎?——敦煌写本 P.2526 号新探》又言:"从书法及避讳特点看,P.2526 号写本抄写年代当在公元 8 世纪中叶前后。参据《修文殿御览》佚文,并结合写本内容综合考察,其绝非《修文殿御览》则可断言。再结合写本与《艺文类聚》之密切关系,可知二者同属一个系谱,有直接的渊源承袭关系,写本极有可能就是南朝萧梁所修之《华林遍略》。"[③]通过刘安志先生的研究,我们其实可以知道《华林遍略》的更多内容和信息,而《长洲玉镜》是以《华林遍略》为根据的,故我们也可以猜想《长洲玉镜》的大体情况。

刘安志教授《关于中古官修类书的源流问题》言:"在文化方面,由于东晋南朝以来文化的先进性使然,隋及唐初统治者'沿江左余风',选择了南朝文化。就这一时期的类书编纂而言,《长洲玉镜》

①刘全波:《〈华林遍略〉编纂考》,《敦煌学辑刊》2013 年第 1 期,第 93 页。

②刘安志:《〈修文殿御览〉佚文辑校》,《魏晋南北朝隋唐史资料》第 28 辑,武汉:武汉大学人文社会科学学报编辑部编辑出版,2012 年,第 281—302 页;刘安志:《〈修文殿御览〉佚文辑校》,《新资料与中古文史论稿》,上海:上海古籍出版社,2014 年,第 291—317 页。

③刘安志:《〈华林遍略〉乎?〈修文殿御览〉乎?——敦煌写本 P.2526 号新探》,高田时雄主编:《敦煌写本研究年报》第 7 号,京都:京都大学人文科学研究所,2013 年,第 167—202 页;刘安志:《〈华林遍略〉乎?〈修文殿御览〉乎? —— 敦煌写本 P.2526 号新探》,《新资料与中古文史论稿》,上海:上海古籍出版社,2014 年,第 227—265 页。

《艺文类聚》《文思博要》《三教珠英》等官修类书，莫不以南朝类书为准绳、为依据，北朝《修文殿御览》则被摒弃在外，遭受冷遇。玄宗即位后，好经术，去浮华，求实用，革'江左余风'，开始重视北朝文化，《修文殿御览》也因此一改过去遭受漠视和冷遇的处境，走向历史前台，并成为开元年间编纂《初学记》的主要蓝本。类书编纂由此前的'从南'转向'从北'，这是隋唐类书编纂史上的一大变化。"①诚然，刘安志先生的论断是有一定道理的，因为隋及唐初就是以南朝文化为模范的，但是我们认为《长洲玉镜》不仅仅和《华林遍略》关系密切，其与《修文殿御览》关系亦是密切的。虽不敢说《长洲玉镜》融合了南北朝类书的精华，但是由于诸葛颖、王劭的参与编纂，我们可以知晓其中更多情况。诸葛颖、王劭在北齐时期参与了《修文殿御览》的编纂，而大业时代，诸葛颖也是备受隋炀帝宠信的，如此一个备受隋炀帝宠信，且与虞绰、庾自直等人关系不睦的学士，必然是要将其在北朝参与编纂《修文殿御览》的经验大肆宣扬，且北齐诸多参与《修文殿御览》编纂的人，多半活到了隋炀帝时代，他们以诸葛颖为代表，必然会将《修文殿御览》之编纂经验运用到《长洲玉镜》的编纂之中。虽然历代学者多在《大业杂记》之记载的引导下，认为《长洲玉镜》是《华林遍略》之翻版，但是我们有充分的理由认为，《长洲玉镜》亦是《修文殿御览》之余脉，至于《华林遍略》《修文殿御览》二者谁起的作用更大，我们暂时不好判定。我们认为《长洲玉镜》的性质、体例仍然是类事类书，或者是类事类书与类文类书之组合

①刘安志：《关于中古官修类书的源流问题》，《魏晋南北朝隋唐史资料》第29辑，武汉：武汉大学人文社会科学学报编辑部编辑出版，2013年；刘安志：《关于中古官修类书的源流问题》，《新资料与中古文史论稿》，上海：上海古籍出版社，2014年，第266—290页。

体，但仍是类事类书之模式，因此时期的类文类书还没有自觉到要采摘"诗文"之"长文"或"全文"，还是处于化类文类书为类事类书的时代，即类文类书是作为类事类书之附庸而存在的，而类文类书之自觉之独立要等到《艺文类聚》编纂的时代。但是在隋炀帝时代，《长洲玉镜》编纂之时，南北类书已经初步实现了融合，即《华林遍略》《修文殿御览》的融合。

此外，我们对《大业杂记》中关于《长洲玉镜》的记载有不同的看法，此文献总体是可信的，但其中逻辑不通，细读之后，竟然会产生完全不同的看法。隋炀帝与柳顾言的问答逻辑不对，隋炀帝问为什么此《长洲玉镜》之卷帙不如《华林遍略》？柳顾言的回答强调其卷虽少，事当典要。这里面最易看到的就是隋炀帝因《长洲玉镜》的卷帙没有超越《华林遍略》而感到不满，柳顾言用尽话术去解释，虽然隋炀帝没有深究，但显然是不满意的。这也是修书诸人官不得迁的重要原因，当然，隋炀帝是宠信柳顾言的，其他修书之人，如虞世南、虞绰则明显受到了冷落。修书诸人，多有类书传世，《北堂书钞》《玄门宝海》《类集》《类文》四部是代表，前两部是公认的类书，后两部是本书推崇的类文类书。不管是四部，还是两部，修书学士大量私纂类书的现象还是极为耀眼的。究竟是《长洲玉镜》影响了私修类书，还是隋炀帝的不满刺激了诸人，难以确定，或许所有的原因导致了以上结果的出现。

我们也可从《长洲玉镜》的命名上来考察其内容。在敦煌遗书中，有一类以含"镜""境""竟"命名的文献，如《沙州城土镜》《寿昌县地境（镜）》《西天路竟（镜）》《书仪镜》《新定书仪镜》《韵关辩清浊明镜》《佛说示所犯者瑜伽法镜经》《大乘稻芉经随听手镜记》等。关于"镜"的解释，有些学者推测"镜"即为"境""竟",如郑炳林先生《敦煌地理文书汇辑校注》言:"路竟:竟,同境。"①黄盛璋先生《〈西天路竟〉笺证》言:"'路竟'即'路境',敦煌写本《沙州地志》有'地镜','镜''竟'都是'境'字。'路竟'即所经过路程之意。"②"竟""境"二字古音同读如"疆",因而竟、疆二字亦可互代,故"土镜"即"土境",亦"土疆"之义,所以,这里所指镜类文献就是一种地理写本。但是,我们发现同样以含"镜"字命名的著作,如《书仪镜》《新定书仪镜》《韵关辩清浊明镜》《天镜》《大乘稻芉经随听手镜记》等,其中之"镜"字显然非"疆境""路境"之义。李并成《"镜"类文献识略》言:"'镜'类著作当出现于十六国时期,而一直延及清代,民国初期仍偶有所见。""'镜'类著作无疑应是一类古文献撰编体裁的通称,虽如上所见其作品数量并不很多,但所涉书种范围较广。""'镜'类文献是以'镜'字假为概观、一览、察鉴、通鉴、指南之义,具有简明扼要、大处落墨、文省意赅、主旨鲜明、鉴古资今、简便实用等特点,当与纂要、备要、会要、史要、集要、类要、指要、撮要、语要、鉴要、切要、举要、要略、要录、要览、要义、要望、要鉴、要记、要抄、指掌、手鉴、手册、简本一类著述有诸多相类之处。"③

"镜"类文献中,有少数"玉镜"类文卷比较特殊。李并成先生也做了阐释:"'玉镜'一称含义不一,而主要用于比喻政治上如玉镜般洁白无瑕,清明廉尚,又可借喻如宝镜般鉴别真伪,分明善恶。"④陈炳应先生《西夏兵书〈贞观玉镜将〉》亦言:"'贞观'是西夏第四代国主鬼名干顺

---

①郑炳林:《敦煌地理文书汇辑校注》,兰州:甘肃教育出版社,1989 年,第 226 页。

②黄盛璋:《〈西天路竟〉笺证》,《敦煌学辑刊》1984 年第 2 期,第 1—13 页。

③李并成:《"镜"类文献识略》,《敦煌研究》1999 年第 1 期,第 52—62 页。

④李并成:《"镜"类文献识略》,《敦煌研究》1999 年第 1 期,第 52—62 页。

的年号之一，共有 13 年（1101—1113 年）。'玉镜'有多种含义，这里应是作为政治上的比喻，比喻当时的最高统治者、政教、社会犹如玉镜一样洁白无瑕、高尚清明；又可借喻能鉴别真伪、美丑、善恶的宝镜。"①朱仲玉教授《隋唐五代时期史籍散论》亦言："《长洲玉镜》的书名取典于'长洲'和'玉镜'。'长洲'是春秋时代的苑囿名，其地在今苏州西南，吴王阖闾曾游猎于此。'玉镜'则是指政治上的清明之道，古书上有'玉镜宸居，金轮驭世'的说法。《长洲玉镜》作为书名，顾名思义是讲帝王得政失政的故事。"②《通志二十略·艺文略第七》子部"类书类"载："《长洲玉鉴》，二百三十八卷。虞绰等编。"③《通志》是唯一将《长洲玉镜》之"镜"做"鉴"的典籍，或许这样就更能说明《长洲玉镜》的鉴戒作用。

三、《长洲玉镜》的编纂时间和地点

杜宝撰，辛德勇辑校《大业杂记辑校》载："大业二年，六月，学士秘书监柳顾言、学士著作佐郎王曹等撰《长洲玉镜》一部，四百卷。"④由此可以看出《长洲玉镜》的完成时间在大业二年（606年）六月。

但是关于《长洲玉镜》开始编纂的时间尚无明确记载。杨杉《二虞研究》言："公元 605 年（隋炀帝大业元年）虞世基与牛弘等人受诏议定衣冠之制；与杨素等人受诏议定车制；（虞世南）奉诏与虞绰、庾自直等人共撰《长洲玉镜》等书。在扈从巡幸江都途中，虞世基作《奉和幸江都应诏诗》，虞世南作《奉和月夜观星应令》《奉和幸江都应诏

---

① 陈炳应：《西夏兵书〈贞观玉镜将〉》，《宁夏社会科学》1993 年第 1 期，第 56—62 页。

② 朱仲玉：《隋唐五代时期史籍散论》，《史学史资料》1980 年第 5 期，第 20 页。

③ [宋]郑樵撰，王树民点校：《通志二十略·艺文略第七》，北京：中华书局，1995 年，第 1732 页。

④ [唐]杜宝撰，辛德勇辑校：《大业杂记辑校》，西安：三秦出版社，2006 年，第 23 页。

诗》。"①可见，杨杉《二虞研究》只是将《长洲玉镜》的编纂开始时间定在了大业元年，而具体月份则无。

宋王应麟撰《困学纪闻》卷一〇《地理》载：

> 余仕于吴郡，尝见长洲宰，其圆扁曰"茂苑"。盖取诸《吴都赋》。余曰："长洲非此地也。"问其故，余曰："吴王濞都广陵。《汉·郡国志》：广陵郡东阳县有长洲泽，吴王濞太仓在此。东阳，今盱眙县，故枚乘说吴王云"长洲之苑"，服虔以为"吴苑"，韦昭以为长洲在吴东，盖谓广陵之吴也。"曰："它有所据乎？"曰："隋虞绰撰《长洲玉镜》，盖炀帝在江都所作也。长洲之名县。始于唐武后时。"②

清吴景旭撰《历代诗话》卷一六《丙集中之上》载：

> 左思《吴都赋》佩长洲之茂苑，吴旦生曰："《元和郡县志》谓苑在长洲县西南七十里，此误认《吴都赋》之长洲以为苏州之长洲县矣。殊不知长洲以县名，自唐武后时，始岂晋左思之所云耶？按《汉·郡国志》：广陵郡东阳县有长洲泽，吴王濞都广陵，其太仓在此，东阳今盱眙县。故《汉书》枚乘说吴王云：'圈守禽兽，不如长洲之苑。'服虔注谓'吴苑'，韦昭注谓'长洲在吴东'盖指广陵之吴也。隋虞绰撰《长洲玉镜》，乃炀帝在江都所作，梁元帝《茉览赋》

①杨杉：《二虞研究》，华中师范大学硕士学位论文，2014年，第47—48页。
②［宋］王应麟撰，孙海通校点：《困学纪闻》卷一〇《地理》，沈阳，辽宁教育山版社，1998年，第209页。

已筑，长洲之苑复实海陵之仓，唐虞世南诗《高台临茂苑飞阁跨澄江》亦可证。"①

　　两则材料都明确说明《长洲玉镜》是隋炀帝在江都所作，那么大业元年，隋炀帝究竟何时会在江都呢？《大业杂记》载："冬十月，车驾至江都。"此处十月是在大业元年。"七月，自江都还洛阳。"②此处七月在大业二年。显然，炀帝在大业元年十月至大业二年七月之间是在江都，此为炀帝首下江都，故《长洲玉镜》编纂的开始时间或许在大业元年十月。综合来看，《长洲玉镜》的编纂时间应该是大业元年十月至大业二年七月，不足十个月。《隋书》卷七六《文学传·虞绰传》载："虞绰……大业初，转为秘书学士，奉诏与秘书郎虞世南、著作佐郎庾自直等撰《长洲玉镜》等书十余部。"③显然，《长洲玉镜》只是隋炀帝敕修十余部书当中的一部，其用时不足十个月也不足为奇，大概是因为《长洲玉镜》以《华林遍略》《修文殿御览》为蓝本，只是进行了一番修订、增补，所以省时且易见功效。从《长洲玉镜》的书名来看，其编纂地点必然与"长洲"有着密切的关系，而且上文中也有提到，《长洲玉镜》是炀帝在江都所作，并且奏上地点亦是在长洲苑，这符合历代类书以编纂地、奏上地名书的惯例。隋炀帝幸江都，文武百官随从，可以说几乎把朝廷迁至了江都，身边博学之士定然不缺，而且长洲苑又在江都郡内。此时，炀帝完全有条件敕秘书省官员于江都郡长洲苑编纂《长洲玉镜》。

---

①[清]吴景旭：《历代诗话》卷一六《丙集中之上·长洲》，北京：中华书局，1958 年，第 179—180 页。
②[唐]杜宝撰，辛德勇辑校：《人业杂记辑校》，西安：三秦出版社，2006 年，第 22—23 页。
③《隋书》卷七六《文学传·虞绰传》，北京：中华书局，1973 年，第 1738—1739 页。

为什么偏偏选择在长洲苑编纂呢？西汉时，吴王刘濞都广陵郡，时枚乘为濞郎中，曾谏吴王曰"修治上林，杂以离宫，积聚玩好，圈守禽兽，不如长洲之苑"①。此处将长洲苑与皇家上林苑作比较，而且皇家园林甚至不如长洲苑，说明长洲苑是地方诸侯王的休闲游乐之所，其作用不仅仅是圈养猎物，其间肯定还修筑宫室亭阁，集聚宝物珍玩，更是王侯会见文人雅士之所。《隋书》卷七六《文学传·诸葛颖传》载："帝常赐颖诗，其卒章曰：'参翰长洲苑，侍讲肃成门。名理穷研核，英华恣讨论。实录资平允，传芳导后昆。'"②其中"参翰长洲苑"一句，就很好地证明了长洲苑内有一批像诸葛颖一样的"翰林"，这些人在此为王侯出谋划策，陪王侯读诗作赋，故曰"参翰"，此苑大概被历代分封至此的王侯或地方长官利用，作为自己的"后花园"以供游玩和养士。炀帝也不例外，其任职扬州总管时招募的那批学士应该就在此苑，并在此完成了当时所有的编纂工作，这从炀帝为诸葛颖所作的诗中亦能窥探一二。长洲苑经过历代王侯尤其是炀帝任扬州总管时的经营，已显然成为一个文人荟萃、典籍众多的文化宝地，将"后花园"变成这样一个地方，也许与炀帝本人的"好学，善属文"有关，所以，炀帝首幸江都时敕修《长洲玉镜》一书的首选之地必然是江都郡长洲苑。

四、《长洲玉镜》的流传与影响

根据诸《经籍志》《艺文志》的记载，《长洲玉镜》在唐初已经不是完帙，后来的典籍中，对它的记载更少，《日本国见在书目录》收录了大量

---

① 《汉书》卷五一《枚乘传》，北京：中华书局，1973 年，第 2363 页。
② 《隋书》卷七六《文学传·诸葛颖传》，北京：中华书局，1973 年，第 1734 页。

中国典籍，前文我们所说的《类集》《类文》皆有记载，而其中没有关于《长洲玉镜》的记载，可见《长洲玉镜》在唐代的流传不广。

《文苑英华》卷六〇五《皇太子请修书表》载：

> 臣虽不敏，窃所庶几，然以列代遗章，先王旧典，康成兴业，才览卷于八千；士安覃思，愿加年于累百；岂不以学而时习，博则难精者乎？今欲搴其萧稂，撮其枢要，可以出忠入孝，可以益国利人，极贤圣之大猷，尽今昔之能事，商榷百氏，勒成一家，庶有代于箴规，长不违于左右。又近代书钞，实繁部帙，至如《华林园遍略》《修文殿御览》《寿光书苑》《长洲玉镜》，及国家以来新撰《艺文类聚》《文思博要》等，并包括弘远，卒难详悉。亦望错综群书，删成一部。艺官宾馆，亦既天皇立之矣；端士正人，亦既天皇致之矣。①

《玉海》卷五四"崔融请修书表"亦载："近代书钞实繁，如《华林遍略》《修文御览》《寿光书苑》《长洲玉镜》及国家新撰《艺文类聚》《文思博要》等书。"②以上两则材料其实说的是一件事，就是崔融代皇太子起草请修书表，鉴于历代类书典籍之不足，计划重新编纂一部类书典籍，由此可见，在唐高宗时期，《长洲玉镜》是作为前代类书之楷模被提及的。③北宋《太平御览》编纂时充分利用了皇家的藏书，并多以前代类书

---

①［宋］李昉等撰：《文苑英华》卷六〇五《皇太子请修书表》，北京：中华书局，1982年，第3138页。
②［宋］王应麟撰，武秀成、赵庶洋校证：《玉海艺文校证》，南京：凤凰出版社，2013年，第962页。
③《旧唐书》卷九四《崔融传》载："崔融……中宗在春宫，制融为侍读，兼侍属文，东朝表疏，多成其手。"（北京：中华书局，1975年，第2996页。）所以《皇太子请修书表》应该是中宗为太子时崔融所写。经考证，此处是中宗第一次为太子，即永隆元年（680年）至弘道元年（683年）十二月。

《修文殿御览》《艺文类聚》《文思博要》为蓝本修订增删编纂而成，但是在借鉴的前代类书中，并未提及《长洲玉镜》。《太平御览·引》："先是帝阅前代类书，门目纷杂，失其伦次，遂诏修此书，以前代《修文御览》《艺文类聚》《文思博要》及诸书参详条次，分定门目，八年十二月书成。"①我们推测，《长洲玉镜》此时也许早已经被弃置不用，甚至散佚殆尽。

《长洲玉镜》虽然散佚殆尽，但是它对后世类书的影响不小，在隋炀帝时代，它的作用就显现出来，前文我们已经说过，《长洲玉镜》的编纂带动了一批类书的编纂，即参与《长洲玉镜》编纂的诸学士又开始了新类书的编纂工作，如虞世南撰《北堂书钞》一百七十三卷，虞绰等撰《类集》一百一十三卷，庾自直撰《类文》三百七十七卷，诸葛颖撰《玄门宝海》一百二十卷，他们对《长洲玉镜》的编纂体例和内容是熟悉的，势必会将编纂《长洲玉镜》的经验和教训运用到新类书的编纂之中，甚至是打破陈规，开启新体例。

我们可以通过另外的例子证明，《长洲玉镜》被替代，但《北堂书钞》为何能千年不衰，《编珠》为何亦能传播千年，主要原因是《北堂书钞》是类书编纂新体例的实践者，《编珠》亦是类书编纂新体例的实践者，所以它们由于体例不同，千年不被替代，而类事类书《华林遍略》《修文殿御览》乃至《长洲玉镜》都被后世之《文思博要》《三教珠英》《太平御览》所替代。《北堂书钞》是虞世南编纂《长洲玉镜》之后编纂而成的，虞世南肯定是认识到类事类书的弊端，转而编纂一部类句类书，类句类书最大的优点是知识量大而卷帙少，不像类事类书一样，卷帙浩繁，不便使用。《编

---

① [宋]李昉等撰：《太平御览·引》，北京：中华书局，1960 年，第 3 页。

珠》是隋炀帝敕令杜公瞻编纂的新型类语类书，类语类书比类句类书更为精粹，更为简单，更为实用，隋炀帝在《长洲玉镜》后仍然敕令杜公瞻编纂《编珠》，可见其亦是认识到《长洲玉镜》的弊端，而作为新体例的代表的《北堂书钞》与《编珠》就流传了下来，成为后世类书体例的新楷模，旧模式编纂的《长洲玉镜》则无奈被替代。当然，我们还有另外一个补充，即不能过分抬升《长洲玉镜》之质量。细读《大业杂记》之史料，明显又是杂糅的，即此材料也不可全信，因为它的逻辑不通，在前文肯定《长洲玉镜》的同时，又可见隋炀帝对《长洲玉镜》的不满意，即《长洲玉镜》没有达到皇帝的要求，故修书之人多没有受到隋炀帝的重用，《长洲玉镜》之卷帙竟然没有超过《华林遍略》，虽然强调了《长洲玉镜》没有重出的优点，但是皇帝还是不满意，所以对《长洲玉镜》的评价，也要全面去看，不能只说其优点，忽略它的不足。

我们看到了南北朝、隋唐之间的王朝更替，很容易产生断裂的认知，因为南北朝与隋、唐是不同的时代，皇帝更迭，王朝更替，但是，很多人是生活在这个时期的，他既是北齐人，又是北周人，更是后来的隋人、唐人，故我们可以见到虞世南生活于南陈、隋、唐，诸葛颖生活在北齐、北周、隋，而在北齐参与编纂《修文殿御览》的诸葛颖无疑到了隋朝又参与编纂了《长洲玉镜》。欧阳询虽然没有参与《长洲玉镜》的编纂，但是他在隋朝参与编纂过《魏书》，他肯定是知晓《长洲玉镜》的，而到了唐初，他则参与编纂了《艺文类聚》，他们是生活在一起的前后连续的人，他们参与或者见闻了前朝类书的编纂，而在新的时代又参与了新的类书编纂，其间的联系就是我们认知类书编纂前后相继、推陈出新的重要前提。

五、小结

《长洲玉镜》是隋炀帝即位之初敕令编纂的一部著名类书，《长洲玉镜》的编纂者有虞绰、虞世南、庾自直、柳顾言等人，查阅史料，我们认为诸葛颖、王劭、蔡允恭和王胄等人也参与了《长洲玉镜》的编纂，而且《大业杂记》中记载的王曹很可能是王胄的误写。《长洲玉镜》的编纂时间是大业元年（605年）十月至大业二年（606年）七月，编纂地点在江都长洲苑，"玉镜"是指政治上的清明之道，《长洲玉镜》顾名思义就是在长洲苑编纂的讲帝王得政失政故事的类书。史载《长洲玉镜》源自《华林遍略》，故我们认为《长洲玉镜》的内容和体例与《华林遍略》相仿，只是避免了复记之弊，并增补了新内容，而由于诸葛颖、王劭等人早年参与过《修文殿御览》的编纂，所以我们认为《长洲玉镜》也受到了《修文殿御览》的影响，可以说《长洲玉镜》初步实现了南北类书编纂的融合。《长洲玉镜》原有四百卷，至唐初有二百三十八卷，但流传不久即失传，至于其为何如此快地失传或被替代，我们认为应该是其内容与体例被新出类书如《文思博要》《三教珠英》等因袭的缘故。《长洲玉镜》是中古官修类书发展史、编纂史上的重要环节，它对唐初官修类书的编纂起了借鉴作用，此外，编纂《长洲玉镜》的诸学士完成编纂之后多私纂类书，如《北堂书钞》《类集》《类文》《玄门宝海》等，而大名鼎鼎的《北堂书钞》等私纂类书的出现与流传必然又深刻影响之后的类书编纂。

第六章 《编珠》的编纂与流传

《隋书》虽说隋文帝"素无术学"①，但隋炀帝是公认的具有很高文化素养的皇帝，隋炀帝有大量的作品传世，更重要的是，隋炀帝好撰集，隋炀帝时代编纂的类书有多部，如《长洲玉镜》《北堂书钞》《玄门宝海》，至今仍是我们研究中国类书史的重要典籍与模范。但是，纵观隋炀帝时代编纂的这些类书，部头普遍较大，这样大部头的类书，资料丰富毋庸置疑，但是如此庞然大物，如此卷帙浩繁，实在是不便于翻检记忆，隋炀帝"每繁阅览"②，而好作诗的隋炀帝迫切需要一部篇幅小而又能提供作诗素材的新型类书，所以类语体类书《编珠》便应运而生。

杜公瞻《编珠原序》载："皇帝在江都日，好为杂咏及新体诗，偶缘属思，顾谓侍读学士曰：今经籍浩汗，子史恢博，朕每繁阅览，欲其故实简者易为比风，爰命微臣编录，得窥书圃，故目之曰《编珠》。其朱书者故实，墨书者正义。时大业七年正月，奉敕撰进，勒成四卷。著作佐郎兼散骑侍郎臣杜公瞻谨序。"③从杜公瞻《编珠原序》中可以看到，

---

① 《隋书》卷二《文帝纪》，北京：中华书局，1973年，第54页。
② ［隋］杜公瞻撰，［清］高士奇补《编珠》卷首《自序》，哥伦比亚大学藏清吟堂本。
③ ［隋］杜公瞻撰，［清］高士奇补《编珠》卷首《自序》，哥伦比亚大学藏清吟堂本。

《编珠》编纂的主要目的就是为了给隋炀帝准备诗材，由此可知，第一，《编珠》的质量肯定可以信赖，因为是给富有才学的隋炀帝编书，质量不高皇帝不会满意，第二，由于是供隋炀帝作诗使用的"随身卷子"，恐怕其他人不会很容易见到，这或许就是后来《编珠》流传不广的原因。

历代学者对于《编珠》的研究是比较少的，最先关注《编珠》的是胡道静先生，其在《编珠残二卷引书考》中，对《编珠》的一些重要问题做了考证，主要内容后来收入其著《中国古代的类书》之中。①孙丽婷的硕士学位论文《〈编珠〉残卷研究》从文献学角度对《编珠》作了比较全面的考证，作者以辨别《编珠》的真伪为基点，对其编纂体例、所引诗赋类作品以及地记作品进行考证，在考证中又以其独有的文献价值来证明该书的真实性。②总之，以上二位先生的研究，加深了我们对《编珠》的认知，但是长久以来，人们对《编珠》缺乏足够的重视，甚至将之视为伪书，故很多史实仍然不够明晰，下面我们就针对《编珠》的编纂与流传情况做一个详细的考察分析。

一、《编珠》的编纂

关于《编珠》的编纂者，在历代书目中均著录为杜公瞻，但史书中关于杜公瞻的资料很少，杜公瞻《隋书》无传，在其叔叔《杜台卿传》后面有对他父子三代的简单描述。《隋书》卷四二《杜台卿传》载：

> 有兄蕤，学业不如台卿，而干局过之。仕至开州刺史。子公

---

① 胡道静:《中国古代的类书》,北京·中华书局,2005 年新 1 版,第 78—85 页。
② 孙丽婷:《〈编珠〉残卷研究》,河北师范大学硕士学位论文,2015 年。

赡，少好学，有家风，卒于安阳令。公赡子之松，大业中，为起居舍人。①

可见，杜公赡曾任安阳令，而在《编珠原序》中，署衔是隋著作佐郎兼散骑侍郎，可见杜公赡一生做过著作佐郎、散骑侍郎、安阳令等官。《元和姓纂》卷六《杜》亦载："魏仆射杜畿，后家中山，裔孙弼，北齐徐州刺史。生蕤，隋治中御史（岑仲勉先生考证隋无'治中御史'，当为'治书御史'）。生公赡，隋著作郎。"②《元和姓纂》虽然记载了杜公赡的官职，但是很显然，对于杜公赡官职的记载是有不同的，因为《编珠原序》说其官职为著作佐郎，而此处成了著作郎。《隋书》卷二六《百官上》载："秘书省置监、丞各一人，郎四人，掌国之典籍图书。著作郎一人，佐郎八人，掌国史，集注起居。著作郎谓之大著作，梁初周舍、裴子野，皆以他官领之。又有撰史学士，亦知史书。佐郎为起家之选。"③可见，著作郎地位明显高于著作佐郎，而杜公赡编纂《编珠》时的官职应该是著作佐郎而不是著作郎。再者，根据《编珠原序》可知，杜公赡做过隋炀帝的"侍读学士"，可见隋炀帝对他的宠信，而作为"侍读学士"为皇帝编纂一部作诗用的"随身卷子"，自然也是职责所在。杜公赡在《编珠》之外，还著有《荆楚岁时记》二卷。《旧唐书》卷四七《经籍志》载："《荆楚岁时记》十卷，宗懔撰。又二卷，杜公赡撰。"④应该是对宗懔原作的补撰或续作。

---

①《隋书》卷四二《杜台卿传》，北京：中华书局，1973 年，第 1421 页。

②［唐］林宝：《元和姓纂》卷六《杜》，北京：中华书局，1994 年，第 934—935 页。

③《隋书》卷二六《百官上》，北京：中华书局，1973 年，第 723 页。

④《旧唐书》卷四七《经籍志》，北京：中华书局，1975 年第 2034 页。

杜公瞻少好学，有才华，有家风，而其才华与家风必然是隋炀帝宠信他的主要原因，也是令其编纂《编珠》的原因。《太平广记》卷一七四《阳玠》载："隋京兆杜公瞻，卫尉台卿犹子也。尝邀阳玠过宅，酒酣，因而嘲谑。公瞻谓：兄既姓阳，阳货实辱孔子。玠曰：弟既姓杜，杜伯尝射宣王。"①阳玠是著名才子，从这条笔记来看，杜公瞻与阳玠为友，学问应亦是不弱，可惜杜公瞻流传作品较少。杜公瞻今可考存诗一首，见于《初学记》《文苑英华》等书中。题名为《咏同心荷花》："灼灼荷花瑞，亭亭出水中；一茎孤引绿，双影共分红；色夺歌人脸，香乱舞衣风；名莲自可念，况复两心同。"②宋本《初学记》作"松公瞻"，字之误也，应作"杜公瞻"。

关于《编珠》的编纂完成时间，根据杜公瞻《编珠原序》所载可知，当为大业七年（611年）正月完成。而《编珠》的开始编纂时间史书没有记载，参考同类类书的编纂时间，《编珠》作为一部卷帙不大的小型类书，编纂时间必定不会像《华林遍略》《长洲玉镜》等类书一样，要花费上较长的时间。而"皇帝在江都日"是一个可以考察的时间段，具体是什么时间呢？查考《隋书》，隋炀帝"在江都日"在大业七年之前的共有大业元年八月、大业二年三月、大业六年到大业七年三次，其中，大业元年和大业二年可以很容易排除，故《编珠》的开始编纂时间是在大业六年（610年）。而根据《隋书》卷三《炀帝上》载"六年……三月癸亥，幸江都宫"③可见，《编珠》的开始编纂时间在大业六年三月之后。

杜公瞻祖父杜弼，史书记载他"少好学"，在北齐任官时，多与邢

①［宋］李昉等撰，汪绍楹点校：《太平广记》，北京：中华书局，1961年，第1284—1285页。
②［唐］徐坚撰：《初学记》卷二七《芙蓉第十三》，北京：中华书局，2004年，第667页。
③《隋书》卷三《炀帝上》，北京：中华书局，1973年，第75页。

邵、魏收等交游，曾与邢邵"共论名理"。《北齐书》卷二四《杜弼传》载："弼性好名理，探味玄宗，自在军旅，带经从役。注老子《道德经》二卷……耽好玄理，老而愈笃。又注《庄子惠施篇》《易上下系》，名《新注义苑》，并行于世。"①唐长孺先生说："杜弼是北朝仅见的玄学家，并非经师。"②据《北齐书》记载，杜弼有四子，其中杜台卿和杜蕤皆"有学业"。杜蕤即为杜公瞻的父亲，杜蕤在仕途上很有一番作为，但是文名不显，没有著作传世。《北史》卷二四《杜弼传》载："蕤，字子美。武平中大理少卿，兼散骑常侍，聘陈使主。末年，吏部郎中。隋开皇中，终于开州刺史。"③杜蕤在北齐时任大理少卿兼散骑常侍，曾作为使者出使南陈，而能够作为使者出使南朝陈，本身就是对杜蕤之才学的肯定。

杜台卿为历仕北齐、隋的名臣，《北齐书》《隋书》《北史》有传。他的任官经历比较复杂，"仕齐奉朝请，历司空西阁祭酒、司徒户曹、著作郎、中书黄门侍郎"，是当时的著名文人，与李德林等人并称。北齐灭亡之后，隐居不仕，以教徒为业，"以《礼记》《春秋》讲授子弟"。在隋朝建立之后，应征出仕，"历中书、黄门侍郎，兼大著作、修国史"，后来因"聋疾"放归。④杜台卿著有《齐纪》二十卷，更重要的是，杜台卿早年曾任职文林馆，参与过《修文殿御览》的编纂工作。⑤后来杜台卿还编纂了一部《玉烛宝典》，其残卷流传至今。杜台卿在《玉烛宝典》中偏爱采用谶纬之说，张重艳《从〈玉烛宝典〉看杜台卿的宗教思想》言："卷四正说在《玉烛宝典》中比较特殊，在所有卷的正说中，篇幅最大，约

①《北齐书》卷二四《杜弼传》，北京：中华书局，1983 年，第 348—349 页。

②唐长孺：《魏晋南北朝隋唐史三论》，武汉：武汉大学出版社，1992 年，第 235 页。

③《北齐书》卷二四《杜弼传》，北京：中华书局，1972 年，第 354 页。

④《隋书》卷五八《杜台卿传》，北京：中华书局，1973 年，第 1421—1422 页。

⑤刘全波：《〈修文殿御览〉编纂考》，《敦煌学辑刊》2014 年第 1 期，第 39 页。

3000字。正说中引用了佛经、伪佛经、伪道经以及纬书，等等，集中体现了作者的宗教思想。"[1]杜台卿《玉烛宝典》偏爱采用谶纬书，而杜公瞻在《编珠》中也引用了很多纬书，如《河图括地象》《易纬》《易飞侯》《京房易飞侯》《春秋元命苞》《易通卦验》《孝经援神契》等，或许就是受杜台卿《玉烛宝典》之影响。

杜台卿曾经编修过《韵略》，陆法言等人在编修《切韵》时就利用了杜台卿的这一著作，杜氏家族在音韵上的造诣使得杜公瞻编纂《编珠》时更加考虑声律的作用，这在同时期的其他类书中是罕见的，《编珠》的编纂特点就是两两相对，彼此之间声律和谐。邓嗣禹说："是书……凡十四门，门各有类，惟取其事之切于用，故实简而易为比风者编录之，以四字（如：天柱地轴），六字（如：树上日，井中星），或八字（如：桥势如星，沙形似月）标题；然后援引古籍以释之，皆甚简赅。"[2]可见，《编珠》的编纂特点是很鲜明的，并且在隋代，此种体例虽不是首创，但也是具有极大创新性的。我们猜测类语体类书在南北朝时期已经产生，如朱澹远的《语对》，但是那时的类语体类书肯定没有达到《编珠》的高度，而杜公瞻所编纂的《编珠》是对类语体类书的大发展，此体例被后来的诸多类书与蒙书效仿，所以说《编珠》在类书发展史上，尤其是在类书体例方面是很有创新意义的。

二、《编珠》的流传

《编珠》问世以后并未大范围流传，《隋书·经籍志》中没有记载这本

---

[1]张重艳：《从〈玉烛宝典〉看杜台卿的宗教思想》，《河北青年管理干部学院学报》2016年第1期，第93—96页。

[2]邓嗣禹等编：《燕京大学图书馆目录初稿：类书之编》，北平：燕京大学出版社，1935年，第2页。

书，新旧唐书《经籍志》《艺文志》，也均没有记载《编珠》，这很让人怀疑《编珠》是伪书。但在《隋书·经籍志》和两《唐志》中没有著录，并不代表《编珠》在唐代没有流传，日本藤原佐世《日本国见在书目录》中著录有："《编珠录》三卷。"《日本国见在书目录》年代不可考，但可确定约在九世纪后期，相当于中国唐昭宗时期。①《日本国见在书目录》对《编珠》的记载非常重要，它是目前所见最早著录《编珠》的官修目录，证明尽管《隋书·经籍志》、两《唐志》没有著录《编珠》，但是《编珠》在隋唐时代，确确实实有过流传，甚至经由遣隋唐使之手远渡重洋去了日本。但是《编珠》为何被著录为《编珠录》？再者卷帙为何由四卷变成了三卷？《日本国见在书目录》所载《编珠录》可能是《编珠》的节抄本、缩略本。

与唐代不同，在宋代的书目中，已经有多部目录著录《编珠》。王尧臣《崇文总目》子部类书类载："《编珠》五卷。杜公瞻撰。"②郑樵《通志·艺文略》类书类载："《编珠》五卷，隋杜公瞻撰。"③《宋史》卷二〇七《艺文六》子部类事类载："杜公瞻《编珠》四卷。"④很显然，《崇文总目》与《通志》所载《编珠》为五卷，与上文《编珠原序》所说不同，而《宋史》所载为四卷，与《编珠原序》所说相同，所以可以确定的是，在宋代《编珠》有四卷本和五卷本两个系统在流传。宋尤袤撰《遂初堂书目》亦载有："《编珠》。"⑤但很可惜，《遂初堂书目》的记载很简单，没有记载《编珠》的卷帙等信息。宋代以后《编珠》在书录中逐渐不见著录，元代和明

①孙猛：《日本国见在书目录详考》，上海：上海古籍出版社，2015年，第4页。

②[宋]王尧臣等编次，钱东垣等辑释：《崇文总目》，《丛书集成初编》第22册，北京：中华书局，1985年，第177页；

③[宋]郑樵撰，王树民点校：《通志二十略》，北京：中华书局，1995年，第1733页。

④《宋史》卷二〇七《艺文六》，北京：中华书局，1985年，第5293页。

⑤[宋]尤袤：《遂初堂书目》，《丛书集成初编》第32册，北京：中华书局，1985年，第25页。

代的书目中大都没有记载，只有焦竑《国史经籍志》著录有《编珠》，应该是焦竑采自前朝目录，或许并未见到原书。《国史经籍志》载："《编珠》五卷。隋杜公瞻。"[1]

孙猛教授《日本国见在书目录详考》言："杜公瞻自序及目录俱作四卷，《宋史·艺文志》亦作四卷，《崇文总目》及《通志·艺文略》作五卷。其篇目分十四部，为：卷一《天地》《山川》；卷二《居处》《仪卫》《音乐》；卷三《服玩》《珍宝》《缯彩》《酒膳》；卷四《黍稷》《菜蔬》《果实》《车马》《舟楫》。体例乃事对式。自序云：'其朱书者故实，墨书者正义。'故实即事对，正义即出处，与《初学记》中'事对'部分相似。"[2]《编珠》卷帙的不同，说明《编珠》在流传中，出现了变化，再者《编珠》一直是以抄本传世，或许是在传抄的过程中，有人对卷帙做了分合。

清康熙年间，高士奇在翰林院整理旧库纸堆时重新发现了《编珠》残卷，但是一直有人怀疑高士奇发现《编珠》残卷这一事件的真实性。《四库全书总目》卷一三五《类书类一》载：

> 《编珠》二卷，旧本题隋杜公瞻撰。《补遗》二卷，《续编珠》二卷，则国朝康熙戊寅詹事府詹事钱塘高士奇所辑也。案《编珠》，《隋志》不载，《唐志》但有杜公瞻《荆楚岁时纪》一卷，而无此书。《宋志》始著于录。然世无传本。始出于士奇家。其《序》称于内库废纸中得之，原目凡四卷，佚其半，遍觅不可得，辄因原目，补为四

---

①［明］焦竑撰，陈锦春、许建立整理：《国史经籍志》卷四《类书类》，《二十五史艺文经籍志考补萃编》第 23 卷，北京：清华大学出版社，2014 年，第 511 页。

②孙猛：《日本国见在书目录详考》，上海：上海古籍出版社，2015 年，第 1159—1160 页。

卷，又广其类之未具者为二卷。首载大业七年公瞻自序，称奉敕撰进，其结衔题"著作佐郎兼散骑侍郎"。又有徐乾学序，称杜公瞻无所表著，《谈薮》载隋京兆杜公瞻尝邀杨玠过宅，酒酣嘲谑者，即此公瞻无疑。今观其书，隶事为对，略如徐坚《初学记》之体。但前无序事，后无诗文。原目分天地、山川、居处、仪卫、音乐、器玩、珍宝、缯彩、酒膳、黍稷、菜蔬、果实、车马、舟楫。所存者音乐以上五门而已……以其采撷词华，颇为鲜艳。士奇所续，亦皆取唐以前事，较他类书为近古。故疑以传疑，姑存以备参考焉。①

余嘉锡先生在《四库提要辨证》中作了考证："考《内阁大库书档旧目》(此目凡二十种，皆清代内阁典籍厅收掌之档案，近始自内阁大库检得之，由"中研院"历史语言研究所编次印行。)第七种，内有《编珠》一本，不全。此目虽不著时代，以其所收书考之，当编于康熙二十年以前，(详见原目卷首方苏所撰叙录)而徐乾学之序末题康熙三十二年。高士奇之序《编珠》纪年为戊寅，乃康熙之三十七年也。然则士奇所言之内库，即指内阁大库，而其所见之《编珠》佚去二卷者，即此目中不全之本，盖可知也。以此相证，知士奇之本，确得之内库矣，非士奇及朱彝尊之所依托也。"②余嘉锡先生从《内阁大库书档旧目》考证，得出其确实曾经有《编珠》一书，故高士奇从其中得到《编珠》残缺二卷，不是空穴来风，而且内库中残缺二卷的《编珠》不仅高士奇见过，朱彝尊、徐乾学、王士禛三人也都见过。再者，修《四库全书》的清儒，虽然对《编珠》的重现表示了客观的质疑，但是四库馆臣对《编珠》也是给予厚爱的，

①[清]永瑢等撰：《四库全书总目》卷一三五《类书类 一》，北京：中华书局，1965年，第1141页。
②余嘉锡：《四库提要辨证》，北京：中华书局，1980年，第953页。

不然为何将之置于《四库全书》子部类书类之首《艺文类聚》之前？这个行动展现了清儒对《编珠》的认可与肯定，而能够被收入《四库全书》的《编珠》之身份地位亦得到官方的确认与保障，遂再次公开流传于世。

三、《编珠》的刻印与版本

高士奇发现残本《编珠》二卷以后，依据残存的《编珠》类目，仿照原书体例，从传世的六朝隋唐典籍中抄撮材料，进行补遗工作，补了两卷，凑足了原来四卷之数，再后来，高士奇对《编珠》作续修，又编成《续编珠》二卷。所以，目前所见的《编珠》共有六卷，前两卷主要是杜公瞻原本，后两卷是高士奇依据原目所作之补遗本，再两卷则是高士奇续修本。《编珠》补遗工作完成之后，高士奇请自己的姻亲徐乾学、好友朱彝尊作序，然后在康熙三十七年刻印行世。根据高士奇《编珠序》载："曩直大内南书房，奉命检阅内库书籍，于废纸堆中得隋著作佐郎杜公瞻《编珠》一册。原目凡四卷，遗其半，遍觅不可得。因手钞之。藏笥箧间，巳巳归寓。平湖端居多暇，出而校雠，爱其精粹，辄因原目补为四卷，又广其类之未具者为二卷，其于著作撰述，本旨未知，何如乃其书则不致以残缺为人所弃矣。"[①]

高士奇校雠残缺的原本《编珠》以及为其续补的工作开始于"平湖端居多暇"时，根据《清史稿》，康熙二十八年（1689年），高士奇、王鸿绪等因为结党营私遭到弹劾，高士奇被迫回到浙江平湖家中，一直到康熙三十三年（1694年）才重新被启用，高士奇完成校书、续书，应当指的就是这一时期，高士奇校雠以及续书时间应在康熙二十八年到康熙

---

① [隋]杜公瞻撰，[清]高士奇补：《编珠》卷首，哥伦比亚大学藏清吟堂本。

三十二年，高士奇得到《编珠》本子，则应在康熙二十八年之前。从文政十二年刊本每卷末尾"男高舆、轩仝校字"或者"男高舆、轩仝校"可知，在当时高士奇的两个儿子高舆和高轩也参与了《编珠》的校雠工作，为《编珠》的刻印做出了贡献。

关于《编珠》的序，有高士奇序、徐乾学序与朱彝尊序。高士奇在自序中说最为欣赏《编珠》的原因是"爱其精粹"[①]，可见《编珠》作为一部提供作诗素材的小类书，在千年之后，还是很受文人青睐的。但是高士奇对于杜公瞻最初编纂的宗旨，并未作深入探讨，"未知何如"，只是抱着"其书则不致以残缺为人所弃矣"的宗旨才将其补续刻印。在高士奇心中，最初只是想把《编珠》作为秘不示人的秘籍来赏玩，之所以刊行，是因为一位友人的建议，"友人谓是编宜公同好"，我们现在不知道高士奇的这位友人是谁，但极有可能是作为姻亲的徐乾学。康熙二十八年，因为南北党争，徐乾学、高士奇、王鸿绪一起遭到弹劾，高士奇被迫辞官返乡，徐乾学也于康熙二十九年辞官回乡，则这个"友人"应该就是徐乾学。徐乾学是康熙朝名儒，也是官书编辑大家，他与高士奇还是姻亲，高士奇续修《编珠》后，曾专门找徐乾学作序，故高士奇极有可能是在徐乾学的建议之下将《编珠》刊行的。

徐乾学虽然也承认"考隋经籍唐艺文二志并无此书，他书录亦皆不著"，但是他的结论是此书不伪，只是失传久矣，"盖凋零磨灭久矣"[②]。为什么徐乾学会认为《编珠》不是一部伪书呢？参考《清文献通考》载："士奇偕乾学奉命校勘阁中书，得之。已逸其后二卷，士奇博采故实，以

①[隋]杜公瞻撰，[清]高士奇补：《编珠》卷首，哥伦比亚大学藏清吟堂本。
②[隋]杜公瞻撰，[清]高士奇补：《编珠》卷首，哥伦比亚大学藏清吟堂本。

补其阙，又广其门类之未备者。"①可知当时徐乾学与高士奇是同奉康熙皇帝的命令去整理内阁书籍的，而徐乾学正是高士奇发现《编珠》二卷残本的见证人。对于《编珠》的评价，徐乾学认为《编珠》是沧海遗珠，因为大量南北朝隋唐时期的类书失传了，而此《编珠》能独存，绝对是一大幸事。徐乾学说："自魏晋以逮，南北朝君臣宴集，每喜征事以觇学问，类书于是渐多。然今世传欧阳询、虞世南、徐坚所排纂，皆唐初时人，而志所载隋以前书，如《皇览》《类苑》《寿光书苑》《华林遍略》等书，当时极贵重，其卷帙颇繁，今皆无一简存者。即如戴安道、颜延之之《纂要》，沈约之《袖中记》《珠丛》，其书不过一二卷，亦尽已散逸，独《编珠》犹得其半。"②

除了高士奇和徐乾学，朱彝尊也曾经为《编珠》做了一篇序，朱彝尊是清代经学家、文学家，朱彝尊与高士奇曾同在南书房共事，相互之间比较熟悉，但是高士奇曾经因为嫉妒有过打击朱彝尊的举动。李光地《榕村续语录》载："泽州语予曰：'当日潘次耕、朱锡鬯在南书房，与高澹人不过诗文论略不相下，澹人便深衔之，一日语予曰：'如此等辈，岂独不可近君，连翰林如何做得？'予曰：'如此等人，做不得翰林，还有何人可做？次耕略轻浮些，至朱锡鬯还是老成人。'高往年还在监中考，为吾所取，称老师。是日，便无复师生礼，忿然作色曰：'甚么老成人！'将手炉竟掷地，大声曰：'似此等人，还说他是老成人，我断不饶他。'"③可见，高士奇与朱彝尊之间曾经产生过较大的冲突，

---

① [清]张廷玉等撰：《清文献通考》卷二三〇，《文渊阁四库全书》第 637 册，上海：上海古籍出版社，1985 年，第 367 页。

② [隋]杜公瞻撰，[清]高士奇补：《编珠》卷首，哥伦比亚大学藏清吟堂本。

③ [清]李光地：《榕村续语录》卷一五《本朝实事》，北京：中华书局，1995 年，第 758 页。

所以在高士奇康熙年间刻本《编珠》中，没有收入朱彝尊为《编珠》所作的序，而在日本文政十二年刻本中，则从朱彝尊的《曝书亭集》中找出该序，并将之放在卷首。

朱彝尊为《编珠》作序是应高士奇之请求而作的，并且朱彝尊作序在徐乾学作序之后，由于朱彝尊名气较大，所以高士奇很重视朱彝尊，在徐乾学作序后，高士奇又嘱咐朱彝尊为《编珠》作序。朱彝尊在其序中敏锐地注意到了《编珠》在类书史上的意义："予惟类书始南北朝，当时文尚骈俪，学者争以洽闻周见相高。如朱澹远有《语丽》，又有《语对》，徐僧权有《遍略》，顾其书皆不传，论者遂以《修文殿御览》为古今类书之首，今亦亡之。惟隋著作郎杜台卿所撰《玉烛宝典》十二卷，见于连江陈氏《世善堂书目》，予尝入闽访陈后人，已不复可得，则类家当首公瞻。"①朱彝尊在当时明确指出杜公瞻《编珠》是当时可见最早的传世类书，并且朱彝尊以其经学家的敏锐发现了《编珠》所保存的大量谶纬书的价值。他指出虽然史书中说隋代严禁谶纬之书，"隋禁七纬，发使四出，凡谶纬相涉者皆焚之，为吏所纠者至死"，但是观察《编珠》，"仍取《括地象》《通卦验》《援神契》《元命苞》及《尚书中候》之文"，并且查考《北堂书钞》，"永兴虞氏《书抄》成于隋秘书省之北堂，亦采及诸纬"，由此朱彝尊得出结论，"然则史固有不足尽信者与，或当日所焚，不过《王明镜》《闲房》《金雄》等记，而非概界之炎火，斯乃《乾凿度》《礼含》《文嘉》之得以至今存也"②。可以说，朱彝尊所作《编珠序》是最有学术价值的一篇序。但是由于后来高士奇与朱彝尊交恶，康熙三十七年（1698年）高士奇刻印《编珠》时，便没有采用朱彝尊这篇序，只

①［隋］杜公瞻撰，［清］高士奇补：《编珠》卷首，早稻田大学藏文政十二年本。
②［隋］杜公瞻撰，［清］高士奇补：《编珠》卷首，早稻田大学藏文政十二年本。

采用了徐乾学和他自己的序。后来文政十二年刻本就补用了朱彝尊序，文政十二年本后来流传非常广，可以说，是得益于朱彝尊的这篇序。

现存的《编珠》主要有三个版本。康熙三十七年清吟堂本。清吟堂是高士奇的书斋，又称朗润堂。清吟堂本《编珠》九行十六字，黑口，单鱼尾，四周单边，内封题"吟堂秘本"，每卷末刻"男高輿、轩全校字"，"弘""丘"皆不避讳，当是高士奇在补完《编珠》之后的初代刻本。于今可见的为哥伦比亚大学东亚图书馆藏本，在日本东京大学东洋文化研究所亦有藏本。高士奇的儿子高輿是当时的刻书名家，康熙朝编纂的大部头类书《渊鉴类函》也曾由高輿刻过清吟堂本，高輿精于刻书，所刻印书籍，质量都比较高，康熙三十七年本应是高士奇在世亲自编订刻印的书籍，在其补完《编珠》之后由高輿刊刻而成，故而康熙三十七年本具有很大的价值。

《编珠》在光绪年间由甘泉宣哲用铅字又排印了一次，称光绪甘泉宣哲铅字排印本，这次排印本主要是根据康熙三十七年高士奇的本子刻印的，内容没有变化。

翰林院本。翰林院本即《四库全书》本的来源，两者大体上是一致的，是一个系统的本子，翰林院本在中华古籍资源库上有扫描版，善本书号13728，封面有"隋杜公瞻《编珠》四卷有翰林院典籍厅官印"的题名，抄本，十行二十一字，无格，内题"钦定四库全书"，共四卷。翰林院本中"弘"字避讳，应为乾隆时期的抄本，但是这个本子有些混乱，比如"天地部"之后清吟堂本有"增补十四条"的小字标注，在翰林院本中却漏掉了，有些部类的后面，依然有着与康熙三十七年本相同的小字标注，写明了高士奇增补多少条，而且翰林院抄本没有徐乾学序，也没有朱彝尊序，有"钦定四库全书"的题字于卷首，可能是《四库全书》编纂过程中的一个抄本，这个本子的底本应该就是康熙三十七年清吟堂本。《四库全书》本有四库馆臣序，徐乾学序，以及高士奇清吟堂序，《四库全书》本还有一个缺点是其与清吟堂本与文政十二年本相比，在每个部类下面注明的高士奇增补情况比较混乱，所以其校勘价值要远远小于其他两个本子。

文政十二年本。和刻本《编珠》，文政十二年即道光九年（1829 年），这个本子共六卷，是较晚出的刻本，书内"弘""丘"皆缺笔，可见的本子很多，主要有日本早稻田大学藏本与静嘉堂藏本。文政十二年本的创新之举是补入了朱彝尊序，文政十二年本与清吟堂本与翰林院本相比较，价值小于清吟堂本而优于翰林院本。

除了上述刻本之外，还有抄本流传，包括清嘉庆杨超仁抄本等，但是这些抄本流传较少，不如刻本的流传广泛。其实，在高士奇刻印之前，《编珠》便有抄本流传，根据王士禛所见池北书库本《编珠》可知之前抄本多谬误，以至于王士禛根据抄本"隋皇"断定高士奇所得残卷为伪。后来的抄本，很多是根据高士奇刻本所作，总体上价值不如刻本大。

四、小结

《编珠》本是给隋炀帝作诗用的"随身卷子"，质量是不容怀疑的，并且杜公瞻家族有着良好的家学传承，这也保证了《编珠》的编纂质量，杜公瞻的叔叔杜台卿等人对音律的熟稔，必然使《编珠》在音律等方面有突出表现，这样才更加有利于隋炀帝的作诗之用。作为隋炀帝"随身卷子"的《编珠》在后世流传不广，但是以《日本国见在书目录》为代表的目录著作对它的著录，证明了其流传情况，虽然不广，但是余脉未断。

高士奇在康熙年间重新发现了《编珠》残卷，并为之补遗续撰，六卷本《编珠》遂再次流传开来，甚至于日本亦有刻本出现，不可不谓之东亚文化交流史上的美事。清代部分学者或言《编珠》为伪书，但是《四库全书》将之收入子部类书类，并且排于诸类书之首，又可见清儒对《编珠》的认可与厚爱，后来学者更从多个侧面为《编珠》证明清白。《编珠》的体例其实是个很重要的问题，他之所以被人重视，主要是因为他的体例，此种体例极便于作诗作文之用，这也是千年之后高士奇爱其精粹的原因，敦煌文献中的《语对》《籯金》也是这种体例，但是我们认为所谓的《语对》与《籯金》肯定是《编珠》的"子孙"，肯定是《编珠》影响之下的新作，所以《编珠》对中国类书发展史是有贡献的。后世以"编珠"为名的著作有《仙苑编珠》，这是道士王松年编成的一部记载神仙事迹的类书，其编排形式与《编珠》类似，四字为对，其取"编珠"为名，亦可说明《编珠》在唐宋时代知识人中间所具有的影响力。

第七章　《文思博要》与唐太宗的文治

　　初唐时期编有多部大型类书，《文思博要》便是其中最重要的一部。目前可知的《文思博要》的编纂者有高士廉、房玄龄、魏征等18人，编纂地点在文思殿，编纂开始时间在贞观十三年十一月之后，很有可能是贞观十五年，《旧唐书》《唐会要》《册府元龟》记载其编纂完成时间为贞观十五年，而根据考察我们认为应该在贞观十六年七月前。《文思博要》义出六经，事兼百氏，无疑是唐太宗时代的文治表现，有可能是在其欲封禅泰山的历史背景下完成的。《文思博要》虽然散佚殆尽，但其影响巨大，后世类书如《三教珠英》《太平御览》等皆以其为模范。

　　杜泽逊先生《〈四库全书总目汇订〉序》言："盛世修书，是中国的传统。从周代开始，就希望在治理国家方面从文化上有所表现，所以周公有历史上称道的'制礼作乐'。三国时魏文帝命令大臣修类书《皇览》，分四十余部千余篇，达八百余万言。南朝梁武帝敕修类书《华林遍略》七百余卷。唐太宗敕修《文思博要》一千二百卷。这些大书都失传了。"①诚然，盛世修书是中国的传统，而官修类书就是这传统中比较重要的

---

①杜泽逊：《〈四库全书总目汇订〉序》，魏小虎编著：《四库全书总目汇订》，上海：上海古籍出版社，2012年，第1页。

一脉,曹魏以来,南北朝至隋唐,再到宋元明清,类书编纂此起彼伏,规模之大,层次之高,影响之深,无人可及,甚至有一浪更比一浪高之趋势,仅仅初唐时期就编有多部大型类书。如:"《艺文类聚》一百卷。《文思博要》一千二百卷。《瑶山玉彩》五百卷。《累璧》四百卷。《东殿新书》二百卷。《策府》五百八十二卷。《三教珠英》一千三百卷。《碧玉芳林》四百五十卷。《玉藻琼林》一百卷。"①可惜的是,这些大部头的类书多数都没有流传下来,而我们所要考察的就是唐太宗敕修的一千二百卷的《文思博要》,它是唐朝开国之初编纂的第二部官修大型类书,第一部是《艺文类聚》,只是由于失传了,后人对它的认知很模糊,甚至没有一篇专门的论文去研究它,但是他对唐代类书甚至是宋代类书的影响巨大,需要我们去研究它。

一、《文思博要》的编纂者

《旧唐书》卷四七《经籍下》载:"《文思博要》并目一千二百一十二卷。张大素撰。"②《旧唐书》卷四七《经籍下·校勘记》言:"《文思博要》并目一千二百一十二卷。张大素撰。殿本考证云:《新书》高士廉等十六人奉诏撰,无张大素名,当从《新书》。"③《新唐书》卷五九《艺文三》载:"《文思博要》一千二百卷,目十二卷。右仆射高士廉、左仆射房玄龄、特进魏征、中书令杨师道、兼中书侍郎岑文本、礼部侍郎颜相时、国子司业朱子奢、博士刘伯庄、太学博士马嘉运、给事中许敬宗、司文郎中崔行功、太常博士吕才、秘书丞李淳风、起居郎褚遂良、晋王

---

①《新唐书》卷五九《艺文三》,北京:中华书局,1975年,第1562—1563页。

②《旧唐书》卷四七《经籍下》,北京:中华书局,1975年,第2046页。

③《旧唐书》卷四七《经籍下》,北京:中华书局,1975年,第2083页。

友姚思廉、太子舍人司马宅相等奉诏撰，贞观十五年上。"①通过两部《唐书》之记载，我们可以初步了解《文思博要》一书的编纂者都是哪些人，细细一看，果然是阵容豪华，高士廉之外有房玄龄、魏征、杨师道、岑文本，这都是唐太宗的柱国重臣，此外就是许敬宗、李淳风、褚遂良、姚思廉、吕才等，亦是初唐名臣，但是由于这两部《唐书》对《文思博要》编纂者的记载严重不一致，且中华书局版《旧唐书》在《校勘记》中说要按照《新唐书》记载为准，于是此后的诸多研究者就把张大素排出了编纂者之列。

按照《旧唐书》之《校勘记》的意思，《旧唐书》记载的《文思博要》的编纂者应该是搞错了，通过考察张大素的生平，张大素确实不可能参与编纂《文思博要》，因为张大素至唐高宗龙朔中（661—663年）才历位东台舍人兼修国史。《旧唐书》卷六八《张公谨传》载："张公谨字弘慎，魏州繁水人也……长子大象嗣，官至户部侍郎。次子大素、大安，并知名。大素，龙朔中历位东台舍人，兼修国史，卒于怀州长史，撰《后魏书》一百卷、《隋书》三十卷。"②《新唐书》卷八九《张公谨传》载："张公谨，字弘慎，魏州繁水人……子大素，龙朔中，历东台舍人，兼修国史，著书百余篇，终怀州长史。"③虽然张大素不可能是《文思博要》的编纂者之一，但是此张大素确是著述极多的一位，正史本传中记载了他的两部著作《后魏书》《隋书》，此外还有类书《策府》，有时又称为《册府》。《旧唐书》卷四七《经籍下》载："《策府》五百八十二卷。张大素撰。"④《新唐书》卷五九《艺文三》载："张大素《策府》五百

①《新唐书》卷五九《艺文三》，北京：中华书局，1975年，第1562页。

②《旧唐书》卷六八《张公谨传》，北京：中华书局，1975年，第2506—2507页。

③《新唐书》卷八九《张公谨传》，北京：中华书局，1975年，第3755　3756页。

④《旧唐书》卷四七《经籍下》，北京：中华书局，1975年，第2046页。

八十二卷。"①《策府》亦是初唐时期编纂的一部重要类书，只是由于散佚，我们无法知道它的更多信息，但是张大素被误认为《文思博要》的编纂者应该与他也曾编纂过类书《策府》有关系。

对于《文思博要》的编纂者，《新唐书》之外的诸多典籍记载亦是不一，这就需要我们做一个全面的考察。《文苑英华》卷六九九《文思博要序》中关于《文思博要》的编纂者是这样记载的："特进尚书右仆射申国公士廉、特进郑国公魏征、中书令驸马都尉德安郡公杨师道、兼中书侍郎江陵县子岑文本、中散大夫守尚书礼部侍郎颜相时、中散大夫守国子司业朱子奢、给事中许敬宗、朝散大夫守国子博士刘伯庄、朝散大夫行太常博士吕才、秘书丞房玄龄、朝散大夫行太学博士马嘉运、朝散大夫行起居舍人褚遂良、朝议郎守晋王友姚思廉、太子舍人司马宅相、秘书郎宋正時。"②除此之外，《通志》《宋史》《唐会要》等对于《文思博要》的编纂者也有所记载。《通志·艺文略第七》载："《文思博要》，一千二百卷。贞观中高士廉等奉敕编。又目，十二卷。"③《宋史》卷二〇七《艺文六》载："高士廉、房玄龄《文思博要》一卷。"④《唐会要》卷三六《修撰》载："其年，十月二十五日，尚书左仆射申国公高士廉等撰《文思博要》成，凡一千二百卷。诏藏之秘府，同撰人特进魏征、中书令杨师道、中书侍郎岑文本、礼部侍郎颜相时、国子司业朱子奢、给事中许敬宗、国子博士刘伯庄、太常博士吕才、秘书监房玄龄、太学博士马嘉运、起居舍人褚遂良、晋王友姚思廉、太子舍人司马宅相、秘书

---

①《新唐书》卷五九《艺文三》，北京：中华书局，1975 年，第 1563 页。

②[宋]李昉等撰：《文苑英华》卷六九九《文思博要序》，北京：中华书局，1966 年，第 3607 页。

③[宋]郑樵撰，王树民点校：《通志二十略·艺文略第十》，北京·中华书局，1995 年，第 1732 页。

④《宋史》卷二〇七《艺文六》，北京：中华书局，1985 年，第 5292 页。

郎宋正人。"①

通过上文之比对，我们发现《新唐书》与《玉海》的记载一致，《文苑英华》与《全唐文》的记载一致，《文苑英华》《全唐文》与《唐会要》的记载顺序一致，人数也相同，只是最后一位编纂者前者记载为"宋正畤"，后者记载为"宋正人"，再者就是二者对《文思博要》编纂者官职的记载略有不同，如对于高士廉的官职，《文苑英华》《全唐文》载为"右仆射"，

《新唐书》《玉海》②	《文苑英华》《全唐文》③	《唐会要》
右仆射高士廉	特进尚书右仆射申国公士廉	尚书左仆射申国公高士廉
左仆射房玄龄	特进郑国公魏征	特进魏征
特进魏征	中书令驸马都尉德安郡公杨师道	中书令杨师道
中书令杨师道	兼中书侍郎江陵县子岑文本	中书侍郎岑文本
兼中书侍郎岑文本	中散大夫守尚书礼部侍郎颜相时	礼部侍郎颜相时
礼部侍郎颜相时	中散大夫守国子司业朱子奢	国子司业朱子奢
国子司业朱子奢	给事中许敬宗	给事中许敬宗
博士刘伯庄	朝散大夫守国子博士刘伯荘	国子博士刘伯庄
太学博士马嘉运	朝散大夫行太常博士吕才	太常博士吕才
给事中许敬宗	秘书丞房玄龄	秘书监房玄龄
司文郎中崔行功	朝散大夫行太学博士马嘉运	太学博士马嘉运
太常博士吕才	朝散大夫行起居舍人褚遂良	起居舍人褚遂良
秘书丞李淳风	朝议郎守晋王友姚思廉	晋王友姚思廉
起居郎褚遂良	太子舍人司马宅相	太子舍人司马宅相
晋王友姚思廉	秘书郎宋正畤	秘书郎宋正人
太子舍人司马宅相		

①[宋]王溥:《唐会要》卷三六《修撰》,北京:中华书局,1955年,第656页。

②[宋]王应麟:《玉海》卷五四《艺文》,南京:江苏古籍出版社;上海:上海书店,1987年,第1028页。

③[清]董诰等编:《全唐文》卷一三四《文思博要序》,北京:中华书局,1983年,第1358页。

《唐会要》载为"左仆射"，查高士廉本传，前者为是。而《新唐书》《玉海》与《文苑英华》《全唐文》《唐会要》记载人数不一，顺序亦不一。可见目前关于《文思博要》编纂者的记载至少有三个重要版本，去掉重复共计 17 人，即高士廉、房玄龄、魏征、杨师道、岑文本、颜相时、朱子奢、刘伯庄、马嘉运、许敬宗、崔行功、吕才、李淳风、褚遂良、姚思廉、司马宅相、宋正跱。

其实，诸多前辈学者对《文思博要》的编纂者亦做过考察，只是略显简略。如朱仲玉先生《隋唐五代时期史籍散论》言："《文思博要》一书的编撰者，《旧唐书·经籍志》说是张大素，《新唐书·艺文志》记载为高士廉。旧唐误，新唐正确，因为《旧唐书》卷六五《高士廉传》明白记载：贞观十二年，士廉'受诏与魏征等文学之士，撰《文思博要》一千二百卷奏之，赐物千段'。新志记载奏上之年为贞观十五年，参预其事者除魏征外，还有房玄龄、杨师道、岑义本、颜相时、朱子奢、刘伯庄、马嘉运、许敬宗、崔行功、吕才、李淳风、褚遂良、姚思廉、司马宅相等，都是当时文史方面的专门人才。高士廉参加过《氏族志》的编修，他又长于起草表奏，贞观十九年摄太子太傅，被誉为'朝望国华，仪刑炊属'。他这部《文思博要》是供封建统治者属文时参考用的类书，与后代的文章作法、范文示例一类的书差不多。"[①]朱仲玉先生对于《文思博要》的研究主要是介绍性的，他所采用的是《新唐书》之记载，并且朱先生将《文思博要》的编纂开始时间误记为"贞观十二年"。为了考察清楚《文思博要》编纂者以及当时的编纂情况，我们依据史料对它们进行了一些补充考察。

---

① 朱仲玉：《隋唐五代时期史籍散论》，《史学史资料》1980 年第 5 期，第 20 页。

高士廉是《文思博要》的领修之人，是《文思博要》书成上奏之人，需要我们重点关注，此外，高士廉不仅是长孙皇后的舅舅，更是唐太宗亲敬之大臣。《旧唐书》卷六五《高士廉传》载："时太宗为雍州牧，以士廉是文德皇后之舅，素有才望，甚亲敬之。"①"史臣曰："士廉才望素高，操秉无玷，保君臣终始之义，为子孙袭继之谋。社稷之臣，功亦隆矣；奖遇之恩，赏亦厚矣。"②孟宪实先生《从新出高昱墓志看高士廉家族史事》言："根据新出资料《唐高昱墓志》，结合其他各类文献，可以较为清晰地勾勒出唐初名臣高士廉家族从北朝到唐初的兴衰历程。高士廉家族在北齐时为皇族，高士廉之父在隋朝任职，入唐之后高士廉得到唐太宗的重用，从而再次完成了家族的辉煌。""高士廉的外甥就是长孙无忌，而长孙无忌的妹妹就是唐太宗的长孙皇后。"③《旧唐书》卷六五《高士廉传》载："（贞观）十二年，与长孙无忌等以佐命功，并代袭刺史，授申国公。其年，拜尚书右仆射。士廉既任遇益隆，多所表奏，成辄焚稿，人莫知之。摄太子少师，特令掌选。十六年，加授开府仪同三司，寻表请致仕，听解尚书右仆射，令以开府仪同三司依旧平章事。又正受诏与魏征等集文学之士，撰《文思博要》一千二百卷奏之，赐物千段。"④《西安碑林全集》之《高士廉碑》亦载："敕撰著《文思博要》。于是包含七略，抚孔□于绨捆；纳□百家，采□□于简牍。怀铅甫就，望海不测。其澜汗□□，□瞻天靡，详其际合，千二百卷，上于延阁。"⑤贞

①《旧唐书》卷六五《高士廉传》，北京：中华书局，1975 年，第 2442 页。
②《旧唐书》卷六五《高士廉传》，北京：中华书局，1975 年，第 2456 页。
③孟宪实：《从新出高昱墓志看高士廉家族史事》，《新疆大学学报（哲学人文社会科学版）》2012 年第 1 期，第 73—78 页。
④《旧唐书》卷六五《高士廉传》，北京：中华书局，1975 年，第 2444 页。
⑤高峡：《西安碑林全集》，广州：广东经济出版社；深圳：海天出版社，1999 年，第 259页。

观十二年至贞观十六年，高士廉的官职是尚书右仆射，可见上文关于高士廉官职为"左仆射"的记载是错误的，并且我们通过《高士廉传》可知《文思博要》是高士廉与魏征领衔编纂完成的，高士廉去世后，许敬宗所撰《高士廉碑》对其领修《文思博要》之事也做了记述，而许敬宗之文更多的是依据高士廉所作《文思博要序》对《文思博要》编纂的颂扬。

房玄龄亦是唐太宗时期的名臣，《旧唐书》本传中明确记载了他与高士廉同撰《文思博要》的事情，可见房玄龄亦是《文思博要》编纂中的重要领修人。《旧唐书》卷六六《房玄龄传》载："（贞观）十六年，又与士廉等同撰《文思博要》成，锡赉甚优。进拜司空，仍综朝政，依旧监修国史。"①《玉海》卷一五九《房玄龄》载："太宗命玄龄等撰《文思博要》一千三百卷。"②关于《文思博要》的卷帙，此处《玉海》的记载是错误的，应为一千二百卷。

许敬宗是初唐要臣，高宗时期他领衔编纂了多部典籍，而在太宗时期他的官位未显，尚无资格领衔，具体到《文思博要》编纂之时，他是重要的参修者。《旧唐书》卷八二《许敬宗传》载："然自贞观已来，朝廷所修《五代史》及《晋书》《东殿新书》《西域图志》《文思博要》《文馆词林》《累璧》《瑶山玉彩》《姓氏录》《新礼》，皆总知其事，前后赏赉，不可胜纪。"③

《旧唐书》刘伯庄本传记载了刘伯庄参与编纂《文思博要》的事情。《旧唐书》卷一八九上《儒学上·刘伯庄传》载："刘伯庄，徐州彭城人也。贞观中累除国子助教。与其舅太学博士侯孝遵齐为弘文馆学士，当代

---

①《旧唐书》卷六六《房玄龄传》，北京：中华书局，1975 年，第 2462 页。

②[宋]王应麟：《玉海》卷一五九《房玄龄传》，南京：江苏古籍出版社；上海：上海书店，1987 年，第 3020 页。

③《旧唐书》卷八二《许敬宗传》，北京：中华书局，1975 年，第 2764 页。

荣之。寻迁国子博士，其后又与许敬宗等参修《文思博要》及《文馆词林》。龙朔中，兼授崇贤馆学士。撰《史记音义》《史记地名》《汉书音义》各二十卷，行于代。"①通过刘伯庄的著作可知，他是精通《史记》《汉书》的史学家。

《旧唐书》马嘉运本传亦记载了其参与编纂《文思博要》之事。《旧唐书》卷七三《马嘉运传》载："马嘉运者，魏州繁水人也。十一年，召拜太学博士，兼弘文馆学士，预修《文思博要》。嘉运以颖达所撰《正义》颇多繁杂，每掎摭之，诸儒亦称为允当。高宗居春宫，引为崇贤馆学士，数与洗马秦炜侍讲殿中，甚蒙礼异。十九年，迁国子博士卒。"②通过马嘉运补正孔颖达所撰《正义》来看，此马嘉运是有较高经学修养的经学家。

《旧唐书》崔行功本传亦记载了其参与编纂《文思博要》之事。《旧唐书》卷一九〇上《文苑上·崔行功传》载："崔行功，恒州井陉人……行功前后预撰《晋书》及《文思博要》等。同时又有孟利贞、董思恭、元思敬等并以文藻知名。"③

《旧唐书》吕才本传亦记载了其参与编纂《文思博要》之事。《旧唐书》卷七九《吕才传》载："太宗又令才造《方域图》及《教飞骑战阵图》，皆称旨，擢授太常丞。永徽初，预修《文思博要》及《姓氏录》。"④此处将《文思博要》的编纂时间置于"永徽初"，显然是错误的。

《旧唐书》李淳风本传亦记载了其参与编纂《文思博要》之事。《旧唐

---

①《旧唐书》卷一八九上《儒学上·刘伯庄传》，北京：中华书局，1975 年，第 4955 页。

②《旧唐书》卷七三《马嘉运传》，北京：中华书局，1975 年，第 2603—2604 页。

③《旧唐书》卷一九〇上《文苑上·崔行功传》，北京：中华书局，1975 年，第 4996 页。

④《旧唐书》卷七九《吕才传》，北京：中华书局，1975 年，第 2726 页。

书》卷七九《李淳风传》载："十五年，除太常博士。寻转太史丞，预撰《晋书》及《五代史》，其天文、律历、五行志皆淳风所作也。又预撰《文思博要》。二十二年，迁太史令。"①

此外，魏征、杨师道、岑文本、颜相时、朱子奢、褚遂良、姚思廉、司马宅相、宋正跱诸人之传记中未见记载其参与编纂《文思博要》之事，但是通过《新唐书·艺文志》等典籍目录的记载，我们可以确定他们是《文思博要》编纂者，只是具体的编纂情况需要我们去继续关注。

遍观以上诸人，再读其传记，考察其学术，更可知《文思博要》编纂者之阵容豪华，更可见其编纂团队搭配之合理，首先这些编纂者多是文学之士、饱学之士，其次他们的专攻方向亦是各有所长、各有精通，如李淳风之精通天文、律历、五行，吕才之精通方域、战阵，马嘉运之熟稔五经，姚思廉、刘伯庄之熟稔史传，等等，皆是《文思博要》编纂质量的保障。

除了上述诸位编纂者，我们在墓志文献中还见到了一位不为史传所记载的编纂者，即高玄景。《高玄景墓志铭》载："大唐雍州万年县遵义里，故使持节和州诸军事、和州刺史齐国高玄景，字玄景。曾祖湛，齐武成皇帝。祖廓，齐安郡王，周上将军、巴东郡开国公、龙州刺史。父君绪，隋新安郡休宁县令。亲郎氏，父定远，周资州刺史。妻刘氏，父师立，唐始州刺史。继室刘氏，清苑县君，前夫人之亲妹。长子元思，前梓州参军，次子进德，见（现）任左翊卫，次子无待，故冀王父执乘，丁艰不胜哀卒。上元三年岁次景（丙）子九月景（丙）寅朔廿九日甲午，葬州邺县孝义乡乐陵里野马岗之南麓古华林村涧之西。"②可惜的

---

① 《旧唐书》卷七九《李淳风传》，北京，中华书局，1975 年，第 2710 页。
② 刘文涛、张庆捷：《新见唐〈高玄景墓志〉考论》，《史志学刊》2016 年第 2 期，第 54—58 页。

是，《高玄景墓志铭》中只是记载了其父母妻子、家族世系，未记载其生平事迹。幸运的是，其子《高元思墓志》记载了高玄景的生平事迹，使得我们可以知道其曾参与了《文思博要》的编纂。邵炅撰《高元思墓志》载："孝玄景，特征侍文武圣皇帝讽读，修《文思博要》，加朝请大夫、沂和二州刺史、弘文学士。"①《文思博要》作为一部一千二百卷的大书，编纂者应该不止上述 18 人，高玄景之外肯定还有其他人也参与了《文思博要》的编纂，只是由于资料的缺失我们暂时无从得知罢了。

二、《文思博要》的编纂时间与编纂地点

《高士廉传》载有其奉敕令编纂《文思博要》的时间。《旧唐书》卷六五《高士廉传》载："（贞观）十六年，加授开府仪同三司，寻表请致仕，听解尚书右仆射，令以开府仪同三司依旧平章事。又正受诏与魏征等集文学之士，撰《文思博要》一千二百卷奏之，赐物千段。"②由此可以知道，贞观十六年（642 年）高士廉等人撰成《文思博要》，并被唐太宗"赐物千段"，而《文思博要》开始编纂的时间凭借"又正受诏与魏征等集文学之士"之记载，还真不好判断。《房玄龄传》亦言贞观十六年"《文思博要》成，锡赉甚优"。《旧唐书》卷六六《房玄龄传》载："（贞观）十六年，又与士廉等同撰《文思博要》成，锡赉甚优。进拜司空，仍综朝政，依旧监修国史。"③可见，《高士廉传》《房玄龄传》皆言《文思博要》成书于贞观十六年。

而《新唐书·艺文志》则言《文思博要》贞观十五年（641 年）献上，与

①高慎涛：《新出墓志所见唐人著述辑考》，《图书馆杂志》2014 年第 8 期，第 95—101 页。
②《旧唐书》卷六五《高士廉传》，北京：中华书局，1975 年，第 2444 页。
③《旧唐书》卷六六《房玄龄传》，北京：中华书局，1975 年，第 2462 页。

《高士廉传》《房玄龄传》记载有冲突。《新唐书》卷五九《艺文三》载："《文思博要》一千二百卷，目十二卷……贞观十五年上。"①《唐会要》卷三六《修撰》载："贞观十五年……其年，十月二十五日，尚书左仆射申国公高士廉等撰《文思博要》成，凡一千二百卷。"②《册府元龟》卷六〇七《学校部》亦载："高士廉为尚书右仆射，贞观十五年，撰《文思博要》一千二百卷，上之有诏，藏之秘府。"③《唐会要》《册府元龟》亦言贞观十五年书成，并且《唐会要》之记载明确到具体时间，为了搞清楚《文思博要》的编纂完成时间，我们还需要对唐太宗本纪做一番考察，看看是否有与上述资料相印证的内容。

《旧唐书》卷三《太宗下》载：

十五年春正月丁卯，吐蕃遣其国相禄东赞来逆女。丁丑，礼部尚书、江夏王道宗送文成公主归吐蕃……夏四月辛卯，诏以来年二月有事泰山，所司详定仪制……六月戊申，诏天下诸州，举学综古今及孝悌淳笃、文章秀异者，并以来年二月总集泰山。己酉，有星孛于太微，犯郎位。丙辰，停封泰山，避正殿以思咎，命尚食减膳。秋七月甲戌，孛星灭。冬十月辛卯，大阅于伊阙。壬辰，幸嵩阳。辛丑，还宫。十一月壬戌，废乡长。壬申，还京师……十二月戊子朔，至自洛阳宫。甲辰，李绩及薛延陀战于诺真水，大破之。

十六年春正月……兼中书侍郎、江陵子岑文本为中书侍郎，专

---

① 《新唐书》卷五九《艺文三》，北京：中华书局，1975年，第1562页。
② ［宋］王溥：《唐会要》卷三六《修撰》，北京：中华书局，1955年，第656页。
③ ［宋］王钦若等撰：《册府元龟》卷六〇七《学校部》，北京：中华书局，1988年，第7000页。

知机密……秋七月戊午，司空、赵国公无忌为司徒，尚书左仆射、梁国公玄龄为司空。九月丁巳，特进、郑国公魏征为太子太师，知门下省事如故。①

《新唐书》卷二《太宗纪》载：

十五年正月辛巳，如洛阳宫，次温汤。卫士崔卿、刁文懿谋反，伏诛。三月戊辰，如襄城宫。四月辛卯，诏以来岁二月有事于泰山……六月己酉，有星孛于太微。丙辰，停封泰山，避正殿，减膳。七月丙寅，宥周、隋名臣及忠列子孙贞观以后流配者。十月辛卯，猎于伊阙。壬辰，如洛阳宫。十一癸酉，薛延陀寇边……十二月戊子，至自洛阳宫。庚子，命三品以上嫡子事东宫。辛丑，虑囚。甲辰，李世绩及薛延陀战于诺真水，败之。乙巳，赠战亡将士官三转。

十六年正月乙丑，遣使安抚西州。戊辰，募戍西州者，前犯流死亡匿，听自首以应募。辛未，徙天下死罪囚实西州。中书舍人岑文本为中书侍郎，专典机密。六月戊戌，太白昼见。七月戊午，长孙无忌为司徒，房玄龄为司空。十一月丙辰，猎于武功……十二月癸卯，幸温汤。甲辰，猎于骊山。乙巳，至自温汤。②

通过对两部《唐书》之《太宗本纪》中贞观十五年至贞观十六年的诸

①《旧唐书》卷二《太宗下》，北京：中华书局，1975 年，第 52—54 页。
②《新唐书》卷二《太宗纪》，北京：中华书局，1975 年，第 40—41 页。

多史实的考察，我们发现房玄龄"进拜司空"的时间与《文思博要》的编纂完成时间有关联，因为其本传言贞观十六年《文思博要》修成，锡赍甚优，进拜司空，仍综朝政，依旧监修国史，只是《房玄龄传》没有记载进拜司空的具体月份日期，而《太宗本纪》对于房玄龄进拜司空的时间记载十分清楚，且两部《唐书》记载一致，即"秋七月戊午……尚书左仆射、梁国公玄龄为司空"。所以可由房玄龄为司空的时间确定《文思博要》的编纂完成时间，即贞观十六年七月之前，并且《高士廉传》对于《文思博要》的编纂完成时间也记载是贞观十六年，即前文所载："十六年……又正受诏与魏征等集文学之士，撰《文思博要》一千二百卷奏之，赐物千段。"由此二位领修者的本传记载，我们基本可以肯定《文思博要》的编纂完成时间应该是在贞观十六年，而不是贞观十五年，具体时间为贞观十六年七月之前，而《新唐书》等文献关于《文思博要》"贞观十五年上"的记载必然就是有问题的，甚至是错误的，并被以讹传讹。

《文思博要》开始编纂的时间，我们目前还没有明确的证据来确定，但是贞观十二年以前，房玄龄、魏征、高士廉诸人皆有其他典籍编纂任务在身，是无法抽身完成《文思博要》的编纂，故《文思博要》的编纂必然是贞观十三年以后的事情。《旧唐书》卷三《太宗下》载："(贞观)十年春正月壬子，尚书左仆射房玄龄、侍中魏征上梁、陈、齐、周、隋五代史，诏藏于秘阁。"[1]"(贞观)十一年春正月……甲寅，房玄龄等进所修《五礼》。诏所司行用之。"[2]"(贞观)十二年春正月乙未，吏部尚书高士廉等上《氏族志》一百三十卷……秋七月癸酉，吏部尚书、申国公高士

---

① 《旧唐书》卷三《太宗下》，北京：中华书局，1975 年，第 45—46 页。
② 《旧唐书》卷三《太宗下》，北京：中华书局，1975 年，第 46 页。

廉为尚书右仆射。"①再者，通过对编纂者的考察，我们知道杨师道参与了《文思博要》的编纂，而其官职以上诸目录皆记载为"中书令"，由杨师道为中书令的时间可知《文思博要》开始编纂的时间。《旧唐书》卷三《太宗下》载："（贞观）十三年……十一月辛亥，侍中、安德郡公杨师道为中书令。"②故《文思博要》的开始编纂时间在贞观十三年十一月之后。

此外，我们认为《新唐书》等文献所记载的"贞观十五年上"应该是开始编纂时间，且贞观十五年是唐太宗时期政治经济文化极为繁荣的时期，贞观十四年侯君集灭高昌，威震西域，军事上的胜利总能带来整个王朝的兴奋，会给人一种天下咸服的感觉，于是唐太宗时期最后一次大规模请封禅的潮流涌现，在这种局面之下，难道不应该在文治上继续有所建树吗？此前已经完成了梁、陈、齐、周、隋五代史，难道不应该继续编纂一部囊括天地古今的大书吗？答案自然是肯定的，《文思博要》也的确是盛况空前，的确是魏晋南北朝以来最大的类书，超过一千卷的《皇览》以及《华林遍略》《修文殿御览》《长洲玉镜》等前世类书。贞观十五年唐太宗下令"夏四月辛卯，诏以来年二月有事泰山，所司详定仪制"，可见唐太宗与整个大唐王朝都在进行封禅泰山的准备，而《文思博要》的编纂或许与这个大事件有关系。故我们认为《文思博要》的编纂开始时间应该是贞观十五年左右，而完成时间则是贞观十六年七月之前，由此看来，编纂时间总共有一年左右。用一年时间编纂如此大的类书是有先例的，但是其必然是有底本可参考，究竟是参考了《皇览》《华林遍略》《修文殿御览》《长洲玉镜》还是其他，我们暂时

---

①《旧唐书》卷三《太宗下》，北京：中华书局，1975年，第49页。
②《旧唐书》卷三《太宗下》，北京：中华书局，1975年，第50页。

不得而知。

《文思博要》的编纂地点史载不详，文思殿隋代已有。《隋书》卷二《高祖下》载："十一年春正月……丙午，皇太子妃元氏薨，上举哀于文思殿。"①《北史》卷一一《隋本纪上》载："十一年春正月……丙午，皇太子妃元氏薨，上举哀于东宫文思殿。"②《隋书》与《北史》所载为同一事，但是对于"文思殿"的记载不同，按照《北史》的记载，此文思殿无疑在东宫。入唐文思殿因旧名继续存在，唐时应该具有图书储藏的功能，应该是学士们的办公之地，《文思博要》可能也编纂于此，并由此而得名，后来的《瑶山玉彩》的编纂就是在文思殿完成的。《旧唐书》卷八六《高宗中宗诸子》载："孝敬皇帝弘，高宗第五子也。永徽四年，封代王。显庆元年，立为皇太子，大赦改元……龙朔元年，命中书令、太子宾客许敬宗，侍中兼太子右庶子许圉师，中书侍郎上官仪，太子中舍人杨思俭等于文思殿博采古今文集，摘其英词丽句，以类相从，勒成五百卷，名曰《瑶山玉彩》，表上之。制赐物三万段，敬宗已下加级、赐帛有差。"③《新唐书》卷八一《三宗诸子》载："孝敬皇帝弘，永徽六年始王代，与潞王同封。显庆元年，立为皇太子……四年，加元服。又命宾客许敬宗、右庶子许圉师、中书侍郎上官仪、中舍人杨思俭即文思殿摘采古今文章，号《瑶山玉彩》，凡五百篇。书奏，帝赐物三万段，余臣赐有差。"④《文思博要》之后编纂的《瑶山玉彩》亦是一部官修类书，其编纂地点就在文思殿，此文思殿很有可能也在东宫，而通过《文思博要》

---

①《隋书》卷二《高祖下》，北京：中华书局，1973年，第36页。
②《北史》卷一一《隋本纪上》，北京：中华书局，1974年，第417页。
③《旧唐书》卷八六《高宗中宗诸子》，北京：中华书局，1975年，第2828—2829页。
④《新唐书》卷八一《三宗诸子》，北京：中华书局，1975年，第3588—3589页。

之题名"文思"，可见其编纂地点必然也与"文思殿"有些关系，且历来类书的编纂多有按地点命名的现象，《华林遍略》的编纂地点在"华林园"，《修文殿御览》的奏上地点在"修文殿"，但是文思殿的具体位置若是在东宫，我们就需要考察《文思博要》的编纂与当时的太子是否有关系，贞观十六年的太子是李承乾，这部《文思博要》究竟是否与李承乾有关系，待考。

《玉海》卷一五九《宫室》亦载："唐文思殿。《房玄龄传》：太宗命玄龄等撰《文思博要》一千三百卷。《太子弘传》：龙朔元年，命宾客许敬宗等即文思殿集《瑶山玉彩》。隋有文思殿，梁改文思院为乾文院。"①可见，《玉海》将《文思博要》的编纂地点定在了文思殿。五代时期仍然有文思殿，但是好像不再位于东宫。《旧五代史》卷四《梁书·太祖纪四》："开平二年……九月……壬午，达洛阳。帝御文思殿受朝参。""十月……庚戌，至西都，御文思殿。""开平三年正月……甲午，上御文思殿宴群臣，赐金帛有差。"②《新五代史》所载文思殿与唐初文思殿之功能或许更为接近。《新五代史》卷六三《前蜀世家第三》载："通正元年……八月，起文思殿，以清资五品正员官购群书以实之，以内枢密使毛文锡为文思殿大学士。"③

三、《文思博要》的内容

《文思博要》已经散佚殆尽，我们无法见到他的真面目，但是通过相关记载，尤其是高士廉所作《文思博要序》，我们还可以猜测一下它的相关情况。

①［宋］王应麟：《玉海》卷一五九《宫室》，南京：江苏古籍出版社；上海：上海书店，1987年，第2923页。
②《旧五代史》卷四《梁书·太祖纪四》，北京：中华书局，1976年，第64—67页。
③《新五代史》卷六三《前蜀世家第三》，北京：中华书局，1974年，第790页。

《文苑英华》卷六九九《文思博要序》载：

> 皇帝仰膺灵命，俯叶萌心，智周乾坤之表，道济宇宙之外，操参伐而清天，步横昆海而纽地维，囊弓矢于灵台，执赞者万国，张礼乐于太室，受职者百神，苍旻降祥，黔黎禔福，置成均之职，刘董与马郑风驰，开崇文之馆，扬班与潘江雾集，缙绅先生，聚蠹简于内辖，轩使者采遗篆于外，刊正分其朱紫，缮写埒于丘山，外史所未录，既盈太常之藏，《中经》所不载，盛积秘室之府，比夫轩皇宛委，穆满羽陵，炎汉之广内，有晋之秘阁，何异乎牛宫之水，争浮天于谷王，蚁蛭之林，竞拂日于若木也。[①]

此处介绍的是《文思博要》的编纂缘起，并且高士廉主要说此《文思博要》的编纂是在唐太宗的敕令关怀之下进行的。

《文苑英华》卷六九九《文思博要序》载：

> 帝听朝之暇，属意斯文，精义穷神，微言探赜。纼楼船于学海，获十城之珍，驻羽盖于翰林，搴三珠之宝。以为观书贵要，则十家并驰，观要贵博，则《七略》殊致，自非总质文而分其流，混古今而共其辙，则万物虽众，可以同类，千里虽遥，可以同声。然则魏之《皇览》，登巨川之滥觞，梁之《遍略》，标崇山之增构，岁月滋多，论次愈广，《类苑》《耕录》，齐玉轪而并驰，《要略》《御览》，扬金镳而继路，虽草创之指，义在兼包，而编录之内，犹多

[①][宋]李昉等撰：《文苑英华》卷六九九《文思博要序》，北京：中华书局，1966年，第3606—3607页。

遗阙，并未能绝云而负苍天，杜尉罗之用，激水而纵溟海，息钩饵之心。①

通过以上记载，我们可以知道，类书在初唐时期已经找到了自己的族群，找到了归属，在追溯前代类书的时候，肇始就是《皇览》，而后是《华林遍略》，再是《类苑》《修文殿御览》，由于以上诸书不能够"兼包"，甚至是"犹多遗阙"，故在唐太宗的领导之下，初唐群臣高士廉等人要重新编纂一部"述作之义坦然，笔削之规大备"的《文思博要》。

《文苑英华》卷六九九《文思博要序》载：

帝乃亲萦圣情，曲留玄览，垂权衡以正其失，定准绳以矫其违，顿天纲于蓬莱，纲目自举，驰云车于策府，辙迹可寻，述作之义坦然，笔削之规大备。②

此处记载还是在说唐太宗亲自参与了《文思博要》的体例编定，并且经过唐太宗君臣之努力，《文思博要》达到了纲目自举、辙迹可寻的效果。

《文苑英华》卷六九九《文思博要序》载：

笼缃素则一字必包，举残缺则片言靡弃，繁而有检，简而不失，同兹万顷，滕埒自分，譬彼百川，派流无壅，讨论历载，琢磨

①［宋］李昉等撰：《文苑英华》卷六九九《文思博要序》，北京：中华书局，1966年，第3607页。
②［宋］李昉等撰：《文苑英华》卷六九九《文思博要序》，北京：中华书局，1966年，第3607页。

云毕，勒成一家，名《文思博要》，凡一百二十帙，一千二百卷，并目录一十二卷。①

对于《文思博要》的编纂原则，如《文思博要序》所言，一字必包，片言靡弃，繁而有检，简而不失，并且是"讨论历载，琢磨云毕"，才最终"勒成一家"，编纂出一部《文思博要》。通过"名《文思博要》，一百二十帙，一千二百卷，并目录一十二卷"，我们可以发现，类书编纂的同时开始附带单独的目录，这极大地方便了读者检索使用。前文言《修文殿御览》有可能是有"目"，而此处的《文思博要》则明确是有目录的，12卷目录的存在，是对1200卷类书的提纲挈领，此后的大类书如果没有目录，是不能名副其实的，故"目录"的存在，是《文思博要》编纂的重要贡献，也成为后世类书编纂的典范。

《文苑英华》卷六九九《文思博要序》载：

> 义出六经，事兼百氏，究帝王之则，极圣贤之训，天地之道备矣，人神之际在焉，昭昭若日月代明于下土，离离若星辰错行于躔次。斯固坟素之苑囿，文章之江海也，是为国者尚其道德，为家者尚其变通，纬文者尚其溥谅，足以仰观千古，同羲文之爻象，俯观百王，轶姬孔之礼乐，岂止刻石汉京，悬金秦市，比丘明之作传，侔子长之著书而已哉！②

对于《文思博要》的内容，所谓"义出六经，事兼百氏"，看来其采

---

① [宋]李昉等撰：《文苑英华》卷六九九《文思博要序》，北京：中华书局，1966年，第3607页。
② [宋]李昉等撰：《文苑英华》卷六九九《文思博要序》，北京：中华书局，1966年，第3607页。

书范围是经史子集无所不包，并且此时的类书编纂者已经认识到类书的巨大价值，所谓为国者尚其道德，为家者尚其变通，纬文者尚其溥谅是也。

四、《文思博要》的流传

《文思博要》的编纂不仅本身具有重要意义，而且对其之后其他类书的编纂也有很大的影响，其后的许多类书如《三教珠英》《太平御览》等都以《文思博要》为模范，尤其是《三教珠英》，就是在《文思博要》的基础之上增加了三教、亲属、姓名、方域等内容而成。《旧唐书》卷七八《张行成传附张易之张昌宗传》载："以昌宗丑声闻于外，欲以美事掩其迹，乃诏昌宗撰《三教珠英》于内。乃引文学之士李峤、阎朝隐，徐彦伯、张说、宋之问、崔湜、富嘉谟等二十六人，分门撰集。成一千三百卷，上之。加昌宗司仆卿，封邺国公，易之为麟台监，封恒国公，各实封三百户。"①《新唐书》卷一〇四《张行成传附张易之张昌宗传》载："后知丑声甚，思有以掩覆之，乃诏昌宗即禁中论著，引李峤、张说、宋之问、富嘉谟、徐彦伯等二十六人撰《三教珠英》。加昌宗司仆卿、易之为麟台监，权势震赫。"②《唐会要》卷三六《编纂》载："大足元年，十一月十二日，麟台监张昌宗撰《三教珠英》一千三百卷成，上之。初圣历中以上《御览》及《文思博要》等书聚事多未周备，遂令张昌宗召李峤、阎朝隐、徐彦伯、薛曜、李尚隐、魏知古、于季子、王无竞、沈佺期、王适、徐坚、尹元凯、张说、马吉甫、元希声、李处正、高备、刘知几、房元阳、宋之问、崔湜、常元旦、杨齐哲、富嘉谟、蒋凤等二十六

①《旧唐书》卷七八《张行成传附张易之张昌宗传》，北京：中华书局，1975 年，第 2707 页。

②《新唐书》卷一〇四《张行成传附张易之张昌宗传》，北京：中华书局，1975 年，第 4014—4015 页。

人同撰，于旧书外更加佛道二教及亲属、姓名、方域等部。"①桂罗敏《〈三教珠英〉考辨》言："《三教珠英》的编纂，实际是以《文思博要》为蓝本，据此加以增损删改，着重添加了佛教、道教的内容，与原来的儒家，合成三教鼎立的格局。此外，又增加了"亲属""姓氏""方域"等部，形成了自身的特色。"②王兰兰《〈三教珠英〉考补与发微》言："从卷数看《三教珠英》一千三百卷，仅比底本《文思博要》多一百卷，应未做大的改动，主要增补了一些佛道教等方面的内容。从某种程度上说，编修于武周时期的《三教珠英》其实反映了武则天对李唐文化乃至政权的继承与发展。"③

《三教珠英》后来也散佚殆尽了，其实我们也很难知道它的真实情况，目前我们所关注的是《文思博要》，那么，《三教珠英》是否取代了《文思博要》，还是两者各自流传。通过目前的材料看，中唐时期，《文思博要》已经散佚得只剩下一卷了。《玉海》卷五四载："唐《文思博要》……大中十年，秘书监杨汉公奏，排比乱书，得此书第一百七十二一卷。墨迹今藏于皇朝秘阁，乾道七年，录副本藏之集库。"④大中十年（856年）秘书监杨汉公奏，排比乱书，得《文思博要》第一百七十二卷，由此可见，大中年间，一千二百卷的《文思博要》仅存有一卷了。南宋孝宗乾道七年（1171年）录副本藏之集库，可见此一卷《文思博要》流传到了南宋，并且作为书法作品被珍藏起来。

《珊瑚网》卷二二《法书题跋》载："《鲜于伯机枢所藏》……《文思博

①[宋]王溥：《唐会要》卷三六《修撰》，北京：中华书局，1955年，第657页。

②桂罗敏：《〈三教珠英〉考辨》，《图书馆杂志》2008年第6期，第75—78页。

③王兰兰：《〈三教珠英〉考补与发微》，杜文玉主编：《唐史论丛》2013年第2期，总第17辑，西安：三秦出版社，2013年，第107—123页。

④[宋]王应麟：《玉海》卷五四，南京：江苏古籍出版社；上海：上海书店，1987年，第1028页。

要·帝王》一部，唐类书也，所引《蒯子》《慎子》《尸子》《敏》，皆古书也。天宝十年十二月楷书，臣胡山甫书，字极遒丽，至唐大中年间方自馆中杂书拣出，是时止存一卷，后有史馆山甫印，用麻纸列馆中典掌之人及三校姓名，满卷皆绍圣间人题跋，其后如张元长、周美成、晁说之、薛绍彭及诸人在内。按《文思博要》一千三百卷，太宗贞观年间诏左仆射高士廉、特进魏征等十四人取历代载籍，撷其精义，至十年书成。"①《珊瑚网》的记载更为详细，其记载的内容与上文《玉海》所载应该为同一件事情，即大中年间找到的一卷《文思博要》是其《帝王部》之一卷，此卷为天宝十载(751年)胡山甫书字，可见天宝年间对《文思博要》做过一次抄录，而到了北宋哲宗绍圣年间(1094—1098年)，张元长、周美成、晁说之、薛绍彭诸人在其上有题跋。再者，上文说此一卷《文思博要》为鲜于伯机所藏，他是元代著名书法家。《新元史》卷二三七《文苑传·鲜于枢传》载："鲜于枢，字伯机，号困学山民，大都人。官至太常典簿。学书于张天锡。偶适野，见二人挽车行泥淖中，遂悟书法。酒酣，吟诗作字，奇态横生，与赵孟頫齐名，终元世，学者不出此两家。或言孟頫妒其书，重价购而毁之。故传世不多云。"②既然此一卷《文思博要》为鲜于枢所藏，看来《文思博要》必然是流传到了元代。

《御定佩文斋书画谱》卷二七《胡山甫》载："胡山甫。明皇时人。《文思博要》，唐类书也，天宝十载十二月楷书，臣胡山甫书，字极遒丽，至唐大中年间方自馆中杂书捡出，是时止存一卷，后有史馆山甫印。《珊

---

① [明]汪砢玉：《珊瑚网》卷二二《法书提拔》，《文渊阁四库全书》第818册，上海：上海古籍出版社，2003年，第367—368页。
② 《新元史》卷二三七《文苑传·鲜于枢传》，北京：开明书店，1935年，第453页。

瑚网》。"①《御定佩文斋书画谱》此处之记载来源于《珊瑚网》。《御定佩文斋书画谱》卷九三《鲜于伯机枢所藏》载："《文思博要·帝王》一部，唐类书也，天宝十年十二月楷书，臣胡山甫书，字极遒丽，卷后有史馆山甫印，用麻纸列馆中典掌之人及三校姓名，睹卷皆绍圣间人题跋，其后如张元长、周美成、晁说之、薛绍彭及诸人，在内有历下周子然不知何许人也。"②此处《御定佩文斋书画谱》为我们提供了宋朝绍圣年间对《文思博要》进行过题跋的另外一个不为其他典籍所记载的人，即历下周子然。

《式古堂书画汇考》卷四《鲜于伯机枢所藏》载："《文思博要·帝王》一部。唐类书也，所引《蒯子》《慎子》《尸子》《敏》，皆古书也。天宝十年十二月楷书，臣胡山甫书，字极遒丽，至唐大中年间方自馆中杂书拣出，是时止存一卷，后有史馆山甫印，用麻纸列馆中典掌之人及三校姓名，睹卷皆绍圣间人题跋，其后如张元长、周美成、晁说之、薛绍彭及诸人在内。按《文思博要》一千三百卷，太宗贞观年间诏左仆射高士廉、特进魏征等十四人，取历代载籍，撮其精义，至十年书成。"③此处与上文《珊瑚网》中对于《文思博要》的成书做了介绍，但是"一千三百卷""至十年书成"很显然是错误的，"至十年书成"可以理解为至贞观十年成书，据上文考证很显然是错误的，如果理解为用了十年时间然后书成，也是错误的。

《文思博要》的佚文我们仅仅找到了一则。《方舆胜览》卷七载：

---

①［清］孙岳颁等撰：《御定佩文斋书画谱》卷二七《胡山甫》，《文渊阁四库全书》第 820 册，上海：上海古籍出版社，2003 年，第 193 页。

②［清］孙岳颁等撰：《御定佩文斋书画谱》卷九三《鲜于伯机枢所藏》，《文渊阁四库全书》第 823 册，上海：上海古籍出版社，2003 年，第 185 页。

③［清］卞永誉：《式古堂书画汇考》卷四《鲜于伯机枢所藏》，《文渊阁四库全书》第 827 册，上海：上海古籍出版社，2003 年，第 160 页。

江郎庙。在江山南五十里。《文思博要》云："有江姓三昆弟，登其巅化为三石峰，因名焉。湛满者，亦居山下。其子仕路遭永嘉之乱，不得归。满使祝宗言于三石之灵，能致其子，靡爱斯牲。旬日中，湛子出洛水边，见三少年，使闭眼入车栏中，但闻去如疾风，俄顷间从空堕，良久乃觉，是家中后园也。"①

尹植《文枢秘要》是唐人摘抄《文思博要》《艺文类聚》而成的一部新典籍，也已经失传，但是诸目录记载了它的目录，即《文枢秘要目》。《新唐书》卷五八《艺文二》载："尹植《文枢秘要目》七卷。钞《文思博要》《艺文类聚》为《秘要》。"②《宋史》卷二〇四《艺文三》载："田镐、尹植《文枢密要目》七卷。"③可见，《文枢秘要》还被称为《文枢密要》，此书当是中唐学者抄撮《文思博要》的精简本。《宋史》卷二〇四《艺文三·校勘记》言："一〇：田镐尹植《文枢密要目》。按尹植唐人，田镐宋人。《新唐书》卷五八《艺文志》《通志》卷六六《艺文略》《玉海》卷五二都作'尹植《文枢秘要目》'。"④此处《校勘记》说"田镐宋人"不准确，中唐时期亦有名"田镐"者。《新唐书》卷一六二《顾少连传》载："顾少连，字夷仲，苏州吴人。举进士，尤为礼部侍郎薛邕所器，擢上第，以拔萃补登封主簿……德宗幸奉天，徒步诣谒，授水部员外郎、翰林学士……历吏部侍郎。裴延龄方横，无敢忤者。尝与少连会田镐第，酒酣，少连挺笏曰：'段秀实笏击贼臣，今吾笏将击奸臣！'奋且前，元

---

① [宋]祝穆撰，[宋]祝洙增订，施和金点校：《方舆胜览》卷七，北京：中华书局，2003年，第127页。

② 《新唐书》卷五八《艺文二》，北京：中华书局，1975年，第1498页。

③ 《宋史》卷二〇四《艺文三》，北京：中华书局，1985年，第5146页。

④ 《宋史》卷二〇四《艺文三》，北京：中华书局，1985年，第5168—5169页。

友直在坐，欢解之。"①通过上文记载，我们认为中唐时期，尹植、田镐等人曾对《文思博要》《艺文类聚》做过一次节抄，出了一个精简本，即《文枢秘要》。王重民先生《中国目录学史论丛》言："尹植的《文枢秘要》七卷，是为检阅《文思博要》《艺文类聚》用的。"②此处王先生漏了一个"目"字，应为《文枢秘要目》七卷，而《文枢秘要》应该卷帙更大，是《文思博要》的精简本，不应是检阅用的。

五、《兔园策府·议封禅》与唐太宗、唐高宗时代的封禅

《兔园策府》是一部记叙自然名物、社会事物、人文礼仪、政事征讨等掌故的综合性类书，此书系唐太宗子蒋王恽命僚佐杜嗣先"针对常科试策，以自撰式之四六骈文，引经史为训，纂古今事为四十八门"而成的。可惜的是，此书在南宋以后佚失，幸赖敦煌藏经洞而重见天日，目前所知的《兔园策府》保存在 S.614、S.1086、S.1722、P.2573 和 Дx.05438 五个写卷中，存有序文及卷一《辨天地》《正历数》《议封禅》《征东夷》《均州壤》五部分。

对于《兔园策府》的研究，首推王国维先生，其后王三庆、郭长城、郑阿财、周丕显、刘进宝、屈直敏诸先生也多有论述。③刘进宝先生在

①《新唐书》卷一六二《顾少连传》，北京：中华书局，1975 年，第 4994—4995 页。
②王重民：《中国目录学史论丛》，北京：中华书局，1984 年，第 124—125 页。
③王国维：《观堂集林》，北京：中华书局，1959 年，第 1014—1015 页；王三庆：《敦煌类书》，台北：丽文文化事业有限公司出版，1993 年，第 117—119 页；郭长城：《敦煌本兔园策府叙录》，《敦煌学》第 8 辑，第 47—61 页；郑阿财、朱凤玉：《敦煌蒙书研究》，兰州：甘肃教育出版社，2002 年，第 263—279 页；周丕显：《敦煌古钞〈兔园策府〉考析》，《敦煌学辑刊》1994 年第 2 期，第 17—29 页；又收入周丕显：《敦煌文献研究》，兰州：甘肃文化出版社，1995 年，第 142—165 页；刘进宝：《敦煌本〈兔园策府·征东夷〉产生的历史背景》，《敦煌研究》1998 年第 1 期，第 111—116 页；屈直敏：《敦煌本〈兔园策府〉考辨》，《敦煌研究》2001 年第 3 期，第 126—129 页；王璐：《敦煌写本类书〈兔园策府〉考证》，《唐都学刊》2008 年第 4 期，第 81—85 页；又见王璐：《敦煌写本类书〈兔园策府〉探究》，西北师范大学硕士学位论文，2006 年。

《敦煌本〈兔园策府·征东夷〉产生的历史背景》一文中对《征东夷》做了详细的剖析，分析了《征东夷》一文产生的历史背景，即自南北朝以来，高丽试图联合北方少数民族阻挠与破坏中原王朝的统一大业，中原为了巩固统一，必然对高丽用兵以解除后顾之忧。唐太宗父子在解决了突厥问题之后，为了维护国家的长治久安，纵然群臣反对，决然远征高丽。但是对高丽的战争不免劳民伤财，于是众多官员上疏反对征伐高丽，在如此多的谏阻声中，唐太宗父子为了让更多的人认识到征伐高丽的必要性和重要性，才会在朝堂议事、科举考试、对策问答中对"征东夷"多有提起，于是"征东夷"这一特定时期的特定事件极具时效性地出现在高宗时期杜嗣先编纂的《兔园策府》中，成为士子、官僚公卿乃至普通民众热烈讨论的话题。①张弓主编《敦煌典籍与唐五代历史文化》之《儒学章》则对《均州壤》一"目"的出现做了分析，作者认为安土重迁是中国国民传统性格的突出特征，千百年来，统治者皆以使民固着于土地，不使迁徙为治国之重要手段。而《兔园策府》所记至《均州壤》则提出由政府广加劝谕、择利而行、各任迁居的办法以实现对人口与土地的重新结合，如此开放的人口政策在中国历史上是罕见的，这正是唐太宗、高宗时期历史现实的真实反映，是当时贫富劳逸差异背景下所产生的特殊对策。②

对《征东夷》《均州壤》历史背景的探讨使我们看到了唐朝初年的国家动向以及重大国策制定的内在缘由，对我们了解唐初诸多史事起到了见微知著的作用。《左传》有言："国之大事，在祀与戎。"封禅是一件

---

①刘进宝：《敦煌本〈兔园策府·征东夷〉产生的历史背景》，《敦煌研究》1998 年第 1 期，第 111—116 页。

②张弓：《敦煌典籍与唐五代历史文化》，北京：中国社会科学出版社，2006 年，第 132—135 页。

极其重要的大事，封禅泰山，祭天祀地被称为古代中国最隆重的大典，是"应天受命""改朝换代"的体现，是《辨天地》《正历数》的集合。《史记》记载太史公司马谈因病不能参加汉武帝的封禅大典，抱憾而卒。临终拉着司马迁的手泣曰："今天子接千岁之统，封泰山，而余不得从行，是命也夫，是命也夫。"①由司马谈万分悔恨，痛心疾首之状，可见封禅大典在其心中的地位和神圣意义。

自秦至隋，八百多年，封禅泰山者仅有秦始皇、汉武帝、汉光武帝三人而已。汉光武以后，历代有人提议封禅，可是最后都没有成行，魏明帝曹睿、晋武帝司马炎、前秦苻坚、南朝宋文帝、梁武帝等，皆欲封禅，而最后都是不了了之。故史书记载："封禅之礼，自汉光武之后，旷世不修。"②开皇九年（589年），隋朝统一南北，混一华夏，盛况空前。"时朝野物议，咸愿登封。秋七月丙午，隋文帝诏曰：岂可命一将军，除一小国，遐迩注意，便谓太平。以薄德而封名山，用虚言而干上帝，非朕攸闻。而今以后，言及封禅，宜即禁绝。"③开皇十四年，"晋王广率百官抗表，固请封禅。文帝令牛弘、辛彦之、许善心等创定仪注。至十五年，行幸兖州，遂于太山之下，为坛设祭，如南郊之礼，竟不升山而还"④。由此可见，封禅大典在帝王心中的分量，连隋文帝这样有为的君王都满怀虔诚，不敢轻易行封禅大典。

隋末战乱，李渊趁机建立大唐，国家渐归太平。武德九年（626年），李世民经玄武门之变，登上帝位，励精图治，勤政爱民，隋末凋敝的经济显著好转。《新唐书》卷五一《食货一》记载："贞观初，户不及

①《史记》卷一三〇《太史公自序》，北京：中华书局，1959年，第3295页。
②《旧唐书》卷二三《礼仪三》，北京：中华书局，1975年，第881页。
③《隋书》卷二《高祖下》，北京：中华书局，1973年，第33页。
④《旧唐书》卷二三《礼仪三》，北京：中华书局，1975年，第881页。

三百万，绢一匹易米一斗。至四年，米斗四五钱，外户不闭者数月，马牛被野，人行数千里不赍粮，民物蕃息，四夷降附者百二十万人。是岁，天下断狱，死罪者二十九人，号称太平。"①在经济状况好转的情况下，军事上也取得了前所未有的重大胜利。"贞观四年（630年）春，定襄道行军总管李靖大破突厥。""三月庚辰，大同道行军副总管张宝相生擒颉利可汗献于京师。"②西北诸蕃咸请上尊号为"天可汗"，于是降玺书册命其君长，则兼称之。自南北朝以来，突厥不断南下侵扰边塞，东连高丽，西连吐谷浑等草原游牧民族，结成针对中原王朝的强大弧形军事压力，迫使中原王朝不得不加大边境的防戍。自唐开国，突厥就是唐王朝的心腹之患，经常侵扰边境，要挟唐朝，贞观四年，唐太宗终于把颉利生擒活捉，虽然北方各族尚未完全归附，但是唐太宗终于除掉了心腹大患，举国欢庆，可想而知。

贞观五年（631年）正月，"朝集使请封禅"③。朝集使赵郡王李孝恭认为天下一统，四夷咸服，上表请封禅。十二月，"朝集使利州都督武士矱等，复上表请封禅"④。唐太宗诏曰："丧乱之后，民物凋残，惮于劳费，所未遑也。"⑤贞观六年（632年），对突厥的战争再次取得重大胜利，按捺不住的群臣又开始上言请封泰山。太宗曰："议者以封禅为大典。如朕本心，但使天下太平，家给人足，虽阙封禅之礼，亦可比德尧、舜；若百姓不足，夷狄内侵，纵修封禅之仪，亦何异于桀、纣？昔秦始

---

①《新唐书》卷五一《食货一》，北京：中华书局，1975年，第1341页。

②《旧唐书》卷三《太宗下》，北京：中华书局，1975年，第39页。

③《旧唐书》卷三《太宗下》，北京：中华书局，1975年，第41页。

④《资治通鉴》卷一九三《唐纪九》，北京：中华书局，1956年，第6090页。

⑤[宋]土钦若等编纂，周勋初等校订：《册府元龟》卷三五《封禅》，南京：凤凰出版社，2006年，第366页。

皇自谓德洽天心，自称皇帝，登封岱宗，奢侈自矜。汉文帝竟不登封，而躬行俭约，刑措不用。今皆称始皇为暴虐之主，汉文为有德之君。以此而言，无假封禅。"①虽然唐太宗表明了自己的态度，但是中外官僚请封禅的奏章，仍然似潮水一般涌来。唐太宗也有点招架不住，"上问礼官两汉封山仪注，因遣中书侍郎杜正伦行太山上七十二帝坛迹"②。唐太宗询问封禅礼仪，遣使考察泰山遗迹，使善于揣摩皇帝心理的公卿百官对封禅更加坚信不疑。假使太宗严令禁止封禅，百官尚有狐疑，而太宗如此暧昧的态度，公卿百官也只能更加努力上表，固请封禅。

魏征的切谏打乱了太宗的算盘，也成为贞观六年封禅不行的一个重要原因。魏征谏曰："隋末大乱，黎民遇陛下，始有生望。养之则至仁，劳之则未可。升中之礼，须备千乘万骑，供帐之费，动役数州。户口萧条，何以能给？"③太宗反问道："朕欲卿极言之。岂功不高耶？德不厚耶？诸夏未治安耶？远夷不慕义耶？嘉瑞不至耶？年谷不登耶？何为而不可？"对曰："陛下功则高矣，而民未怀惠。德虽厚矣，而泽未滂流。诸夏虽安，未足以供事。远夷慕义，无以供其求。符瑞虽臻，尉罗犹密；积岁丰稔，仓廪尚虚，此臣所以窃谓未可。"④魏征的切谏合情合理，唐太宗也无可辩驳，只好作罢。贞观六年十二月，公卿请封禅者前后相属。太宗谕曰："旧有气疾，恐登高增据，公等勿复言。"⑤不久，河水泛滥，百姓流离，重视百姓疾苦的唐太宗怎能不深恭自悼，封禅之议也就偃旗息鼓。

① 《旧唐书》卷二三《礼仪三》，北京：中华书局，1975年，第881页。
② 《旧唐书》卷二三《礼仪三》，北京：中华书局，1975年，第882页。
③ 《旧唐书》卷二三《礼仪三》，北京：中华书局，1975年，第882页。
④ 《旧唐书》卷七一《魏征传》，北京：中华书局，1975年，第2560页。
⑤ 《资治通鉴》卷一九四《唐纪十》，北京：中华书局，1956年，第6100页。

贞观十一年（637 年），"群臣复劝封山，始议其礼。太宗敕秘书少监颜师古、谏议大夫朱子奢等，与四方名儒博物之士参议得失。议者数十家，递相驳难，纷纭久不决。于是左仆射房玄龄、特进魏征、中书令杨师道，博采众议堪行用而与旧礼不同者奏之"①。就在紧锣密鼓地准备怎样封禅时，"秋七月癸未，大淫雨。谷水溢入洛阳宫，深四尺，坏左掖门，毁宫寺十九所；洛水溢，漂六百家""九月丁亥，河溢"②。封禅是向上天报告政绩的吉礼，而此时大淫雨，很容易使人联想到上天的不满，既然上天以淫雨来告诫，就是政绩还未大好，封禅大典也就只能暂缓了。唐太宗其人是极其矛盾的，既自信、自傲，又自卑、忌讳，太宗的功绩也可以说是前无古人，其文治武功也足以使其凌驾于历代帝王之上，可是玄武门之变偏偏使他背着杀兄囚父的罪名，其心理之矛盾可想而知，所以他比任何帝王更渴望以封禅来宣示其帝位的合法性；但是唐太宗内心的伤痕无法忘却，在其治理国家时，一旦出现一些灾异现象、天灾人祸，太宗内心极其容易自责与不安，极度不自信，质疑自己的合法性，而这种质疑必然导致对封禅的动摇，本来属于正常的自然现象，在太宗这里就是无以复加的罪过了，就是上天的惩罚与警示了。

贞观十四年（640 年），侯君集灭高昌威震西域。十月，"荆王元景等复表请封禅，上不许"③。十一月，"百官复表请封禅，诏许之"④。由十月的不许，到十一月的许之，可见效率之高，动作之快，从另一种意义上

①《旧唐书》卷二三《礼仪三》，北京：中华书局，1975 年，第 882 页。
②《旧唐书》卷三《太宗下》，北京：中华书局，1975 年，第 48 页。
③《资治通鉴》卷一九五《唐纪十一》，北京：中华书局，1956 年，第 6156 页。
④《资治通鉴》卷一九五《唐纪十一》，北京：中华书局，1956 年，第 6158 页。

说，此时封禅在太宗与诸大臣的心里已经是一件理所当然的事情了。贞观十五年（641年）三月，"肃州言所部川原遍生芝草，百僚及雍州父老诣朝堂上表请封禅"①。四月，"诏以来年二月有事于泰山，所司详定仪制"②。六月，"诏天下州郡，举学综古今及孝悌淳笃、文章秀异者，并以来年二月总集泰山"③，"复令公卿诸儒详定仪注。太常卿韦挺、礼部侍郎令狐德棻为封禅使，参考其议"④。封禅的日程表已经做好，一切都在紧张有序地准备着。也许是上天故意与唐太宗作对，六月，"有星孛于太微，犯郎位"⑤。褚遂良言于太宗曰："陛下拨乱反正，功超前烈，将告成东岳，天下幸甚。而行至洛阳，彗星辄见，此或有所未允合者也。且汉武优柔数年，始行岱礼，臣愚伏愿详择。"⑥于是，心存忌讳的太宗下诏罢封禅，避正殿以思咎，最有可能成功的一次封禅又一次中途夭折了。

贞观十七年是唐太宗人生中的低谷，太子被废，魏王泰被贬，侯君集被杀，储位之争虽告一段落，但对唐太宗来说，打击实在太大，封禅更是遥遥无期了。为了给懦弱的李治留下一片太平天下，贞观十八、十九年（644年、645年），唐太宗亲征高丽。高丽战争一停歇，贞观二十年（646年）十一月，司徒长孙无忌与百官及方岳等上表请封禅，太宗不许，司徒长孙无忌与百僚又请封禅。诏曰："朕念远役初宁，颇须休息，深知所请，甚合机宜，即事省方，恐生劳扰，俟百姓闲逸，可徐议

---

① [宋]王钦若等编纂，周勋初等校订：《册府元龟》卷三五《封禅》，南京：凤凰出版社，2006年，第367页。

② 《旧唐书》卷三《太宗下》，北京：中华书局，1975年，第52页。

③ 《旧唐书》卷三《太宗下》，北京：中华书局，1975年，第53页。

④ 《旧唐书》卷二三《礼仪三》，北京：中华书局，1975年，第884页。

⑤ 《旧唐书》卷三《太宗下》，北京：中华书局，1975年，第53页。

⑥ 《旧唐书》卷八〇《褚遂良传》，北京：中华书局，1975年，第2729页。

之。"①十二月，司徒长孙无忌等又诣顺天门，抗表请封禅。长孙无忌与百官屡次上表请封禅，希望太宗能当仁不让，唐太宗推却再三，答应封禅，"既迫群意，当事敬从"。《资治通鉴》记载说："十二月己丑群臣累请封禅，从之。诏造羽卫送洛阳宫。"②贞观二十一年（647年）春正月，唐太宗下诏："以来年二月有事泰山"。八月，"河北大水，停封禅"③。《新唐书》则记载："泉州海溢。停封泰山。"④贞观二十三（649年）年五月，唐太宗病逝。其渴望了一生，议论了数次的封禅大典也终于落空。

贞观二十三年，高宗即位，次年改号永徽。永徽之世，轻徭薄赋，与民休息，加之长孙无忌等人的辅佐，国富民强，海内升平。为了完成太宗时期的遗愿，公卿数请封禅，初登大宝年纪尚轻的唐高宗，在文治武功未得彰显的情况下，即使十分渴望完成其父未了的心愿，但在条件未成熟的情况下，只能继续等待。显庆四年（659年），许敬宗议封禅仪。奏："请以高祖、太宗俱配昊天上帝，太穆、文德二皇后俱配皇地祇。"⑤高宗下诏，从之。

显庆五年（660年）继永徽六年（655年）之后，唐高宗再次出兵高丽。八月，"苏定方等讨平百济，面缚其王扶余义慈"⑥。龙朔元年（661年）五月，命左骁卫大将军、凉国公契苾何力为辽东道大总管，左武卫大将军、邢国公苏定方为平壤道大总管，兵部尚书、同中书门下三品、乐安县公任雅相为浿江道大总管，讨伐高丽。龙朔二年（662年）三月，

---

①[宋]王钦若等编纂，周勋初等校订：《册府元龟》卷三五《封禅》，南京：凤凰出版社，2006年，第368—369页。

②《资治通鉴》卷一九八《唐纪十四》，北京：中华书局，1956年，第6242页。

③《旧唐书》卷三《太宗下》，北京：中华书局，1975年，第59、60页。

④《新唐书》卷二《太宗纪》，北京：中华书局，1975年，第45、46页。

⑤《资治通鉴》卷二〇〇《唐纪十六》，北京：中华书局，1956年，第6316页。

⑥《旧唐书》卷三《高宗上》，北京：中华书局，1975年，第81页。

苏定方再破高丽于苇岛。对高丽战争的接连胜利，使得唐高宗的文治武功得到彰显，促使着唐高宗行封禅大典。可惜的是，史书中关于高宗朝请封禅的记载很少，但是高宗的诏令在十月份下达了。"诏以四年正月有事于泰山，仍以来年二月幸东都。"①在十二月高宗却又下诏："以方讨高丽、百济，河北之民，劳于征役，其封泰山，幸东都并停。"②虽然高宗下诏放弃了龙朔四年的封禅，但是大唐的王公贵族、百官公卿，甚至普通民众是不会让封禅之事偃旗息鼓的。

龙朔三年（663年）十月，绛州麟见于介山。丙午，含元殿前麟趾见。十二月，诏改来年正月一日为麟德元年。祥瑞麟趾的出现，以及经济状况的持续发展，使得唐高宗有信心、有能力、也有机会去完成封禅大典。麟德元年（664年）七月，高宗下诏"以三年正月有事于泰山"③。麟德二年（665年）二月，高宗车驾发往东京洛阳，巡狩天下，并诏礼官、博士撰定封禅仪注。五月，以司空、英国公李勣，少师、高阳郡公许敬宗，右相、嘉兴县子陆敦信，左相、巨鹿男窦德玄为检校封禅使。十月，皇后武则天上表言："封禅旧仪，祭皇地祇，太后昭配，而令公卿行事，礼有未安，至日，妾请帅内外命妇奠献。"高宗诏曰："禅社首以皇后为亚献，越国太妃燕氏为终献。"④高宗封禅的队伍浩浩荡荡地启程了。《资治通鉴》记载："上发东都，从驾文武仪仗，数百里不绝。列营置幕，弥亘原野。东自高丽，西至波斯、乌长诸国朝会者，各帅其属扈从，穹庐毳幕，牛羊驼马，填咽道路。时比岁丰稔，

---

① 《资治通鉴》卷二〇一《唐纪十七》，北京：中华书局，1956年，第6331页。
② 《资治通鉴》卷二〇一《唐纪十七》，北京：中华书局，1956年，第6332页。
③ 《新唐书》卷三《高宗纪》，北京：中华书局，1975年，第65页。
④ 《资治通鉴》卷二〇一《唐纪十七》，北京：中华书局，1956年，第6344、6345页。

米斗至五钱，麦、豆不列于市。"①麟德三年（666年）春，"车驾至泰山顿。亲祀昊天上帝于封祀坛，以高祖、太宗配飨。帝升山行封禅之礼，改元乾封"②。自汉光武帝封禅，六百多年未曾进行过的大典，终于完成了。

时间	请封禅人
贞观五年（631年）正月	朝集使赵郡王孝恭
贞观五年十二月	朝集使利州都督武士蠖等
贞观六年（632年）	文武官复请封禅
贞观六年十二月	公卿百官请封禅者相属不断
贞观十一年（637年）	群臣复劝封山
贞观十四年（640年）十月	荆王元景等复表请封禅
贞观十四年十一月	百官复表请封禅
贞观十五年（641年）	百僚及雍州父老诣朝堂上表请封禅
贞观二十年（646年）十一月	司徒长孙无忌与百官再次上表请封禅
贞观二十年（646年）十二月	群臣累请封禅
显庆四年（659年）	许敬宗议封禅仪
龙朔二年（662年）	诏以四年正月有事于泰山
麟德元年（664年）	诏以三年正月有事于泰山
麟德二年（665年）	诏礼官、博士撰定封禅仪注
麟德二年冬十月	皇后请封禅，司礼太常伯刘祥道上疏请封禅
麟德二年十二月	命有司祭泰山
乾封元年（666年）春正月	车驾至泰山顿，行封禅大典

①《资治通鉴》卷二〇一《唐纪十七》，北京：中华书局，1956年，第6345页。
②《旧唐书》卷三《高宗上》，北京：中华书局，1975年，第89页。

纵观太宗、高宗两朝的封禅之议，达十余次之多，可谓举国震动，朝野沸腾，天下骚然。尤其是太宗时期的屡议封禅，封禅观念已经根深蒂固地灌输到公卿百官、普通民众的心里；高宗时期的前十年，史书没有记载议封禅之事，自显庆四年许敬宗议封禅仪开始，整个大唐再次把焦点投向太宗朝就如火如荼、高宗朝又压抑了许久的封禅大典。很显然，任何人都离不开这个话题，都在试图参与这宏大的事业，或者是无可避免地被卷入来，于是策问、对答、朝议中封禅之声不绝，请封禅、劝封禅的文章也此起彼伏。显庆三年（658年）至麟德元年（664年），①供职于蒋王恽幕府的杜嗣先正赶上高宗封禅的大动员时期，在举国沸腾、社会舆论极为关注的情况下，满腹诗书的杜嗣先更加不能例外，于是在其编纂《兔园策府》时承接了太宗时期封禅动员之余波，又吸取古来封禅文章之精华，创作出旁征博引、气势如虹的《议封禅》一文。

在古代中国，封禅虽是吉礼，但并不是在任何时候都可以讨论的。封禅是需要时代背景、政治前提的，只有在政治清明，经济富裕，国泰民安，四夷宾服，天时、地利、人和皆具备的条件下，才可以有这样的议论，否则皇帝会严词拒绝，禁止讨论的，所以，封禅在别的时代是不会如此大规模地被议论的。而在唐初，由于太宗十分渴望封禅，想以封禅来宣示其帝位的合法性，所以太宗朝每隔几年就议论一番，其主要原因就是太宗对此事的默许与渴望，太宗朝的封禅动员很充分，只可惜太宗时运不济，终生未能封禅泰山；高宗皇帝为了完成其父的遗愿，早晚是要进行封禅的，其议论封禅的主题是在什么时间、什么

---

① 叶国良：《唐代墓志考释八则》，《台大中文学报》1995 年第 7 期，第 51—76 页。

条件下去封禅，是一个怎样做的问题，而不是做不做的问题。在这种历史背景下，封禅是国之大事，杜嗣先怎能不把科举试策、朝议、言事中需要经常提及的《议封禅》放在《兔园策府》一书中最显耀的地方呢？杜嗣先名之曰《议封禅》，实际是借议论封禅之名，行劝封禅之实，劝皇帝统天地，继世统，行古今之大典，创万世之基业，因为在满朝公卿翘首期待封禅的历史背景下，议封禅只能是劝封禅，只能是为大唐唱赞歌，不可能出现阻止封禅的声音，这就是唐初特定历史背景下产生的特定历史现实。总之，《兔园策府》之《议封禅》是唐初封禅议论的代表之作，而封禅议论过程中编纂的《文思博要》更是唐太宗寄予厚望的文化工程，他们都是时代潮流之下的产物，并在不同的侧面为我们还原历史。

《兔园策府》最初的用途是应对试策，与当时的科举制度有着深厚的联系，在后来的流传中，由于其本身的特点——切中时务、引经据典、以古为鉴，并且《兔园策府》的篇幅也不大，便于学习、携带与使用，所以《兔园策府》在很长一段时间里极受读书人重视并得到广泛的流传，甚至传到了日本等周边国家。[①]再后来，由于政治环境的转变，《兔园策府》中的文章渐渐失去了它的政治性，失去了它所依赖的历史背景，于是《兔园策府》变得不"实用"了。所幸的是，《兔园策府》那些华丽秀美的辞藻，旁征博引的资料还在，《兔园策府》知识性开始凸显，无形中变成了一本教人知识、礼仪的蒙学教材，这也正是特定历史背景下产生的《兔园策府》在新的历史背景下的功能转变。

---

①葛继勇：《〈兔园策府〉的成书及东传日本》，《甘肃社会科学》2008 年第 5 期，第 196—199 页。

六、小结

　　魏晋以来，历代王朝都曾编纂过类书，而唐初尤为盛况空前，《文思博要》就是其中重要的一部，其编纂者有高士廉、房玄龄、魏征、杨师道、岑文本、颜相时、朱子奢、刘伯庄、马嘉运、许敬宗、崔行功、吕才、李淳风、褚遂良、姚思廉、司马宅相、宋正聀、高玄景等人，如此多优秀的文人学士参与其中，是《文思博要》编纂质量的保障。《文思博要》之中既有"博"又有"要"，如此可见其编纂意图，《文思博要》的卷帙是1200卷，这在当时也是前无古人的伟业，总之，唐太宗君臣对此书寄予了极其深沉的厚望。《文思博要》的编纂开始时间在贞观十三年十一月之后，很有可能是贞观十五年，编纂完成时间《旧唐书》《唐会要》《册府元龟》记载为贞观十五年，而根据考察我们认为应该在贞观十六年七月前。《文思博要》的内容义出六经，事兼百氏，且一字必包，片言靡弃，繁而有检，简而不失，故为国者尚其道德，为家者尚其变通，纬文者尚其溥谅。《文思博要》无疑是唐太宗的文治表现，有可能是在其欲封禅泰山的历史背景下完成的，通过仅存的"帝王"一部，可想见其编纂体例。《文思博要》在流传中究竟是被《三教珠英》取代了，还是单独有流传，还有待继续考察，目前我们所知道的，后世记载较多的是《文思博要》之《帝王》一卷，即其一七二卷，此卷是天宝年间胡山甫楷书，大中年间被杨汉公重新发现，北宋哲宗绍圣年间被晁说之等人做过题跋，南宋孝宗乾道七年被藏之集库，再后来被元代书法家鲜于枢所藏的遗珍。《文思博要》对其之后的类书编纂产生了很大的影响，《三教珠英》《太平御览》等书都是以《文思博要》为参考进行编纂的，并且从《文思博要》开始，类书的编纂开始出现了随书目录，即在编书的同时编纂目录，极大地方便了读者使用。《文思博要》的编纂对当时的文学也产生了影响，包括《文思博要》在内的初唐时期编纂的类书，推动了初唐时期唐诗诗风的宫廷化倾向，并且促使唐诗走向繁荣。

第八章　唐高宗时代的类书编纂

一、《东殿新书》的编纂

《东殿新书》是一部已经失传的唐代官修类书，但它又具有杂史的性质，这可通过《旧唐书》《新唐书》对它的记载得到清晰的认知，而对于此书的研究，学术界目前还没有大的进展，主要原因是资料缺乏，下面我们主要依据散见诸书之零星记载进行一个简单的考察。

《旧唐书》卷四六《经籍上》史部"杂史"载："《东殿新书》二百卷。高宗大帝撰。"①《新唐书》卷五九《艺文三》子部"类书类"载："《东殿新书》二百卷。许敬宗、李义府奉诏于武德内殿修撰。其书自《史记》至《晋书》，删其繁辞。龙朔元年上，高宗制序。"②《通志二十略·艺文略第七》子部"类书类"亦载："《东殿新书》二百卷。"③虽然诸家书目对于《东殿新书》的记载仅有这些内容，但是通过这些记载我们其实还是知道了不少信息，比如《东殿新书》的卷帙、编纂者、完成时间、基本内容等，

①《旧唐书》卷四六《经籍上》，北京：中华书局，1975年，第1994页。
②《新唐书》卷五九《艺文三》，北京：中华书局，1975年，第1563页。
③[宋]郑樵撰，王树民点校：《通志二十略·艺文略第七》，北京：中华书局，1995年，第1732页。

但是对于《东殿新书》的编纂完成时间，《旧唐书》《唐会要》还有不同的记载。

《旧唐书》卷四《高宗上》载："（显庆元年）五月己卯，太尉长孙无忌进史官所撰梁、陈、周、齐、隋《五代史志》三十卷。弘文馆学士许敬宗进所撰《东殿新书》二百卷，上自制序。"①《唐会要》卷三六《修撰》载："显庆元年十月，诏礼部尚书宏文馆学士许敬宗等，修《东殿新书》。上曰：略看数卷，全不如抄撮文书，又日月复浅，岂不是卿等用意至此。因亲制序四百八十字。"②对于《东殿新书》的编纂完成时间，上文《新唐书》卷五九《艺文三》有明确记载，是于龙朔元年（661年）编纂完成；而《旧唐书》卷四《高宗上》与《唐会要》卷三六《修撰》记载则是于显庆元年（656年）编纂完成，而细读其内容，关于显庆元年的记载亦是两种说法，第一种是显庆元年五月《东殿新书》奏上，第二种是显庆元年十月，诏修《东殿新书》。

很显然，上述三种记载之间的差距较大，故多有学者将此三条记载糅合起来，论述《东殿新书》之编纂时间，即将显庆元年（656年）定为《东殿新书》开始编纂的时间，将龙朔元年（661年）定为《东殿新书》完成编纂的时间。冯敏《唐代前期学术文化研究》即言："《东殿新书》二百卷，许敬宗、李义府等于显庆元年奉诏编纂。其书'自《史记》至《晋书》，删其繁辞'，至于龙朔元年编成。不过《唐会要》称，高宗曾评价：'略看数卷，全不如抄撮文书，又日月复浅，岂不是卿等用意至此。'显然其编纂质量是有问题的。"③很显然，冯敏博

---

① 《旧唐书》卷四《高宗上》，北京：中华书局，1975年，第75—76页。
② ［宋］王溥：《唐会要》卷三六《修撰》，北京：中华书局，1955年，第656页。
③ 冯敏：《唐代前期学术文化研究》，陕西师范大学博士学位论文，2014年，第63页。

士这个解释是有问题的，她仅仅是调和了上述三种记载，其实未作考辨。

要考察《东殿新书》的编纂完成时间，我们就需要认真考察唐高宗对《东殿新书》的评价，即"略看数卷，全不如抄撮文书，又日月复浅，岂不是卿等用意至此"一句，但是细读这些话语，似通未通，甚至可以读出两种意思来，第一种是批评的意思，第二种是赞许的意思。前两句明显是批评的意思，即略看数卷，甚至不如抄撮文书；后两句又有了赞许的意思，由于日月复浅，若不是卿等用意至此，恐怕此书难以编纂出来，故唐高宗亲自给《东殿新书》做了序。总之，这句话是有歧义的，或许是文本本身在流传中出现了舛讹。我们继续看此句话中的关键词"日月复浅"，如果《东殿新书》是从显庆元年（656年）编纂到了龙朔元年（661年），何来"日月复浅"之说？一千二百卷的《文思博要》的编纂时间总共才只有一年左右或者稍多的时间，何况删节诸史而来的仅二百卷的《东殿新书》，可见从道理上来看，《东殿新书》的编纂时间不可能有五年之久。

遍观唐高宗时期的典籍编纂活动，对于《东殿新书》的编纂完成时间，我们更倾向于《旧唐书》的记载，即《东殿新书》成书于显庆元年（656年）五月，因为《高宗本纪》明确记载了这个事情，且有《五代史志》作陪。张峰《〈五代史志〉与典制体通史的纂修》言："贞观十五年（641年），唐太宗鉴于梁、陈、北齐、北周、隋五代史之纪传部分已经撰成而缺少史志，遂下诏撰修《五代史志》。永徽元年（650年），高宗又命令狐德棻监修，至显庆元年（656年）成书，由长孙无忌奏上。《五代史志》前后修撰历时15年，参与修志的于志宁、李淳风、韦安仁、李延寿、敬播、令狐德棻等史官，皆一时之选，各具史才，因而发挥了各家所长，提高了史志的修纂质量。"①

另外，《新唐书》卷五九《艺文三》对于《东殿新书》成书于龙朔元年的记载很显然是有问题的，龙朔元年是另一部类书《累璧》的编纂完成之年，显庆二年、三年是《文馆词林》的编纂时间，再加之其他典籍的编纂工作，此《东殿新书》在显庆年间根本没有独立的编纂时间。而《唐会要》的记载亦有问题，其既言"显庆元年十月，诏礼部尚书弘文馆学士许敬宗等修《东殿新书》"，很显然是显庆元年十月下令开始修《东殿新书》，但是后文又说"略看数卷，全不如抄撮文书，又日月复浅，岂不是卿等用意至此。因亲制序四百八十字"，此处明显是对修完之书的评价，前文既然是刚开始修，后文为何还可以略看书卷，并且唐高宗还要亲自制序，前后文有明显的矛盾，并且逻辑亦不清。故我们认为《旧唐书》对于《东殿新书》完成编纂时间的记载最为靠谱，显庆元年（656年）五月即《东殿新书》的奏上时间，而其开始编纂时间，由于史料的缺乏，我们暂时不得而知，我们推测，《东殿新书》开始编纂的时间在此前不久，因为"日月复浅"。

北宋欧阳修等人是较早提出"类书"概念的人，其曾参与编纂的《崇文总目》中就出现了"类书类"子目。"《崇文总目》十二卷……因诏翰林学士王尧臣、史馆检讨王洙、馆阁校勘欧阳修等校正条目，讨论撰次，定着三万六百六十九卷，分类编目，总成六十六卷，于庆历元年十二月己丑上之，赐名曰《崇文总目》。"②"类书类（以下原卷三十）。谨按此类以下《欧阳修集》无叙释。类书上，共四十六部，计一千六百五十卷。类书下，共五十一部，计八百六十五卷（以下原

---

① 张峰：《〈五代史志〉与典制体通史的纂修》，《人文杂志》2012 年第 1 期，第 144—149 页。
② [清]永瑢等撰：《四库全书总目》卷八五《目录类一》，北京：中华书局，1965 年，第 728 页。

卷三十一）。"①由上可知,《崇文总目》的部类之中的确已经出现了"类书类",但是非常可惜的是,《崇文总目》中欧阳修对类书的"叙释"在流传中佚失了,所谓"谨按此类以下《欧阳修集》无叙释",我们也就无法知道欧阳修等人在创造"类书"这个名词、子目时的含义。

我们之所以遗憾"类书类"之"叙释"的丢失,是因为我们想解决欧阳修为何要把《东殿新书》置于子部"类书类"的问题,因为《旧唐书》中明明是将其作为"杂史"置于史部的。与《东殿新书》处于"杂史"相邻的典籍是《三史要略》《正史削繁》《史记要传》等。《旧唐书》卷四六《经籍上》史部"杂史"载:"《三史要略》三十卷。张温撰。《正史削繁》十四卷。阮孝绪撰。《东殿新书》二百卷。高宗大帝撰。《史记要传》十卷。卫飒撰。《古史考》二十五卷。谯周撰。《史记正传》九卷。张莹撰。《史要》三十八卷。王延秀撰。"②"右杂史一百二部,凡二千五百五十九卷。"③可见,《旧唐书》编纂之时,诸学者认为《东殿新书》是一部史部"杂史"类著作,而《新唐书》编纂之时,欧阳修等人将之置于子部"类书类"。

类书与史部书之间的渊源关系,④我们曾专门讨论过,这里应该还是同样一个问题,在南北朝时期出现这个问题,情有可原,而到了宋

---

①［宋］王尧臣、王洙、欧阳修:《崇文总目》卷六《类书类》,《文渊阁四库全书》第 674 册,第 72 页。《丛书集成初编》本《崇文总目》载:"类书上,共四十六部,计四千六百五十卷。侗按:玉海引崇文总目类书,数与此同,云始于太平御览,旧本四千讹作一千,今校改,核计实四十四部四千三百一十卷。"(第 22 册,第 174 页)

②《旧唐书》卷四六《经籍上》,北京:中华书局,1975 年,第 1994 页。

③《旧唐书》卷四六《经籍上》,北京:中华书局,1975 年,第 1996 页。

④刘全波:《论类书与史部书的关系》,中国人民大学历史学院历史文献学教研室编:《典籍·社会与文化国际学术研讨会暨中国历史文献研究会第 34 届年会论文选集》,上海:华东师范大学出版社,2015 年,第 34—45 页。

代，欧阳修的时代，为何又出现了这样的问题呢？难道欧阳修见过此《东殿新书》，读过此《东殿新书》，故其在对《东殿新书》之性质十分了解的情况下，将之归入了"类书类"？但是我们认为此《东殿新书》之流传恐怕不广，其中一个原因即《日本国见在书目录》未见收录此书，当然这个证据不充分，唐初众多典籍都有幸流传到日本，并被记载下来，为何如此赫赫有名的高宗做序甚至署名高宗大帝撰的《东殿新书》却被遗忘、遗漏了？①

通过《唐会要》的记载，我们清楚了《东殿新书》被归入"类书类"的部分原因，即如唐高宗所言，"略看数卷，全不如抄撮文书"，看来此《东殿新书》是一部编纂时间短，且编纂质量不精的书抄，正如我们一直所言，书抄是类书的早期形式，类书是书抄专门化发展的结果，此种种原因，必然导致欧阳修将之归入"类书类"。再通过《新唐书》卷五九《艺文三》所载，即"其书自《史记》至《晋书》，删其繁辞"，亦可知此书的部分内容，即《东殿新书》就是对历代正史的删节归并。前文我们已经说过，唐高宗的话语既含有批评又含有赞许的意味，但是唐高宗为何又给《东殿新书》做序四百八十字呢？甚至还署上了自己的大名，这又是何故？我们猜想这应该是唐高宗对许敬宗等人的赞许与抬爱，或者更应该是唐高宗自己对自己政治抱负的赞许与默认。其父祖多敕令编纂各类典籍，年轻的皇帝唐高宗也是要急于表现自己的文治，与其说是对许敬宗等人的赞许与抬爱，不如说是唐高宗自己对自己的鼓励，因为这是唐高宗时代编纂的属于唐高宗的典籍。

唐高宗在我们的印象中，总是生活在唐太宗与武则天的阴影之下，

---

①孙猛：《日本国见在书目录详考》，上海：上海古籍出版社，2015年。

其实，唐高宗时代是一个很积极上进的时代，还是一个斗志昂扬的时代，唐高宗本人亦是踌躇满志，甚至是志在必得，这在典籍编纂尤其是类书的编纂方面表现尤为明显，虽然唐高宗时代编纂的类书卷帙上没有超越唐太宗时代的《文思博要》，以及武则天时代的《三教珠英》，甚至没有重要的跨时代的类书杰作出现，但是在整个唐高宗时代，仍然是不断地花样百出地编纂了众多各式类书典籍，《东殿新书》就是其中一部，且是编纂时间比较早的一部，虽然它的整体质量不佳，殆同抄撮，编纂时间亦短，甚至流传也不广，但它逐渐开启了唐高宗时代类书编纂的新潮流，在它之后就出现了一个类书编纂的高潮涌现期。

《册府元龟》卷六〇七《学校部十一·撰集》载："许敬宗为弘文馆学士。永徽中，与李义府等奉敕于内殿撰《东殿新书》二百卷，高宗自制序。其书自《史记》至《晋书》，删其繁词，勒成，藏之书府。"①《册府元龟》的记载补充了一点，即此书虽然编纂质量不高，但是仍然在高宗作序之后，署上了高宗大帝之名，被藏之书府，或许此书有幸流传到了宋初，被欧阳修等人见到，欧阳修等人细细辨别之后，将之从史部"杂史"归入子部"类书类"。

许敬宗是唐初编纂典籍的高手，多部典籍均由其主导。《旧唐书》卷八二《许敬宗传》载："然自贞观已来，朝廷所修《五代史》及《晋书》《东殿新书》《西域图志》《文思博要》《文馆词林》《累璧》《瑶山玉彩》《姓氏录》《新礼》，皆总知其事，前后赏赉，不可胜纪。"②《新唐书》卷二二三上《奸臣上·许敬宗传》载："然自贞观后，论次诸书，自晋尽隋，及《东殿

---

① [宋]王钦若等编纂，周勋初等校订：《册府元龟》卷六〇七《学校部十一·撰集》，南京：凤凰出版社，2006年，第7000页。

② 《旧唐书》卷八二《许敬宗传》，北京：中华书局，1975年，第2764页。

新书》《西域图志》《姓氏录》《新礼》等数十种皆敬宗总知之，赏赉不胜纪。"①我们猜想，虽然许敬宗在贞观时期参与了《文思博要》的编纂，但是他在当时对类书编纂体例的认识，或者经验教训皆是不足的，故在其早期主持编纂的类书中，尤其是《东殿新书》中，编纂方法、编纂体例皆表现出了不成熟、不理想，这也是《东殿新书》成为抄撮之书的原因，而此后的许敬宗慢慢积累了较多的经验教训，慢慢提升了唐高宗时代类书编纂的水平。

对于《东殿新书》的其他编纂者，首先是李义府。前文《新唐书》卷五九《艺文三》载："《东殿新书》二百卷。许敬宗、李义府奉诏于武德内殿修撰。"可见李义府是第二编纂者，李义府此人名声不好，但是欧阳修《新唐书》仍然将之列为许敬宗之后的第二编纂者，可见其在编纂《东殿新书》之中，还是起了较大的作用。《旧唐书》卷八二《李义府传》载："李义府，瀛州饶阳人也。其祖为梓州射洪县丞，因家于永泰。贞观八年，剑南道巡察大使李大亮以义府善属文，表荐之。对策擢第，补门下省典仪。黄门侍郎刘洎、侍书御史马周皆称荐之，寻除监察御史。又敕义府以本官兼侍晋王。及升春宫，除太子舍人，加崇贤馆直学士，与太子司议郎来济俱以文翰见知，时称来、李。"②高宗嗣位，迁中书舍人，永徽二年，兼修国史，加弘文馆学士。"显庆元年，以本官兼太子右庶子，进爵为侯……寻兼太子左庶子。"③由《李义府传》可知，李义府在显庆元年及稍前，一直兼修国史，这应该是其作为《东殿新书》第二编纂者的主要原因。再者，李义府是唐高

---

① 《新唐书》卷二二三上《奸臣上·许敬宗传》，北京：中华书局，1975 年，第 6338 页。
② 《旧唐书》卷八二《李义府传》，北京：中华书局，1975 年，第 2765—2766 页。
③ 《旧唐书》卷八二《李义府传》，北京：中华书局，1975 年，第 2766—2767 页。

宗的旧人，其曾经一度在太子府担任官职，可见唐高宗打算让自己的老班底有所作为，为其实现文治贡献力量，后文所说之薛元超，亦是唐高宗太子府的旧人，可见其中奥妙。总之，许敬宗、李义府二人同时主持此书的编纂，足见当时朝廷尤其是唐高宗对《东殿新书》编纂之重视。

对于《东殿新书》的其他编纂者，史书亦有记载，而其中最为著名的是薛震薛元超。《旧唐书》卷七三《薛收传附薛元超传》载：

> 收子元超。元超早孤，九岁袭爵汾阴男。①及长，好学善属文。太宗甚重之，令尚巢剌王女和静县主，累授太子舍人，预撰《晋书》。高宗即位，擢拜给事中，时年二十六。数上书陈君臣政体及时事得失，高宗皆嘉纳之。俄转中书舍人，加弘文馆学士，兼修国史。中书省有一盘石，初，道衡为内史侍郎，尝踞而草制，元超每见此石，未尝不泫然流涕。永徽五年，丁母忧解。明年，起授黄门侍郎，兼检校太子左庶子。元超既擅文辞，兼好引寒俊，尝表荐任希古、高智周、郭正一、王义方、孟利贞等十余人，由是时论称美。后以疾出为饶州刺史。三年，拜东台侍郎。右相李义府以罪配流巂州，旧制流人禁乘马，元超奏请给之，坐贬为简州刺史。②

很可惜，《薛元超传》没有记载其参与编纂《东殿新书》的事情，好在其《行状》《墓志》记载了其参与编纂《东殿新书》的故事。杨炯《盈川集》

---

①按后文薛元超之《行状》《墓志》所载，皆为"六岁，袭汾阴男"，怀疑《旧唐书》记载有误。
②《旧唐书》卷七三《薛收传赋薛元超传》，北京：中华书局，1975 年，第 2590 页。

卷一〇《中书令汾阴公薛振行状》载:

> 六岁,袭爵汾阴男。十一,太宗召见,敕宏文馆读书。十六,为神尧皇帝挽郎。十九,尚和静县主。高宗升储之日也,敕公为太子通事舍人。二十二,除太子舍人。高宗践位,诏迁朝散大夫,守给事中。年二十六,寻拜中书舍人,宏文馆学士。三十二,丁太夫人忧去职,起为黄门侍郎,固辞不许。修《东殿新书》毕,进爵为侯。公毁瘠过礼,多不视事,出为饶州刺史。上梦公,征为右成务。四十,复为东台侍郎。是岁也,放李义府于邛笮,旧制流人禁乘马,公为之言,左迁简州刺史。①

《大唐故中书令赠光禄大夫秦州都督薛公墓志铭》载:

> 六岁,袭汾阴男。受左传于同郡韩文汪,便质大义……八岁,善属文,时房玄龄、虞世南试公咏竹,援豪立就……九岁,以幕府子弟,太宗召见与语。十一,弘文馆读书,一览不遗,万言咸讽。通人谓之颜、丹,识者知其管、乐。十六,补神尧皇帝挽郎。十九,尚和静县主。衣冠之秀,公子为郎;车服之仪,王姬作配。廿一,除太子通事舍人,仍为学士,修晋史。太宗尝夜宴王公于玄武内殿,诏公咏烛,赏彩卅段;他日,赋公泛鹢金塘诗成,谓高宗曰:元超父事我,雅杖名节;我令元超事汝,汝宜重之。廿二,迁太子舍人。永徽纂历,加朝散大夫,迁给事中,时年廿六。寻迁中

---

① [唐]杨炯撰,[明]童佩辑编:《盈川集》卷一〇《中书令汾阴公薛振行状》,《文渊阁四库全书》第1065册,上海:上海古籍出版社,2003年,第277—281页。

书舍人、弘文馆学士兼修国史。仍与上官仪同入阁供奉，从容朝制，肃穆图书……卅二，丁太夫人忧，哭辄欧血。有敕慰喻。起为黄门侍郎。累表后拜……修东殿新书成，进爵为侯，赐物七百段。敕与许敬宗润色玄奘法师所译经论。疏荐高智周、任希古、王义方、顾胤、郭正一、孟利贞等有材干。河东夫人谓所亲曰：元超为黄门虽早，方高祖适晚二年。以居丧羸疾，多不视事。卅四，出为饶州刺史。在职以仁恩简惠称。有芝草生鄱阳县。卌，帝梦公，追授右成务。卌一，复为东台侍郎。献封禅书、平东夷策。以事复出为简州刺史。①

时间	年龄	《旧唐书》	《行状》	《墓志》②
贞观三年(629年)	6岁		六岁，袭爵汾阴男	六岁，袭汾阴男
贞观八年(634年)	11岁		十一，太宗召见，敕宏文馆读书	十一，弘文馆读书
贞观十三年(639年)	16岁		十六，为神尧皇帝挽郎。	十六，补神尧皇帝挽郎。
贞观十六年(642年)	19岁		十九，尚和静县主。	十九，尚和静县主。
贞观十九年(645年)	22岁		二十二，除太子舍人。	廿二，迁太子舍人。
贞观二十三年(649年)	26岁	高宗即位，擢拜给事中，时年二十六	高宗践位，诏迁朝散大夫，守给事中。年二十六，寻拜中书舍人，宏文馆学士。	永徽纂历，加朝散大夫，迁给事中，时年廿六。寻迁中书舍人、弘文馆学士兼修国史。

①周绍良、赵超主编：《唐代墓志汇编续集》，上海：上海古籍出版社，2001年，第278—279页。
②《墓志》所载薛元超诸事迹多有比《行状》晚一年之现象，故我们依据《旧唐书》《墓志》《行状》皆记载之永徽五年(654年)，三十二岁，丁母忧之事为准，前后推算其生平履历。

续表

时间	年龄	《旧唐书》	《行状》	《墓志》①
永徽五年(654年)	32 岁	永徽五年,丁母忧解。	三十二,丁太夫人忧去职	卅二,丁太夫人忧,哭辄欧血。
永徽六年(655年)	33 岁	明年,起授黄门侍郎,兼检校太子左庶子		
显庆元年(656年)	34 岁		修《东殿新书》毕,进爵为侯。公毁瘠过礼,多不视事,出为饶州刺史。	修东殿新书成,进爵为侯,赐物七百段……卅四,出为饶州刺史。
龙朔三年(663年)	40 岁	三年,拜东台侍郎。	四十,复为东台侍郎。	卌,帝梦公,追授右成务。

通过上文对薛元超的记载,可见薛元超备受唐太宗、唐高宗父子信任,并且与皇室亦有姻亲,而根据薛元超之履历,我们可以清楚地知道《东殿新书》的完成时间,即显庆元年(656年),因为薛元超三十四岁出为饶州刺史之前,《东殿新书》已经完成,这也再次证明了上文我们对《东殿新书》编纂完成时间的判断。

王应麟《玉海》中记载了另外有可能参与《东殿新书》编纂的人。《玉海》卷五四《艺文》载:"唐《东殿新书》……《刘祎之传》:迁右史,弘文馆直学士,上元中,与元万顷等偕召入禁中,论次新书,凡千余篇。"① 按照王应麟的记载,大约是将刘祎之、元万顷等人作为《东殿新书》的可能编纂者,附列在诸记载之后,但是我们查阅《刘祎之传》后发现,此人上元中(674—676年)为学士直弘文馆,与《东殿新书》的编纂时间显

---

① [宋]王应麟:《玉海》卷五四《艺文》,扬州:广陵书社,2003 年,第 1029 页。

庆元年（656年）相距较大，故王应麟《玉海》中的分析有误。《旧唐书》卷
八七《刘祎之传》载："祎之少与孟利贞、高智周、郭正一俱以文藻知
名，时人号为刘、孟、高、郭。寻与利贞等同直昭文馆。上元中，迁
左史、弘文馆直学士，与著作郎元万顷，左史范履冰、苗楚客，右史
周思茂、韩楚宾等，皆召入禁中，共撰《列女传》《臣轨》《百僚新诫》《乐
书》，凡千余卷。时又密令参决，以分宰相之权，时人谓之'北门学
士'。"①

对于《东殿新书》的编纂地点，前文亦有明确记载，即武德内殿。
《玉海》卷一五九《宫室》亦载："唐武德殿。《高祖纪》：高祖入关，义宁
元年十一月甲子，以武德殿为丞相府。《会要》：武德四年八月，赐五品
已上射于武德殿。贞观五年三月三日，赐文武五品已上射于武德殿。
六年三月三日，赐群臣大射于武德殿。《魏王泰传》：太宗命泰入居武德
殿，侍中魏征言，王为爱子，不可使居嫌疑之地，帝悟乃止。《许敬宗
传》：待诏太极殿西闼，显庆元年奉诏于武德内殿，撰《东殿新书》。《百
官志》：永徽中命弘文馆学士一人，日待制于武德西门。《玄宗纪》：延
和元年七月壬辰，睿宗制皇太子宜即皇帝位，皇太子乃御武德殿，八
月庚子即位。《六典》：太极殿左曰虔化门，虔化门之东曰武德，西门其
内有武德殿、延恩殿。《两京记》：武德殿在西内乾化门东北。《长安志》：
西内乾化之东曰武德西门，其内则武德殿，在甘露殿之东。"②武德殿属
于太极宫内廷东南隅的一处宫殿，并且武德殿是太极宫里一处具有浓
厚政治色彩的宫殿。陈扬《唐太极宫与大明宫布局研究》言："高宗前期，
武德殿政治地位依旧十分重要，这里是皇帝每日视朝的场所。'永徽中，

①《旧唐书》卷八七《刘祎之传》，北京：中华书局，1975 年，第 2846 页。

②［宋］王应麟：《玉海》卷一五九《宫室》，扬州：广陵书社，2003 年，第 2917—2918 页。

命弘文馆学士一人，日待制于武德殿西门'。大臣天天在武德殿门外待诏，皇帝必然每日都要在这里办公。由此可见，武德殿具有类似两仪殿'常日听朝而视事'的功能。"①唐高宗在即位后的第七个年头，在极富政治色彩的武德殿，令其旧部许敬宗、李义府、薛元超等人编纂出了一部二百卷的《东殿新书》，这无疑是年轻皇帝的新尝试，而如上文我们所说，斗志昂扬的唐高宗必然要在其父祖的基业上写下浓墨重彩的一笔。

《东殿新书》在诸书中的记载其实比较模糊，由于其早已散佚殆尽，更是无法开展全面的考察，笔者不揣浅陋，利用相关线索，对之进行了推测与考察，旨在将此书的编纂时间、主要内容、基本性质、编纂人员、编纂地点等问题考察清楚，或许目前的考察仍有令人不满意的地方，但是我们可以初步弄清《东殿新书》的部分情况，即《东殿新书》是唐高宗敕令编纂的一部官修类书，其编纂完成时间在显庆元年（656年）五月，其编纂地点是武德内殿，其主要的编纂者有许敬宗、李义府、薛元超等人，其主要内容来自从《史记》到《晋书》之诸正史，其性质是有类抄撮之类书，但又具有杂史、史钞之性质。

二、《累璧》的编纂

《累璧》是唐高宗时期编纂的一部重要类书，《旧唐书》《新唐书》对它皆有记载。《旧唐书》卷四《高宗上》载："龙朔元年……六月庚寅，中书令许敬宗等进《累璧》六百三十卷，目录四卷。"②《旧唐书》卷四七《经籍

---

①陈扬：《唐太极宫与大明宫布局研究》，陕西师范大学硕士学位论文，2010年，第67页。
②《旧唐书》卷四《高宗上》，北京：中华书局，1975年，第82页。

下》子部"事类"或"类事"载："《累璧》四百卷。许敬宗撰。"①《旧唐书》
中两次出现关于《累璧》的记载，内容有巨大差异，首先是卷帙不同，
《高宗上》记载为"六百三十卷，目录四卷"，《经籍下》记载为"四百卷"，
差距还是很大的。

　　《新唐书》卷五九《艺文三》子部"类书类"载："《累璧》四百卷。又
《目录》四卷。许敬宗等撰，龙朔元年上。"②可见，《新唐书》之《艺文志》与《旧
唐书》之《经籍志》所记载的卷帙是相同的，皆为"四百卷"，《新唐书》之
《艺文志》增加了"《目录》四卷"等信息。《通志二十略·艺文略第七》子部
"类书类"载："《累璧》四百卷。又目录，四卷。"③《通志》的记载与《新唐
书》同。《唐会要》卷三六《修撰》载："龙朔元年六月二十六日，许敬宗等
撰《累璧》六百三十卷，上之。"④《唐会要》的记载则与《旧唐书》卷四《高
宗上》相同。

　　虽然对于《累璧》有两种不同的卷帙记载，但是这两种都记载的是
《累璧》，不会是其他典籍，而此书的卷帙记载为何会有如此大差别，
从目前来看，在没有新材料的情况下，还是很难做出判断，只能猜测。
或许此《累璧》编纂完成时为六百三十卷，而在流传中成了四百卷，或
者是后世的学者对此四百卷的《累璧》做了增补，但是这种猜测是没有
道理的，因为同是《旧唐书》，对《累璧》卷帙的记载就是不一样的，《旧
唐书》卷四《高宗上》言"六百三十卷，目录四卷"，《旧唐书》卷四七《经
籍下》言"四百卷"，至于其中缘由，只能存疑，因为关于《累璧》的材料
实在太少。

---

①《旧唐书》卷四七《经籍下》，北京：中华书局，1975 年，第 2046 页。

②《新唐书》卷五九《艺文三》，北京：中华书局，1975 年，第 1563 页。

③［宋］郑樵撰，工树民点校：《通志二十略·艺文略第七》，北京：中华书局，1995 年，第 1732 页。

④［宋］王溥：《唐会要》卷三六《修撰》，北京：中华书局，1955 年，第 657 页。

　　上述诸典籍，即《旧唐书》卷四《高宗上》与《新唐书》卷五九《艺文三》及《唐会要》卷三六《修撰》皆言《累璧》完成于龙朔元年（661年），可见《累璧》完成于龙朔元年的记载是可信的，具体日期则是龙朔元年六月二十六日，而开始编纂时间不知。

　　对于《累璧》的作者，上述文献中只提及了一个人，即许敬宗，前文已是多有提及，许敬宗是唐初编纂类书的高手，多部类书在其领导下完成，此《累璧》亦是在其领导下完成。《旧唐书》卷八二《许敬宗传》载："然自贞观已来，朝廷所修《五代史》及《晋书》《东殿新书》《西域图志》《文思博要》《文馆词林》《累璧》《瑶山玉彩》《姓氏录》《新礼》，皆总知其事，前后赏赉，不可胜纪。"①但是《累璧》一书肯定是唐高宗时期诸学士共同编纂完成的，肯定不是许敬宗一人的作品，但是史料的缺失，我们不能找到其他参与编纂者的任何信息，只能留待资料的新发现。

　　对于《累璧》之性质，我们亦可猜测一二，因为诸《经籍志》《艺文志》多将之列入类书类，故其体例无疑是对隋唐以来官修类书体例的继承与发展，而其名为"累璧"，应为璧玉之累积、累聚，历代类书之命名，多有此类，如"采璧""编珠""玉屑""珠丛"之类，形象生动且蕴含诗意，纳兰性德《渌水亭杂识》中即有十分精辟的分析。"昔人好取华丽字以名类事之书，如编珠、合璧、雕金、玉英、玉屑、金钥、宝匮、宝海、宝车、龙筋、凤髓、麟角、天机锦、五色线、万花谷、青囊、锦带、玉连环、紫香囊、珊瑚木、金銮香蕊、碧玉芳林之属，未能悉数。闻国学镂版向有玉浮屠，不知何书，当亦属类家也。又有孟四元赋。孟

---

①《旧唐书》卷八二《许敬宗传》，北京：中华书局，1975年，第2764页。

名宗献，字友之，自号虚静居士，金时魁于乡、于府、于省、于御前，故号四元，其律赋为学者法，然金史不入文苑之列，唯见于刘京叔《归潜志》耳。《渌水亭杂识》。"①

《隋书》卷三四《经籍三》子部"杂家类"载："《采璧》三卷。梁中书舍人庾肩吾撰。"②《旧唐书》卷四七《经籍下》子部"杂家类"载："《采璧记》三卷。庾肩吾撰。"③《新唐书》卷五九《艺文三》载："庾肩吾《采璧》三卷。"④《通志·艺文略第六》杂家类载："《采璧》三卷。梁中书舍人庾肩吾撰。"⑤《通志·艺文略第七》类书类下载无名氏："《采璧》十五卷。"⑥《日本国见在书目录》载："《采璧》六，梁庾肩吾撰。"⑦《宋史》卷二〇七《艺文六》载："庾肩吾《采璧》五卷。"⑧《采璧》一书必然是庾肩吾平时读书积累起来的丽辞嘉言集，而且是一部采摘璧玉的丽辞嘉言集，只可惜，《采璧》在流传中散佚殆尽，连只字片语我们也没有找到。⑨而《累璧》之状况亦是如是，应是一个扩大版的《采璧》。

对于《累璧》的流传，我们猜测其流传亦是不广，因为它甚至连只言片语也没有流传下来，后世学者对它的记载更是稀少，它应该仅仅是唐高宗时代被编纂出来的众多类书中的一部，在完成了它的政治使命之后，就被束之高阁了。

---

①［清］于敏中等编纂：《日下旧闻考》卷六六《官署五》，《北京古籍丛书》，北京：北京古籍出版社，1983 年，第 1105 页。

②《隋书》卷三四《经籍三》，北京：中华书局，1973 年，第 1007 页。

③《旧唐书》卷四七《经籍下》，北京：中华书局，1975 年，第 2033 页。

④《新唐书》卷五九《艺文三》，北京：中华书局，1975 年，第 1535 页。

⑤［宋］郑樵撰，王树民点校：《通志二十略·艺文略第六》，北京：中华书局，1995 年，第 1654 页。

⑥［宋］郑樵撰，王树民点校：《通志二十略·艺文略第七》，北京：中华书局，1995 年，第 1735 页。

⑦宫内厅书陵部所藏室生寺本：《日本国见在书目录》，东京：名著刊行会，1996 年，第 52—54 页。

⑧《宋史》卷二〇七《艺文六》，北京：中华书局，1985 年，第 5295 页。

⑨刘全波：《魏晋南北朝类书编纂研究》，北京：民族出版社，2018 年。

颜真卿《康希铣神道碑铭》记载了康希铣之兄康显贞的著作，其中亦有《累璧》十卷，很显然，二书卷帙差距极大，应是同名异书，但是康公与许敬宗有姻亲关系，康公另有《词苑丽则》二十卷，《海藏连珠》三十卷，皆是文学意蕴十足的书名。

三、《瑶山玉彩》的编纂

《旧唐书》卷四《高宗上》载："(龙朔)三年……二月……太子弘撰《瑶山玉彩》成，书凡五百卷。"①《新唐书》卷五九《艺文三》子部"类书类"亦载："许敬宗《摇山玉彩》五百卷。孝敬皇帝令太子少师许敬宗、司议郎孟利贞、崇贤馆学士郭瑜、顾胤、右史董思恭等撰。"②根据《旧唐书》卷四《高宗上》的记载，我们可知太子李弘在龙朔三年(663年)二月编纂了《瑶山玉彩》一书，但是此时的太子后来的孝敬皇帝李弘是不可能完成如此一部大书的编纂，因为此时的李弘最多是个十二岁的孩子。对于李弘的年龄，赵文润先生《武则天与太子李弘、李贤的关系考释》言："可以推断出李弘是永徽三年(652年)生于感业寺内。""龙朔元年(661年)太子李弘领衔撰成《瑶山玉彩》500卷。时年10岁。"③很显然，李弘只是《瑶山玉彩》的敕修者，而主要编纂者应该是许敬宗等人。

赵文润等先生之所以将《瑶山玉彩》的编纂完成时间定在龙朔元年，是因为典籍中有《瑶山玉彩》成书于龙朔元年的记载。《旧唐书》卷八六

---

① 《旧唐书》卷四《高宗上》，北京：中华书局，1975年，第84页。

② 《新唐书》卷五九《艺文三》，北京：中华书局，1975年，第1562页。

③ 赵文润：《武则天与太子李弘、李贤的关系考释》，杜文玉主编：《唐史论丛》第9辑，西安：三秦出版社，2007年，第29—40页。虽然我们对于赵文润先生将《瑶山玉彩》成书时间定为龙朔元年有不同意见，但是据其研究可知，龙朔元年(661年)李弘的年龄是十岁，而龙朔三年(663年)李弘的年龄是十二岁。

《高宗中宗诸子》载："孝敬皇帝弘，高宗第五子也。永徽四年，封代王。显庆元年，立为皇太子，大赦改元……龙朔元年，命中书令、太子宾客许敬宗，侍中兼太子右庶子许圉师，中书侍郎上官仪，太子中舍人杨思俭等于文思殿博采古今文集，摘其英词丽句，以类相从，勒成五百卷，名曰《瑶山玉彩》，表上之。制赐物三万段，敬宗已下加级、赐帛有差。"①《唐会要》卷二《杂录》载："龙朔元年，孝敬命太子宾客许敬宗等，于文思殿博采古今集，摘其英词丽句，以类相从，勒成五百卷，名曰《瑶山玉彩》。表上之，制赐物三万段。"②《册府元龟》卷二五八《储宫部》载："唐高宗太子弘，初入东宫，请于崇贤馆置学，并置生徒，诏许之。始置学生二十员，东宫三师三少、宾客詹事、少詹事、左右庶子、左右卫卒率及崇贤馆三品学士，子孙亦宜通取。弘尝受《春秋左氏传》于率更令郭瑜，又读《礼记》。龙朔元年，命中书令兼太子宾客许敬宗、侍中兼太子右庶子许圉师、中书侍郎上官仪、太子中书舍人杨思俭等，于文思殿博探古今文集，摘其英词丽句，以类相从，勒成五百卷，名曰《摇山玉彩》。表上之，制赐物三万段，敬宗以下加级，赐帛有差。"③可见，《旧唐书》卷八六《高宗中宗诸子》《唐会要》卷二《杂录》与《册府元龟》的确是将《瑶山玉彩》的编纂时间记为龙朔元年（661年），但是这个龙朔元年究竟是开始编纂的时间，还是编纂完成的时间，还有待考察。

杜希德著，黄宝华译《唐代官修史籍考》言："《瑶山玉彩》的编纂过程非常有趣。此书原非奉高宗之命而是应太子李弘之请修纂的。李弘

①《旧唐书》卷八六《高宗中宗诸子》，北京：中华书局，1975 年，第 2828—2829 页。

②［宋］王溥：《唐会要》卷二《杂录》，北京：中华书局，1955 年，第 20 页。

③［宋］土钦若等编纂，周勋初等校订：《册府元龟》卷二五八《储宫部》，南京：凤凰出版社，2006 年，第 2936 页。

请求在崇贤阁建立他自己的二十人的学士班子，从他们研读《春秋》《左传》与《礼记》。661 年，他府中的若干成员，太子宾客许敬宗，太子右庶子许圉师，中书侍郎上官仪，太子中舍人杨思俭等受命编制了五百卷的《瑶山玉彩》。此书进呈于朝廷，许敬宗等纂修者获得升迁并'赐帛有差'。"①可见，《唐代官修史籍考》一书亦是采纳了《瑶山玉彩》成书于龙朔元年的观点，但是我们前文所见之《旧唐书》卷四《高宗上》将《瑶山玉彩》的编纂完成时间写于龙朔三年二月，这是怎么回事？就需要我们继续考察。

对于《瑶山玉彩》的撰成时间，《新唐书》之《李弘传》没有直接记载。《新唐书》卷八一《三宗诸子》载："孝敬皇帝弘，永徽六年始王代，与潞王同封。显庆元年，立为皇太子……四年，加元服。又命宾客许敬宗、右庶子许圉师、中书侍郎上官仪、中舍人杨思俭即文思殿摘采古今文章，号《瑶山玉彩》，凡五百篇。书奏，帝赐物三万段，余臣赐有差。"②可见，对于《瑶山玉彩》的编纂完成时间，有龙朔元年与龙朔三年两种说法并存。

对于参与《瑶山玉彩》的编纂人员，根据上文记载可知，有许敬宗、许圉师、上官仪、杨思俭、孟利贞、郭瑜、顾胤、董思恭诸人。许敬宗此人，是唐初编纂类书的大家，多部类书在其领导下完成，其本传亦有记载。《旧唐书》卷八二《许敬宗传》载："然自贞观已来，朝廷所修《五代史》及《晋书》《东殿新书》《西域图志》《文思博要》《文馆词林》《累璧》《瑶山玉彩》《姓氏录》《新礼》，皆总知其事，前后赏赉，

---

①［英］杜希德著，黄宝华译：《唐代官修史籍考》，上海：上海古籍出版社，2015 年，第 87 页。
②《新唐书》卷八一《三宗诸子》，北京：中华书局，1975 年，第 3588—3589 页。

不可胜纪。"①《旧唐书》卷八二《许敬宗传》又载："显庆元年，加太子宾客，寻册拜侍中，监修国史。三年，进封郡公，寻赠其父善心为冀州刺史……其年，代李义府为中书令，任遇之重，当朝莫比。龙朔二年，从新令改为右相，加光禄大夫。三年，册拜太子少师、同东西台三品，并依旧监修国史。乾封初，以敬宗年老，不能行步，特令与司空李绩，每朝日各乘小马入禁门至内省。"②根据《许敬宗传》之记载，我们可以发现，其在龙朔元年的任职是"中书令、太子宾客"，与《旧唐书》之《李弘传》所载相同，故可知《瑶山玉彩》编纂开始时间就是在许敬宗取代李义府为中书令之后。并且《旧唐书》卷四《高宗上》载："龙朔元年……六月庚寅，中书令许敬宗等进《累璧》六百三十卷，目录四卷。"③可见，龙朔元年（661 年）六月之前，许敬宗等人在编纂《累璧》一书，故可猜测《瑶山玉彩》的编纂开始时间在龙朔元年六月之后。再者，因为龙朔元年是《累璧》的完成之年，故其不大可能是《瑶山玉彩》的完成之年。而到了龙朔三年，许敬宗被册拜为太子少师、同东西台三品，我们猜测此事应在《瑶山玉彩》完成之后，或许就是由于《瑶山玉彩》的编纂完成，许敬宗才由太子宾客被拜为太子少师。

孟利贞在唐初亦编纂了多部类书，此时他的身份是参编。《旧唐书》卷一九〇上《文苑上·孟利贞传》载："孟利贞者，华州华阴人也。父神庆，高宗初为沁州刺史，以清介著名。利贞初为太子司议郎，中宗在东宫，深惧之。受诏与少师许敬宗、崇贤馆学士郭瑜、顾胤、董思恭

---

①《旧唐书》卷八二《许敬宗》，北京：中华书局，1975 年，第 2764 页。

②《旧唐书》卷八二《许敬宗》，北京：中华书局，1975 年，第 2763 页。

③《旧唐书》卷四《高宗上》，北京：中华书局，1975 年，第 82 页。

等撰《瑶山玉彩》五百卷，龙朔二年奏上之，高宗称善，加级赐物有差。利贞累转著作郎，加弘文馆学士。垂拱初卒。又撰《续文选》十三卷。"①此处所说《瑶山玉彩》的完成时间是龙朔二年（662年），也不失为一新观点，而龙朔二年奏上的记载，亦可见前文《瑶山玉彩》编纂完成于龙朔元年的记载或有问题。

《唐会要》卷三六《修撰》载："龙朔元年六月二十六日，许敬宗等撰《累璧》六百三十卷，上之。三年十月二日，皇太子宏遣司元太常伯窦德元，进所撰《瑶山玉彩》五百卷上之，诏藏书府。"②此处《唐会要》之记载非常重要，它给我们提出了两个新的问题，第一，此处《唐会要》言《瑶山玉彩》的编纂完成时间是龙朔三年，与《唐会要》卷二《杂录》所载不一样，与《旧唐书》卷四《高宗上》近似，即《瑶山玉彩》的编纂完成时间皆是龙朔三年，但是二者所载具体月份不一样，《旧唐书》卷四《高宗上》认为是"二月"，而《唐会要》卷三六《修撰》则说是"十月"。第二，按照记载，《瑶山玉彩》的进上者是司元太常伯窦德玄，他受皇太子李弘的委托，将此书献给皇帝，并被藏于书府。此外，通过窦德玄献书之事来看，或许窦德玄亦可能参与了《瑶山玉彩》的编纂工作。

《旧唐书》卷四《高宗上》载："（龙朔）二年……二月甲子，改京诸司及百官名：尚书省为中台，门下省为东台，中书省为西台，左右仆射为左右匡政，左右丞为肃机，侍中为左相，中书令为右相，自余各以义训改之。"③《旧唐书》卷四二《职官一》载："龙朔二年二月甲

---

①《旧唐书》卷一九〇《文苑上·孟利贞传》，北京：中华书局，1975年，第4997页。

②［宋］王溥：《唐会要》卷三六《修撰》，北京：中华书局，1955年，第657页。

③《旧唐书》卷四《高宗上》，北京：中华书局，1975年，第83页。

子，改百司及官名。改尚书省为中台，仆射为匡政，左右丞为肃机，左右司郎中为丞务，吏部为司列，主爵为司封，考功为司绩，礼部为司礼，祠部为司禋，膳部为司膳，主客为司蕃，户部为司元，度支为司度，仓部为司仓，金部为司珍，兵部为司戎，职方为司域，驾部为司舆，库部为司库，刑部为司刑，都官为司仆，比部为司计，工部为司平，屯田为司田，虞部为司虞，水部为司川，余司依旧。尚书为太常伯，侍郎为少常伯，郎中为大夫。中书门下为东西台。侍中为左相，黄门侍郎为东台侍郎，给事中为东台舍人，散骑常侍为左右侍极，谏议大夫为正谏大夫。中书令为右相，侍郎为西台侍郎，舍人为西台舍人。"①可见，司元太常伯这一官职其实就是户部尚书，唐高宗龙朔二年改京诸司及百官名，所以才有了司元太常伯的官职，而司元太常伯窦德玄的奏上，更证明了《瑶山玉彩》完成时间必定在龙朔二年之后，可见前文《瑶山玉彩》成书于龙朔元年的记载是有问题的。

目前，我们可知的《瑶山玉彩》编纂完成时间有四种说法，即《旧唐书》卷八六《高宗中宗诸子》及《唐会要》卷二《杂录》与《册府元龟》所言"龙朔元年"，《旧唐书》卷一九八《文苑上·孟利贞传》所言"龙朔二年"，《旧唐书》卷四《高宗上》所言"龙朔三年二月"，《唐会要》卷三六《修撰》言"龙朔三年十月"，而通过上文的考察，特别是许敬宗在龙朔三年，被册拜为太子少师之事来看，我们认为《瑶山玉彩》成书于龙朔三年的记载应该是最可信的，究竟是"二月"还是"十月"，待考。而《瑶山玉彩》的编纂开始时间肯定在《累璧》编纂完成之后，即龙朔元年六月

---

① 《旧唐书》卷四二《职官一》，北京：中华书局，1975年，第1786—1787页。

之后。

对于其他《瑶山玉彩》的编纂者，我们也略作考察，首先是许圉师。许圉师官至宰相，《旧唐书》《新唐书》皆没有立传，故他的事迹前后不连贯，散处诸书。《旧唐书》卷四《高宗上》载："（龙朔二年）十一月辛未左相许圉师下狱……左相许圉师解见任。""（龙朔）三年春……二月，前左相许圉师左迁虔州刺史。太子弘撰《瑶山玉彩》成，书凡五百卷。"①可见，此许圉师在龙朔二年十一月至龙朔三年二月之间，遭受了牢狱之灾，之后被左迁虔州刺史，其在下狱乃至被贬期间，必然无法参与《瑶山玉彩》的编纂，可见，其必然是在下狱之前的龙朔二年十一月之前参与过《瑶山玉彩》的编纂。

上官仪亦是大唐名臣，史书多有记载，但是对于其参与编纂《瑶山玉彩》一事，其本传未有记载。《旧唐书》卷八〇《上官仪传》："上官仪，本陕州陕人也。父弘，隋江都宫副监，因家于江都……太宗闻其名，召授弘文馆直学士，累迁秘书郎。时太宗雅好属文，每遣仪视草，又多令继和，凡有宴集，仪尝预焉。俄又预撰《晋书》成，转起居郎，加级赐帛。高宗嗣位，迁秘书少监。龙朔二年，加银青光禄大夫、西台侍郎、同东西台三品，兼弘文馆学士如故。本以词彩自达，工于五言诗，好以绮错婉媚为本。仪既贵显，故当时多有效其体者，时人谓为上官体。仪颇恃才任势，故为当代所嫉。麟德元年，宦者王伏胜与梁王忠抵罪，许敬宗乃构仪与忠通谋，遂下狱而死，家口籍没。"②上官仪麟德元年（664年）下狱而死，《瑶山玉彩》应该是他参与编纂的最后典籍，再者，许敬宗进言上官仪与梁王忠通谋，可见许敬

①《旧唐书》卷四《高宗上》，北京：中华书局，1975 年，第 84 页。
②《旧唐书》卷八〇《上官仪传》，北京：中华书局，1975 年，第 2743—2744 页。

宗与上官仪之间的关系是不融洽的，但是他们曾是《瑶山玉彩》同撰人员，可见这些人如上官仪或许圉师等，或许仅仅是挂名而已，并未真正参与《瑶山玉彩》的编纂，而许敬宗应该是《瑶山玉彩》的真正领修者，因为《通志》等书直接将许敬宗记载为《瑶山玉彩》的作者。《通志二十略·艺文略第七》子部"类书类"载："许敬宗《瑶山玉彩》五百卷。"①

郭瑜的事迹散处诸书，其本是太子李弘的老师，当时的官职是太子洗马。《旧唐书》卷一九一《方伎传》载："显庆元年，高宗又令左仆射于志宁、侍中许敬宗、中书令来济李义府杜正伦、黄门侍郎薛元超等，共润色玄奘所定之经，国子博士范义硕、太子洗马郭瑜、弘文馆学士高若思等，助加翻译。凡成七十五部。奏上之。"②可见，早在显庆元年（656年），太子李弘五岁之时，郭瑜已经是太子的老师，而此时他受命与诸人帮助玄奘法师翻译佛经。《新唐书》卷五九《艺文三》载："郭瑜《修多罗法门》二十卷。"③此《修多罗法门》的编纂，应该与郭瑜助玄奘法师翻译佛经有关。

《新唐书》卷六〇《艺文四》集部"总集类"载："《芳林要览》三百卷。许敬宗、顾胤、许圉师、上官仪、杨思俭、孟利贞、姚璹、窦德玄、郭瑜、董思恭、元思敬集。"④杜希德著，黄宝华译《唐代官修史籍考》言："《芳林要览》三百卷。几乎由同一个班子编集而成：许敬宗、顾胤、许圉师、上官仪、杨思俭、孟利贞、姚璹（他也是一位史官，之后他开始

①［宋］郑樵撰，王树民点校：《通志二十略·艺文略第七》，北京：中华书局，1995年，第1732页。
②《旧唐书》卷一九一《方伎传》，北京：中华书局，1975年，第5109页。
③《新唐书》卷五九《艺文三》，北京：中华书局，1975年，第1525页。
④《新唐书》卷六〇《艺文四》，北京：中华书局，1975年，第1621—1622页。

撰修《时政记》）、窦德玄、郭瑜、董思恭、元思敬。"①由此可见，郭瑜诸人在编纂《瑶山玉彩》之时，还编纂过一部《芳林要览》。②《新唐书》卷六〇《艺文四》集部"总集类"又载："郭瑜《古今诗类聚》七十九卷。"③通过郭瑜的著作《古今诗类聚》可见其在参与《瑶山玉彩》《芳林要览》之外，自己还曾编纂过具有类文类书性质的新著作，即《古今诗类聚》，而隋唐时代多有人编纂此等类文类书的著作。

史书中多有提及董思恭，但是其本传十分简短，未有关于编纂《瑶山玉彩》的记载。《旧唐书》卷一九〇上《文苑上·董思恭传》载："董思恭者，苏州吴人。所著篇咏，甚为时人所重。初为右史，知考功举事，坐预泄问目，配流岭表而死。"④宋计敏夫撰《唐诗纪事》卷三《董思恭》载："思恭高宗时中书舍人，同撰《瑶山玉彩》。"⑤

杨思俭无传，故事迹不明。《旧唐书》卷一八三《外戚传》载："又司卫少卿杨思俭女有殊色，高宗及则天自选以为太子妃，成有定日矣，敏之又逼而淫焉。"⑥《玉海》卷一二八《官制·储宫》载："唐中舍人二员，掌

①［英］杜希德著，黄宝华译：《唐代官修史籍考》，上海：上海古籍出版社，2015 年，第 87 页。

②《芳林要览》与《瑶山玉彩》《碧玉芳林》《玉藻琼林》之间的关系，应该是比较密切的，但是目前还没有材料能够将它们之间的关系解释清楚，我们猜测《芳林要览》与《碧玉芳林》或有关系，但是没有证据，且二者在《新唐书》中明显地分处不同类别，所以我们目前只能将它们分开对待。但是此《芳林要览》在书目中是与《文馆词林》相邻的，可见其性质是偏向于总集的，至少是纯正的类文类书，而此《芳林要览》的编纂时间从其与《瑶山玉彩》之编纂者人员相同这一点来看，只可能是比《瑶山玉彩》早，不可能比《瑶山玉彩》晚，因为后来许圉师被贬，上官仪被杀，已经不可能参与编纂工作，二书或许果真是同时编纂的，但是取向略有不同，故一个被置于类书，一个被置于总集。

③《新唐书》卷六〇《艺文四》，北京：中华书局，1975 年，第 1622 页。

④《旧唐书》卷一九〇《文苑上·董思恭传》，北京：中华书局，1975 年，第 4997 页。

⑤［宋］计敏夫：《唐诗纪事》卷三《董思恭》，《文渊阁四库全书》第 1479 册，上海：上海古籍出版社，2003 年，第 300 页。

⑥《旧唐书》卷一八三《外戚传》，北京：中华书局，1975 年，第 4728 页。

侍从令书奏疏。虞世南、王珪、韦琨、崔弘武、杨思俭、贺德仁为之。"①通过上述记载我们可以知道，杨思俭曾做过中舍人、司卫少卿等官职，而其参与《瑶山玉彩》编纂时的官职就是中舍人。

　　顾胤亦曾参与过《瑶山玉彩》的编纂，顾胤是位良史，曾编纂过《太宗实录》等典籍，龙朔三年（663年）去世。《旧唐书》卷七三《令狐德棻传》载："自武德已后，有邓世隆、顾胤、李延寿、李仁实前后修撰国史，颇为当时所称。"②《旧唐书》卷七三《顾胤传》载："胤，永徽中历迁起居郎，兼修国史。撰《太宗实录》二十卷成，以功加朝散大夫，授弘文馆学士。以撰武德、贞观两朝国史八十卷成，加朝请大夫，封余杭县男，赐帛五百段。龙朔三年，迁司文郎中。寻卒。胤又撰《汉书古今集》二十卷，行于代。"③顾胤早年还曾参与过《括地志》的编纂。《旧唐书》卷七六《太宗诸子》载："濮王泰，字惠褒，太宗第四子也……十二年，司马苏勖以自古名王多引宾客，以著述为美，劝泰奏请撰《括地志》。泰遂奏引著作郎萧德言、秘书郎顾胤、记室参军蒋亚卿、功曹参军谢偃等就府修撰。十四年，太宗幸泰延康坊宅，因曲赦雍州及长安大辟罪已下，免延康坊百姓无出今年租赋，又赐泰府官僚帛有差。十五年，泰撰《括地志》功毕，表上之，诏令付秘阁，赐泰物万段，萧德言等咸加给赐物。"④《新唐书》卷五八《艺文二》史部"地理类"载："《括地卷。又《序略》五卷。魏王泰命著作郎萧德言、秘书郎顾胤、记室参军蒋亚卿、功曹参军谢偃苏勖撰。"⑤

---

①［宋］王应麟：《玉海》卷一二八《官制·储宫》，扬州：广陵书社，2003 年，第 2375 页。

②《旧唐书》卷七三《令狐德棻传》，北京：中华书局，1975 年，第 2599 页。

③《旧唐书》卷七三《顾胤传》，北京：中华书局，1975 年，第 2600 页。

④《旧唐书》卷七六《太宗诸子》，北京：中华书局，1975 年，第 2653—2654 页。

⑤《新唐书》卷五八《艺文二》，北京：中华书局，1975 年，第 1506 页。

《新唐书》卷五八《艺文二》史部"正史类"载："顾胤《汉书古今集义》二十卷。"①"《武德贞观两朝史》八十卷。长孙无忌、令狐德棻、顾胤等撰。"②《新唐书》卷五八《艺文二》史部"实录"载："《今上实录》二十卷。敬播、顾胤撰，房玄龄监修。"③通过顾胤的著述，我们可知此人对唐初历史是十分熟悉的，因为他参与编纂了《武德贞观两朝史》与《太宗实录》等重要典籍。而通过顾胤"龙朔三年，迁司文郎中"来看，或许顾胤在《瑶山玉彩》编纂完成之后，迁司文郎中，不幸的是，此后不久他就去世了。

高智周是前文不曾提及的参与编纂《瑶山玉彩》的一人，或许由于当时其官职不显，故不被记载，而其本传则记载了其参与编纂《瑶山玉彩》之事。《旧唐书》卷一八五上《良吏上·高智周传》载："高智周，常州晋陵人。少好学，举进士。累补费县令，与丞、尉均分俸钱，政化大行，人吏刊石以颂之。寻授秘书郎、弘文馆直学士，预撰《瑶山玉彩》《文馆词林》等。三迁兰台大夫。时孝敬在东宫，智周与司文郎中贺凯、司经大夫王真儒等，俱以儒学诏授为侍读。总章元年，请假归葬其父母，因谓所亲曰：'知进而不知退，取患之道也。'乃称疾去职。"④《册府元龟》卷六〇七《学校部》亦载："高智周为秘书郎，弘文直学士。预撰《瑶山玉彩》《文馆词林》，三迁兰台大夫。"⑤可见，与高智周俱以儒学诏授为侍读的司文郎中贺凯、司经大夫王真儒，极有可能参与了李弘的《瑶山玉彩》

---

① 《新唐书》卷五八《艺文二》，北京：中华书局，1975 年，第 1456 页。
② 《新唐书》卷五八《艺文二》，北京：中华书局，1975 年，第 1458 页。
③ 《新唐书》卷五八《艺文二》，北京：中华书局，1975 年，第 1471 页。
④ 《旧唐书》卷一八五上《良吏上·高智周传》，北京：中华书局，1975 年，第 4792 页。
⑤ [宋]王钦若等编纂，周勋初等校订：《册府元龟》卷六〇七《学校部十一·撰集》，南京·凤凰出版社，2006 年，第 7000 页。

等典籍的编纂。

姚璹亦是如此，当时官职不显的姚璹，亦是没有被记载进入《瑶山玉彩》的编纂者之列，但是其本传则记载了其参与编纂《瑶山玉彩》的事情。《旧唐书》卷八九《姚璹传》载："姚璹字令璋，散骑常侍思廉之孙也。少孤，抚弟妹以友爱称。博涉经史，有才辩。永徽中明经擢第。累补太子宫门郎。与司议郎孟利贞等奉令撰《瑶山玉彩》书，书成，迁秘书郎。"①《册府元龟》卷六〇七《学校部》载："姚璹，永徽中为太子宫门郎。博涉经史，有才辩。与司议郎孟利贞等，奉令修《瑶山玉彩》，书成，迁秘书郎。"②

宋人吴缜在《新唐书》之《孝敬皇帝传》发现《瑶山玉彩》的编纂者与《艺文志》所载不同。《新唐书纠谬》卷九载："修《瑶山玉彩》人不同。《孝敬皇帝传》云：命宾客许敬宗、右庶子许圉师、中书侍郎上官仪、中书舍人杨思俭，即文思殿，摘采古今文章，号《瑶山玉彩》。今案《艺文志》：《瑶山玉彩》注云：孝敬皇帝令太子少师许敬宗、司议郎孟利贞、崇贤馆学士郭瑜、右史董思恭等撰其姓名，惟许敬宗同，外皆与传不同，未知孰是。"③至于记载不同的原因，我们猜测应该与这些人当时的官职尊卑高低有关，这些人应该都曾参与过《瑶山玉彩》的编纂，只是由于官职不显，有的就没有被史书记载下来，《孝敬皇帝传》所载许圉师、上官仪、杨思俭皆是相当于领修之人，他们官高位显，而《艺文志》所载孟利贞、郭瑜、董思恭诸人应该是负责编纂的文

①《旧唐书》卷八九《姚璹传》，北京：中华书局，1975年，第2902页。

②［宋］王钦若等编纂，周勋初等校订：《册府元龟》卷六〇七《学校部十一·撰集》，南京：凤凰出版社，2006年，第7000页。

③［宋］吴缜：《新唐书纠谬》卷九，《文渊阁四库全书》第276册，上海：上海古籍出版社，2003年，第692页。

学之士。

总之，目前可知的《瑶山玉彩》的编纂者主要有许敬宗、许圉师、上官仪、孟利贞、郭瑜、杨思俭、顾胤、董思恭、高智周、姚璹等人。龙朔年间，许敬宗、许圉师、上官仪等人的官职比较高，且在当时政治中的地位亦是比较重要的，或许他们并未全力地投入《瑶山玉彩》的编纂之中，其间许圉师就被下狱贬官，上官仪亦在麟德元年被杀，但是他们的出现，或者短时间的参与，展现了唐政府对《瑶山玉彩》编纂的重视。

宋吴缜撰《新唐书纠谬》卷九载："《摇山玉彩》字。《孝敬皇帝传》云：摘采古今文章，号《摇山玉彩》，凡五百篇……又云：《摇山玉彩》五百卷，其摇字在传则皆从木，而艺文志皆从手，未知孰是。"①宋人吴缜早就发现，历代典籍对《瑶山玉彩》的"瑶"字，有不同写法，有"榣"与"摇"之分，但是目前多写作"瑶"。《续通志》卷一八四《宗室传》载："又命宾客许敬宗，右庶子许圉师，中书侍郎上官仪，中舍人杨思俭，即文思殿摘采古今文章，号《瑶山玉彩》，凡五百篇，书奏，帝赐物三万段，余臣赐有差。"可见，"榣"字应该是正字，而"摇"或许是有点问题的，但是目前我们多写作"瑶"字。

袁珂校注《山海经校注》卷一一《大荒西经（山海经第十六）》载："西海之外，大荒之中，有方山者，上有青树，名曰柜格之松，日月所出入也。西北海之外，赤水之西，有先民之国。食谷，使四鸟。有北狄之国。黄帝之孙曰始均，始均生北狄。有芒山。有桂山。有榣山。其上

---

① [宋]吴缜：《新唐书纠谬》卷九，《文渊阁四库全书》第 276 册，上海：上海古籍出版社，2003 年，第 688 页。

有人，号曰太子长琴。颛顼生老童，老童生祝融，祝融生太子长琴，是处榣山，始作乐风。"①郭郛《山海经注证》对上述文字有注释与翻译，其言："有芒山，有桂山，有榣山。郭璞注：此山多桂及榣木，因名云耳。郝注：《初学记》引此经作摇山，余同。郭郛注：芒山，山多芒草，故名；桂山，山多桂树；榣山，山多钟乳洞穴，榣似为瑶之误，瑶山是多玉石、钟乳石的山。"②"始作乐风。郭璞注：创制乐风曲也。郝注：《太平御览》卷五六五引此经无风字。西次三经騩山云：'老童发音如钟磬。'故知长琴解作乐风，其道亦有所受也。"③"有芒山，有桂山，有榣山——玉石和钟乳石洞穴多的山，山上有居住氏族，称号是太子长琴。颛顼龙鸟图腾族分出老童族，老童族又产生西方祝融管理火的氏族，祝融族又产生太子长琴，他们居住在榣山。太子长琴爱好音乐，开始创作出乐曲。"④通过《山海经》的记载，我们可以知道，此"榣山"是有来源的，并且此榣山是多玉石、钟乳石的山，而《瑶山玉彩》必然是由此得名，并且此榣山是太子长琴所居住的山，与当时李弘为太子之事相合。

《瑶山玉彩》与唐初很多著名类书一样，编纂完成之后就被藏于书府了，故其流传情况如何，我们只能通过后世的目录学著作来考察。王应麟《玉海》仅仅是同时罗列了上文所提及的《新唐书》与《唐会要》的记载，未作出任何考辨。⑤《玉海》之后的目录学著作，对《瑶山玉彩》的记载不多，可见此书的流传不广，而通过下文所见之《瑶山玉彩》的两则佚

---

① 袁珂校注：《山海经校注（增补修订本）》，成都：巴蜀书社，1993 年，第 451—452 页。
② 郭郛：《山海经注证》，北京：中国社会科学出版社，2004 年，第 832 页。
③ 郭郛：《山海经注证》，北京：中国社会科学出版社，2004 年，第 833 页。
④ 郭郛：《山海经注证》，北京：中国社会科学出版社，2004 年，第 833 页。
⑤ ［宋］王应麟：《玉海》卷五四《艺文》，扬州：广陵书社，2003 年，第 1019—1020 页。

文，又可见此《瑶山玉彩》还是曾经有过流传的。

唐段公路撰，崔龟图注《北户录》卷三《香皮纸》载：

> 罗州多栈香，树身如柜柳，其华繁白，其叶似橘，皮堪捣为纸，土人号为香皮纸，作灰白色，文如鱼子笺，今罗辨州皆用之。《三辅故事》云：卫太子以纸蔽鼻，前汉已有之，非蔡伦造也，此盖言其著，不云创也。又，和熹邓后贡献悉断，岁时但供纸笔而已，然则其用久矣，但不知何物为之。按王隐《晋书》曰：王隐答华恒云：魏太和六年，河间张楫上《古今字诂》，其中部云：纸，今纸也，古以素帛，依书长短，随事截之，其数重沓，即名幡。纸字从系，此形声也，贫者无之，故路温舒截蒲写书也。和帝元兴元年，中常侍蔡伦剉捣故布网，造作纸，字从巾义，是其声虽同，系、巾则殊，不得言古纸为今纸。又，山谦之《丹阳记》曰：平准署有纸官造纸，古以缣素为书记，又以竹为简牍，其贫诸生，或用蒲为牒也。《瑶山玉彩》亦具。小不及桑根竹膜纸。睦州出之。松皮纸。日本国出。侧理纸也。侧理，陟厘也。后人讹呼陟厘为侧理，即苔也。事见张华。又《尔雅》曰：苔，石衣也。郭璞注，水苔也。一名石发，江东食之。又，《瑶山玉彩》载：薛道衡《咏苔纸诗》云：昔时应春色，引绿泛清流。今来承玉管，布字转银钩。[1]

通过仅存的《瑶山玉彩》的佚文，我们来推测《瑶山玉彩》的内容，看看唐初这些古人到底编纂了一部什么样的古籍，它的性质是类书还是总集？当我们认真研读《瑶山玉彩》的这两则佚文的时候（一则是山谦之《丹阳记》，一则是薛道衡《咏苔纸诗》），对上述佚文的断定不错的话，

---

[1] ［唐］段公路撰，［唐］崔龟图注：《北户录》卷三《香皮纸》，《丛书集成初编》第3021册，北京：中华书局，1985年，第42页。

此《瑶山玉彩》并不是只收录诗词歌赋的总集。由此可见，《瑶山玉彩》有没有收录经部与史部之内容，我们暂且不论，但其内容至少是子部与集部并列的，我们认为《瑶山玉彩》之性质是属于类事类书和类文类书，但是其新取向亦是明显的，即摘其英词丽句。

《瑶山玉彩》的名字富有诗意，此前的唐代类书之题名还没有这般充满诗意，而此后的类书题名渐渐变得诗意盎然且多姿多彩，这是一个值得注意的问题，同时也反映了唐代类书编纂的一个向着繁缛多彩发展的新特点，而与这个特点相伴随的就是类书编纂的新特点，即越来越重视诗文在类书中的地位，越来越倾向于文章总集，而此趋势发展到极致就产生了我们所认为的类文类书。类文类书是介于总集与一般类书之间的一种形态，当然类文类书仍然是类书，绝对不是总集，只是其中的诗文变得比较受重视，而这个受重视亦是相对于原来的类事类书而言的。但是《瑶山玉彩》还不是纯粹的类文类书，通过对其佚文的考察，我们还是可以看到类事类书部分的存在，故我们认为此时的《瑶山玉彩》仍然是类事类书与类文类书的组合体，只不过类文部分渐渐变得更为重要，且更多地受到编纂者的重视与关照，这应该就是唐初类书编纂的实际情况，而隋唐时代，诸如此类具有类文类书性质的类书典籍极多，如《碧玉芳林》《玉藻琼林》等，它们的出现是时代的产物，是初唐时期的学术风气、文化风气与实际创作需求共同塑造出来的。

四、《碧玉芳林》《玉藻琼林》的编纂

《碧玉芳林》与《玉藻琼林》皆是著名孟利贞所编纂的类书，前者四百五十卷，后者一百卷，但是关于它们的具体情况，我们其实所知不多，需要作深入考察。《旧唐书》卷四七《经籍下》子部"类事"载："《碧玉

芳林》四百五十卷。孟利贞撰。"①《新唐书》卷五九《艺文三》子部"类书类"载："孟利贞《碧玉芳林》四百五十卷。"②《通志二十略·艺文略第七》子部"类书类"载："《碧玉芳林》四千五十卷。"③《旧唐书》《新唐书》皆言《碧玉芳林》为"四百五十卷"，而《通志》所载之《碧玉芳林》则为"四千五十卷"，应该是《通志》有误。概而言之，明代以前的类书编纂，卷帙达到千余卷，就已经是最大规模了，如《皇览》一千卷，《华林遍略》六百余卷，《修文殿御览》三百六十卷，《文思博要》一千二百卷，《三教珠英》一千三百卷，《太平御览》一千卷，《册府元龟》一千卷，《秘府略》一千卷，可见，整个中古时期，所有的类书编纂，千余卷已经是极致，而此《碧玉芳林》恐怕不会达到四千五十卷之巨。

对于《通志》所载之《碧玉芳林》为"四千五十卷"之事，明人胡应麟有过评论，胡应麟的观点有两个，其一，相信《通志》所载为真，言类书卷帙之多；其二，认为《通志》所载为假，不足为据。《少室山房笔丛》卷二《甲部经籍会通二》载："凡经籍缘起，皆至简也，而其卒归于至繁。经解昉自毛、韩，马融、郑玄浸盛，至梁武《三礼质疑》一千卷极矣。编年昉自《春秋》，荀悦、袁宏浸盛，至李焘《长编》一千六十三卷极矣。世史昉自《尚书》，司马、班固浸盛，至脱脱《宋史》五百卷极矣。实录昉自周穆，魏、晋浸盛，至《开元起居注》三千六百八十二卷极矣。谱牒昉自《世本》，梁、唐浸盛，至王僧孺《十八州谱》七百十二卷极矣。地志昉自《山海》，陆澄、任昉浸盛，至萧德言等五百五十五卷极矣。字学昉自三苍，许慎、周研浸盛，至颜真卿《字海镜源》三百六十五卷极

①《旧唐书》卷四七《经籍下》，北京：中华书局，1975年，第2046页。
②《新唐书》卷五九《艺文三》，北京：中华书局，1975年，第1563页。
③[宋]郑樵撰，王树民点校：《通志二十略·艺文略第七》，北京：中华书局，1995年，第1732页。

矣。字法昉自《四体》（晋卫恒撰），周越、袁昂浸盛，至唐文皇《晋人书迹》一千五百一十卷极矣。方书昉自张机，葛洪、褚澄浸盛，至隋炀帝《类聚方》二千六百卷极矣。文选昉自挚虞，孔逭、虞绰浸盛，至许敬宗《文馆词林》一千卷极矣。文集昉自屈原，萧衍、沈约浸盛，至《樊宗师总集》二百九十三卷极矣。小说昉自《燕丹》，东方朔、郭宪浸盛，至洪迈《夷坚志》四百二十卷极矣。类书昉自《皇览》，欧阳、虞氏浸盛，至孟利贞《碧玉芳林》四千五十卷极矣（孟书旧唐志作四百五十为近，今从《通志》。然《三教珠英》同时，亦一千三百也）。"①《少室山房笔丛》卷四《甲部经籍会通四》载："中和堂随笔云：隋炀帝命虞世南等四十人选文章，自楚辞迄大业，共五千卷，此恐未然，自六朝《文选》，靡过五百卷者，非必当时选择之严，实以文字尚希故也。至唐许敬宗《文馆词林》一千卷，可谓古今极盛，宋《文苑英华》，加以唐一代文，亦不能过千卷，隋炀以前，何得如许之多。唐类书惟孟利贞《碧玉芳林》四千五十卷，类书事迹本繁，非文章比，然余犹疑非一人所办，旧唐孟书止四百五十卷，盖郑氏通志之误，今世南所选，不见诸艺文志中，大率记载之讹也。"②

历代典籍中，关于《玉藻琼林》的记载更少，但是《旧唐书》《新唐书》《通志》皆有记载。《旧唐书》卷四七《经籍下》子部"事类"或"类事"载："《玉藻琼林》一百卷。孟利贞撰。"③《新唐书》卷五九《艺文三》子部"类书类"载："《玉藻琼林》一百卷。"④《通志二十略·艺文略第七》子部

---

① [明]胡应麟：《少室山房笔丛》卷二《甲部经籍会通二》，北京：中华书局，1958年，第27—28页。

② [明]胡应麟：《少室山房笔丛》卷四《甲部经籍会通四》，北京：中华书局，1958年，第63页。

③《旧唐书》卷四七《经籍下》，北京：中华书局，1975年，第2046页。

④《新唐书》卷五九《艺文三》，北京：中华书局，1975年，第1563页。

"类书类"载："《玉藻琼林》一百卷。"①可见，《玉藻琼林》的编纂是果真发生过的事情，不然上述诸典籍之记载从何而来？但是由于流传不广，后世典籍对其的记载就很稀少了。

关于《碧玉芳林》与《玉藻琼林》的编纂者孟利贞，《旧唐书》《新唐书》皆有传记，前文已有简单的介绍。《旧唐书》卷一九〇上《文苑上·孟利贞传》载："孟利贞者，华州华阴人也。父神庆，高宗初为沁州刺史，以清介著名。利贞初为太子司议郎，中宗在东宫，深惧之。受诏与少师许敬宗、崇贤馆学士郭瑜、顾胤、董思恭等撰《瑶山玉彩》五百卷，龙朔二年奏上之，高宗称善，加级赐物有差。利贞累转著作郎，加弘文馆学士。垂拱初卒。又撰《续文选》十三卷。"②孟利贞在当时的文坛是很有名的，他虽然是《碧玉芳林》与《玉藻琼林》的署名人，但是他的本传没有记载这个事情，倒是记载了他与诸学士一起编纂《瑶山玉彩》的事情，这就很奇怪，《碧玉芳林》与《玉藻琼林》也是卷帙较大的类书，他们的编纂在当时肯定也是较为重要的大事，为何没有记载清楚，且署名人孟利贞好像是被署名。

孟利贞在上述著作之外，还有《续文选》《封禅录》二书传世。《新唐书》卷六〇《艺文四》载："孟利贞《续文选》十三卷。"③《旧唐书》卷四六 《经籍上》载："《封禅录》十卷。孟利贞撰。"④《新唐书》卷五八《艺文二》载："孟利贞《封禅录》十卷。"⑤在古代，修撰图书是很荣耀的事情，署名之事也是很严格的，所以上述《碧玉芳林》与《玉藻琼林》二书肯

---

① [宋]郑樵撰，王树民点校：《通志二十略·艺文略第七》，北京：中华书局，1995年，第1732页。
② 《旧唐书》卷一九〇《文苑上·孟利贞传》，北京：中华书局，1975年，第4997页。
③ 《新唐书》卷六〇《艺文四》，北京：中华书局，1975年，第1622页。
④ 《旧唐书》卷四六《经籍下》，北京：中华书局，1975年，第2009页。
⑤ 《新唐书》卷五八《艺文二》，北京：中华书局，1975年，第1490页。

定与孟利贞有着密切关系，但是其本传不载，又说明《碧玉芳林》与《玉藻琼林》二书不是孟利贞的得意之作，或者不是孟利贞的一人之作。

薛元超的事迹前文《东殿新书》一章中，我们有过考察，此人是备受唐太宗、唐高宗父子信任的，并且与皇室亦有姻亲，此外，薛元超作为高级官员，曾举荐过许多文学之士，这些文学之士中的佼佼者有孟利贞，此外还有任希古、高智周、郭正一、王义方、郑祖玄、邓玄挺、崔融等。《旧唐书》卷七三《薛元超传》载："元超既擅文辞，兼好引寒俊，尝表荐任希古、高智周、郭正一、王义方、孟利贞等十余人，由是时论称美。"①《新唐书》卷九八《薛元超传》载："所荐豪俊士，若任希古、高智周、郭正一、王义方、孟利贞、郑祖玄、邓玄挺、崔融等，皆以才自名于时。"②上述诸人是被薛元超推荐过的人，他们之间肯定有着千丝万缕的联系，这群文学之士更是当时文坛的风云人物，刘祎之、孟利贞、高智周、郭正一诸人号称"刘、孟、高、郭"，并且这些文士多是帮助皇帝编纂各类典籍，其中类书编纂是当时的潮流，他们必然参与其中。

《旧唐书》卷八七《刘祎之传》载："祎之少与孟利贞、高智周、郭正一俱以文藻知名，时人号为刘、孟、高、郭。寻与利贞等同直昭文馆。上元中，迁左史、弘文馆直学士，与著作郎元万顷，左史范履冰、苗楚客，右史周思茂、韩楚宾等，皆召入禁中，共撰《列女传》《臣轨》《百僚新诫》《乐书》，凡千余卷。时又密令参决，以分宰相之权，时人谓之'北门学士'。祎之兄懿之，时为给事中，兄弟并居两省，论者美

①《旧唐书》卷七三《薛元超传》，北京：中华书局，1975年，第2590页。
②《新唐书》卷九八《薛元超传》，北京：中华书局，1975年，第3892页。

之。"①正如前文所言，这群文士是聚拢在皇帝身边的谋士集团，他们编纂了多部著述，如《列女传》《臣轨》《百僚新诫》《乐书》，并且，孟利贞、高智周早年还参与过《瑶山玉彩》的编纂，关系如此紧密的一个文学集团，或许在编纂上述诸书之外，还曾一起编纂过《碧玉芳林》与《玉藻琼林》，但是，最后二书为何会署名孟利贞一人，也让我们怀疑。我们认为《碧玉芳林》与《玉藻琼林》的编纂绝不可能是孟利贞一人所为，必然是一个团队的功劳，而在武则天称帝之前的某一段时间里，也就是《三教珠英》编纂之前的某一个时间里，这群文士们在参与政治活动之余，集体编纂了大量的如《碧玉芳林》与《玉藻琼林》之类的典籍。这些典籍为什么没有流传下来，是一个很奇怪的问题，或许是编纂质量差，没有可流传的价值，但是，这些文学之士在当时都是有真才实学的，后来也多被收到《文苑传》之中，一群有才学的人编纂了卷帙浩繁的无用之书，也是令我们不能理解的，或许是诸书编纂完成之后，被当作王朝文治兴盛的代表，仅炫耀一番，后被藏入秘府，故不得流传。当然，这仅仅是我们的猜测。

对于《碧玉芳林》与《玉藻琼林》二书之内容，我们没有找到佚文，只能从他们的名字上来猜测其内容，二书的名字中皆有"玉""林"，可见其题名应有宝玉之林的含义。王应麟《玉海》对《碧玉芳林》《玉藻琼林》二书的性质做了一些推论，想必在王应麟时代，《碧玉芳林》与《玉藻琼林》也已经失传了，但是，王应麟还是做出了简单的推断。《玉海》卷五四《艺文》载："唐《词圃》。《志》类书：张仲素《词圃》十卷。《书目》：张仲素编经传，以字数虚实等类相从，为十篇，为词赋之备。《志》：孟利贞

---

①《旧唐书》卷八七《刘祎之传》，北京：中华书局，1975 年，第 2846 页。

《碧玉芳林》四百五十卷,《玉藻琼林》一百卷。刘绮庄《集类》一百卷。集传记杂事一类者。"①所谓"集传记杂事一类者"的意思是汇集事类而成的类事之书,对于《词圃》功能的推断,说是为辞赋之备,而卷帙较大的《碧玉芳林》与《玉藻琼林》是不是也是为辞赋之备,权做一说,还有待证明。

五、《策府》的编纂

我们认为《策府》亦是一部大型官修类书,他的卷帙达五百八十二卷,且诸目录之记载皆是五百八十二卷。《旧唐书》卷四七《经籍下》子部"事类"或"类事"载:"《策府》五百八十二卷。张大素撰。"②《新唐书》卷五九《艺文三》子部"类书类"载:"张大素《策府》五百八十二卷。"③《通志二十略·艺文略第七》子部"类书类"载:"《册府》五百八十二卷。"④

对于《策府》的作者,有的文献记载为张大素,有的文献记载为张太素,我们认为应该是张大素,因为《旧唐书》《新唐书》皆有张大素家族之传记,张大素是唐初名臣张公谨的儿子,而此张公谨是唐太宗图形凌烟阁的功臣之一,张公谨的儿子都是"大"字辈,如张大象、张大安,张大安后来位至宰相,可见此敦煌张氏家族在唐初是极显赫的。《旧唐书》卷六八《张公谨传》载:"张公谨字弘慎,魏州繁水人也……长子大象嗣,官至户部侍郎。次子大素、大安,并知名。大素,龙朔中历位东台舍人,兼修国史,卒于怀州长史,撰《后魏书》一百卷、《隋书》三十卷。

①[宋]王应麟撰:《玉海》卷五四《艺文》,扬州:广陵书社,2003年,第1047页;[宋]王应麟撰,武秀成、赵庶洋校证:《玉海艺文校证》卷二〇《总集文章》,南京:凤凰出版社,2013年,第944页。

②《旧唐书》卷四七《经籍下》,北京:中华书局,1975年,第2046页。

③《新唐书》卷五九《艺文三》,北京:中华书局,1975年,第1563页。

④[宋]郑樵撰,王树民点校:《通志二十略·艺文略第七》,北京:中华书局,1995年,第1732页。

大安，上元中历太子庶子、同中书门下三品。时章怀太子在春宫，令大安与太子洗马刘讷言等注范晔《后汉书》。宫废，左授普州刺史。光宅中，卒于横州司马。大安子说，开元中为国子祭酒。"①《新唐书》卷八九《张公谨传》载："张公谨字弘慎，魏州繁水人……子大素，龙朔中，历东台舍人，兼修国史，著书百余篇，终怀州长史。次子大安，上元中，同中书门下三品。章怀太子令与刘讷言等共注范晔《汉书》。太子废，故贬为普州刺史，终横州司马。子悱，仕玄宗时为集贤院判官，诏以其家所著《魏书》《说林》入院，缀修所阙，累擢知图书、括访异书使，进国子司业，以累免官。"②张大素作为家中次子，官职虽未能升至宰相，但他是一个著书立说的高手，著作极多，《策府》之外有《后魏书》一百卷，《隋书》三十卷，还有《说林》一书另有《敦煌张氏家传》二十卷。③

张大素儿子张悱的墓志，也没有记载张大素编纂《策府》时的情况，但是对于张大素的任官情况，记载得更多一点。《张悱墓志》载：

> 君讳悱，字承寂，魏州昌乐县人也。其先轩辕帝之后即汉赵王耳之裔，□居敦煌，郁为冠族……曾祖□儒，唐使持节深州诸军事深州刺史谥曰昭。祖公谨……唐朝授公右武候长史，随、邹、虞三州别驾太子右内率，右武候将军，定远郡开国公，泉州、庆州、定襄三总管，雍州道安抚大使，代、襄二州都督邹国公，食

---

①《旧唐书》卷六八《张公谨传》，北京：中华书局，1975 年，第 2506—2508 页。

②《新唐书》卷八九《张公谨传》，北京：中华书局，1975 年，第 3755—3756 页。

③刘全波、吴园.《〈敦煌张氏家传〉小考》，《文津学志》总第 11 辑，北京：国家图书馆出版社，2018 年。

邑五千户，别食绵州实封一千户，赠左骁卫大将军郑国公，谥曰哀……父大素，珪璋蕴德，冠冕士林，□□编词，笙簧艺苑，唐任秘书□校左千牛蜀王府记室参军事，迁越州都督府户曹参军事、著作佐郎、司文郎左史，除朝散大夫，守东台舍人、幽州司马、怀州长史。君……唐弘文□明经对册甲科，授霍王府记室参军事、恒州司兵参军事、赵州司仓参军事、并州士曹参军事、朝散大夫、行益州郫县令……以万岁登封元年三月五日寝疾弥留，卒于私第，春秋五十有二……以大周神功元年岁次丁酉十月甲子朔廿二日乙酉，迁葬于合宫县平乐乡马村东北二里邙山之原礼也。①

明胡应麟撰《少室山房笔丛》卷二九丙部《九流绪论下》载：

今世传大类书，如《太平御览》《册府元龟》，皆千卷，可谓富矣。然贞观中编《文思博要》一千二百卷，金轮朝编《三教珠英》一千三百卷，简帙皆多于宋。又许敬宗编《瑶山玉彩》五百卷，张太素编《册府》五百八十二卷，视今传合璧、事类等书，亦皆过之。其始盖昉于六朝，何承天《皇览》一百二十二卷，刘孝标《类苑》一百二十卷，徐勉《华林要略》六百卷，祖珽《修文御览》三百六十卷，然诸书惟孝标一二出自独创，自余皆聚集一时文学之士，奉诏编辑者，非一人手裁也。今《博要》《珠英》等书，俱久废不传，惟唐人《初学记》三十卷，《艺文类聚》一百卷行世，二书采掇颇精，第不备耳，中收录诗文事迹，往往出今史传文集外，使诸大部传，必各有可

①周绍良编：《唐代墓志汇编》，上海：上海古籍出版社，1992年，第915页。

观，惜哉。①

胡应麟所言非虚，历代编纂的诸多类书，皆不能长久地流传下来，我们今天只知道他们的名字而已，而内容就只能靠想象或者猜测了。此《册府》（即《策府》）亦是如此，我们甚至连《策府》的体例也不能做出判断，但是我们认为《策府》虽然署名张大素所作，但是很显然，不是张大素一人所作，应是成于众人之手，且其时代应在龙朔年（661—663 年）前后的某一时间里。此外，《策府》的署名人为何会是张大素，也让我们不解，遍观张大素的履历，其好像不会是领衔修书之人，难道不是集体撰述，而是张大素自己的独纂？但是我们更倾向于认为此书是出于众人之手，但是为何张大素成了署名人，则需要继续考证。

近年《张大素墓志》的出土给我们提供了诸多新资料，让我们可以了解更多唐初类书编纂史实，即张大素不仅参与了《策府》的编纂，还参加了《累璧》《瑶山玉彩》的编纂。

　　大唐故怀州长史张府君篡志铭并序
　　君讳大素，字茂真，魏郡繁阳人也。自黄运青阳，权舆启其昌构；徙梁迁魏，委输激其洪源。□□孝友□基，荐复公侯之胤。曾祖敢之，后魏恒州刺史、凉州大中正、西平县公。祖士儒，皇朝使持节深州诸军事、深州刺史。父公谨，皇朝使持节、都督代忻蔚朔四州诸军事、代州刺史，使持节、都督襄部唐邓淅五州诸军事、襄

---

① ［明］胡应麟：《少室山房笔丛》卷二九丙部《九流绪论下》，北京：中华书局，1958 年，第 379—380 页。

州刺史、左骁卫大将军，赠使持节、大都督荆硖岳朗四州诸军事、荆州刺史、郯国襄公。并材茂国华，誉光人杰。文英武略，为四海所称；佩玉锵金，当一时之贵。公承祯蕴庆，降和勋德之门；诞粹疏韶，飞声仁义之里。玩璋袭褓，嶷然孤映；控竹轮蒲，卓焉高竦。十四通经而博览，十五强学而待问。于时兰署宏开，芸编巨积。怀铅握椠，伫得其人。君年富业优，膺兹雠校。辩遗缉蠹，麒阁于是增华；析谬刊讹，狐台以之不乱。鸿生演义，庶得齐衡；童子为郎，远多惭色。寻以门调授左千牛备身，俄以昆季连官，出为苏州司功参军事，转蜀王府记室。蜀王罕遵直道，思纵逸游。君上谏书，以至言为目；洎王失国，以说正见知。穆生察醴而先辞，韦孟陈诗以托讽，弗足高也。显庆初，移著作佐郎、兼修国史。其后皇上缀集群言，名为《累璧》；储君区别文翰，是称《玉彩》。撰著之始，广征英彦，君以才艺优洽，前后咸预焉。书成，赐帛数百匹，累加骁骑尉。俄迁左史，奉诏修武德以来起居注，兼知弘文馆事，寻加朝散大夫。麟德初，擢授东台舍人。庇影凤枝，濯襟鸾渚。刘向以名儒膺贲，陈劭以悦礼当仁。羹问左曹，独华禁闼。坐公出为齚州司马。迁怀州长史。累赞名藩，偕流善政。骥途方展，遽闻过隙之悲；鹏路行骞，翻结止隅之恨。以咸亨元年七月廿二日遘疾卒于官舍，春秋卌有六，有子恒州司兵参军恒等。[1]

对于《张大素墓志》的价值，首先是增加了前文对于《累璧》与《瑶

[1]伍纯初：《纂类与修史：初唐张大素生平考述》，杜文玉主编：《唐史论丛》2023年第2辑，总第37辑，西安：三秦出版社，2023年，第302—315页；毛阳光主编：《洛阳流散唐代墓志汇编二集》，北京：国家图书馆出版社，2023年，第33页。

山玉彩》的认识，即"皇上缀集群言"与"储君区别文翰"，这是一个类书编纂的潮流，故唐高宗时代的类书编纂需要十分重视。一个张大素参与了三部类书的编纂，其中的经验教训，是类书编纂质量提高与编纂高潮到来的保障。当然，张大素的墓志中竟然没有提及《策府》，有点意外，但是也没有提及张大素的其他重要作品，如《后魏书》《敦煌张氏家传》等。

《策府》有的时候还被称为《册府》，与宋初之《册府元龟》略有神似，如果果真是这样的，那么《策府》还有可能是一部类事类书，因为《册府元龟》是类事类书，并且唐初官修大类书多是类事类书或类事类书与类文类书之组合体，当然这还是我们的猜测，没有证据。此外，我们判断诸如此类的官修类书甚至是唐代私纂类书的流传情况的另外一个指标就是《日本国见在书目录》有没有收录。如果有，是很好的一个证据，证明此书不但在中国流传，而且流传到了日本，并且在火灾之后仍然有幸留存下来。而当我们去看《日本国见在书目录》的时候，我们没有找到这些典籍，如《策府》《碧玉芳林》《玉藻琼林》《东殿新书》，只能如前文所说，此类唐高宗时代编纂的大型官修类书之流传是不广的，甚至是极少的，抑或是仅仅作为唐高宗时代整理典籍的一个阶段性产物，被束之高阁了，但是，《旧唐书》《新唐书》之《经籍志》《艺文志》等书目对它们的记载又是明确的，就是说，它们肯定是存在过的，所以官方藏书目录中对它们进行了记载，但是，由于某种我们不知道的原因，它们只是被藏于秘府，而不是流传于天下。

六、小结

对于唐代的类书编纂，唐高宗时代是极其重要的，承前启后之外，开拓与创新的意义也很大，在此，我们对唐代类书编纂的整体情况也做了一些基本的判断。第一，一个时间上的认知与判断，这个分界线以安史之乱为界。唐代前期类书编纂的主体是政府，并且此时期多编纂大型类书，而安史之乱之后，唐代类书的编纂开始出现新情况，政府不再主持类书编纂，或者说，官方主导的类书编纂越来越少，而民间私修、私纂类书兴旺发达起来。杜希德著，黄宝华译《唐代官修史籍考》言："唐代初年历史写作的规范性制度化导致了历史修撰的日益专业化，促使史家努力专注于撰写富有教育意义的历史：不仅在其最广泛的意义上，历史当体现出往昔所应提供给全体士人的道德伦理教训；而且在一个更狭隘的意义上，为那些参与治国的人士提供大量丰富的先例与榜样。"[①]"在初唐时期，知识的合理化组织与分门别类曾风行一时，还体现在初唐时期编纂的各式各样的'百科全书'中，这些书籍在720年的秘书省藏书目录中被归为'类事'，即'分类事项'。列入书目的这类书籍不下二十二种，这类作品中有两种作品流传至今，其一是虞世南主持编纂、完成于隋朝《北堂书钞》一百六十卷，另一种是欧阳询主持编纂、于624年呈于朝廷的《艺文类聚》一百卷。第三种流传至今的同类书籍是三十卷的《初学记》，由徐坚及其同僚编于集贤院，于727年进呈朝廷。"[②]由此可见，唐代类书编纂的前期与后期之不同是显而易见的，前期与后期的特点也是显而易见的，这是唐代类书编纂的第一个特点，前辈学者亦是已经关注到了这个问题。冯敏博士《唐代前期学术文化研究》言："唐代前期的类书编纂基本上都由帝王直接发起，因而普遍具有编纂规模大，规格高的特点。在编纂过程中往往汇集了大量

①［英］杜希德著，黄宝华译：《唐代官修史籍考》，上海：上海古籍出版社，2015年，第73页。
②［英］杜希德著，黄宝华译：《唐代官修史籍考》，上海：上海古籍出版社，2015年，第73—74页。

饱学之士，这些人一则官居要职，如高士廉、房玄龄、魏征等都是贞观重臣；学识深广，如令狐德棻、姚思廉、马嘉运、徐坚、张说等都是名重一时的学者鸿儒。这些类书编纂，直接服务于皇室的需要。其主要目标，一是扩充皇家藏书，加强文化建设，完善藏书；二是以史为鉴、施政治国；三是满足皇室文化娱乐的需求，《艺文类聚》等是以辑录诗文辞赋为主，直接服务于取事为文的需要；四是促进皇室教育，如《初学记》就是专为诸王皇子的教育和学习而编制。"①潘冬梅《中晚唐类书研究》言："和官修类书的求全求备不同，私人编撰的类书更带有主观性和随意性，可以反映当时知识的定型化和简化，其对知识的分类和介绍，可以透视当时社会一般知识程度。"②总之，唐代前期，修类书与修史一样，在规范性的制度之下，编纂了大量的各式类书，卷帙浩繁，内容多样，而到了后期，私人编纂类书异军突起，并且由于私人编纂类书更有主观性和随意性，于是各式各类具有鲜明个性的类书大量出现。但是，也不能说唐代前期没有私人编纂类书，只是由于官修类书的光芒太过耀眼，将私纂类书的光芒遮挡了起来。

第二，类书编纂与史书修撰多同时进行，类书编纂者既是史书修撰人员，又是身居要职、官高位尊的宰相名臣，这可见类书编纂之地位，亦可见当时帝王将相对类书编纂等文化事业的重视与积极性。杜希德著，黄宝华译《唐代官修史籍考》言："这些书籍并非我们现代意义上的百科全书。他们的编排与其说是为了汇总知识与资讯，还不如说是为了提供有关前人的文学与历史作品的选段摘录的汇编，为作家觅取文学精华与典故的范例打开一条简捷的途径。在他们各个不同的门类中，

---

① 冯敏：《唐代前期学术文化研究》，陕西师范大学博士学位论文，2014年，第63页。

② 潘冬梅：《中晚唐类书研究》，吉林大学硕士学位论文，2008年，第15页。

有许多是涉及'人事'的各个方面的，由此他们分类汇聚了一大批我们所谓的历史与行政问题的资讯。类书与历史写作之间一个饶有趣味的联系是，在这三部类书的编者中，而且事实上也是在唐初其他的那些久已佚失的类书的编者中，有许多学者，他们首先是作为专业的历史家享誉于世的。其他一些官方史家则在最初三个皇帝的治下参与了范围广泛的法律与礼仪的法典汇编工作。如此大规模地致力于知识的分类与编纂，成了当时的一种流行学风，许多官方史家本人也直接参与其中。"①《唐代官修史籍考》又言："欧阳询从事《陈书》的纂修，被公认为精于前朝历史……徐坚从事《武则天实录》及武后于703年授命编纂的《国史》的撰修：他们两人都是以史官的身份参与了修史。在北堂书钞的编纂者中有令狐德棻，他一生大部分的时间都担任史官。在《艺文类聚》的十余位编纂者中，令狐德棻与陈叔达从事《周书》的修撰，而裴矩则致力于撰写《齐书》。合作编纂《初学记》的人士中有著名的专业史家韦述，此书是在张说的主持下编制的，而张说本人此时正参与《今上实录》的撰写，此实录所记即为玄宗即位初年以来的事迹。"②"这后一种集子编纂之时，正值朝廷的学士们在编制一系列规模宏大的文学选集，其中《文馆词林》一千卷，完成于658年；《累璧》六百三十卷，完成于661年；《瑶山玉彩》五百卷，于663年进呈朝廷。还有一种大型选集，其完成年月已不详，但它的编纂者几乎就是编《瑶山玉彩》的同一批人，此书就是三百卷的《芳林要览》。于是包罗万象的学问与规模宏伟的选集一时间风行天下并享有皇家的慷慨资助。许多参与这类选集编纂的学士同时也是活跃的史家，其中有些人还从事实录与国史的修

---

① [英]杜希德著，黄宝华译：《唐代官修史籍考》，上海：上海古籍出版社，2015年，第74页。
② [英]杜希德著，黄宝华译：《唐代官修史籍考》，上海：上海古籍出版社，2015年，第74页。

撰。"①总之，不论是前期还是后期，编纂类书的这些文人学士多半是担任着修史的任务，他们一方面是史书的编纂人员，一方面还是类书的编纂人员，而在当时，这两项任务皆是大型工程，皆是当时朝廷十分重视的工作，故我们认为类书编纂与修史是紧密联系在一起的，进一步说，在古人的眼中，修史与编纂类书是同样重要的事情，并不是后世人眼中的修史之学术地位高，编纂类书之学术地位低。后来的学者总是轻视类书的学术地位，而中古时期直至明清，此起彼伏的类书编纂为何不能停歇，正是类书编纂之地位与重要性的表现。

第三，类书编纂体例上的评价。南北朝时期的类书编纂多以类事类书占主导地位，而到了《艺文类聚》编纂的时代，类事类书和类文类书模式正式出现并得以确立。当然，对于类事类书与类文类书的讨论，前文已有说明，但是，遍观唐初编纂的大型类书如《文思博要》《三教珠英》等，皆是类事类书，发展到《瑶山玉彩》《碧玉芳林》《玉藻琼林》，类事类书与类文类书之间的结合更趋紧密，虽然此时的类文部分仍然附属于类事部分，但是，毋庸置疑的是，此时的类文部分已经有了很大的自主权乃至主动权，文的色彩更加浓厚，这是类事类书与类文类书结合的产物，究竟谁占主导地位，还需要具体问题具体分析，但是，由于资料的散佚，我们只能猜测，可以断定的是唐初编纂的诸类书，主体模式是类事类书，受《艺文类聚》的影响，类文部分开始占有更多的篇幅，甚至类文部分有单独独立的倾向与实践，《文馆词林》是一个参照物。随着官修类书的发展，私人编纂类书开始繁荣起来，私人类书编纂的体例亦是多姿多彩，比官修类书更为自由与热烈，从唐初即不断

---

① [英]杜希德著，黄宝华译：《唐代官修史籍考》，上海：上海古籍出版社，2015年，第86—87页。

产生各式新体例的类书，类事类书和类文类书模式不再那么受到追捧，因为，相对来说，类事类书和类文类书模式太过冗杂，知识点不集中，而类句类书与类语类书是更适宜、更合用的体例，当然类句类书之代表作《北堂书钞》、类语类书之代表作《编珠》在隋炀帝时代已经出现，到了唐初，就是一个如何继续发展的问题。赋体类书也是如此，逐渐受到文人学士更多的青睐，《翰苑》是一部失传已久的赋体类书，幸运的是，日本有古写本重现，这是唐高宗显庆五年（660年）张楚金编纂的，原来的学者多认为《事类赋》是赋体类书的开启者，后来，敦煌文献中发现了《兔园策府》，让我们知道唐初就有此类赋体类书出现，而《翰苑》的发现，证明唐初不是只有一个《兔园策府》，还有一个《翰苑》，它们时代相距不远，也就是说，在唐太宗与唐高宗时代，就出现了较为成熟的赋体类书。安史之乱之后的唐代类书编纂，还是类句类书与类语类书最受欢迎，《备举文言》《记室备要》是类语体类书，《白氏六帖事类集》是类句类书，而诸如此类的类句类书、类语类书大量出现且流行起来，是类书繁荣兴盛的表现，因为，此时的读书人需要这样的类书，而大量涌现出来的晚唐类书之体例与内容，又染上了藩镇割据的颜色。最后，组合体类书亦是唐代类书编纂的一个特色，《艺文类聚》是类事书与类文类书的组合，《初学记》是类事类书加类语类书加类文类书的组合，这种组合体类书的编纂，难度是很高的，所以私人编纂类书多不采用这种模式，而只有官方在人才济济的情况下，才可以做出如此经典的文本，《艺文类聚》《初学记》之所以可以流传千年，并成为经典，主要还是和它们的编纂体例有关，这是它们不可能被淘汰的质量保障。

　　第四，类书编纂者方面的评价，中古时期，包括唐代，类书的编纂是连绵不绝的，多是父子兄弟交至，师徒交至，同一人编纂多部类书亦是一个值得关注的重要现象。前文我们已经有过分析，中古时期的类书编纂者之间是有着十分紧密的关系，具体到唐代，我们可见到的第一个代表人物是许敬宗，他是唐高宗时代典籍编纂的主要负责人，十几部典籍在其领导下完成，"自贞观已来，朝廷所修《五代史》及《晋书》《东殿新书》《西域图志》《文馆词林》《累璧》《瑶山玉彩》《姓氏录》《新礼》"等书，皆总知其事，而此位许敬宗在唐太宗时代是参与过《文思博要》的编纂，其在后来的《东殿新书》《瑶山玉彩》《累璧》的编纂中究竟是一个什么状况，史书记载不详，但是，毫无疑问的是，早年参与编纂《文思博要》的经验，必然对他领修新书极有帮助，而早年的经验、教训必然会指导新的类书编纂，这是促进类书编纂进步，提高类书编纂质量的人才保障。《三教珠英》的编纂者亦是众多，其中起了重大作用的是徐坚、张说二人，建议参考《文思博要》编纂《三教珠英》的主意就是他们出的，这就是说，徐坚、张说二人对《文思博要》与《三教珠英》皆很熟悉，不然他们也无法完成《三教珠英》的编纂，更为重要的是，到了唐玄宗时代，唐玄宗感觉《修文殿御览》等书，卷帙庞大，不利于王子们学习使用，于是敕令徐坚、张说编纂王子教科书《初学记》，此时的徐坚、张说二人，在两部千卷大类书的基础上，再次编纂类书，难道会不受影响，难道会没有了印象，他们早年编纂《三教珠英》的经验、教训必然会促进《初学记》的编纂，加之唐玄宗的个性化要求，于是一个新的类书体例的践行者《初学记》诞生了。孟利贞是第三个例子，此人早年参与了《瑶山玉彩》的编纂，后来又编纂了《碧玉芳林》《玉藻琼林》，虽然这三部书都散佚了，我们看不出他们之间的联系，但是通过这文采意蕴十足的题名，以及其早年编纂《瑶山玉彩》的经验教训，肯定会影响《碧玉芳林》《玉藻琼林》的编纂。再者，薛元超曾经参与过《东殿新书》的编纂，而其子薛曜后来又参与了《三教珠英》的编纂，这是父子皆参与编纂类书的代表。王义方编纂有类书《笔海》，而他的弟子，为他服丧三年的员半千，后来参与了《三教珠英》的编纂，早年受学王义方门下的员半千，绝不会不知道《笔海》，而此小小的《笔海》，会不会对《三教珠英》的编纂产生影响，我们不能做出判断，但是，此《笔海》毋庸置疑地会影响到员半千。白居易编纂有《白氏六帖事类集》，白居易的好朋友元稹编纂有《元氏类集》，虽然是内容绝无关系的两部类书，但是，两位好友之间，两部类书之间，难道彼此没有交流，难道彼此没有影响吗？总之，我们认为中古时期的类书编纂皆是前后左右联系紧密，任何学问的养成，任何典籍的编纂，都不可能是孤立的事件，必然都是中国类书发展史、编纂史上的一环，唐代也不能例外，并且唐代的表现更为典型，因为唐代的类书编纂是南北朝以来的整个类书编纂链条上的一环，是类书编纂高潮期的延续与发展。

第五，类书的功能即类书在使用范围方面的评价。唐代著名的诗人，如李峤、张说、白居易、元稹、李商隐、温庭筠、皮日休等，皆有类书编纂，其最主要的原因在于诗文写作时，类书可以帮助他们迅速查检捃摭，触类旁通。《文镜秘府论》南卷《论文意》载："凡作诗之人，皆自抄古人诗语精妙之处，名为随身卷子，以防苦思。作文兴若不来，即须看随身卷子，以发兴也。"①《文镜秘府论》这一段经典的论述，经常被引用，因为这就是古人作诗作文的实际情况，我们容易被"李白斗

①［日］弘法大师原撰，王利器校注：《文镜秘府论校注》，北京：中国社会科学出版社，1983年，第290页。王利器先生校注言："按《敦煌掇琐》七三：'《杂抄》一卷。一名《珠玉抄》，二名《益智文》，三名《随身宝》。'《杂抄》一名《随身宝》，即此意也。尔时，如《白氏六帖》《兔园册子》之类，亦此物也，所谓馈贫之粮是也。"

酒诗百篇"的豪气所误导，认为古人作文作诗就如同长江黄河水，肆意倾泻而出，其实，这种情况是较少的，更多的是"两句三年得，一吟双泪流"，而如此情况之下，类书就是最合用的随身利器。韩愈《赠崔立之评事》载："崔侯文章苦捷敏，高浪驾天输不尽。曾从关外来上都，随身卷轴车连轸。朝为百赋犹郁怒，暮作千诗转遒紧。摇毫掷简自不供，顷刻青红浮海蜃。"①"随身卷轴车连轸"一句，更为清楚地说明了随身卷轴对于读书作文之功用。贾晋华教授《隋唐五代类书与诗歌》言："与前代相比，隋唐五代类书不但数量繁多，而且体例严密，品类丰富，选辑精当，而这些众多的高质量的类书，其主要编纂目的和实际作用，都是供撰写诗文时检索典故事类，采撷美词秀句，构造对偶意象。因此，隋唐五代类书与诗歌发展之间，不可避免地产生了微妙而复杂的关系。""唐代诗歌的日益应酬化和普及化，以诗取士制度的确立，使得许多本来缺乏诗歌天赋的人也必须学会作诗，这就需要把诗歌变成一门可学习的技术，而类书正是促成诗歌技术化的工具之一。""隋唐五代类书对于诗歌的繁荣发展，还有一个特殊的副作用，即类书的编纂过程，特别是大型类书的编纂过程，往往成为诗歌创作和讨论的盛会，从中产生了不少重要作品和重要观念。""隋唐五代类书的繁荣发展，主要为适应诗歌的普及化运动，反过来又对诗歌的普及和繁荣产生了特殊的作用。这种作用有利有弊，有功有过，比较起来，应该是利大于弊，功大于过。隋唐五代类书尚未有书贾牟利之举，质量皆较高。"②张

---

① [清]彭定求等编：《全唐诗》卷三三九韩愈《赠崔立之评事》，北京：中华书局，1960年，第3796—3797页。

② 贾晋华·《隋唐五代类书与诗歌》，《厦门大学学报（哲学社会科学版）》1991年第3期，第127—132页。

振谦教授《唐代三部类书对唐诗的影响》言："现存《艺文类聚》《初学记》《六帖》三部类书与唐诗关系密切，主要表现在两方面：其一，官修类书为诗歌创作提供了典范，科举考试题目多出于此。帝王用类书编纂的方法提倡文学，导引诗风，从而促进了唐诗的繁荣；其二，类书是唐代文人知识积累过程中重要的童蒙读物，也是唐代诗人创作时'构思之古书，是唐诗生成的条件之一。"①张巍教授《温李诗的对仗、声律、用典技巧——兼论类书和骈文对温李诗的影响》言："温李的诗歌创作受到了类书和骈文的影响，可以称之为'以骈文为诗'。"②总之，文学应该是推动唐代类书编纂与发展的主要动力之一，于是大量的文学类书涌现出来，文学的上游是科举，文学的下游是教育，凡此种种，类书迅速占领从低层到高层的学术文化空间。

---

①张振谦：《唐代三部类书对唐诗的影响》，《中华文化论坛》2008 年第 1 期，第 53—58 页。

②张巍：《温李诗的对仗、声律、用典技巧——兼论类书和骈文对温李诗的影响》，《江西师范大学学报（哲学社会科学版）》2011 年第 5 期，第 94—100 页。

第九章　武则天时代的类书编纂者群体及其影响

　　武周时代大型类书《三教珠英》的编纂是隋唐时期官修类书编纂潮流的延续与高潮，《三教珠英》的编纂者多被称为"珠英学士"，"珠英学士"群体除了张昌宗外，更有李峤、徐彦伯、张说、徐坚、刘知几、崔湜等四十余人，至唐中宗、唐玄宗时代，诸学士仍然活跃于政坛、文坛。对于《三教珠英》的编纂，史书皆言"二张"无才学，盛赞张说、徐坚之功，以今度之，有因人废事、锦上添花之嫌，不应过分夸大张说、徐坚之功，亦不应抹杀李峤、徐彦伯、沈佺期、宋之问、阎朝隐、王无竞诸人之劳。诸学士在编纂《三教珠英》之外，还共同编修过《唐史》《则天皇后实录》等典籍，甚至集体参与义净大师的译经活动。受《三教珠英》之影响，诸学士多编纂有与类书渊源颇深的私修典籍，如《李峤杂咏注》《燕公事对》，甚至《初学记》之编纂，也受到了《三教珠英》的影响。总之，《三教珠英》的编纂是武则天时代极其重要的一项文化工程，是拥护武则天的一群文人学士的集体成果，"珠英学士"群体影响巨大，引领了时代风气、学术潮流。

　　唐代是类书编纂、发展的高潮期，虽然多数典籍没有流传下来，但是唐代的类书编纂是非常繁荣的。胡道静先生《中国古代的类书》言："唐代自开国到玄宗时代，除了中宗、睿宗两个很短的朝代外，累朝都用封建国家的力量编纂了一些大规模的类书。"①贾晋华先生《隋唐五代类书与诗歌》言："从隋炀帝至唐玄宗开元中，官修类书大量涌现，皇帝、太子、诸王都争先恐后地组织第一流的学者文士编纂类书。"②杜希德著，黄宝华译《唐代官修史籍考》亦言："在初唐时期，知识的合理化组织与分门别类曾风行一时……他还体现在初唐时期编纂的各式各样的'百科全书'中，这些书籍在 720 年的秘书省藏书目录中被归为'类事'，即'分类事项'。"③诚然，唐初编纂了多部大型类书，如《艺文类聚》《文思博要》《瑶山玉彩》《累璧》《东殿新书》《策府》《碧玉芳林》《玉藻琼林》《三教珠英》等。其中，《三教珠英》是有唐一代编纂的卷帙最大的类书，达1300 卷，此后几百年也无人能出其右。④但是，由于《三教珠英》是张昌宗等人领衔，且是在剿袭《文思博要》的基础上成书，故一直不被重视，甚至有些被人看不起，其实，这严重低估了《三教珠英》及其影响，笔者计划在诸学者研究的基础上再做考索，以加深对《三教珠英》编纂者群体的认知。

一、《三教珠英》的编纂者

《旧唐书》卷四七《经籍下》子部"事类"或"类事"载："《三教珠英》并

---

①胡道静：《中国古代的类书》，北京：中华书局，2005 年新 1 版，第 102 页。

②贾晋华：《隋唐五代类书与诗歌》，《厦门大学学报(哲社版)》1991 年第 3 期，第 127—132 页。

③[英]杜希德著，黄宝华译：《唐代官修史籍考》，上海：上海古籍出版社，2015 年，第 73—74 页。

④桂罗敏：《〈三教珠英〉考辨》，《图书馆杂志》2008 年第 6 期，第 75—78、52 页。桂罗敏认为，作为中国唯一女皇的武则天，之所以受到后世的高度重视，实是她的王朝全面地实现了文治武功。在文治方面，图书典籍的修撰，是其中很重要的一块。而在图书典籍的修撰中，最为出色的是大型类书一千三百卷《三教珠英》的编纂。王兰兰：《〈三教珠英〉考补与发微》，杜文玉主编：《唐史论丛》2013 年第 2 期，总第 17 辑，西安：陕西师范大学出版总社，2014 年，第 114—130 页。王兰兰亦言，在其(武则天)称帝后期，征天下文士修《三教珠英》，为其时文苑一大盛事。

目一千三百一十三卷。张昌宗等撰。"①《新唐书》卷五九《艺文三》子部"类书
类"载："《三教珠英》一千三百卷。《目》十三卷。张昌宗、李峤、崔湜、阎朝隐、
徐彦伯、张说、沈佺期、宋之问、富嘉谟、乔侃、员半千、薛曜等撰。"②可见，《旧唐
书》对于《三教珠英》编纂者的记载比较简单，《新唐书》所记载的作者信
息较多，有张昌宗、李峤等十二人。

《旧唐书》卷七八《张行成族孙易之昌宗》载："以昌宗丑声闻于外，
欲以美事掩其迹，乃诏昌宗撰《三教珠英》于内。乃引文学之士李峤、
阎朝隐、徐彦伯、张说、宋之问、崔湜、富嘉谟等二十六人，分门撰
集，成一千三百卷，上之。加昌宗司仆卿，封邺国公，易之为麟台监，
封恒国公，各实封三百户。"③《新唐书》卷一〇四《张行成族子易之、
昌宗》载："后知丑声甚，思有以掩覆之，乃诏昌宗即禁中论著，引李
峤、张说、宋之问、富嘉谟、徐彦伯等二十有六人撰《三教珠英》。"④
《资治通鉴》卷二〇六载："太后欲掩其迹，乃命易之、昌宗与文学之
士李峤等修《三教珠英》于内殿。"⑤两《唐书》皆提及张昌宗、李峤、徐
彦伯、张说、宋之问、富嘉谟，一次提及的是阎朝隐、崔湜。正史的
记载，是我们认识《三教珠英》编纂的基础，甚至我们可以认为在《三
教珠英》的编纂之中，上述诸人所起的作用更加重要。《资治通鉴》的
记载中，增加了张易之，且是其他典籍所没有记载的。再一个需要

①《旧唐书》卷四七《经籍下》，北京：中华书局，1975 年，第 2046 页。

②《新唐书》卷五九《艺文三》，北京：中华书局，1975 年，第 1563 页。此处的"乔侃"当是"乔
备"。《珠英学士集（P.3771）》所载亦是"乔备"，《旧唐书》卷 190 中《文苑中·乔知之传》亦言"乔
备"预修《三教珠英》，故"乔侃"当是"乔备"。

③《旧唐书》卷七八《张行成族孙易之昌宗》，北京：中华书局，1975 年，第 2707 页。

④《新唐书》卷一〇四《张行成族子易之、昌宗》，北京：中华书局，1975 年，第 4014—4015 页。

⑤《资治通鉴》卷二〇六《唐纪二十二》，北京：中华书局，1956 年，第 6546 页。

说明的是，三书皆言二张"丑声闻于外"，武则天"欲以美事掩其迹"，但是对于这个问题，其实不能过分解读，修书之事，与其说是给"二张"美化，不如说是为武则天张目，因为其中起关键作用的还是武则天。①

《唐会要》卷三六《修撰》载："大足元年十一月十二日，麟台监张昌宗，撰《三教珠英》一千三百卷成。上之。初，圣历中，上以《御览》及《文思博要》等书，聚事多未周备，遂令张昌宗召李峤、阎朝隐、徐彦伯、薛曜、员半千、魏知古、于季子、王无竞、沈佺期、王适、徐坚、尹元凯、张说、马吉甫、元希声、李处正、高备、刘知几、房元阳、宋之问、崔湜、常元旦、杨齐哲、富嘉谟、蒋凤等二十六人同撰，于旧书外更加佛道二教，及亲属姓名方域等部。"②《唐会要》对于《三教珠英》编纂者的记载最为详细，其将张昌宗、李峤等二十六人的姓名记载了下来，是我们了解《三教珠英》编纂者最重要的资料。

《太平御览》卷六〇一《文部十七·著书上》载："又曰天后圣历中，上以《御览》及《文思博要》等书，聚事多未备，令麟台监张昌宗与麟台少监李峤，广召文学之士，给事中徐彦伯、水部郎中员半千等二十六人，增损《文思博要》，勒成一千三百卷。于旧书外更加佛教、道流及亲属姓氏方域等部，至是毕功，上亲制名曰《三教珠英》，彦伯已下，改官

---

①刘全波：《唐代类书编纂研究》，新北：花木兰文化事业有限公司，2018年，第112页。
②[宋]王溥：《唐会要》卷三六《修撰》，北京：中华书局，1955年，第657页。《唐会要》言修《三教珠英》者有"高备"，而王兰兰考证"高备"当是"乔备"。常元旦，无传记资料，新唐书载有"韦元旦"，王兰兰考证此"常元旦"当是"韦元旦"。徐俊认为"乔侃"当是"乔备"，王兰兰认为二人的可能性亦是有的，笔者认为当从本传与《珠英学士集》记载，即只有"乔备"一人参与了《三教珠英》的编纂。

加级赐物。"①《册府元龟》卷六〇七《学校部·撰集》载："张昌宗为麟台监。圣历中，则天以《御览》及《文思博要》等书，多未周备，令昌宗与麟台少监李峤，广召文学之士。给事中徐彦伯、水部郎中员半千等二十六人，增损《文思博要》，勒成一千三百卷，于旧书外更加佛教、道教及亲属、姓氏、方域等部，至是毕功，帝亲制名曰《三教珠英》。时左补阙崔湜同修。"②《太平御览》《册府元龟》的记载，皆突出了"员半千"，是其他材料所没有的。《册府元龟》的记载还补充了一个重要信息，"时左补阙崔湜同修"，与下文敦煌本《珠英学士集》所载"左补阙清河崔湜"相合，可互证。再者，上述文献多言《三教珠英》编纂者共"二十六人"，其实这应是某一个时期的人数统计，而真实的修书过程中，会不断有人加入或退出。

《新唐书》卷二〇二《文艺中·李适传》载："武后修《三教珠英》书，以李峤、张昌宗为使，取文学士缀集，于是适与王无竞、尹元凯、富嘉谟、宋之问、沈佺期、阎朝隐、刘允济在选。书成，迁户部员外郎，俄兼修书学士。景龙初，又擢修文馆学士。"③《新唐书·李适传》提供了不少重要信息，上述诸文献皆未曾记载刘允济参与编纂《三教珠英》之事，故我们可以据此增加一人。

《玉海》卷五四载："无乔侃。《刘禹锡集》云：《珠英》卷后列学士姓名，蒋凤白衣在选。一本吴少微亦预修。"④《玉海》载事载人，多驳杂，其引

---

①［宋］李昉等撰：《太平御览》卷六〇一《文部十七著书上》，《文渊阁四库全书》第 898 册，上海：上海古籍出版社，2003 年，第 530 页。

②［宋］王钦若等撰，周勋初等校订：《册府元龟》卷六〇七《学校部·撰集》，南京：凤凰出版社，2006 年，第 7000 页。

③《新唐书》卷二〇二《文艺中·李适传》，北京：中华书局，1975 年，第 5747 页。

④［宋］王应麟：《玉海》卷五四，南京：江苏古籍出版社，上海：上海书店，1987 年，第 1029 页。

用《唐会要》时，小字部分留下了上述文字，乔侃没有参与《三教珠英》的编纂，当是其弟乔备，蒋凤则是白衣入选，而根据此处的记载可知，吴少微应该也参与了《三教珠英》的编纂。

《新唐书》卷六〇《艺文四》载："《珠英学士集》五卷。崔融集武后时修《三教珠英》学士李峤、张说等诗。"①《郡斋读书志》卷二〇《总集类》载："《珠英学士集》五卷。右唐武后朝，尝诏武三思等修《三教珠英》一千三百卷，预修书者凡四十七人，崔融编集其所赋诗，各题爵里，以官班为次，融为之序。"②《文献通考》卷二四八载："《珠英学士集》五卷。晁氏曰：唐武后朝尝诏武三思等修《三教珠英》一千三百卷，预修书者凡四十七人，崔融编集其所赋诗，各题爵里，以官班为次，融为之序。"③《郡斋读书志》《文献通考》皆言，诏武三思等修《三教珠英》，看来，武三思亦是不可避免地参与了《三教珠英》的编纂。此外，《珠英学士集》的作者崔融应该也是《三教珠英》的编纂者之一。

S.2717

卷四

阙名（李羲仲）④

通事舍人吴兴沈佺期

前通事舍人李适

左补阙清河崔湜

---

①《新唐书》卷六〇《艺文四》，北京：中华书局，1975年，第1623页。

②[宋]晁公武撰，孙猛校证：《郡斋读书志校证》卷二〇《总集类》，北京：中华书局，2011年，第1059页。

③[元]马端临：《文献通考》卷二四八《经籍考七十五》，北京：中华书局，1986年，第1954页。

④王素：《敦煌本〈珠英集·帝京篇〉作者考实》，《敦煌研究》2017年第1期，第87—90页。

右补阙彭城刘知几①

右台殿中侍御史内供奉琅琊王无竞

卷五

太子文学扶风马吉甫

P.3771

卷五

阙名

蒲州安邑县令宋国乔备

太子文学河南元希声

司礼寺博士清河房元阳

洛阳县尉弘农杨齐哲

恭陵丞安定胡皓②

　　《珠英学士集》是唐人编选的较早的唐诗选本，敦煌文书中今存残卷二卷（P.3771、S.2717）。崔融《珠英学士集》在 701—706 年的任何时段成书，皆有可能。笔者认为，长安二年（702 年）成书的可能性更大。其一，长安元年（701 年）十一月，《三教珠英》编纂完成。其二，由"左补阙清河崔湜""时左补阙崔湜同修"可知，崔湜的官职，就是修书时或修书刚刚结束时的官职。其三，长安三年（703 年）正月一日，武三思、李峤、朱敬则、徐彦伯、魏知古、崔融、徐坚、刘知几、吴兢等人，又开始了新的撰修工作，即奉武则天敕令编修《唐史》。《唐会要》卷六三

---

①余欣：《敦煌本〈珠英集〉残卷所见刘知几佚诗三首笺证》，《敦煌学辑刊》1999 年第 1 期，第 94　104 页。

②徐俊纂辑：《敦煌诗集残卷辑考》，北京：中华书局，2000 年，第 548—587 页。

《史馆上》载："修《唐史》。采四方之志，成一家之言，长悬楷则，以贻劝诫。"①一个任务的完成与一个新任务的开启，应该是次第关系，而不是并列关系。

出处	参修者	人名数
《旧唐书·经籍下》	张昌宗	1
《新唐书·艺文三》	张昌宗、李峤、崔湜、阎朝隐、徐彦伯、张说、沈佺期、宋之问、富嘉谟、乔备、员半千、薛曜	12
《旧唐书·张行成族孙易之、昌宗》	李峤、阎朝隐、徐彦伯、张说、宋之问、崔湜、富嘉谟	7
《新唐书·张行成族子易之、昌宗》	李峤、张说、宋之问、富嘉谟、徐彦伯	5
《资治通鉴》	张易之、张昌宗、李峤	3
《唐会要》	张昌宗、李峤、阎朝隐、徐彦伯、薛曜、员半千、魏知古、于季子、王无竞、沈佺期、王适、徐坚、尹元凯、张说、马吉甫、元希声、李处正、乔备、刘知几、房元阳、宋之问、崔湜、韦元旦、杨齐哲、富嘉谟、蒋凤	26
《太平御览》	张昌宗、李峤、徐彦伯、员半千	4
《册府元龟》	张昌宗、李峤、徐彦伯、员半千、崔湜	5
《新唐书·文艺中·李适传》	刘允济	1
《玉海》	吴少微	1
《珠英学士集》（P.3771、S.2717）	李羲仲、沈佺期、李适、崔湜、刘知几、王无竞、马吉甫、乔备、元希声、房元阳、杨齐哲、胡皓	12
《郡斋读书志》	武三思、崔融	47
《文献通考》	武三思、崔融	47

①［唐］王溥：《唐会要》卷六三《史馆上》，北京：中华书局，1955 年，第 1094 页。

综上所述，我们可以知道的《三教珠英》的编纂者，有张昌宗、李峤、徐彦伯、魏知古、沈佺期、宋之问、阎朝隐、刘允济、王无竞、韦元旦、尹元凯、李适、富嘉谟、员半千、王适、张说、徐坚、刘知几、崔湜、薛曜、乔备、元希声、马吉甫、杨齐哲、胡皓、于季子、李处正、房元阳、蒋凤、吴少微、崔融、武三思、张易之。王素先生认为李义仲也曾参与了《三教珠英》的编纂。①故目前所能知道的《三教珠英》的编纂者，共计 34 人。王兰兰认为苏味道、李迥秀、王绍宗、吉顼、田归道、薛稷、房融、崔神庆、杜审言亦有可能参与《三教珠英》的编纂，原因是他们与"二张"之关系密切，我们暂且持怀疑态度。②

二、"珠英学士"群体及其政治倾向

崔融、李峤、苏味道、杜审言四人并称为"文章四友"，是活跃于初唐后期诗坛的重要文学群体。胡旭、林静《"文章四友"及其政治、文学考论》言："形成于武周天授元年九月到天授三年正月……主要凭借文学才华，在武周时期仕途大盛，忠于武则天在他们看来是天经地义之事，并因之而与'二张'、武三思等过从甚密，他们的政治倾向事实上已经背离了李唐政权。"③

《旧唐书》卷九四《李峤传》载："则天深加接待，朝廷每有大手笔，皆

① 王素：《敦煌本〈珠英集·帝京篇〉作者考实》，《敦煌研究》2017 年第 1 期，第 87—90 页。

② 王兰兰：《〈三教珠英〉考补与发微》，杜文玉主编：《唐史论丛》2013 年第 2 期，总第 17 辑，西安：陕西师范大学出版总社，2014 年，第 114—130 页。

③ 胡旭、林静：《"文章四友"及其政治、文学考论》，《厦门大学学报（哲社版）》2020 年第 5 期，第 54—64 页。其言："'文章四友'很大程度上属于御用文人，在庙堂文学的创作方面颇有成就，他们主导的宫廷诗风，对近体诗格律的最终形成有相当重要的影响，李峤、杜审言在这方面的实际作用，甚至超过'沈宋'。"

特令峤为之……圣历初，与姚崇偕迁同凤阁鸾台平章事，俄转鸾台侍郎，依旧平章事，兼修国史……有文集五十卷。"①《新唐书》卷一二三《李峤传》载："十五通《五经》，薛元超称之。二十擢进士第，始调安定尉。举制策甲科，迁长安。时畿尉名文章者，骆宾王、刘光业，峤最少，与等夷……武后时，汜水获瑞石，峤为御史，上《皇符》一篇，为世讥薄。然其仕前与王勃、杨盈川接，中与崔融、苏味道齐名，晚诸人没，而为文章宿老，一时学者取法焉。"②从唐高宗时期直至武则天时代，李峤皆有功业，在武则天时代位列宰相，唐中宗时代更是朝廷之谋主，总之，李峤在武则天时代是一位非常重要的人物。而李峤参与《三教珠英》的编纂，必然是此编纂团队的学术带头人，在"二张"之外，李峤应该是重要的编纂者之一，其一李峤的地位高，其二李峤是文章宿老。李峤修《三教珠英》时的年龄，我们以 700 年为基点，③判断诸编纂者之年龄，李峤的生卒年是 645 年与 714 年，④可见，编纂《三教珠英》之时，李峤的年龄是 55 岁。

《新唐书》卷一一四《徐彦伯传》载："七岁能为文。结庐太行山下。薛元超安抚河北，表其贤，对策高第……武后撰《三教珠英》，取文辞士，皆天下选，而彦伯、李峤居首。"⑤徐彦伯《旧唐书》本传没有记载其参与编纂《三教珠英》之事，《新唐书》本传记载较详，并言选天下文辞之士，徐彦伯与李峤居首，可见，徐彦伯在编纂《三教珠英》时的作

①《旧唐书》卷九四《李峤传》，北京：中华书局，1975 年，第 2993—2995 页。

②《新唐书》卷一二三《李峤传》，北京：中华书局，1975 年，第 4367—4371 页。

③王兰兰：《〈三教珠英〉考补与发微》，杜文玉主编：《唐史论丛》2013 年第 2 期，总第 17 辑，西安：陕西师范大学出版总社，2014 年，第 114—130 页。王兰兰认为《三教珠英》的始撰时间是圣历三年（700 年）改元久视前，撰成时间是长安元年（701 年）十一月。

④马茂元：《李峤生卒年辨证》，《马茂元说唐诗》，上海：上海古籍出版社，1999 年，第 98 页。

⑤《新唐书》卷一一四《徐彦伯传》，北京：中华书局，1975 年，第 4201—4202 页。

用。《白孔六帖》卷七三亦载："撰三教珠英。徐彦伯进给事中，武后撰《三教珠英》，取文辞士，皆天下选，而彦伯、李峤居首。"①另外，我们认为《三教珠英》的编纂在当时绝对是文坛盛事，并不像后世学者讥讽的那样，浅薄不经，因为除了"二张"兄弟之外，还是有一批文坛高手参与其中。对于徐彦伯编纂《三教珠英》时的年龄，我们也做一个补充。杨玉锋《徐彦伯考》言："薛元超举荐事在仪凤二年（677年），史载徐彦伯七岁能文，以此前推 30 年作为其生年参照，则可大致判断其生于太宗贞观二十一年（647 年）。徐彦伯官位显要，新旧唐书载其卒年为开元二年（714年），当无误。"②可见编纂《三教珠英》之时，徐彦伯的年龄是 53 岁。徐彦伯在部分典籍中，名字位列李峤之前，可见，在编纂《三教珠英》这个事情上，徐彦伯之地位、作用与李峤不相上下。

《旧唐书》卷九四《崔融传》载："中宗在春宫，制融为侍读，兼侍属文，东朝表疏，多成其手。圣历中，则天幸嵩岳，见融所撰《启母庙碑》，深加叹美……圣历二年，除著作郎，仍兼右史内供奉。四年，迁凤阁舍人。久视元年，坐忤张昌宗意，左授婺州长史。顷之，昌宗怒解，又请召为春官郎中，知制诰事。长安二年，再迁凤阁舍人。三年，兼修国史。""时张易之兄弟颇招集文学之士，融与纳言李峤、凤阁侍郎苏味道、麟台少监王绍宗等俱以文才降节事之，及易之伏诛，融左授袁州刺史。寻召拜国子司业，兼修国史。神龙二年，以预修《则天实录》成，封清河县子，赐物五百段，玺书褒美。融为文典丽，

①［唐］白居易原本，［宋］孔传续撰：《白孔六帖》卷七三，《文渊阁四库全书》第 892 册，上海：上海古籍出版社，2003 年，第 207 页。

②杨玉锋：《徐彦伯考》，《天中学刊》2017 年第 3 期，第 127—135 页。

当时罕有其比，朝廷所需《洛出宝图颂》《则天哀册文》及诸大手笔，并手敕付融。撰哀册文，用思精苦，遂发病卒，时年五十四。"①神龙二年（706年），崔融撰哀册文，用思精苦，遂发病卒，时年54岁，而圣历三年（700年）之时，即编纂《三教珠英》之时，崔融的年龄是48岁。

《旧唐书》卷九八《魏知古传》载："长安中，历迁凤阁舍人、卫尉少卿。时睿宗居藩，兼检校相王府司马……睿宗即位，以故吏召拜黄门侍郎，兼修国史。"②"开元元年，官名改易，改为黄门监。二年，还京，上屡有顾问，恩意甚厚，寻改紫微令。姚崇深忌惮之，阴加谗毁，乃除工部尚书，罢知政事。三年卒，时年六十九。"③《魏知古传》没有记载其参与编纂《三教珠英》之事，开元三年（715年），魏知古69岁，而圣历三年（700年），编纂《三教珠英》时，魏知古的年龄是54岁，算是编纂团队中年龄较大者。

纵观上述李峤、徐彦伯、崔融、魏知古四人生平事迹，我们可以得到一些新的认知，李峤、崔融与武则天、"二张"关系融洽，中宗复位之后，皆坐"二张"窜逐。《旧唐书》卷七八《张行成族孙易之昌宗》载："朝官房融、崔神庆、崔融、李峤、宋之问、杜审言、沈佺期、阎朝隐等皆坐二张窜逐，凡数十人。"④当然，后来也都得到起复与重用。此外，李峤、徐彦伯早年都曾得到薛曜之父薛元超的赏识与推荐，而薛曜也参与了《三教珠英》的编纂。崔融是唐中宗故人，中宗在春宫，融

---

① 《旧唐书》卷九四《崔融传》，北京：中华书局，1975年，第2996—3000页。
② 《旧唐书》卷九八《魏知古传》，北京：中华书局，1975年，第3061页。
③ 《旧唐书》卷九八《魏知古传》，北京：中华书局，1975年，第3064页。
④ 《旧唐书》卷七八《张行成族孙易之昌宗》，北京：中华书局，1975年，第2707页。

为侍读，兼侍属文。魏知古则是唐睿宗故人，曾任检校相王府司马。总之，在四位参与《三教珠英》编纂的老臣中，与当时的权力核心联系较为密切，且各有渊源，虽不敢由此得出什么结论，但是也可以由此观察《三教珠英》编纂之时的政治生态。

《旧唐书》卷一九〇中《文苑中·沈佺期传》载："相州内黄人也。进士举。长安中，累迁通事舍人，预修《三教珠英》。"①沈佺期的传记很简单，仍然记载了其参与编纂《三教珠英》的事情，可见，编纂《三教珠英》对当时的士大夫来说，是有荣耀的"美事"。《旧唐书》卷一九〇中《文苑中·宋之问传》载："易之兄弟雅爱其才，之问亦倾附焉。预修《三教珠英》，常扈从游宴。则天幸洛阳龙门，令从官赋诗，左史东方虬诗先成，则天以锦袍赐之。及之问诗成，则天称其词愈高，夺虬锦袍以赏之。"②宋之问、沈佺期均生于唐高宗显庆元年（656年），高宗上元二年（675年），沈宋同登进士第。武后垂拱元年（685年），沈佺期步入仕途。天授元年（690年），宋之问开始仕宦生活，以名士身份被武则天征召入宫，为习艺馆学士。圣历三年（700年），编纂《三教珠英》之时，二人的年龄皆为44岁。开元四年（716年）沈佺期卒，年61岁。先天元年（712年），宋之问被赐死，年57岁。

《旧唐书》卷一九〇中《文苑中·阎朝隐传》载："累迁给事中，预修《三教珠英》。张易之等所作篇什，多是朝隐及宋之问潜代为之。圣历二年，则天不豫，令朝隐往少室山祈祷。朝隐乃曲申悦媚，以身为牺牲，请代上所苦。及将康复，赐绢彩百匹、金银器十事。俄转麟台少

---

① 《旧唐书》卷一九〇中《文苑中·沈佺期传》，北京：中华书局，1975年，第5017页。
② 《旧唐书》卷一九〇中《文苑中·宋之问传》，北京：中华书局，1975年，第5025页。

监。易之伏诛，坐徙岭外。寻召还……朝隐修《三教珠英》时，成均祭酒李峤与张昌宗为修书使，尽收天下文词之士为学士，预其列者，有王无竞、李适、尹元凯，并知名于时。"①《新唐书》卷二〇二《文艺中·阎朝隐传》载："中宗为太子，朝隐以舍人幸。性滑稽，属辞奇诡，为武后所赏。"②阎朝隐年龄不详，亦是当时的文学名士，他与"二张"兄弟关系密切，亦曾做过中宗的舍人，还被武则天所赏识，可见此人的通脱。

《旧唐书》卷一九〇中《文苑中·王无竞传》载："时宰相宗楚客、杨再思常离班偶语，无竞前曰：'朝礼至敬，公等大臣，不宜轻易以慢恒典。'楚客等大怒，转无竞为太子舍人。神龙初，坐诃诋权幸，出为苏州司马。及张易之等败，以尝交往，再贬岭外，卒于广州，年五十四。"③王无竞在值班时斥责宰相宗楚客、杨再思，可见此人之性格。王无竞与张易之亦有交往，甚至在"二张"被杀之后，受到牵连，被贬岭外，死于广州。王无竞卒年定为神龙元年（705年），54岁，可知圣历三年（700年）时，其应是49岁。宋之问曾有《端州驿见杜审言王无竞沈佺期阎朝隐壁有题慨然成咏》一首，可见宋之问与王无竞、沈佺期、阎朝隐诸人之间的亲密关系。

《旧唐书》卷一九〇中《文苑中·刘允济传》载："博学善属文，与绛州王勃早齐名，特相友善……垂拱四年，明堂初成，允济奏上《明堂赋》以讽，则天甚嘉叹之，手制褒美，拜著作郎……长安中，累迁著作佐郎，兼修国史。未几，擢拜凤阁舍人。中兴初，坐与张易之款狎，左授青州

---

①《旧唐书》卷一九〇中《文苑中·阎朝隐传》，北京：中华书局，1975年，第5026页。

②《新唐书》卷二〇二《文艺中·阎朝隐传》，北京：中华书局，1975年，第5751—5752页。

③《旧唐书》卷一九〇中《文苑中·王无竞传》，北京：中华书局，1975年，第5026—5027页。

长史，为吏清白，河南道巡察使路敬潜甚称荐之。"①刘允济早年与王勃齐名，亦是博学之人，后来，为酷吏所构，当死未死，肯定是武则天暗中保护的结果，从他后来与"二张"关系密切，并因此被贬可知，此刘允济与"二张"乃至武则天的关系是较为紧密的。或许刘允济因为被贬，早期没有参加《三教珠英》的编纂，故《唐会要》不记其名，而由《李适传》可知，其亦是参与了《三教珠英》的编纂。

《新唐书》卷二〇二《文艺中·韦元旦传》载："元旦擢进士第，补东阿尉，迁左台监察御史。与张易之有姻属，易之败，贬感义尉。俄召为主客员外郎，迁中书舍人。舅陆颂妻，韦后弟也，故元旦凭以复进云。"②韦元旦与张易之有姻亲，易之败，贬感义尉。当然，其后来的起复，则是与韦皇后有关。

总之，沈佺期、宋之问、阎朝隐、王无竞、刘允济、韦元旦六人，皆可视为"二张"一党，编纂《三教珠英》之时，沈佺期、宋之问44岁，王无竞49岁，由此可推知，阎朝隐的年龄亦是差不多的。刘允济、韦元旦年龄不详，暂且不论。且沈佺期、宋之问、阎朝隐、王无竞四人明显是有亲密关系的文人群体，他们与武则天及"二张"的关系更是极其密切，故我们可以认为李峤、崔融之外，沈佺期、宋之问、阎朝隐、王无竞四人亦是《三教珠英》编纂中的重要存在，且是极其有影响力的存在，不能因为他们与"二张"关系密切，就怀疑人品有问题，甚至怀疑他们的学问，恰恰相反，正因为他们与"二张"关系密切，他们在修书之时，应该有更多的发言权，且他们的才学其实是公认的出众。

---

①《旧唐书》卷一九〇中《文苑中·刘允济传》，北京：中华书局，1975年，第5012—5013页。

②《新唐书》卷二〇二《文艺中·韦元旦传》，北京：中华书局，1975年，第5749页。

　　《旧唐书》卷一九〇中《文苑中·尹元凯传》载："与张说、卢藏用特相友善，征拜右补阙。"①《新唐书》卷二〇二《文艺中·尹元凯传》亦载："与张说、卢藏用厚，诏起为右补阙。"②很可惜，尹元凯本传没有记载其参与编纂《三教珠英》的事情。《旧唐书》卷一九〇中《文苑中·阎朝隐传》载："预其列者，有王无竞、李适、尹元凯，并知名于时。"③《新唐书》卷二〇二《文艺中·李适传》载："于是适与王无竞、尹元凯、富嘉谟、宋之问、沈佺期、阎朝隐、刘允济在选。"④《阎朝隐传》《李适传》明确记载了其参与编纂《三教珠英》的事情，并且此尹元凯与张说、卢藏用特相友善。

　　《旧唐书》卷一九〇中《文苑中·富嘉谟传》载："长安中，累转晋阳尉，与新安吴少微友善，同官。先是，文士撰碑颂，皆以徐、庾为宗，气调渐劣；嘉谟与少微属词，皆以经典为本，时人钦慕之，文体一变，称为富吴体……嘉谟后为寿安尉，预修《三教珠英》。中兴初，为左台监察御史，卒。"⑤《新唐书》卷二〇二《文艺中·富嘉谟传》载："豫修《三教珠英》。韦嗣立荐嘉谟、少微并为左台监察御史。已而嘉谟死，少微方病，闻之为恸，亦卒。"⑥富嘉谟本传记载了他参与编纂《三教珠英》的事情，并且，富嘉谟之文章是当时之经典，为时人所钦慕，由此来看，参与编纂《三教珠英》之文士中，亦有不少真才实学之人。吴少微两《唐书》没有传，《玉海》引《唐会要》小字部分，说吴少微亦参与了《三教珠

---

①《旧唐书》卷一九〇中《文苑中·尹元凯传》，北京：中华书局，1975年，第5027页。
②《新唐书》卷二〇二《文艺中·尹元凯传》，北京：中华书局，1975年，第5752页。
③《旧唐书》卷一九〇中《文苑中·阎朝隐传》，北京：中华书局，1975年，第5026页。
④《新唐书》卷二〇二《文艺中·李适传》，北京：中华书局，1975年，第5747页。
⑤《旧唐书》卷一九〇中《文苑中·富嘉谟传》，北京：中华书局，1975年，第5013页。
⑥《新唐书》卷二〇二《文艺中·富嘉谟传》，北京：中华书局，1975年，第5752页。

英》的编纂，故我们将之附入。

《旧唐书》卷一九〇中《文苑中·员半千传》载："长安中，五迁正谏大夫，兼右控鹤内供奉。半千以控鹤之职，古无其事，又授斯任者率多轻薄，非朝廷进德之选，上疏请罢之。由是忤旨，左迁水部郎中，预修《三教珠英》。"①由员半千上疏请罢控鹤监之事，可见此人之行事，虽然忤旨，其仍然参与了《三教珠英》的编纂。

《旧唐书》卷一九〇中《文苑中·王适传》载："初则天时，敕吏部糊名考选人判，以求才彦，宪与王适、司马锽、梁载言相次判入第二等。""王适，幽州人。官至雍州司功。"②王适本传没有记载其参与编纂《三教珠英》的事情，但是《唐会要》记载了他，并且其排名很靠前。

《新唐书》卷二〇二《文艺中·李适传》载："武后修《三教珠英》书，以李峤、张昌宗为使，取文学士缀集，于是适与王无竞、尹元凯、富嘉谟、宋之问、沈佺期、阎朝隐、刘允济在选。书成，迁户部员外郎，俄兼修书学士。景龙初，又擢修文馆学士。"③李适亦是名臣，文辞优美，其唐睿宗时去世，唐睿宗第二次继位的时间是景云元年至延和元年（710—712年），711年为其卒年，圣历三年（700年）其应是38岁左右。

综上，《文苑传》诸人，包括李适，皆是才学之士，但是他们与"二张"的关系没有明显的亲密状态，甚至员半千上疏请罢控鹤之职，可见诸人之政治倾向，或可称为中坚力量。

《旧唐书》卷九七《张说传》载："弱冠应诏举，对策乙第，授太子校

---

① 《旧唐书》卷一九〇中《文苑中·员半千传》，北京：中华书局，1975年，第5014—5015页。
② 《旧唐书》卷一九〇中《文苑中·王适传》，北京：中华书局，1975年，第5017页。
③ 《新唐书》卷二〇二《文艺中·李适传》，北京：中华书局，1975年，第5747页。

书，累转右补阙，预修《三教珠英》……长安初，修《三教珠英》毕，迁右史、内供奉，兼知考功贡举事，擢拜凤阁舍人。"①张说后来亦是官至宰相，为大唐名臣，文坛领袖，张说与徐坚等人后来还编纂有《初学记》，而参与编纂《三教珠英》的人里面亦有张说，虽然，此时的张说还没有达到政治上的高度，亦是有文名的才俊。对于张说的年龄仕宦履历等，前辈学者多有探究，张说于唐高宗乾封二年（667年）出生，唐玄宗开元十八年（730年）病逝，②故张说修《三教珠英》时的年龄是33岁左右。

《旧唐书》卷一〇二《徐坚传》载："坚又与给事中徐彦伯、定王府仓曹刘知几、右补阙张说同修《三教珠英》。时麟台监张昌宗及成均祭酒李峤总领其事，广引文词之士，日夕谈论，赋诗聚会，历年未能下笔。坚独与说构意撰录，以《文思博要》为本，更加《姓氏》《亲族》二部，渐有条流。诸人依坚等规制，俄而书成，迁司封员外郎。"③《新唐书》卷一九九《儒学中·徐坚》载："与徐彦伯、刘知几、张说与修《三教珠英》，时张昌宗、李峤总领，弥年不下笔，坚与说专意撰综，条汇粗立，诸儒因之乃成书。"④通过《徐坚传》我们得到了麟台监张昌宗及成均祭酒李峤总领编纂《三教珠英》的事情，他们广引文词之士，日夕谈论，赋诗聚会，却历年未能下笔，徐坚与张说构意撰录，以《文思博要》为本，加《姓氏》《亲族》二部，渐有条汇，由此可见，徐坚与张说是《三教珠英》编纂的核心人物，是体例设定的中心人物，而此时的徐坚与张说皆是中年才

---

① 《旧唐书》卷九七《张说传》，北京：中华书局，1975年，第3049—3051页。
② 周睿：《张说研究》，四川大学博士学位论文，2007年，第19—23页。
③ 《旧唐书》卷一〇二《徐坚传》，北京：中华书局，1975年，第3175页。
④ 《新唐书》卷一九九《儒学中·徐坚传》，北京：中华书局，1975年，第5662页。

俊。徐坚的生卒年为 660 年至 729 年，编纂《三教珠英》之时徐坚 40 岁左右。

很多史料乃至当代学者，皆盛赞"坚独与说构意撰录"，我们对于徐坚、张说的学问还是认可的，但是彼时彼刻，圣历三年（700 年）前后的时间段里，徐坚与张说之地位还是需要客观评价的，对于《三教珠英》的编纂，他们的贡献不应夸大，由于他们在开元时代的影响大增，会有众善归之、锦上添花之嫌，故我们不应该忽视其他学者的贡献，一味强调张说、徐坚之功。《初学记》的编纂的确是徐坚之功，《初学记》体例创新的确是举世公认的，但是《初学记》之所以如此成功，和徐坚早年编纂过《三教珠英》必然是有联系的，是《三教珠英》这个大数据库影响并提升了后来的类书，尤其是《初学记》。①

《旧唐书》卷一〇二《刘子玄传》载："预修《三教珠英》《文馆词林》《姓族系录》，论《孝经》非郑玄注、《老子》河上公注，修《唐书实录》，皆行于代，有集三十卷。"②《新唐书》卷一三二《刘子玄传》载："子玄与徐坚、元行冲、吴兢等善，尝曰：'海内知我者数子耳。'"③可见，刘知几在参与《三教珠英》编纂之时，与徐坚等人的配合是较好的，并且相对于李峤、徐彦伯而言，张说、徐坚、刘知几诸人在当时皆是中青年才俊，而《三教珠英》真正的编纂人员，肯定就是他们，当然，参与编纂《三教珠英》的绝不仅仅是他们。刘知几的生卒年是 661 年至 721 年，可见其参与

---

① 刘全波：《〈初学记〉与〈艺文类聚〉比较研究——以"体例"与"目录"为中心的考察》，金滢坤主编：《童蒙文化研究》总第 3 卷，北京：人民出版社，2018 年，第 136—157 页；刘全波：《〈初学记〉〈艺文类聚〉比较研究——以"诗文"为中心的考察》，《西华师范大学学报（哲学社会科学版）》2020 年第 3 期，第 76—83 页。

② 《旧唐书》卷一〇二《刘子玄传》，北京：中华书局，1975 年，第 3174 页。

③ 《新唐书》卷一三二《刘子玄传》，北京：中华书局，1975 年，第 4522 页。

编纂《三教珠英》之时的年龄为 39 岁左右。①

刘知几《史通》论及同道好友时言："维东海徐坚，晚与之遇，相得甚欢……复有永城朱敬则、沛国刘允济、义兴薛谦光、河南元行冲、陈留吴兢、寿春裴怀古，亦以言议见许，道术相知。"②通过刘知几所言，其同道好友，有徐坚、朱敬则、刘允济、薛谦光、元行冲、吴兢、裴怀古，而共同参与编纂《三教珠英》的有徐坚、刘允济二人。但是，刘知几的诸位好友中，朱敬则是与"二张"距离较远的，刘允济与"二张"关系密切。《新唐书》卷一一五《朱敬则传》载："易之等集名儒撰《三教珠英》，又绘武三思、李峤，苏味道、李迥秀、王绍宗等十八人像以为图，欲引敬则，固辞不与，世洁其为人。"③《旧唐书》卷一九〇中《文苑中·刘允济传》载："中兴初，坐与张易之款狎，左授青州长史，为吏清白，河南道巡察使路敬潜甚称荐之。"④所以，刘知几的朋友圈，既不是一边倒于"二张"，也不是完全绝缘于"二张"。

《旧唐书》卷七四《崔湜传》载："湜少以文辞知名，举进士，累转左补阙，预修《三教珠英》，迁殿中侍御史。"⑤《新唐书》卷九九《崔湜传》载："玄宗在东宫，数至其第申款密。湜阴附主，时人危之，为寒毛……初，在襄州，与谯王数相问遗。王败，湜当死，赖刘幽求、张说护免。及为宰相，陷幽求岭表，密讽广州都督周利贞杀之，不克。又与太平公

---

① 许凌云：《刘知几评传》，南京：南京大学出版社，1994 年，第 314、330 页。
② [唐]刘知几著，[清]浦起龙通释，王煦华整理：《史通通释》卷一〇《自叙第三十六》，上海：上海古籍出版社，2009 年，第 268—269 页。
③《新唐书》卷一一五《朱敬则传》，北京：中华书局，1975 年，第 4220 页。
④《旧唐书》卷一九〇中《文苑中·刘允济传》，北京：中华书局，1975 年，第 5012—5013 页。
⑤《旧唐书》卷七四《崔湜传》，北京：中华书局，1975 年，第 2624 页。

主逐张说。"①崔湜此人出身名门，自比东晋王导、谢安之家，可见其家族之势力，崔湜学问亦佳，后来在唐中宗、唐睿宗时代，崔湜官至宰相，一直处于权力的核心，与武三思、上官婉儿、太平公主、安乐公主以及后来的唐玄宗皆有交集，而他早年亦参与过《三教珠英》的编纂，并且由其后来当死之时，刘幽求、张说豁免他的事情来看，此人与张说的关系亦是较好，而在参与编纂《三教珠英》之时，张说、徐坚、刘知几、崔湜四人应是关系较为紧密的一个小群体。崔湜的生卒年史书亦有记载，即生于 671 年，卒于 713 年，而其参与编纂《三教珠英》时的年龄是 29 岁左右，是上述四人中最为年轻的。

《旧唐书》卷七三《薛元超传》载："子曜，亦以文学知名，圣历中，修《三教珠英》，官至正谏大夫。"②薛元超早年对李峤、徐彦伯有知遇之恩，薛元超是皇亲国戚，曾参与编纂《东殿新书》，发现、提拔了诸多文学之士，而在编纂《三教珠英》之时，他的儿子薛曜也参与了进来。

《旧唐书》卷一九〇中《文苑中·乔知之传》载："乔知之，同州冯翊人也。父师望，尚高祖女庐陵公主，拜驸马都尉，官至同州刺史。知之与弟侃、备，并以文词知名……备，预修《三教珠英》，长安中卒于襄阳令。"③乔备兄弟是唐高祖李渊的外孙，其父乔师望亦是一代名将，他们作为皇亲国戚，在武则天时代也参与《三教珠英》的编纂。

王素先生从考实《帝京篇》的性质入手，通过考察作者范围，进而考实作者，认为《帝京篇》系和韵诗，和的应是李百药《帝京篇》的韵，作者应

①《新唐书》卷九九《崔湜传》，北京：中华书局，1975 年，第 3921—3922 页。
②《旧唐书》卷七三《薛元超传》，北京：中华书局，1975 年，第 2591 页。
③《旧唐书》卷一九〇中《文苑中·乔知之传》，北京：中华书局，1975 年，第 5011—5012 页。

为李百药的曾孙李羲仲。当时武周新立不久，李羲仲作为文学之士，应参加了编修《三教珠英》的盛事，其撰《帝京篇》，和曾祖李百药旧韵，目的是歌颂新朝帝京繁华，矜己家学渊源有自。①

元希声、马吉甫、杨齐哲、胡皓、于季子、李处正、房元阳、蒋凤诸人，皆无传记传世，故将他们暂时置于此处，诸史书对于他们参与编纂《三教珠英》的记载还是可信的，但对他们生平事迹的考察，另文再论。

王兰兰《〈三教珠英〉考补与发微》言：“从某种程度上说，编修于武周时期的《三教珠英》其实反映了武则天对李唐文化乃至政权的继承与发展。”②纵观诸学士，他们的政治倾向还是很明显的，基本都是依附武则天与“二张”的，在此时，他们与武则天及“二张”的关系是相对融洽的。所以我们说，《三教珠英》的编纂，是武则天及其手下文士的集体杰作。张说撰《故吏部侍郎元公希声神道碑》载：“则天大圣皇后万几之余，属想经籍，思欲撮成群书之要，成一家是美，广集文儒以笔以削目为《三教珠英》，盖一千二百卷。公首膺嘉命，议者荣之，书成克厌帝旨，迁太子文学，主客、考功二员外，赏勤也。”③可见，修书本身就是则天大圣皇后的“大手笔”，并且是展现武周文治之盛的标志性工程。

三、《三教珠英》的流传

宋王溥撰《唐会要》卷三五《学校》载：“开元三年，右散骑常侍褚无

---

①王素：《敦煌本〈珠英集·帝京篇〉作者考实》，《敦煌研究》2017年第1期，第87—90页。

②王兰兰：《〈三教珠英〉考补与发微》，杜文玉主编：《唐史论丛》2013年第2期，总第17辑，西安：陕西师范大学出版总社，2014年，第114—130页。

③[宋]李昉等撰：《文苑英华》卷八九八《故吏部侍郎元公希声神道碑》，北京：中华书局，1966年，第4726页。

量、马怀素侍宴，言及内库及秘书坟籍。上曰：内库书，皆是太宗高宗前代旧书，整比日，常令宫人主掌，所有残缺，未能补缉，篇卷错乱，寻检甚难，卿试为朕排比之。至七年五月，降敕于秘书省、昭文馆、礼部、国子监、太常寺及诸司、并官及百姓等。就借缮写之，及整比四部书成，上令百姓官人入乾元殿东廊观书，无不惊骇。七年九月敕，比来书籍缺亡及多错乱，良由簿历不明，纲维失错，或须披阅，难可校寻。令丽正殿写四库书，各于本库每部为目录，其有与四库书名目不类者，依刘歆七略，排为七志。其经史子集，及人文集，以时代为先后，以品秩为次第。其《三教珠英》既有缺落，宜依旧目，随文修补。"①根据这个记载，可见在开元三年（715年）唐玄宗曾下令整理图书典籍，至开元七年（719年）令百姓、官人入乾元殿观书，无不惊骇，可见此次整理典籍的成果之多，唐玄宗在此基础上，再接再厉，于开元七年九月下令继续整理图书，并在诏令的最后提到了《三教珠英》，此时距离《三教珠英》编纂完成之时不到二十年，而《三教珠英》竟然出现了缺落等现象，故唐玄宗派人修补《三教珠英》。此时，当年编纂《三教珠英》的人员尚在，修补工作应该较为容易，但是修补的结果如何，史书没有记载。

到了唐文宗时期，也就是开成二年（837年），唐文宗下令将《三教珠英》的名字改为《海内珠英》。《旧唐书》卷一七下《文宗下》载："（开成二年）冬十月辛卯朔，诏改天后所撰《三教珠英》为《海内珠英》。"②《新唐书》卷五九《艺文三》子部"类书类"亦载："开成初改为《海内珠英》，武后

---

①［宋］王溥：《唐会要》卷三五《学校》，北京：中华书局，1955年，第644页。

②《旧唐书》卷一七下《文宗下》，北京：中华书局，1975年，第571页。

所改字并复旧。"①宋王溥撰《唐会要》卷三十六《修撰》亦载："二年……其年十月，敕改天后朝所撰《三教珠英》为《海内珠英》。"②可见，唐文宗开成年间不仅将《三教珠英》的名字改为《海内珠英》，还将武后所改字复旧，而如此的动作，必然需要对整部书都作核查与检阅，不然如何将所有改字复旧。唐文宗对《三教珠英》一番整理之后，两《唐书》中，没有了对这部大书的记载，不知唐末的战乱中，这部大书的命运如何，而从《太平御览》提及《文思博要》不提《三教珠英》来看，此《三教珠英》的命运或许好不到哪里去。并且历代文人墨客对此书也不大看好，主要是"二张"的缘故，如果我们抛弃此种鄙视之观念，单纯思考这部大书的质量，再看其流传，或许会更好一点。

《郡斋读书志校证》卷一四《类书类》载："《三教珠英》三卷（袁本后志卷二类书类第四）。右唐张昌宗等撰，按唐志一千三百卷，今所存者止此。"③按照这个记载可知，到了南宋，《三教珠英》尚有三卷流传。马端临《文献通考》卷二二八《经籍考五十五·类书》载："《三教珠英》三卷。晁氏曰：唐张昌宗撰，按唐志一千三百卷，今所存者止此。"④马端临的记载肯定是因袭前书而来，到元代此书之亡佚与否，已不可知。

明胡应麟撰《少室山房笔丛正集》卷四甲部《经籍会通四》载："洪景卢云：国初承五季乱离之后，所在书籍印板至少，宜其焚荡，了无孑遗。然太平兴国中，编次《御览》，引用一千六百九十种，其纲目并载于

①《新唐书》卷五九《艺文三》，北京：中华书局，1975年，第1563页。

②［宋］王溥：《唐会要》卷三六《修撰》，北京：中华书局，1955年，第662页。

③［宋］晁公武撰，孙猛校证：《郡斋读书志校证》卷一四《类书类》，北京：中华书局，2011年，第655页。

④［元］马端临：《文献通考》卷二二八《经籍考五十五》，北京：中华书局，1986年，第1828页。

首卷，而杂书古诗赋，又不能具录，以今考之，无传者十之七八矣。此论未然，《太平御览》盖因袭唐诸类书《文思博要》《三教珠英》等，仍其前引书目，非必宋初尽存也，亦有宋世不存而近时往往迭出者，又以钞拾类书得之，此皆余所自验，故知之最真。洪以博洽名，而早列清华，或未晓此曲折，诸家亦鲜论及，漫尔识之。"①胡应麟对古今典籍的流传之事所论甚多，而此处我们或可得到一点启发，就是虽然前文说《太平御览》提及《文思博要》不提《三教珠英》，也不能说明编纂《太平御览》之时就没有参考《三教珠英》，南宋时尚有三卷《三教珠英》，北宋时或许有更多卷帙可供参阅，只是由于"二张"之丑名，使人不愿提及此书而已。

王士祯撰《居易录》卷二载："后村云：张易之、昌宗目不识字，手不知书，谢表及和御制，皆依附者为之。所进《三教珠英》，乃崔融、张说辈为之，而易之窃名为首。（见《诗话》）适见李日华《紫桃轩杂缀》云：张昌宗粉面膏唇，以媚女主，其人疑优伶不齿然，亦名擅文翰之誉，有《三教珠英》一千三百余卷，其所著，恐亦未可以人废也。则以编著果出昌宗之手，亦愚矣。"②王士祯之评论亦是自说自话，自以为是，古今学者没有人会认为《三教珠英》是张昌宗、张易之所著，这是极其简单的道理，故李日华不会犯这样的错误。李日华的可取之处是，承认古今学者皆有以人废书之偏见，即以"二张"之鄙陋废《三教珠英》之价值。《三教珠英》之编纂质量不敢说很高，但是其基本的质量还是可以相信的，为何？《文思博要》的编纂

①[明]胡应麟：《少室山房笔丛》卷四甲部《经籍会通四》，北京：中华书局，1958年，第61页。
②[明]王士祯：《居易录》卷二，《文渊阁四库全书》第869册，上海：上海古籍出版社，2003年，第330页。

质量是可以信赖的，而《三教珠英》就是《文思博要》的升级版，且有张说、徐坚、徐彦伯诸位英才的存在，难道不能保证《三教珠英》的质量？

四、从"珠英学士"到"修文馆学士"

"珠英学士"完成了《三教珠英》的编纂之后，"珠英学士"群体并没有立即解散，尤其是骨干人员，他们仍然在一起工作，甚至于长安三年(703年)正月，他们又开始了新的撰修工作。《唐会要》卷六三《史馆上》载："长安三年正月一日敕：宜令特进梁王三思与纳言李峤，正谏大夫朱敬则，司农少卿徐彦伯，凤阁舍人魏知古、崔融，司封郎中徐坚，左史刘知几，直史馆吴兢等，修《唐史》。"①很显然，修《唐史》是有政治意味的，这是比编纂《三教珠英》更为直接的宣言。

唐中宗复位后，诸学士又开始了《则天皇后实录》《则天皇后文集》的撰修。《旧唐书》卷九二《魏元忠传》载："神龙二年，元忠与武三思、祝钦明、徐彦伯、柳冲、韦承庆、崔融、岑羲、徐坚等撰《则天皇后实录》二十卷。编次文集一百二十卷奏之。"②《新唐书》卷五八《艺文二》载："《则天皇后实录》二十卷。魏元忠、武三思、祝钦明、徐彦伯、柳冲、韦承庆、崔融、岑羲、徐坚撰，刘知几、吴兢删正。"③《唐会要》卷六三《史馆上》亦载："神龙二年五月九日，左散骑常侍武三思，中书令魏元忠，礼部尚书祝钦明及史官太常少卿徐彦伯，秘书少监柳冲，国子司业崔融，中书舍人岑羲、徐坚等，修《则天实录》

---

① [唐]王溥：《唐会要》卷六三《史馆上》，北京：中华书局，1955年，第1094页。
② 《旧唐书》卷九二《魏元忠传》，北京：中华书局，1975年，第2953页。
③ 《新唐书》卷五八《艺文二》，北京：中华书局，1975年，第1471页。

二十卷，《文集》一百二十卷，上之，赐物各有差。"①刘知几在《史通》中，记载了他参与上述修书任务的经历。《史通·自叙第三十六》载："长安中，会奉诏预修《唐史》。及今上即位，又敕撰《则天大圣皇后实录》。"②

唐中宗景龙二年至四年（708—710年），宫廷宴游活动频繁，诗歌唱和之风大盛。在此期间，修文馆学士，即原来的部分"珠英学士"，创作了大量应制诗，对律诗的定型和普及具有重要的意义，对盛唐诗歌高潮的到来产生了重要的影响。《新唐书》卷二〇二《文艺中·李适传》载："初，中宗景龙二年，始于修文馆置大学士四员、学士八员、直学士十二员，象四时、八节、十二月。于是李峤、宗楚客、赵彦昭、韦嗣立为大学士，适、刘宪、崔湜、郑愔、卢藏用、李乂、岑羲、刘子玄为学士，薛稷、马怀素、宋之问、武平一、杜审言、沈佺期、阎朝隐为直学士，又召徐坚、韦元旦、徐彦伯、刘允济等满员。其后被选者不一。"③胡旭、胡倩《唐景龙修文馆学士及文学活动考论》言："景龙年间的宫廷文学活动，延续了武周时期的繁荣，甚至在频度上有过之而无不及，充分体现了以唐中宗为代表的上层统治者对文学的热情。正是他们的积极提倡，才使当时社会上弥漫着崇尚文学创作的风尚，这对于初盛唐文学的良性发展，具有宏观引导的意义。""景龙年间修文馆学士的文学创作，说到底是应酬文学，是游戏文学，真感情不多。喧嚣浮躁的景龙文坛，没有产生经典名作，这是不争之事实。景龙文人诸多

①［唐］王溥：《唐会要》卷六三《史馆上》，北京：中华书局，1955年，第1094页。

②［唐］刘知几著，［清］浦起龙通释，王煦华整理：《史通通释》卷一〇《自叙第三十六》，上海：上海古籍出版社，2009年，第269—270页。

③《新唐书》卷二〇二《文艺中·李适传》，北京：中华书局，1975年，第5748页。

集会，相互交流，大量创作，使诗歌的形式与技巧得到了很大发展与提高。"①

冉旭《唐景龙至开元前期的学士诗人》言："从武后时期开始，唐代的政局一直处于非常态的环境里……武则天以威权临下，对待朝臣相当的冷酷，甚至是'诛戮无虚日'。这使得皇权更加专断，朝臣的政治地位下降并相对脆弱。另一方面，由于皇嗣地位的不稳定，围绕着武氏宗戚与嬖幸之臣形成了激烈的朋党。这种局面一直持续到中宗朝，并更加恶化。"②李淑《唐景龙年间史馆政治分野与刘知几去职之关系》言："继承高宗、武后时期的旧例，融合李、武为一个整体的政权核心力量。中宗复位后，武三思、太平公主、睿宗等同属这一派力量。不过，随着时局的变化，这一派也发生了分化。武三思被杀后，武氏力量日渐衰落，原本亲近武氏者开始亲近与皇权关系亲密的韦后与安乐公主，使二人权力日渐膨胀；伴随着武氏力量日衰，作为李唐皇室的重要成员，太平公主与睿宗的实力也相对变强。以韦后、安乐公主为代表的一支，与以太平公主、睿宗为代表的一支渐行渐远，终于在中宗去世后决裂。而太平公主、睿宗这一支在后来也分化出李隆基一派，最终战胜了太平公主。"③诚然，从武则天到唐玄宗，武周、李唐的权力核心是不断变化的，故诸学士，包括前期的"珠英学士"、后期的修文馆学士，其实皆是处于激烈的政治漩涡之中，难免于朋党、派系，故不断有人丧命于其间。

---

① 胡旭、胡倩：《唐景龙修文馆学士及文学活动考论》，《文史哲》2017 年第 6 期，第 41—49 页。
② 冉旭：《唐景龙至开元前期的学士诗人》，《中州学刊》2003 年第 6 期，第 120—123 页。
③ 李淑：《唐景龙年间史馆政治分野与刘知几去职之关系——刘知几与萧至忠书探微》，《国学学刊》2018 年第 2 期，第 40—46 页。

其实，纂修《三教珠英》的学士，多是生于唐朝，长于唐朝的一代人，这一点与唐初多部大型类书的编纂者群体有明显区别，诸如《艺文类聚》《文思博要》。其次，"珠英学士"群体都是在唐朝话语体系下成长起来的文人，虽然武周代唐是一次新的王朝鼎革，但从《三教珠英》的编纂来看，是第一次完全由"长于唐朝"的文人来负责的文化工程，故可以看作是对初唐以来文化及其秩序的一种总结。武周代唐之后，武则天需要与士人群体合作，以确立其权力地位，但她所依赖的士人都是"长于唐朝"的，他们如何能够心甘情愿地和武周王朝合作也是值得考虑的问题。大型类书的编纂是士人群体与皇权紧密合作的成果，是维系、彰显皇权的重要形式，粗看"珠英学士"群体的入仕途径，似乎通过科举上升的人占了多数，新的流动方式逐渐生成，他们成为新的文坛"主角"。而科举这一新的上升方式的形成，又得益于皇权的加强，他们是与皇权合作而不是依赖于原先的门阀或者其他，这似也可为陈寅恪所说武周社会革命做一注脚。

大唐景龙四年（710年），岁次庚戌四月壬午朔十五日景申，唐义净《根本说一切有部尼陀那目得迦摄颂》卷一载：

特进同中书门下三品修文馆大学士监修国史上柱国赵国公臣李峤笔受兼润色

翻经学士通议大夫守吏部侍郎修文馆学士兼修国史上柱国臣崔湜

翻经学士朝议大夫守兵部侍郎兼修文馆学士修国史上柱国臣张说

翻经学士银青光禄大夫行礼部侍郎修文馆学士修国史上柱国慈源县开国子臣徐坚

翻经学士礼部郎中修文馆直学士轻车都尉河东县开国男臣薛稷

翻经学士正议大夫前蒲州刺史修文馆学士上柱国高平县开国子臣徐彦伯

翻经学士中书舍人修文馆学士上柱国金乡县开国男韦元旦

翻经学士中大夫行中书舍人修文馆学士上柱国臣马怀素

翻经学士朝请大夫守给事中修文馆学士上柱国臣李适

翻经学士朝散大夫行起居郎修文馆直学士上护军臣沈佺期

翻经学士著作佐郎修文馆直学士臣阎朝隐

翻经学士修文馆直学士臣符凤①

可见，原来的"珠英学士"，后来的修文馆学士，大量参与到义净大师的译场中，这是他们作为群体存在的新证据，虽然他们之间也有种种矛盾，但是他们之间是有天然的联系。张弓先生《唐代译场的儒臣参译》言："唐代许多熟谙传统文化的儒臣，到国家译场中参与译事，这不仅对汉文经藏的形成，而且对古代中印两大文化体系的沟通，对借鉴外域以丰富发展中华传统文化，都作出了重要贡献。"②李小荣教授《唐代译场与文士：参预与影响》言："最值得一提的是参预义净《根本说一切有部尼陀那目得迦摄颂》译经之文士，从监译、笔受至翻经学士共三十一人，近三分之一源自武后命张昌宗撰《三教珠英》之时的'珠英学士'，如李峤、徐彦伯、阎朝隐、徐坚、李适、崔湜、张说、沈佺期、符凤、韦元旦。作为类书的《三教珠英》，其编撰原则是'于旧书外更加佛道三教，及亲属、姓名、方域等部'，佛、道加上传统的儒教，当是

---

①［唐］义净：《根本说一切有部尼陀那目得迦》，《大藏经》第 24 册，台北：新文丰出版公司，1983 年，第 418—419 页。

②张弓：《唐代译场的儒臣参译》，《中国社会科学院研究生院学报》1999 年第 2 期，第 48—54 页。

他得名依据之所在。"①

总之，我们认为武则天时代的"珠英学士"群体没有随着《三教珠英》编纂的完成而结束，崔融《珠英学士集》的编纂、《唐史》的撰修皆是紧随其后的活动，且是武则天长安时代的重要活动。武则天去世后，他们又进行了《则天皇后实录》《则天皇后文集》的撰修。唐中宗时代，随着修文馆学士的设置，乃至频繁的宫廷宴游，诸学士多参与其中，则是后续活动的新表现，至景龙四年（710年），这群学士中的大部分人又参与了义净大师的佛经翻译工作。如此看来，从武则天时代到唐中宗时代，这个亲武则天的文人群体一直很活跃，到了唐玄宗时代，随着大部分人的去世，这个群体就零落了，但是由于张说、徐坚、刘知几诸人的存在，这个群体的"微波"尚在。

王三庆先生《敦煌本古类书〈语对〉研究》言："敦煌本《语对》之编纂上限不得早于高宗永徽元年，唯亦非迟至晚唐之产物，较确切时间约在神龙至景云年间。"②神龙是唐中宗年号，705 年至 706 年，景云是唐睿宗年号，710 年至 711 年。郑炳林先生《唐李若立〈籯金〉编撰研究》言："始于武则天万岁登封元年之后，成书于唐中宗神龙年间，特别是中宗神龙二年十月移都西京之前。"③万岁登封元年是 696 年，神龙二年

---

① 李小荣：《唐代译场与文士：参预与影响》，《文学遗产》2015 年第 2 期，第 94—105 页。

② 王三庆：《敦煌本古类书〈语对〉研究》，台北：文史哲出版社，1985 年，第 29 页。白化文先生、郝春文先生对《语对》的命名皆有保留意见，白先生建议加上引号，郝先生则命名为《失名类书（《语对》）》。白化文：《敦煌遗书中的类书简述》，《中国典籍与文化》1999 年第 4 期，第 57 页；郝春文等编著：《英藏敦煌社会历史文献释录》第 1 卷（修订版）上册，北京：社会科学文献出版社，2018 年，第 153 页。

③ 郑炳林、李强：《唐李若立〈籯金〉编撰研究（上）》，《天水师范学院学报》2008 年第 6 期，第 22—29 页；郑炳林、李强：《唐李若立〈籯金〉编撰研究（下）》，《天水师范学院学报》2009 年第 1 期，第 13—23 页。

是 706 年。可见，上述二部敦煌类书《语对》《蠶金》的编纂时代与"珠英学士"所处的时代多有重合，目前，我们虽不敢断定三者之间必然有某种联系，但是我们还是可以推测一二：第一，《三教珠英》乃至此前大量官修类书的编纂带来了私修类书编纂的高潮；第二，"珠英学士"群体及其文学活动影响了当时的读书人、士大夫，少室山处士李若立即其一。

五、小结

王兰兰《〈三教珠英〉考补与发微》认为《三教珠英》的始撰时间是圣历三年（700 年）改元久视前，撰成时间是长安元年（701 年）十一月，可见，如此卷帙浩繁的《三教珠英》编纂时间仅一年多。王兰兰还从《三教珠英》与武则天时期的政治关系方面，对《三教珠英》的编纂做了深入分析，其言："武则天欲以编修掩饰自己内心的转折与无奈。""《三教珠英》的始撰与书成时间恰在圣历三年至长安元年，其底本又是太宗朝高士廉编写的《文思博要》，这恐怕并不能如《新唐书》所说，仅仅用武则天为面首改善形象来解释吧。是否可以理解成武则天回归李唐的心理在文化活动方面的折射？抑或可以理解为武则天通过思想文化方面的活动传递出的改周归唐的信号？""回归李唐需要调和矛盾，做好充分的思想和舆论准备，编写《三教珠英》正是其中一个重要组成部分。"①诚然，王兰兰的论断是很有意义的，也很有启发，与当时的政治局势做关联，可以称为一家之言。但是，诚如上文我们所说，主要决策人员武则天、张昌宗、李峤等人在编纂初期，对于编纂一部什么样的大书是没有计划的，他们只是要编纂一部大书，而具体编纂一部什么样的大书，心

---

① 王兰兰：《〈三教珠英〉考补与发微》，杜文玉主编：《唐史论丛》2013 年第 2 期，总第 17 辑，西安：陕西师范大学出版社，2014 年，第 114—130 页。

中没底，又哪来如此多的政治意味的暗示？就算武则天真要暗示什么，立太子一事已经确定了，而《三教珠英》的暗示作用好像比较弱。但是，《三教珠英》的编纂是武则天时代的大事，尤其是文化上的大事，集合了如此多的文人学士，并且是各个不同政治立场的文人学士，对当时政治生态的影响肯定是比较大的。

《旧唐书》卷六《则天皇后本纪》载：

> 圣历元年……春三月，召庐陵王哲于房州……八月……魏王承嗣卒。庚子，梁王三思为内史，狄仁杰为纳言。九月……丙子，庐陵王哲为皇太子，令依旧名显，大赦天下，大酺五日……辛巳，皇太子谒太庙……冬十月，夏官侍郎姚元崇、麟台少监李峤并同凤阁鸾台平章事。
>
> 二年春二月，封皇嗣旦为相王。初为宠臣张易之及其弟昌宗置控鹤府官员，寻改为奉宸府，班在御史大夫下……秋七月，上以春秋高，虑皇太子、相王与梁王武三思、定王武攸宁等不协，令立誓文于明堂。
>
> 三年正月戊寅，梁王三思为特进，天官侍郎吉顼配流岭表。腊月辛巳，封皇太子男重润为邵王……春三月，李峤为鸾台侍郎，知政事如故。夏四月戊申，幸三阳宫。五月癸丑，上以所疾康复，大赦天下，改元为久视，停金轮等尊号，大酺五日……秋七月，至自三阳宫。天官侍郎张锡为凤阁侍郎、同凤阁鸾台平章事；其甥凤阁鸾台平章事李峤为成均祭酒，罢知政事……九月，内史狄仁杰卒。冬十月甲寅，复旧正朔，改一月为正月，仍以为岁首，正月依旧为十一月，大赦天下……十二月，开屠禁，诸祠祭令依旧用牲牢。

大足元年……九月，邵王重润为易之谮构，令自死。冬十月，幸京师，大赦天下，改元为长安。

二年……十一月，相王旦为司徒。

三年……夏四月庚子，相王旦表让司徒，许之。改文昌台为中台。李峤知纳言事……秋九月，正谏大夫朱敬则同凤阁鸾台平章事。戊申，相王旦为雍州牧。是月，御史大夫兼知政事、太子右庶子魏元忠为张昌宗所谮，左授端州高要尉……冬十月丙寅，驾还神都。乙酉，至自京师。

四年春正月……朱敬则请致仕，许之。三月，进封平恩郡王重福为谯王，夏官侍郎宗楚客同凤阁鸾台平章事。夏四月，韦安石知纳言事，李峤知内史事……李峤为国子祭酒，知政事如故……冬十月，秋官侍郎张柬之同凤阁鸾台平章事。十一月，李峤为地官尚书，张柬之为凤阁鸾台平章事。

神龙元年春正月……癸亥，麟台监张易之与弟司仆卿昌宗反，皇太子率左右羽林军桓彦范、敬晖等，以羽林兵入禁中诛之。甲辰，皇太子监国，总统万机，大赦天下。是日，上传皇帝位于皇太子，徙居上阳宫。①

通过对《则天皇后本纪》的考察，我们可以发现从圣历元年（698年），武则天已经开始有了新的政治转向，召庐陵王哲于房州就是最大的决定，不久庐陵王哲为皇太子，很显然，这一年中，武则天已经做了最重要的政治安排，但是，情况如何呢？好像效果并不好，武氏与李氏

---

①《旧唐书》卷六《则天皇后本纪》，北京：中华书局，1975 年，第 127—132 页。

好像都不买账，武氏诸人是不满，李氏诸人是不敢，但是，都不能表现出来，内心也都是不满的，并且，武则天也发现了这个问题，所以"圣历二年秋七月，上以春秋高，虑皇太子、相王与梁王武三思、定王武攸宁等不协，令立誓文于明堂"，让他们在明堂发誓，这个肯定是要调和二者之间的矛盾，而这个矛盾调和的结果好像还不错，圣历三年的年初，梁王武三思为特进，封皇太子李重润为邵王，双方皆有封赏，紧张关系得到缓和，而在这样的形势下，圣历三年武则天果然采取了很多积极措施，即恢复李唐原来的政策。

而编纂《三教珠英》与其说是武则天的表演，倒不如说是张昌宗、张易之兄弟的表演，试看圣历元年，立李显为皇太子之后的大周朝局，很显然，各方都在沉默中聚集力量，大局已定，当然，接班人无论是李氏或者武氏，"二张"之结局都不会好到哪里去。而在此时，尤其是定了接班人之后，"二张"兄弟难道没有察觉出变化？所以，圣历元年之后的"二张"兄弟，当然也包括武则天，一方面，变得更为积极与活跃，一方面，又表现为沉沦与沉溺，"二张"兄弟要在武则天还活着的时候疯狂一下，他们此时之嚣张跋扈，可从不断陷害、排挤、拉拢朝臣看出来，而大足元年，张易之进谗言害死邵王李重润之事，则是"二张"之跋扈最为显著的表现。李重润是唐中宗李显嫡长子，当时的嫡长孙，韦皇后所生，而在《三教珠英》编纂的第二年，李重润还有妹妹李仙蕙、妹夫武延基因为议论"二张"兄弟，被武则天赐死，很明显，这是"二张"对武则天接班人的进攻，是"二张"跋扈乃至阴毒的集中表现，此时如此有权势、有影响力的"二张"，要做点可以炫耀一下的事情难道不是常理？难道他们没有立功业的需求与想法？而给他们增光添彩的修书"美事"，恰在此时前后开启与完成，难道说不是他们的刻意谋划？难道还有其他缘由？并且，此时张昌宗的官职就是麟台监。武则天在最后的岁月中，尤其是立李显为皇太子之后，变得更加沉沦与沉溺，其对"二张"的偏信也达到顶峰，这是"二张"跋扈的根源，而"二张"修书与其说是为了自己，不如说是为了讨好武则天，他们是为大周的文化事业做贡献，而不是为大唐，从其卷帙非要超过《文思博要》一百卷即可看出其用意。当然，在武则天的支持下，被"二张"网罗的皆是天下才俊，而当时敢与他们唱反调的只有一个朱敬则，几十位朝廷官员，既有宰相王公，更有文士大夫，一起参与到如此规模的集会中，不会是简单的事情，必然有整个王朝的虚荣心在里面作怪，他们必然知晓他们自己的使命，他们必然会不断地高唱，他们是在为大周的辉煌文化事业做贡献，而一旦上升到这个境界，所有的人都要为完成这个事业做出自己的努力，而实际的情况亦是如此，后来张说、徐坚、刘知几哪个不是名垂青史的人中龙凤、杰出俊才，而在此时，他们亦是不自觉地加入这场大周文采秀的比试，只不过这些参与编纂的人员，一部分是真心投靠，一部分是假意逢迎，还有一部分是在等待观望。

最后，武周时代大型类书《三教珠英》的编纂是隋唐时期官修类书编纂潮流的延续，《三教珠英》的编纂者多被称为"珠英学士"，"珠英学士"群体除了张昌宗、张易之、武三思外，更有李峤、徐彦伯、魏知古、沈佺期、宋之问、阎朝隐、刘允济、王无竞、韦元旦、尹元凯、李适、富嘉谟、员半千、王适、张说、徐坚、刘知几、崔湜、薛曜、乔备、元希声、马吉甫、杨齐哲、胡皓、于季子、李处正、房元阳、蒋凤等人，至唐中宗、唐睿宗、唐玄宗时代，诸学士仍然活跃于政坛、文坛。诸学士在编纂《三教珠英》之余，亦参与过相关典籍的编纂并使之流传，如《李峤杂咏注》《燕公事对》等，甚至《初学记》之编纂，亦是受到了《三教珠英》的影响，故《三教珠英》之编纂影响深远，引领了时代风气、学术潮流。此外，敦煌类书《语对》《籯金》的编纂时代，与"珠英学士"所处时代亦有重合，可见《三教珠英》的影响或许更大、更深、更远。对于《三教珠英》的编纂，史书皆言"二张"无才学，盛赞张说、徐坚之功，以今度之，有因人废事、锦上添花之嫌，不应过分夸大张说、徐坚之功，亦不应抹杀李峤、徐彦伯、沈佺期、宋之问、阎朝隐、王无竞、刘允济等人之劳，当然，此中诸人与"二张"之关系，也就是诸人与武则天之关系皆是太过亲密，故被开元时代的人所不屑，他们的很多业绩自然也被抹杀或者转移。总之，《三教珠英》是武则天时代的杰作，前无古人，就其卷帙而言，几百年间，也未曾被超越，而由其必须超越《文思博要》的编纂目标来看，《三教珠英》必然是拥护武则天的一群文人学士的集体成果，"珠英学士"群体的延续时间长达十几年，加之其频繁的文学活动，必然深远地影响了当时以及此后的文风、学风，更带动了类书的大发展。《隋书·经籍志》中，诸类书是附于杂家之中的，而到了开元时代，政府再次整理图书典籍的时候，尤其是毋煛编纂《古今书录》之时，诸类书已经有了独立的目录学位置，就是后来的"事类"，或称为"类事"，这与唐初近百年的类书大发展、大繁荣是有密切关系的，而《三教珠英》的作用尤为显著，不容小觑。

第十章 《艺文类聚》与《初学记》比较研究

《艺文类聚》一书是唐代开国初年由高祖李渊下令编修的，受诏参与编修的共十余人，目前能考知姓名的有给事中欧阳询、秘书丞令狐德棻、侍中陈叔达、太子詹事裴矩、詹事府主簿赵弘智、齐王文学袁朗，《艺文类聚》100卷，分46部，727子目，百余万言。①欧阳询《艺文类聚序》载："以为前辈缀集，各抒其意，《流别》《文选》，专取其文；《皇览》《遍略》，直书其事。文义既殊，寻检难一。爰诏撰其事且文，弃其浮杂，删其冗长，金箱玉印，比类相从，号曰《艺文类聚》，凡一百卷。其有事出于文者，便不破之为事，故事居其前，文列于后，俾夫览者易为功，作者资其用，可以折衷今古，宪章坟典云尔。"②可见，《艺文类聚》的编纂也是空前绝后，因为它开创了一个新的类书编纂体例，即所谓的"事文并举"模式，并且，《艺文类聚》对

---

① 韩建立《艺文类聚》编纂研究》认为："将《艺文类聚》的始撰时间定为武德五年，只是一种推断，在没有权威性的资料发现之前，暂且定之。""关于《艺文类聚》的纂修时间，学者已有辨正。见上引胡道静、汪绍楹之说。两位学者的结论是一致的，即根据这两处记载，可以证明《艺文类聚》成书于武德七年。目前多数论著均持此说。"韩建立：《〈艺文类聚〉编纂研究》，吉林大学博士学位论文，2008年，第65—66页；韩建立：《〈艺文类聚〉编撰研究》，长春：吉林文史出版社，2014年，第28—29页。

② [唐]欧阳询撰，汪绍楹校：《艺文类聚序》，上海：上海古籍出版社，1999年第2版，第27页。

后世类书编纂的影响巨大，后世类书多以之为范本。但是，目前学界对于《初学记》与《艺文类聚》关系的研究还是较为薄弱，学界多言《初学记》与《修文殿御览》等书的关系密切，认为《初学记》与《艺文类聚》之间没有关系，事实果真是这样的吗？当然不是，我们认为《初学记》与《艺文类聚》关系紧密，《初学记》对《艺文类聚》有继承更有发展。

《初学记》是唐玄宗敕令官修的著名类书，全书共30卷，分23部，313个子目，其体例先为"叙事"，次为"事对"，最后是"诗文"。①《初学记》编纂的缘由、经过，《大唐新语》等典籍多有记载。《大唐新语》载："玄宗谓张说曰：'儿子等欲学缀文，须检事及看文体。《御览》之辈，部帙既大，寻讨稍难。卿与诸学士撰集要事并要文，以类相从，务取省便，令儿子等易见成就也。'说与徐坚、韦述等，编此进上，诏以《初学记》为名。赐修撰学士束帛有差，其书行于代。"②《玉海》之《集贤注记》亦载："若御览、类文、博要、珠英之类，部帙广大，卿与学士撰集要事要文，以类相从，务要省便。"③《四库全书总目》之《初学记提要》又载："其例前为叙事，次为事对，末为诗文……其所采摭，皆隋以前古书，而去取谨严，多可应用。在唐人类书中，博不及《艺文类聚》，而精则胜之。若《北堂书钞》及《六帖》，则出此书下远矣。"④通过这些记载，我们可以知道《初学记》一书的编纂缘由等情况，并且可知《初学记》一

---

①"历代编书，往往以领衔者题于书首。但《初学记》撰成不题张说之名，故可推断其书成于张说贬官期间。那么《初学记》的完成年份，（开元）十四年与十五年的可能性最大。"李玲玲：《〈初学记〉引经考》，北京：中国社会科学出版社，2013年，第6—7页。

②［唐］刘肃撰，许德楠、李鼎霞点校：《大唐新语》，北京：中华书局，1984年，第11页。

③［宋］王应麟：《玉海》，扬州：广陵书社，2003年，第1093页。

④［清］永瑢等撰：《四库全书总目》卷一三五《初学记提要》，北京：中华书局，1965年，第1143页。

书编纂质量之高，《艺文类聚》已经是比较经典的类书，而《初学记》还略胜一筹。此外，诸学者多依据唐玄宗的敕令认为，《初学记》编纂所依赖的底本主要是《修文殿御览》《类文》《文思博要》《三教珠英》等，并且由于《修文殿御览》被诸书多次提及，故诸学者多认为《修文殿御览》与《初学记》关系密切。

　　其实，已有学者注意到《艺文类聚》与《初学记》之间的关系。唐雯教授《〈艺文类聚〉〈初学记〉与唐初文学观念》言："作品入选《艺文类聚》最多者为梁简文帝萧纲，为 310 篇，以下依次为沈约 228 篇，曹植 200 篇，梁元帝 175 篇，庾信 114 篇，陆机 113 篇，郭璞 101 篇。收诗较多者还有庾肩吾 96 篇，江总 83 篇，曹丕 80 篇，傅玄 80 篇，谢灵运 71 篇，谢朓 67 篇，江淹 66 篇，潘岳 60 篇，鲍照 60 篇，徐陵 59 篇，李尤 58 篇，刘孝绰 56 篇，刘孝威 54 篇，任昉 53 篇，王粲 51 篇，傅咸 51 篇。大多为齐梁及陈代作者。""《初学记》收入作品最多之先唐为沈约（55 篇）、梁简文帝（47 篇）、庾信（36篇）、曹植（34 篇）、李尤（32 篇）、江总（30 篇）、张正见（30 篇）、梁元帝（27 篇）、傅玄（26 篇）、庾肩吾（24 篇）、郭璞（19 篇）、鲍照（18 篇）、谢灵运（17篇）、刘孝绰（15 篇）、隋炀帝（15 篇）、薛道衡（15篇）、李百药（15篇）、扬雄（14篇）、挚虞（14 篇）、谢朓（14篇）、傅咸（13 篇）、江淹（13 篇）、蔡邕（12 篇）、王褒（12 篇）、萧悫（12 篇）、陆机（10 篇）、潘岳（10篇）、谢庄（10 篇）。""则编撰者偏重南朝文章的倾向尤为明显。"①由唐雯教授之研究我们可以知道《初学记》与《艺文类聚》之间的关系，即一个共

　　①唐雯：《〈艺文类聚〉〈初学记〉与唐初文学观念》，《西安联合大学学报》2003 年第 1 期，第 77—80 页。

同点，皆重南朝文章。唐雯教授《〈艺文类聚〉〈初学记〉与唐初文学观念》亦言："《初学记》中最受重视的北朝及隋代作家（王褒、庾信除外）为温子升（7首）、魏收（6首）、邢子才（4首）、隋炀帝（15首）、薛道衡（15首）、萧悫（12首）、卢思道（8首）、虞茂（8首）、魏彦深（7首）、李德林（6首）、许善心（4首）、阳休之（4首）。""然则《初学记》于北朝、隋代作家中所重者固为南士或习染南风者可知。"①可见，补充说明上面的这一个共同点，《初学记》与《艺文类聚》一样，皆重南朝文章、南朝作者，即使其所收之北朝文章、北朝作者，亦是习染南风者。唐雯教授所言主要是对《初学记》与《艺文类聚》之文学理念的判断，是对《初学记》与《艺文类聚》采文风格上的判断，即偏重南朝文章、南朝作者。

但是，诸学者在《初学记》与《艺文类聚》之共同点之外，发现更多的是《初学记》与《艺文类聚》之间的不同点。黎丽莎《〈初学记〉诗赋收录分类研究》言："《初学记》收录的古书虽然不如《艺文类聚》广博宏大，但胜在'精'，《初学记》所收录的赋作品质量也是如此。值得注意的是，《初学记》还收录了许多《艺文类聚》所没有收录的赋作品……这些赋的收录弥补了《艺文类聚》收录赋的一些疏忽和遗漏，与《艺文类聚》相互补充完善，对先唐赋的保存流传作出了自己的贡献。"②可见，《初学记》与《艺文类聚》之间的不同也是十分明显的，且证据很多，故古今学者多言《初学记》之受《文选》《修文殿御览》等的影响，少言其与《艺文类聚》之关系。黎丽莎《〈初学记〉诗赋收录分类研究》亦言："《文选》对《初学记》

①唐雯：《〈艺文类聚〉〈初学记〉与唐初文学观念》，《西安联合大学学报》2003 年第 1 期，第 77—80 页。

②黎丽莎：《〈初学记〉诗赋收录分类研究》，广西师范大学硕士学位论文，2011 年，第 10 页。

的影响是比较大的。首先，《初学记》'文'部分首先列'赋'，然后是'诗'，最后才是其他文体的作品，这受到了《文选》的影响。因为《文选》是按照文体进行收录的，共收录了赋、诗、骚、七、诏、册、令、教、策、表等三十多种文体的作品，把赋放在了最前面的位置，然后才是诗。"①

　　刘安志教授《关于中古官修类书的源流问题》言："《初学记》引文与《艺文类聚》《太平御览》之异同，尚有不少，限于篇幅，这里仅引录上揭数条。从中不难看出，《初学记》引文多与《太平御览》同，而与《艺文类聚》存在较大差异，说明其与《艺文类聚》并非出自同一个源头，而《艺文类聚》又主要依据南朝《华林遍略》而来，据此可知，《初学记》与南朝类书并没有直接的渊源承袭关系。又因《太平御览》所引隋以前的条文，主要依据北朝《修文殿御览》，而《初学记》引文又多与《太平御览》同，因此可以初步判断，《初学记》所引隋以前条文，同样依据《修文殿御览》而来。"②刘安志教授对于《初学记》与《艺文类聚》之源流的论述很重要，是当前学术界比较主流的观点，他认为《初学记》与《修文殿御览》《太平御览》关系密切，是一个源流，而《艺文类聚》与《华林遍略》关系密切，是一个源流。但是，我们需要做一个补充说明，刘安志教授的论述主要是针对诸类书之"叙事""类事"部分展开的讨论，针对"叙事""类事"部分的考察，从中可以看到《修文殿御览》《初学记》《太平御览》之密切关系，但是也不能由

---

①黎丽莎：《〈初学记〉诗赋收录分类研究》，广西师范大学硕士学位论文，2011年，第8页。其实，我们认为依据《文选》《初学记》之收录文体皆先列"赋"来看二者之间的亲密关系，证据还是比较薄弱的。但是唐代《文选》大盛，其与《初学记》必然会有关系，至于紧密程度，另行考察。

②刘安志：《关于中古官修类书的源流问题》，《新资料与中古文史论稿》，上海：上海古籍出版社，2014年，第266—290页。

此而否定《初学记》与《艺文类聚》乃至《华林遍略》之间的关系。我们认为,《初学记》与《艺文类聚》之间必然是有关系的,唐玄宗时期《初学记》的编纂者们,必然是参考了《修文殿御览》之外的其他古类书,以之作为底本,而《艺文类聚》就是那个被遗忘甚至是被隐藏起来的底本。

一、《艺文类聚》与《初学记》"体例"比较研究

对于《艺文类聚》之"事文并举"模式下的"文",古今学者关注良多,因为其保存了较多珍贵的文体资料,是文献散佚之后的吉光片羽。林晓光教授《论〈艺文类聚〉存录方式造成的六朝文学变貌》言:"《艺文类聚》有大量六朝文学文本仅赖此书得以保存,但其存录方式并非忠实抄录原文,而是有意识地加以删略改造。通过对六朝作品在《艺文类聚》和其他文献中所保存文本的对比,可以看到《艺文类聚》基于其'艺文'宗旨及类书功能、体例,而对原作进行了删节缩略甚至必要的改写,六朝文学文本因此发生构造性的变异,文体遭到破坏弱化,其中的历史性内容及与类书条目无关的部分则往往被隐灭舍弃。在六朝文学研究中,不能直接将这些镜中影像视同六朝文学本体,而应当充分考虑其存录方式乃至规律,对'六朝文学'和'六朝文学镜像'采取二重性的研究模式。"[1]林晓光教授的主要意思是《艺文类聚》保存的文学资料,是"六朝文学镜像",而不是"六朝文学本体",很有道理,精辟之论。但是,今人也不能过分苛刻地要求《艺文类聚》,《艺文类聚》为什么非要像总集《文选》那样全文收录"诗文"呢?类书体例本来就是如此,类书之文体

---

[1]林晓光:《论〈艺文类聚〉存录方式造成的六朝文学变貌》,《文学遗产》2014 年第 3 期,第 34—44 页。

学价值本来就与总集有天壤之别，不可以对总集之要求来苛求类书，不然，类书与总集何以区别？且我们将类书中的"诗文"称为"类文类书"，这是与"类事类书"对应而来的，"事文并举"之体例就是"类事类书"与"类文类书"之结合，且《艺文类聚》在当时已经将之前的偏重类事、不重采文、随意摘句、不录片段的潮流做了力挽，在编纂之时，尽量收录"全文""长文"或大的"片段"，而不是以前的化"类文"为"类事"，或者是简单的"摘句"。

《艺文类聚》开创的这个"事文并举"体例的最优秀继承者就是《初学记》，《初学记》可以说是完美地继承了《艺文类聚》的体例，并且有新发展、新创造，《初学记》在对"文"的追求上，有着比《艺文类聚》更大的热情。《初学记》的卷帙本来就比《艺文类聚》小很多，但是，《初学记》并没有因此割舍对"长文"的追求，《初学记》宁愿将数量减少，也要追求更为长的"文"，这个对"文"的刻意追求，是《初学记》对中国类书编纂史的贡献，更是对《艺文类聚》的继承与发展，因为此前的类书编纂是不会如此重视"文"的。

前文我们多次提及类书的体例问题，这个问题前辈学者多有讨论，观点也不完全相同，我们倾向于利用类事类书、类文类书、类句类书、类语类书、赋体类书五种模式考察类书的体例问题。①其实，《初学记》编纂之时，类书的体例已经非常成熟，各种体例的类书已是代有新作，类事类书多不胜举，类句类书如《北堂书钞》，已是名誉南北，类语类书如《编珠》《语对》，赋体类书如《兔园策府》《翰苑》，亦是繁荣发展。但是，直至《初学记》才出现了目前所知的最早的"三体"组合体类书，

①刘全波：《论敦煌类书的分类》，王三庆、郑阿财主编：《2013 敦煌、吐鲁番国际学术研讨会论文集》，台南：成功大学中国文学系出版，2014 年，第 547—579 页。

故《初学记》在中国类书史的地位也应该受到更多重视与评价，它的"三体"模式，无疑是对《艺文类聚》"二体"模式的继承与发展，是新时代的新创造，后世组合体类书的发展壮大，很大程度上是受到了《艺文类聚》《初学记》的影响。

《初学记》中"事对"的存在，看起来好像是使得《初学记》与《艺文类聚》之间的关系变得疏远，但是，透过现象看本质，这是《初学记》在《艺文类聚》基础上的新变，是为了适应唐玄宗乃至王子们的需求量身定制的，不能因为"事对"的有无判断二书关系是否亲近。如果我们把中古时期的官修类书放在一起观察，从《皇览》《四部要略》《类苑》《华林遍略》到《修文殿御览》《长洲玉镜》，再到《文思博要》《三教珠英》《秘府略》《太平御览》《册府元龟》，很显然，都是类事类书一统天下，而《初学记》的编纂并没有采用一统天下的"类事类书"模式，而是采用了《艺文类聚》新创立的"事文并举"模式。虽然《初学记》对"事文并举"模式做了改变与升级，这难道不能说明《初学记》的编纂中参考、因袭了《艺文类聚》之体例吗？只不过《初学记》的因袭是有节制的，他在《艺文类聚》的基础上做了很多工作，继承与创新同在，删并与增补共存。再者，《初学记》之所以能够成为比较经典的王子教科书，并被后世认可与接收，与其体例创新亦是关系密切，如果《初学记》不进行体例的创新，顶多就是《艺文类聚》的简缩版，甚至是《修文殿御览》的简缩版，是不会如此受欢迎、被接受，更不会成为经典的王子教科书。但是，话又说回来，我们也不能因为《初学记》的改变、创新就忽视其对《艺文类聚》的因袭、继承。

二、《艺文类聚》与《初学记》"目录"比较研究

为了展现《初学记》与《艺文类聚》之间的关系，我们先对其目录做比较研究，上文我们说过《初学记》分23部，《艺文类聚》分46部，恰是倍数关系，其中有什么联系呢？但是，仅凭这个倍数关系也不能说明什么，或许仅仅是巧合，暂且不论。下面我们就对《初学记》与《艺文类聚》一级类目与二级类目做全面分析。

《艺文类聚》一级类目	《初学记》一级类目[①]
卷一《天部上》；卷二《天部下》	卷一《天部上》；卷二《天部下》
卷三《岁时上》；卷四《岁时中》；卷五《岁时下》	卷三《岁时部上》；卷四《岁时部下》
卷六《地部、州部、郡部》；卷七《山部上》；卷八《山部下、水部上》；卷九《水部下》	卷五《地部上》；卷六《地部中》；卷七《地部下》；卷八《州郡部》
卷一〇《符命部》	
卷一一《帝王部一》……卷一四《帝王部四》	卷九《帝王部》
卷一五《后妃部》；卷一六《储宫部》	卷一〇《中宫部》《储宫部》《帝戚部》
卷四五《职官部一》……卷五〇《职官部六》	卷一一《职官部上》；卷一二《职官部下》
卷三八《礼部上》；卷三九《礼部中》；卷四〇《礼部下》	卷一三《礼部上》；卷一四《礼部下》
卷四一《乐部一》……卷四四《乐部四》	卷一五《乐部上》；卷一六《乐部下》
卷一七《人部一》……卷三七《人部二十一》	卷一七《人部上》；卷一八《人部中》；卷一九《人部下》

---

① 本表格以《初学记》之目录顺序为中心，《艺文类聚》之目录则围绕《初学记》之目录做对应。

续表

《艺文类聚》一级类目	《初学记》一级类目
卷五一《封爵部》	卷二〇《政理部》①
卷五二《治政部上》;卷五三《治政部下》	
卷五四《刑法部》	
卷五五《杂文部一》……卷五八《杂文部四》	卷二一《文部》
卷五九《武部》;卷六〇《军器部》	卷二二《武部》
卷七六《内典上》;卷七七《内典下》;卷七八《灵异部上》;卷七九《灵异部下》	卷二三《道释部》
卷六一《居处部一》……卷六四《居处部四》	卷二四《居处部》
卷六五《产业部上》;卷六六《产业部下》	
卷六七《衣冠部》	卷二五《器物部》;卷二六《器物部》②
卷六八《仪饰部》	
卷六九《服饰部上》;卷七〇《服饰部下》	
卷七一《舟车部》	
卷七二《食物部》	
卷八〇《火部》	
卷七三《杂器物部》	
卷七四《巧艺部》	
卷七五《方术部》	
卷八一《药、香、草部上》;卷八二《草部下》	卷二七《宝器部花草附》
卷八三《宝玉部上》;卷八四《宝玉部下》	
卷八五《百谷部》《布帛部》	
卷八六《果部上》;卷八七《果部下》;卷八八《木部上》;卷八九《木部下》	卷二八《果木部》

①此处《政理部》之"政理"应为"政治",避唐高宗李治讳。
②此处《器物部》无"上、下"之分,与前文格式不一。

续表

《艺文类聚》一级类目	《初学记》一级类目
卷九三《兽部上》;卷九四《兽部中》;卷九五《兽部下》	卷二九《兽部》
卷九〇《鸟部上》;卷九一《鸟部中》;卷九二《鸟部下》;卷九六《鳞介部上》;卷九七《鳞介部下、虫豸部》	卷三〇《鸟部、鳞介部、虫部》
卷九八《祥瑞部上》;卷九九《祥瑞部下》	
卷一〇〇《灾异部》	

通过上表，我们对《初学记》与《艺文类聚》一级类目之间的比较，可以隐约地看出二者之间的某种关系。第一，《初学记》之一级类目均可在《艺文类聚》中找到相似甚至相同的子目，当然，《艺文类聚》之"卷十《符命部》、卷七十三《杂器物部》、卷七十四《巧艺部》、卷七十五《方术部》、卷九十八《祥瑞部上》、卷九十九《祥瑞部下》、卷一百《灾异部》"七卷除外，至于《艺文类聚》之符命部、杂器物部、巧艺部、方术部、祥瑞部、灾异部，为什么被《初学记》所摒弃，需要我们认真思考，或许此等如"围棋、弹棋、博、樗蒲、投壶、塞、藏钩、四维、象戏"之巧艺内容，是不利于诸王子之学习的，故在编纂《初学记》时，编纂者对这类内容做了摒弃。第二，《初学记》为了更加简洁，对《艺文类聚》的一级类目进行了归并与省略。"岁时部"由三卷归并为二卷，"帝王部"由四卷归并为一卷，"后妃部、储宫部"二卷归并为一卷，"职官部"六卷归并为二卷，"礼部"三卷归并为二卷，"乐部"四卷归并为二卷，"人部"二十一卷归并为三卷，"封爵部、治政部、刑法部"四卷被归并为"政理"一卷，"杂文部"四卷归并为"文部"一卷，"武部、军器部"二卷被归并为"武部"一卷，"内典部、灵异部"四卷被归并为"道释部"一卷，"居处部"

四卷归并为一卷，"衣冠部、仪饰部、服饰部、舟车部、食物部、火部"
七卷归并为"器物"二卷，"药、香、草部、宝玉部、百谷部、布帛部"
五卷归并为"宝器部花草附"一卷，"果部、木部"四卷归并为"果木部"
一卷，"兽部"三卷归并为一卷，"鸟部、鳞介部、虫豸部"五卷归并为一
卷。为了更进一步发现《初学记》与《艺文类聚》目录之间的关系，我们
计划对《初学记》与《艺文类聚》二级类目进行新的比较研究，细看二者
之间的继承与发展关系。如下表所示：

《艺文类聚》		《初学记》①	
一级目	二级目	一级目	二级目
卷一《天部上》；卷二《天部下》	天、日、月、星、云、风；雪、雨、霁、雷、电、雾、虹。	卷一《天部上》；卷二《天部下》	天一、日二、月三、星四、云五、风六、雷七；雨一、雪二、霜三、雹四、露五、雾六、虹霓七、霁晴八。②
卷三《岁时上》；卷四《岁时中》；卷五《岁时下》	春、夏、秋、冬；元正、人日、正月十五日、月晦、寒食、三月三、五月五、七月七、七月十五、九月九；社、伏、热、寒、腊、律、历。	卷三《岁时部上》；卷四《岁时部下》	春一、夏二、秋三、冬四；元日一、人日二、正月十五日三、月晦四、寒食五、三月三日六、五月五日七、伏日八、七月七日九、七月十五日十、九月九日十一、冬至十二、腊十三、岁除十四。③

① 本表格以《初学记》之目录顺序为中心，《艺文类聚》之目录则围绕《初学记》之目录做对应。
② 《初学记》与《艺文类聚》二级目连续相同者：天一、日二、月三、星四、云五、风六；雾六、虹霓七。
③ 《初学记》与《艺文类聚》二级目连续相同者：春一、夏二、秋三、冬四；元日一、人日二、正月十五日三、月晦四、寒食五、三月三日六、五月五日七；七月七日九、七月十五日十、九月九日十一。

续表

《艺文类聚》		《初学记》	
一级目	二级目	一级目	二级目
卷六《地部、州部、郡部》；卷七《山部上》；卷八《山部下、水部上》；卷九《水部下》	地、野、关、冈、岩、峡、石、尘。	卷五《地部上》；卷六《地部中》；卷七《地部下》卷八《州郡部》	总载地一
	总载山、昆仑山、嵩高山、华山、衡山、庐山、太行山、荆山、钟山、北邙山、天台山、首阳山、燕然山、罗浮山、九疑山；虎丘山、蒜山、石帆山、石鼓山、石门山、太平山、岷山、会稽诸山、交广诸山。		总载山二、泰山三、衡山四、华山五、恒山六、嵩高山七、终南山八、石九。①
	冀州、杨州、荆州、青州、徐州、兖州、豫州、雍州、益州、幽州、并州、交州；河南郡、京兆郡、宣城郡、会稽郡。		总叙州郡一、河南道二、关内道三、河东道四、河北道五、陇右道六、山南道七、剑南道八、淮南道九、江南道十、岭南道十一。②
	总载水、海水、河水、江水、淮水、汉水、洛水；壑、四渎、涛、泉、湖、陂、池、溪、谷、涧、浦、渠、井、冰、津、桥。		总载水一、海二、河三、江四、淮五、济六、洛水七、渭水八、泾水九；湖一、汉水二、骊山汤三、昆明池四、冰五、井六、桥七、关八。③
卷一〇《符命部》	符命		

①"总载"二字在《艺文类聚》与《初学记》之二级子目中皆有出现，《艺文类聚》出现过 6 次，《初学记》出现过 4 次。

②"总叙"二字在《初学记》出现过 2 次，当是"总载"的替代词。

③《初学记》与《艺文类聚》二级目连续相同者：总载水、海水、河水、江水、淮水。

续表

《艺文类聚》		《初学记》	
一级目	二级目	一级目	二级目
卷一一《帝王部一》……卷一四《帝王部四》	总载帝王、天皇氏、地皇氏、人皇氏、有巢氏、燧人氏、太昊庖牺氏、帝女娲氏、炎帝神农氏、黄帝轩辕氏、少昊金天氏、颛顼高阳氏、帝喾高辛氏、帝尧陶唐氏、帝舜有虞氏、帝禹夏后氏；殷成汤、周文王、周武王、周成王、汉高帝、汉文帝、汉景帝、汉武帝、汉昭帝、汉宣帝、后汉光武帝、汉明帝、汉和帝；魏武帝、魏文帝、吴大帝、晋武帝、晋元帝、晋成帝、晋康帝、晋穆帝、晋简文帝、晋孝武帝、宋武帝、宋孝武帝；齐高帝、齐武帝、齐明帝、梁武帝、梁元帝、北齐文宣帝、陈武帝、陈文帝、陈宣帝。	卷九《帝王部》	总叙帝王。
卷一五《后妃部》；卷一六《储宫部》	后妃；储宫、太子妃、公主。	卷一〇《中宫部》《储宫部》《帝戚部》	皇后一、妃嫔二；皇太子三、太子妃四；王五、公主六、驸马七。
卷四五《职官部一》……卷五〇《职官部六》	总载职官、诸王、相国、丞相、冢宰；太尉、太傅、太保、祭酒、博士；大司马、司徒、司空、仪同、特进；录尚书、尚书令、仆射、吏部尚书、尚书、吏部郎、侍中、黄门侍郎、散骑常侍、给事中、中书令、中书侍郎、骠骑将军；太常、卫尉、太仆、廷尉、鸿胪、司农、将作、光禄大夫、太子詹事、太子中庶子、太子舍人；刺史、尹、太守、令长。	卷一一《职官部上》；卷一二《职官部下》	太师太傅太保一、太尉司徒司空二、尚书令三、仆射四、诸曹尚书五、吏部尚书六、左右丞七、侍郎郎中员外郎八、中书令九、中书侍郎十、中书舍人十一；侍中一、黄门侍郎二、给事中三、散骑常侍四、谏议大夫五、御史大夫六、御史中丞七、侍御史八（殿中监察御史附）、秘书监九、秘书丞十、秘书郎十一、著作郎十二（著作佐郎附）、太常卿十三、司农卿十四、太府卿十五、光禄卿十六、鸿胪卿十七、宗正卿十八、卫尉卿十九、太仆卿二十、大理卿二十一。

续表

《艺文类聚》		《初学记》	
一级目	二级目	一级目	二级目
卷三八《礼部上》；卷三九《礼部中》；卷四〇《礼部下》	礼、祭祀、郊丘、宗庙、明堂、辟雍、学校、释奠；巡守、籍田、社稷、朝会、燕会、封禅、亲蚕；冠、婚、谥、吊、冢墓。	卷一三《礼部上》；卷一四《礼部下》	总载礼一、祭祀二、郊丘三、宗庙四、社稷五、明堂六、巡狩七、封禅八；籍田一、亲蚕二、释奠三、朝会四、飨燕五、冠六、婚姻七、死丧八、葬九、挽歌十。①
卷四一《乐部一》……卷四四《乐部四》	论乐；乐府；舞、歌；琴、筝、箜篌、琵琶、笋簾、箫、笙、笛、筑。	卷一五《乐部上》；卷一六《乐部下》	雅乐一、杂乐二、四夷乐三、歌四、舞五；琴一、筝二、琵琶三、箜篌四、钟五、磬六、鼓七、箫八、笙九、笛十。②
卷一七《人部一》……卷三七《人部二十一》	头、目、耳、口、舌、发、髑髅、胆；美妇人、贤妇人、老；言语、讴谣、吟、啸、笑；圣、贤、忠、孝；德、让、智、性命、友悌、交友、绝交；公平、品藻、质文；鉴诫；讽、谏、说、嘲戏；言志；行旅、游览、别上、别下、怨、赠答；闺情；宠幸、游侠、报恩、报仇、盟；怀旧、哀伤；妒、淫、愁、泣、贫、奴、婢、佣保；隐逸上、隐逸下。	卷一七《人部上》；卷一八《人部中》；卷一九《人部下》	圣一、贤二、忠三、孝四、友悌五、恭敬六、聪敏七；③师一、交友二、讽谏三、贵四、富五、贫六、离别七；美丈夫一、美妇人二、丑人三、长人四、短人五、奴婢六。
卷五一《封爵部》	总载封爵、亲戚封、功臣封、逊让封、外戚封、妇人封、尊贤继绝封。	卷二〇《政理部》	赦一、赏赐二、贡献三、荐举四、奉使五、假六、医七、卜八、刑罚九、囚十、狱十一
卷五二《治政部上》；卷五三《治政部下》	论政、善政、赦宥；锡命、荐举、奉使。		

①《初学记》与《艺文类聚》二级目连续相同者：礼、祭祀、郊丘、宗庙；朝会、燕会；冠、婚。

②《初学记》与《艺文类聚》二级目连续相同者：琴、筝；箫、笙、笛。

③《初学记》与《艺文类聚》二级目连续相同者：圣、贤、忠、孝。

续表

《艺文类聚》		《初学记》	
一级目	二级目	一级目	二级目
卷五四《刑法部》	刑法。	卷二〇《政理部》	
卷五五《杂文部一》……卷五八《杂文部四》	经典、谈讲、读书、史传、集序；诗、赋；七、连珠；书、檄、移、纸、笔、砚。	卷二一《文部》	经典一、史传二、文字三、讲论四、文章五、笔六、纸七、砚八、墨九。
卷五九《武部》；卷六〇《军器部》	将帅、战伐；牙、剑、刀、匕首、铗、弓、箭、弩、弹、槊。	卷二二《武部》	旌旗一、剑二、刀三、弓四、箭五、甲六、鞍七、辔八、鞭九、猎十、渔十一。
卷七六《内典上》；卷七七《内典下》；卷七八《灵异部上》；卷七九《灵异部下》	内典；寺碑；仙道；神、梦、魂魄。	卷二三《道释部》	道一、仙二、道士三、观四、佛五、菩萨六、僧七、寺八
卷六一《居处部一》……卷六四《居处部四》	总载居处；宫、阙、台、殿、坊；门、楼、橹、观、堂、城、馆；宅舍、庭、坛、室、斋、庐、道路。	卷二四《居处部》	都邑一、城郭二、宫三、殿四、楼五、台六、堂七、宅八、库藏九、门十、墙壁十一、苑囿十二、园圃十三、道路十四、市十五。
卷六五《产业部上》；卷六六《产业部下》	农、田、园、圃、蚕、织、针、市；田猎、钓、钱。		

续表

《艺文类聚》		《初学记》	
一级目	二级目	一级目	二级目
卷六七《衣冠部》	衣冠、貂蝉、玦佩、巾帽、衣裳、袍、裙襦、裘、带。	卷二五《器物部》；卷二六《器物部》①	漏刻一、帷幕二、屏风三、帘四、床五、席六、扇七、香炉八、镜九、镜台十、舟十一、车十二、灯十三、烛十四、烟十五、火十六；冠一、弁二、印三、绶四、笏五、佩六、履七、裘八、衫九、裙十、酒十一、饭十二、粥十三、肉十四、羹十五、脯十六、饼十七。
卷六八《仪饰部》	节、黄钺、鼓吹、相风、漏刻。		
卷六九《服饰部上》；卷七〇《服饰部下》	帐、屏风、幔、簟、荐席、案、几、杖、扇、麈尾；枕、被、缛、如意、胡床、火笼、香炉、步摇、钗、梳枇、囊、镜、袜。	卷二五《器物部》；卷二六《器物部》	漏刻一、帷幕二、屏风三、帘四、床五、席六、扇七、香炉八、镜九、镜台十、舟十一、车十二、灯十三、烛十四、烟十五、火十六；冠一、弁二、印三、绶四、笏五、佩六、履七、裘八、衫九、裙十、酒十一、饭十二、粥十三、肉十四、羹十五、脯十六、饼十七。
卷七一《舟车部》	舟、车。		
卷七二《食物部》	食、饼、肉、脯、酱、鲊、酪苏、米、酒。		
卷八〇《火部》	火、烽燧、灯、烛、庭燎、灶、薪炭灰、烟。		
卷七三《杂器物部》	鼎、枪、钵、瓸、盘、樽、巵、杯、碗。		
卷七四《巧艺部》	射、书、画、围棋、弹棋、博、樗蒲、投壶、塞、藏钩、四维、象戏。		

---

①此处《器物部》无"上、下"之分，与前文格式不一。

续表

《艺文类聚》		《初学记》	
一级目	二级目	一级目	二级目
卷七五《方术部》	养生、卜筮、相、疾、医。		
卷八一《药、香、草部上》;卷八二《草部下》	药、空青、芍药、百合、兔丝、女萝、款冬、天门冬、茉苡、薯预、菖蒲、术;草(香附)、兰、菊、杜若、蕙、蘼芜、郁金、迷迭、芸香、藿香、鹿葱、蜀葵、蔷薇、蓝、慎火、卷施;芙蕖、菱、蒲、萍、苔、菰、荻、薯、茗、茅、蓬、艾、藤、菜蔬、葵、荠、葱、蓼。	卷二七《宝器部花草附》	金一、银二、珠三、玉四、钱五、锦六、绣七、罗八、绢九、五谷十、兰十一、菊十二、芙蓉十三、萱十四、萍十五、苔十六
卷八三《宝玉部上》;卷八四《宝玉部下》	宝、金、银、玉、珪;璧、珠、贝、马瑙、琉璃、车渠、玳瑁、铜。		
卷八五《百谷部》《布帛部》	谷、禾、稻、粳、黍、粟、豆、麻、麦;素、锦、绢、绫、罗、布。		
卷八六《果部上》;卷八七《果部下》卷八八《木部上》;卷八九《木部下》	李、桃、梅、梨、甘、橘、樱桃、石榴、柿、楂、柰;枣、杏、栗、胡桃、林檎、甘薯、沙棠、椰、枇杷、燕薁、橪、蒟子、枳椇、柚、木瓜、杜梨、芋、杨梅、蒲萄、槟榔、荔支、益智、椹、芭蕉、甘蔗、瓜;木(花叶附)、松、柏、槐、桑、榆、桐;杨柳、柽、椒、梓、桂、枫、豫章、无患、朱树、君子、枞、桧、茱萸、楠、柞、楸、栎、楷、灵寿、女贞、长生、木槿、樗、木兰、夫栘、楸、若木、合欢、杉、并闾、荆、棘、黄连、栀子、竹。	卷二八《果木部》	李一、柰二、桃三、樱桃四、枣五、栗六、梨七、甘八、橘九、梅十、石榴十一、瓜十二、松十三、柏十四、槐十五、桐十六、柳十七、竹十八

续表

《艺文类聚》		《初学记》	
一级目	二级目	一级目	二级目
卷九三《兽部上》；卷九四《兽部中》；卷九五《兽部下》	马、驹騱；牛、驴、骆驼、羊、狗、豕；象、犀、兕、驳、貔、熊、鹿、獐、兔、狐、猿、猕猴、果然、狙狿、貂、鼠。	卷二九《兽部》	狮子一、象二、麟三、马四、牛五、驴六、驼七、羊八、豕九、狗十、鹿十一、兔十二、狐十三、鼠十四、猴十五。①
卷九〇《鸟部上》；卷九一《鸟部中》；卷九二《鸟部下》；卷九六《鳞介部上》；卷九七《鳞介部下》《虫豸部》	鸟、凤、鸾、鸿、鹤(白鹤、黄鹄、玄鹄附)雉、鹖；孔雀、鹦鹉、青鸟、雁、鹅、鸭、鸡、山鸡、鹰、鹧；乌、鹊、雀、燕、鸠、鸥、反舌、鸧鹒、鹡鸰、啄木、鸳鸯、鸂鶒、鹈鹕、白鹭、鸀鹈、鸥、鹏、精卫、翡翠、鹏鸟；龙、蛟、蛇、龟、鳖、鱼、螺、蚌、蛤、蛤蜊、乌贼、石劫；蝉、蝇、蚊、蜉蝣、蛱蝶、萤火、蝙蝠、叩头虫、蛾、蜂、蟋蟀、尺蠖、蚁、蜘蛛、螳螂。	卷三〇《鸟部、鳞介部、虫部》	凤一、鹤二、鸡三、鹰四、乌五、鹊六、雁七、鹦鹉八、龙九、鱼十、龟十一、蝉十二、蝶十三、萤十四
卷九八《祥瑞部上》；卷九九《祥瑞部下》	祥瑞、庆云、甘露、木连理、木芝、龙、麟；凤皇、鸾、比翼、乌、雀、燕、鸠、雉、马、白鹿、狐、兔、驺虞、白狼、比肩兽、龟、鱼、鼎。		
卷一〇〇《灾异部》	旱、祈雨、蝗、螟、螽、贼、蜮。		

①《初学记》与《艺文类聚》二级目连续相同者：牛、驴、骆驼、羊。

黎丽莎《〈初学记〉诗赋收录分类研究》言："拿《艺文类聚》与《初学记》的部类进行比照，发现有许多相同之处，如天部、岁时部、地部、帝王部、职官部、礼部、乐部、武部、兽部等。在数量上，《艺文类聚》分为四十六部，《初学记》仅分为二十三部，整整是《初学记》的两倍，所以《艺文类聚》分的部类更为细致。比如《初学记》的'州郡部'《艺文类聚》分'州部'和'郡部'，'果木部'分为'果部'和'木部'，'器物部'分为'衣冠部''仪饰部''服饰部''食物部'等；还有'灵异部''祥瑞部''灾异部'等都是《初学记》所没有的。"①其实，我们的观点恰恰与其不同，黎丽莎说《艺文类聚》部类更为细致，是不准确的，她其实没有重视二者之间的前后关系，却将二者放在了同一个时间点上做比较分析，不能由此而说《艺文类聚》更细致，类目的数量其实不能全面展现谁的体例更优良。

我们通过比较分析认为，《初学记》之二级类目明显有因袭《艺文类聚》的嫌疑，二者之间部分类目的连续相同，就能说明这个问题，此外，《初学记》的二级类目多是明显的摘录、归并、节略自《艺文类聚》的，比如：

《初学记》卷一《天部上》与卷二《天部下》之"天、日、月、星、云、风、雷；雨、雪、雾、虹霓、霁晴"，除"霜、雹、露"外，均可在《艺文类聚》卷一《天部上》与卷二《天部下》中找到对应子目。

《初学记》卷三《岁时部上》与卷四《岁时部下》之"春一、夏二、秋三、冬四；元日一、人日二、正月十五日三、月晦四、寒食五、三月三日六、五月五日七、伏日八、七月七日九、七月十五日十、九月九

---

①黎丽莎：《〈初学记〉诗赋收录分类研究》，广西师范大学硕士学位论文，2011年，第8页。

日十一、冬至十二、腊十三、岁除十四"，除"冬至、岁除"外，均可在《艺文类聚》卷三《岁时上》、卷四《岁时中》与卷五《岁时下》中找到对应子目，并且《初学记》很明显对《艺文类聚》之二级目做了新的调整与改进，首先是按照时间顺序排列诸节日，其次是将"热、寒、律、历"等内容调出了岁时部。

《初学记》卷十三《礼部上》与卷十四《礼部下》之"总载礼一、祭祀二、郊丘三、宗庙四、社稷五、明堂六、巡狩七、封禅八；籍田一、亲蚕二、释奠三、朝会四、飨燕五、冠六、婚姻七"，除"死丧八、葬九、挽歌十"外，均可在《艺文类聚》卷三十八《礼部上》、卷三十九《礼部中》与卷四十《礼部下》中找到对应子目。

《初学记》卷十五《乐部上》与卷十六《乐部下》之"歌四、舞五；琴一、筝二、琵琶三、箜篌四、箫八、笙九、笛十"，除"钟五、磬六、鼓七"外，均可在《艺文类聚》卷四十一《乐部一》至卷四十四《乐部四》中找到对应子目。此外，《艺文类聚》中有"论乐"，《初学记》中则是"雅乐一、杂乐二、四夷乐三"，可见《初学记》对《艺文类聚》的发展情况。

《初学记》卷二十七《宝器部花草附》之"金一、银二、珠三、玉四、钱五、锦六、绣七、罗八、绢九、五谷十、兰十一、菊十二、芙蓉十三、萱十四、萍十五、苔十六"，除"钱五、萱十四"外，均可在《艺文类聚》卷八十一《药、香、草部上》、卷八十二《草部下》、卷八十三《宝玉部上》、卷八十四《宝玉部下》卷八十五《百谷部》《布帛部》中找到对应子目。

《初学记》卷二十八《果木部》之"李一、奈二、桃三、樱桃四、枣五、栗六、梨七、甘八、橘九、梅十、石榴十一、瓜十二、松十三、柏十四、槐十五、桐十六、柳十七、竹十八"均可在《艺文类聚》卷八十六《果部上》、卷八十七《果部下》卷八十八《木部上》、卷八十九《木部下》找到对应的子目。

《初学记》卷二十九《兽部》之"狮子一、象二、麟三、马四、牛五、驴六、驼七、羊八、豕九、狗十、鹿十一、兔十二、狐十三、鼠十四、猴十五",除了"狮子一、麟三"外,均可在《艺文类聚》卷九十三《兽部上》、卷九十四《兽部中》、卷九十五《兽部下》中找到对应的子目。

《初学记》卷三十《鸟部、鳞介部、虫部》之"凤一、鹤二、鸡三、鹰四、乌五、鹊六、雁七、鹦鹉八、龙九、鱼十、龟十一、蝉十二、蝶十三、萤十四"明显是出自《艺文类聚》卷九十《鸟部上》、卷九十一《鸟部中》、卷九十二《鸟部下》、卷九十六《鳞介部上》、卷九十七《鳞介部下》《虫豸部》,所有子目全部可以找到相应来源。

《初学记》在二级子目上因袭《艺文类聚》之痕迹亦是可寻,当然,《初学记》的编纂者重新对这些子目做了顺序调整,也适当增补了部分子目,并且,我们可以看到《初学记》的编纂者用心良苦,兽部的"狮子",鸟部的"凤",皆被提升至本部类的首位,这肯定是编纂者刻意的安排,其他诸如此类的安排也有很多。《初学记》最大的特点就是精练与简洁,并且重点突出,详略得宜。总之,我们通过对《初学记》与《艺文类聚》一级子目与二级子目的比较分析,可以清晰地看到二者之间诸多相同或者相似之处,虽然有些地方表现得并不鲜明,但是,我们仍然可以断定二者之间曾经存在着紧密的关系。

最后,我们认为对《初学记》之定位,不应认为其与《艺文类聚》存在较大距离,就算我们发现了二者之间在文本上的诸多不同,但当我们认真对比二者之"目录"时,仍然可以发现它们之间的亲密关系。《初学记》之"目录"部分对《艺文类聚》的因袭,其实并不鲜明,我们只能通过残留的蛛丝马迹去做出一些判断与推断。但是，我们仍然认为二者之间的关系是亲密的，不是没有关系的彼此，从那些连续相同的子目上即可得到证明，因为这绝不会是巧合。其实，我们很难相信，唐高祖时期所修《艺文类聚》到了唐玄宗时期编纂《初学记》之时，就被束之高阁，弃之不用，从感情上有点说不过去，并且《初学记》是极其重视唐代帝王诗文的，唐太宗就是例子，大量诗文被收录到《初学记》之中，唐高祖敕令编纂的《艺文类聚》为何要弃而不用呢？当然，这种纯属感情上的猜测，或许有意气用事之嫌，但是，当我们对《初学记》与《艺文类聚》进行较为详细的比较研究时，我们果真能发现它们之间的继承与发展关系，具体紧密到什么程度，我们还需要进一步的考察。

三、《艺文类聚》与《初学记》"诗文"比较研究

我们认为《初学记》必然是在前代古类书基础上经过重新加工而形成的一部新类书，且其体例精良，流传广泛，影响深远，而编纂者徐坚等人究竟参考了哪些古类书就需要考察。《修文殿御览》是公认的《初学记》的底本之一，已为学界所熟知，《初学记》之"叙事"部分有前世《修文殿御览》的痕迹，后世类书《太平御览》亦有《初学记》的痕迹，而其他古类书尤其是唐朝初年编纂的《艺文类聚》《文思博要》《三教珠英》《瑶山玉彩》《碧玉琼林》《东殿新书》《文馆词林》等究竟有没有被使用作为《初学记》的底本，还需要我们去考察，我们主要针对《初学记》与《艺文类聚》之"诗文"部分展开讨论。

下表以《初学记》卷二十四《居处部》与《艺文类聚》卷六十一《居处部一》至卷六十四《居处部四》、卷六十五《产业部上》与卷六十六《产业部下》作比较。

《艺文类聚》卷六一《居处部一》……卷六四《居处部四》；卷六五《产业部上》；卷六六《产业部下》			《初学记》卷二四《居处部》		
总载居处	赋	汉杨雄《蜀都赋》后汉班固《西都赋》又《东都赋》后汉张衡《西京赋》又《南都赋》后汉杜笃《论都赋》后汉崔骃《反都赋》后汉傅毅《洛都赋》魏徐干《齐都赋》魏刘桢《鲁都赋》魏刘邵《赵都赋》晋左思《蜀都赋》又《吴都赋》又《魏都赋》晋庾阐《杨都赋》晋傅玄《正都赋》	都邑一	赋	后汉班固《西都赋》后汉傅毅《洛都赋》后汉张衡《南都赋》晋左思《蜀都赋》又《魏都赋》晋庾阐《杨都赋》
	诗	陈孔奂《名都一何绮诗》陈周弘正《诗》		诗	陈孔奂《赋得名都一何绮诗》隋许善心《奉和还京师诗》虞世南《赋得吴都诗》褚亮《赋得蜀都诗》李百药《赋得魏都诗》郑翼《登北邙还望京洛诗》
				诏	唐高宗天皇大帝《建东都诏》
城	赋	魏文帝《登城赋》晋孙楚《登城赋》宋鲍昭《芜城赋》梁吴筠《吴城赋》	城郭二	赋	魏文帝《登城赋》宋鲍昭《芜城赋》梁吴均《吴城赋》
	诗	梁简文帝《从顿还城诗》又《登城诗》又《登城北望诗》梁江淹《登纪南城诗》		诗	梁简文帝《从顿还城诗》梁王筠《和新渝侯巡城诗》后魏温子升《从驾幸金墉城诗》李百药《秋晚登古城诗》
	铭	后汉李尤《京师城铭》		铭	后汉李尤《京师城铭》
宫	赋	汉刘歆《甘泉宫赋》魏卞兰《许昌宫赋》魏杨修《许昌宫赋》北齐邢子才《新宫赋》	宫第三	赋	汉刘歆《甘泉宫赋》
	诗	梁简文帝《新成安乐宫诗》周明帝《过旧宫诗》陈阴铿《新成安乐宫诗》		诗	梁简文帝《新成安乐宫诗》周明帝《过旧宫诗》陈阴铿《新成长安宫诗》
	颂	汉王褒《甘泉宫颂》宋孝武帝《巡幸旧宫颂》梁沈约《齐朝丹徒故宫颂》		颂	梁沈约《朝丹徒故宫颂》

续表

《艺文类聚》卷六一《居处部一》……卷六四《居处部四》;卷六五《产业部上》;卷六六《产业部下》			《初学记》卷二四《居处部》		
	铭	后汉李尤《永安宫铭》		铭	后汉李尤《永安宫铭》
	表	梁沈约《为柳兖州世隆上旧宫》			
殿	赋	后汉李尤《德阳殿赋》后汉王延寿《鲁灵光殿赋序》魏何晏《景福殿赋》魏韦诞《景福殿赋》魏夏侯惠《景福殿赋》宋孝武《华林清暑殿赋》宋江夏王刘义恭《华林清暑殿赋》宋何尚之《华林清暑殿赋》	殿第四	赋	宋何尚之《华林清暑殿赋》
				诗	隋江总《侍宴瑶泉殿诗》又《侍宴临芳殿诗》
	铭	后汉李尤《德阳殿铭》陈沈炯《太极殿铭》		铭	后汉李尤《德阳殿铭》陈徐陵《太极殿铭》
	表	梁王筠《上太极殿表》			
楼	赋	魏王粲《登楼赋》晋孙楚《登楼赋》晋枣据《登楼赋》晋郭璞《登百尺楼赋》	楼第五	赋	晋孙楚《登楼赋》
	诗	宋文帝《登景阳楼诗》梁武帝《登北顾楼诗》梁简文帝《奉和登北顾楼诗》又《登烽火楼诗》又《水中楼影诗》梁沈约《登玄畅楼诗》梁刘孝绰《登阳云楼诗》梁王台卿《咏水中楼影诗》		诗	梁简文《奉和登北顾楼诗》梁沈约《登玄畅楼诗》梁刘孝绰《登阳云楼诗》
	铭	宋鲍昭《凌烟楼铭》		铭	宋鲍昭《凌烟楼铭》
台	赋	魏文帝《登台赋序》魏陈王曹植《登台赋》晋陆云《登台赋》晋孙楚《韩王台赋》	台第六	赋	魏陈思王曹植《登台赋》
	诗	晋陆机《拟古诗》梁简文帝《琴台诗》梁庾肩吾《过建昌故台诗》陈祖孙登《宫殿名登高台诗》		诗	梁简文帝《琴台诗》梁庾肩吾《过建昌故台诗》陈祖孙登《宫殿名登台诗》

续表

《艺文类聚》卷六一《居处部一》……卷六四《居处部四》;卷六五《产业部上》;卷六六《产业部下》			《初学记》卷二四《居处部》		
堂	铭	后汉李尤《云台铭》	堂第七	铭	后汉李尤《云台铭》
	赋	陈江总《云堂赋》		赋	隋江总《云堂赋》
	诗	梁庾肩吾《咏疏圃堂诗》		诗	梁庾肩吾《咏疏圃堂诗》隋炀帝《宴东堂诗》唐虞世南《侍宴归雁堂诗》
	颂	晋庾阐《乐贤堂颂》		颂	晋庾阐《乐贤堂颂》
	铭	后汉李尤《堂铭》			
宅舍	诗	齐竟陵王萧子良《行宅诗》陈江总《岁暮还宅诗》又《南还寻草市宅诗》	宅第八	诗	唐太宗文武圣皇帝《过旧宅诗》隋江总《岁暮还宅诗》又《南还寻草市宅诗》隋元行恭《过故宅诗》唐杨师道《还山宅诗》
	赋	魏陈王曹植《闲居赋》晋潘岳《闲居赋》晋庾阐《闲居赋》晋束晳《近游赋》梁沈约《郊居赋》			
	铭	晋习凿齿《诸葛武侯宅铭》		铭	晋习凿齿《诸葛武侯宅铭》
	启	梁元帝《谢敕赐第启》梁刘孝仪《为王仪同谢宅启》又《为武陵王谢赐第启》梁庾肩吾《谢东宫赐宅启》		启	梁元帝《谢敕赐第宅启》
	表	晋陆云《闻起西园第宜遵节俭之制表》			
	议	晋潘岳《上客舍议》			
门	铭	后汉李尤《门铭》又《中东门铭》又《开阳城门铭》又《津城门铭》又《广阳门铭》又《雍城门铭》又《夏城门铭》又《谷城门铭》晋挚虞《门铭》	门第十	铭	陈何胥《赋得待诏金马门诗》后汉李尤《门铭》又《中东门铭》又《开阳门铭》又《津城门铭》又《雍城门铭》又《夏城门铭》又《谷城门铭》
	祝文	后魏温子升《阊阖门上梁》		祝文	后魏温子升《阊阖门上梁祝文》

续表

《艺文类聚》卷六一《居处部一》……卷六四《居处部四》;卷六五《产业部上》;卷六六《产业部下》				《初学记》卷二四《居处部》		
园+囿	赋	汉枚乘《梁王兔园赋》齐谢朓游《后园赋》梁裴子野《游华林园赋》梁江淹《梁王兔园赋》周庾信《小园赋》	园囿第十三	赋		梁江淹《梁王兔园赋》
	诗	宋陶潜《杂诗》宋谢灵运《还旧园诗》宋谢庄《北宅秘园诗》齐竟陵王《游后园诗》齐王俭《春日家园诗》梁简文帝《游韦黄门园诗》又《夜游北园诗》又《临后园诗》梁元帝《游后园诗》又《晚景游后园诗》梁沈约《宿东园诗》又《行园诗》梁庾肩吾《从皇太子出玄圃诗》		诗		宋谢灵运《还旧园诗》梁元帝《游后园诗》又《晚景游后园诗》梁庾肩吾《从皇太子出玄圃诗》
	颂	晋潘尼《后园颂》		颂		晋潘尼《后园颂》
	引	谢庄《怀园引》				
	咏	晋湛方生《游园咏》				
	启	梁张缵《谢东宫赉园启》				
	铭	隋江总《玄圃石室铭》				
道路			道路第十四	诗		梁沈约《循役朱方道路诗》隋孙万寿《东归在路诗》唐李百乐《途中述怀诗》
	碑	陈徐陵《丹阳上庸路碑》		铭		陈徐陵《丹阳上庸路碑铭》
市			市第十五	赋		晋成伯阳《平乐市赋》
	诗	梁庾肩吾《看放市诗》陈张正见《赋得日中市朝满诗》		诗		梁庾肩吾《看放市诗》陈张正见《日中市朝满诗》
	教	梁简文帝《移市教》周庾信答《移市教》		教		晋王彪之《整市教》周庾信《答移市教》
				箴		晋成公绥《市长箴》

通过对《初学记》与《艺文类聚》之"诗文"题名的对比，我们还是可以看出二者之间的相同部分，且连续相同部分是不少的，这就可见二者之间的关系。或者说，《初学记》无疑是参考了《艺文类聚》的。但是，《初学记》的编纂必然是有多个底本可以参考的，绝不会仅有《艺文类聚》一个底本。

可是，前辈学者为何会不断地提及《初学记》与《艺文类聚》之间的不同呢？上文如此简单的对比，前辈学者肯定不会没有做过，甚至是可以很轻松地做出上述对比，因为《初学记》与《艺文类聚》二书对唐及以后的读书人来说，是再熟悉不过的，他们很多人都是使用过这两种书的，故我们认为肯定还有其他原因。导致诸前辈学者认为二者之间的距离较大，这个原因就是文本的不同、文本的差异。我们试着找几组二书共引的文献做比对，看看二者之间的距离有多大。

《艺文类聚》卷一《天部上》；卷二《天部下》	《初学记》卷一《天部上》；卷二《天部下》
晋成公绥《天地赋》曰：天地至神，难以一言定称。故体而言之，则曰两仪，假而言之，则曰乾坤，气而言之，则曰阴阳，性而言之，则曰柔刚，色而言之，则曰玄黄，名而言之，则曰天地，若乃悬象成文，列宿有章，三辰烛耀，五纬重光，众星回而环极，招摇运而指方，白虎时据于参代，青龙垂尾于氐房，玄龟匿首于女虚，朱鸟奋翼于星张，帝皇正坐于紫宫，辅臣列位于文昌，垣屏络驿而珠连，三台差池而雁行，轩辕华布而曲列，摄提鼎峙而相望。①	晋成公绥《天地赋》：天地至神，难以一言定其称。故体而言之，则曰两仪；性而言之，则曰柔刚；色而言之，则曰玄黄；名而言之，则曰天地。若乃玄象成文，列宿有章，三辰烛曜，五纬重光，众星迁而环极，招摇运而指方；白虎时据于参昴，青龙垂尾于心房，玄龟匿首于女虚，朱鸟奋翼于轸张；垣屏络绎而珠连，三台差池而雁行；轩辕华布而曲列，摄提鼎峙而相望。②

---

① [唐]欧阳询撰，汪绍楹校：《艺文类聚》卷一《天部上》，上海：上海古籍出版社，1999 年第 2 版，第 3 页。

② [唐]徐坚等著：《初学记》卷一《天部上》，北京：中华书局，2004 年第 2 版，第 4 页。

续表

《艺文类聚》卷一《天部上》;卷二《天部下》	《初学记》卷一《天部上》;卷二《天部下》
晋傅玄《两仪诗》曰:两仪始分,元气上清,列宿垂象,六位时成,日月西迈,流景东征,悠悠万物,殊品齐名,圣人忧世,实念群生。①又《天行篇》曰:天行一何健,日月无高踪;百川赴阳谷,三辰因泰蒙。②又《歌》曰:天时泰兮昭以阳,清风起兮景云翔,仰观兮辰象,日月兮运周,俯视兮河海,百川兮东流。③	晋傅玄《两仪诗》:两仪始分元气清,列宿垂象六位成。日月西流景东征,悠悠万物殊品名,圣人忧代念群生。④又《歌天诗》:天行一何健,日月无高踪;百川皆赴海,三辰回泰蒙。⑤
晋郭璞《释天地图赞》曰:祭地肆瘗,郊天致烟。气升太一,精沦九泉。至敬不文,明德惟鲜。⑥	郭璞《释天地图赞》:祭地肆瘗,郊天致烟。气升太一,精沦九泉。至敬不文,明德惟鲜。⑦

从上表之文本对比来看,二者之间的关系是很紧密的,就是基本内容是一样的,但是又有不同,且我们可以看到《初学记》删节《艺文类聚》之内容的痕迹,如《初学记》之"又《歌天诗》",很显然来自《艺文类聚》之"又《天行篇》""又《歌》",且《初学记》在删节的过程中出现了一点错误,即《初学记》将"又《天行篇》"弄成了"又《歌天诗》",此外除了个别

---

① [唐]欧阳询撰,汪绍楹校:《艺文类聚》卷一《天部上》,上海:上海古籍出版社,1999 年第 2 版,第 3 页。

② [唐]欧阳询撰,汪绍楹校:《艺文类聚》卷一《天部上》,上海:上海古籍出版社,1999 年第 2 版,第 3 页。

③ [唐]欧阳询撰,汪绍楹校:《艺文类聚》卷一《天部上》,上海:上海古籍出版社,1999 年第 2 版,第 3 页。

④ [唐]徐坚等著:《初学记》卷一《天部上》,北京:中华书局,2004 年第 2 版,第 4 页。

⑤ [唐]徐坚等著:《初学记》卷一《天部上》,北京:中华书局,2004 年第 2 版,第 4 页。

⑥ [唐]徐坚等著:《初学记》卷一《天部上》,北京:中华书局,2004 年第 2 版,第 4—5 页。

⑦ [唐]欧阳询撰,汪绍楹校:《艺文类聚》卷一《天部上》,上海:上海古籍出版社,1999 年第 2 版,第 3 页。

文字的互异，大体相似，这是可以证明二者关系紧密的证据。对于《两仪诗》的分析也是要重点说明的事情，《艺文类聚》之中此《两仪诗》是四言，而到了《初学记》中此《两仪诗》竟然变成了七言，这个变化需要我们关注，至于缘由下文一并分析解答。

《艺文类聚》卷一《天部上》；卷二《天部下》	《初学记》卷一《天部上》；卷二《天部下》
晋李颙《雷赋》曰：伊有阳之肇化兮，陶万殊于天壤，结郁蒸而成雷兮，鼓匐棱之逸响。若乃骇气奔激，震响交搏，溃沦隐磷，崩腾磊落，来无辙迹，去无阡陌，君子恐惧而修省，圣人因象以制作。[1]	晋李颙《雷赋》：伊青阳之肇化兮，陶万殊于天壤。结郁蒸以成雷兮，鼓匐輮之逸响。应万风以相薄，包群动而为长。乘云气之郁翁兮，舒电光之炯晃。惊蛰虫于始作兮，惧远迩之异象。尔其发也，则腾跃濆薄，砰磕隐天。起伟霆于霄际，催劲木于岩巅。驱宏威之迅烈，若崩岳之置置。斯实阳台之变化，固大壮之宗源也。若乃骇气奔激，震响交扑，溃沦隐磷，崩腾磊落，来无辙迹，去无阡陌，君子恐惧而修省，圣人因象以制作。审其体势，观其曲折，轻如伐鼓，轰若走辙，业犹地倾，繢似天裂。比五音而无当，校众响而称杰。于是上穆下明，顺天承法，戒刑狱以致亨，孰非善而可摄。正震体于东方，立不易之恒业。豫行师而景奋，解宥过而人协。若夫洪细靡常，兴废难克，殷其山阳，劝义崇德。起五龙于河始，戕武乙于渭北，启周成之冲昧，罚展氏之凶愿。虽通塞于万形，犹违虚而守盈，肆大夏而有烈，奋严冬而弗经。保恬静以处顺，乃上善以屏营。夫有往而为闵，若太音之希声。[2]

---

① [唐]欧阳询撰，汪绍楹校：《艺文类聚》卷二《天部下》，上海：上海古籍出版社，1999 年第 2 版，第 36 页。

② [唐]徐坚等著：《初学记》卷一《天部上》，北京：中华书局，2004 年第 2 版，第 22 页。

续表

《艺文类聚》卷一《天部上》;卷二《天部下》	《初学记》卷一《天部上》;卷二《天部下》
顾凯之《雷电赋》:太极纷纶,元气澄练;阴阳相薄,为雷为电。击武乙于河,而诛戮之罚明;震展氏之庙,而隐慝之诛见。是以宣尼,敬威忽变,夫其声无定响,光不恒照;砰訇轮转,倏闪藏曜。若夫子午相乘,水旱木零,仲冬奋发,代雷先行。岂隐隐之虚应,乃违和而伤生。昭王度之失节,见二仪之幽情。至乃辰开日明,太清无霭。灵眼扬积以瞿焕,壮鼓崩天而砰磕,陵堆訇隐以待倾,方地业嶭其若败;苍生非悟而丧魂,龙鬼失据以颠沛;光惊于泉底,声动于天外。及其洒北斗以诞圣,震昆阳以伐违,降投鹿以命桀,岛双潢而横尸,倒惊桧于霄际,摧腾龙于云湄,烈天地以绕映,惟六合以动威,在虚德而卷舒,谢神艳之难追。①	顾凯之《雷电赋》:太极纷纶,元气澄练;阴阳相薄,为雷为电。击武乙于河,而诛戮之罚明;震展氏之庙,而隐慝之诛见。是以宣尼,敬威忽变,夫其声无定响,光不恒照;砰訇轮转,倏闪藏曜。若夫子午相乘,水旱木零,仲冬奋发,代雷先行。岂隐隐之虚应,乃违和而伤生。昭王度之失节,见二仪之幽情。至乃辰开日明,太清无霭。灵眼扬积以瞿焕,壮鼓崩天而砰磕;陵堆訇隐以待倾,方地业嶭其若败;苍生非悟而丧魂,龙鬼失据以颠沛;光惊于泉底,声动于天外。及其洒北斗以诞圣,震昆阳以伐违,降投鹿以命桀,岛双潢而横尸,倒惊桧于霄际,摧腾龙于云湄,烈天地以绕映,惟六合以动威,在虚德而卷舒,谢神艳之难追。②
晋傅玄《杂言诗》曰:雷隐隐,感妾心,倾耳清听非车音。③又曰:童女挈电策,童男挽雷车。④又《惊雷歌》曰:惊雷奋兮震万里,威陵宇宙兮动四海,六合不维兮谁能理。⑤	晋傅玄《杂言诗》:雷隐隐,感妾心,倾耳清听非车音。⑥又《惊雷歌》:惊雷奋兮震万里,威凌宇宙兮动四海,六合不维兮谁能理。⑦

---

① [唐]欧阳询撰,汪绍楹校:《艺文类聚》卷二《天部下》,上海:上海古籍出版社,1999 年第 2 版,第 36 页。

② [唐]徐坚等著:《初学记》卷一《天部上》,北京:中华书局,2004 年第 2 版,第 22 页。

③ [唐]欧阳询撰,汪绍楹校:《艺文类聚》卷二《天部下》,上海:上海古籍出版社,1999 年第 2 版,第 36 页。

④ [唐]欧阳询撰,汪绍楹校:《艺文类聚》卷二《天部下》,上海:上海古籍出版社,1999 年第 2 版,第 36 页。

⑤ [唐]欧阳询撰,汪绍楹校:《艺文类聚》卷二《天部下》,上海:上海古籍出版社,1999 年第 2 版,第 36 页。

⑥ [唐]徐坚等著:《初学记》卷一《天部上》,北京:中华书局,2004 年第 2 版,第 22 页。

⑦ [唐]徐坚等著:《初学记》卷一《天部上》,北京:中华书局,2004 年第 2 版,第 22 页。

以上的文字可见《初学记》是有所发展的,《初学记》之文本是经过了认真加工的,甚至在《艺文类聚》基础之上,《初学记》的编纂者去依靠其他底本,补足了被《艺文类聚》的编纂者删掉的部分文字。由此可见《初学记》编纂之精良与认真,更可见《初学记》之"诗文"部分,即类文类书部分,比《艺文类聚》更倾向于"长文""全文",虽然其卷帙小,并其删节了部分内容,但是《初学记》在某一篇"诗文"的选择上,更倾向于"长文""全文"。而号称"事文并举"之典范的《艺文类聚》,在引用李颙《雷赋》时,其实是做了较大规模的删节,也就是说,《艺文类聚》之采文模式,亦是有随意删节之现象,可以想见,《艺文类聚》之前的诸类书,化"类文"为"类事"之时,更是如此。但是,随着类书的大量使用,也就是类书文本逐渐要小规模地取代诗文总集,很多读书人是没有时间或者机会去翻阅原文的,而包容甚博的类书就成为他们使用且信任的文本,而他们所要学习的诗文,就需要通过类书之"类文"部分来实现,于是作为王子们的教科书《初学记》越来越倾向于"诗文"之"全文"或"大片段"。

《艺文类聚》卷二○《人部四》	《初学记》卷一七《人部上》
梁元帝《忠臣传记受讬篇赞》曰:太真英挺,投袂勤王,伯猷蹈节,身殒名扬,嶷嶷景倩,主亡与亡,嗟乎尚矣,惟国之良。[1]	梁元帝《忠臣传受托篇赞》:太真英挺,投袂勤王;伯猷蹈节,身殒名扬。嶷嶷景倩,主亡与亡。嗟乎尚矣,惟国之贞。[2]

---

[1][唐]欧阳询撰,汪绍楹校:《艺文类聚》卷二○《人部四》,上海:上海古籍出版社,1999年第2版,第367页。

[2][唐]徐坚等著:《初学记》卷一七《人部上》,北京:中华书局,2004年第2版,第418页。

续表

《艺文类聚》卷二〇《人部四》	《初学记》卷一七《人部上》
又《忠臣传谏争篇赞》曰：子政铿铿，诚存社稷，朱游折槛，遂其婞直。①	《忠臣传谏争篇赞》：子政铿铿，诚存社稷，朱云折槛，遂其婞直。②
梁元帝《上忠臣传表》曰：资父事君，实曰严敬，求忠出孝，义兼臣子，是以冬温夏清，尽事君之节，进思将美，怀出奉之义，羲轩改物，殷周受命，三能十乱，九棘五臣，靡不夙夜在公，忠为令德，若使缙云得姓之子，姬昌鲁卫之臣，是知理合君亲，孝忠一体，性与率由，因心致极，臣连华霄汉，凭晖日月，三握再吐，夙奉紫庭之慈，春诗秋礼，早蒙丹扆之训，宣帝褒德，麟阁画充国之形，显宗念功，云台图仲华之象。③	梁元帝《上忠臣传表》：资父事君，实曰严敬；求忠出孝，义兼臣子。是以冬温夏清，尽事亲之节；进思将美，怀出奉之义。是知理合君亲，忠孝一体，性与率由，恩义致极。④
梁元帝《忠臣传序》曰：夫天地之大德曰生，圣人之大宝曰位，因生所以尽孝，因位所以立忠，事君事父，资敬之理宁异，为臣为子，率由之道斯一，忠为令德，窃所景行，且孝子烈女逸民，咸有别传，至于忠臣，曾无述制，今将发箧陈书，备加论讨。⑤	梁元帝《忠孝传序》：夫天地之大德曰生，圣人之大宝曰位。由生所以尽孝，因位所以立忠。事君事父，资敬之理宁异；为臣为子，率由之道斯一。忠为令德，实所景行。今将发箧陈书，备加讨论。⑥

有一个问题，其实我们还没得到较好的答案，就是《初学记》与《艺文类聚》所引用的内容明明是相同的，但是，其中部分文字是不同的，如"惟国之良"与"惟国之贞"的区别，究竟是文本本来就不同，还是流

①[唐]欧阳询撰，汪绍楹校：《艺文类聚》卷二〇《人部四》，上海：上海古籍出版社，1999年第2版，第367页。
②[唐]徐坚等著：《初学记》卷一七《人部上》，北京：中华书局，2004年第2版，第418页。
③[唐]欧阳询撰，汪绍楹校：《艺文类聚》卷二〇《人部四》，上海：上海古籍出版社，1999年第2版，第367—368页。
④[唐]徐坚等著：《初学记》卷一七《人部上》，北京：中华书局，2004年第2版，第418页。
⑤[唐]欧阳询撰，汪绍楹校：《艺文类聚》卷二〇《人部四》，上海：上海古籍出版社，1999年第2版，第368页。
⑥[唐]徐坚等著：《初学记》卷一七《人部上》，北京：中华书局，2004年第2版，第418页。

传中出现了差别，待考察。

通过对《初学记》与《艺文类聚》之"诗文"内容部分的初步比较，我们果然发现二者之间在文本上的诸多不同之处，一个明显的问题，二者之题名连续相同的部分多是在"赋"，但是，《初学记》之"赋"的内容明显多于《艺文类聚》之内容，并且对《艺文类聚》省略或遗漏的文字做了新的增补。可见，《初学记》之编纂者必然是参考了《艺文类聚》之内容或体例，但是，他们又在此基础上做了新的工作，即核之更全之文本，并对之做了更多增补，故才会使得《初学记》与《艺文类聚》产生了极大的差距。另外一个原因，或许《初学记》的这些编纂者故意将《初学记》编纂得与《艺文类聚》不同，因为《艺文类聚》已经是一个经典，且是他们熟知的经典，而如果新编纂出来的《初学记》与《艺文类聚》有很多相同之处，或者说，没有超过《艺文类聚》，《初学记》的编纂者必然是很没面子的，这也是造成《初学记》参考了《艺文类聚》却完全看不出痕迹的重要原因，《初学记》的编纂者在"赋"的收录上，也果真下了功夫，新增加一部分不见于《艺文类聚》的"赋"。

《艺文类聚》卷二〇《人部四》	《初学记》卷一七《人部上》
魏王粲《思亲诗》曰：穆穆显妣，德音徽止，思齐先姑，志伴姜姒，躬此劳瘁，鞠予小子，小子之生，遭世罔宁，烈考勤时，从之于征，奄遘不造，隐忧是婴，咨予靡及，退守祧祊。①	魏王粲《思亲四言诗》：穆穆皇妣，德音徽止；思齐先姑，志伴姜姒。躬此劳瘁，鞠予小子。小子之生，遭世罔宁；烈考勤时，从之于征。奄遘不造，殷忧是婴。②

① [唐]欧阳询撰，汪绍楹校：《艺文类聚》卷二〇《人部四》，上海：上海古籍出版社，1999 年第 2 版，第 371—372 页。

② [唐]徐坚等著：《初学记》卷一七《人部上》，北京：中华书局，2004 年第 2 版，第 423 页。

续表

《艺文类聚》卷二〇《人部四》	《初学记》卷一七《人部上》
魏陈思王曹植《怀亲赋》曰：济阳南泽，有先帝故营，遂停马住驾，造斯赋焉，獥平原而南骛，睹先帝之旧营，步壁垒之常制，识旌麾之所停，在官曹之典列，心仿佛于平生，回骥首而永逝，赴修涂以寻远，情眷眷而顾怀，魂须臾而九反。①	魏陈思王曹植《怀亲赋》：猎平原而南骛，观先帝之旧营；步壁垒之常制，识旌麾之所停。存官曹之典烈，心仿佛于平生。回骥首而永逝，赴修途以寻远；情眷恋而顾怀，魂须臾而九反。②
晋刘柔妻王氏《怀思赋》曰：超离亲而独寄，与忧愤而长俱，虽亮分以自勉，曾无闻乎须臾，思遥遥而怅惙，疾结滞乎肌肤，忆昔日之欢侍，奉膝下而怡裕，集同生而从容，常欣泰以逸豫，何运遇之偏否，独辽隔于修路，何恒鸟之将分，犹哀鸣以告离，况游子之眷慕，孰殷思之可靡，于是仲秋萧索，蓐收西御，寒露宵零，落叶晨布，羡归鸿之提提，振轻翼而高举，志眇眇而远驰，悲离思而呜咽，彼迈物而推移，何予思之难泄，聊揽翰以寄怀，怅辞鄙而增结。③	晋刘柔妻王氏《怀思赋》：超离亲而独寄，与忧愤而长俱；虽毫分以自勉，曾无间于须臾。想昔日之欢侍，奉膝下而怡裕；集同生而从容，常欣泰而逸豫。何运遇之偏否，独辽隔于修路。④

①［唐］欧阳询撰，汪绍楹校：《艺文类聚》卷二〇《人部四》，上海：上海古籍出版社，1999 年第 2 版，第 372 页。

②［唐］徐坚等著：《初学记》卷一七《人部上》，北京：中华书局，2004 年第 2 版，第 422页。

③［唐］欧阳询撰，汪绍楹校：《艺文类聚》卷二〇《人部四》，上海：上海古籍出版社，1999 年第 2 版，第 373—374 页。

④［唐］徐坚等著：《初学记》卷一七《人部上》，北京：中华书局，2004 年第 2 版，第 422—423 页。

续表

《艺文类聚》卷二〇《人部四》	《初学记》卷一七《人部上》
梁武帝《孝思赋》曰:念过隙之倏忽,悲逝川之不停,践霜露而凄怆,怀燧谷而涕零,仲由念枯鱼而永慕,吾丘感风树而长悲,虽一志而舍生,奉二亲而何期,至如献岁发挥,春日载阳,木散百华,草列众芳,对乐时而无欢,乃触目而感伤,朱明启节,白日朝临,木低甘果,树接清阴,不娱悦于怀抱,唯罔极而缠心,寒冰已结,寒条已折,旅雁鸣而哀哀,朔风鼓而烈烈,无一息而缓念,与四时而长切,兼葭苍苍,白露为霜,凉气入衣,凄风动裳,心无迫而自切,情不触而独伤,灵蛇衔珠以酬志,慈乌反哺以报亲,在虫鸟其犹尔,况三才之令人。①	梁武帝《孝思赋》:念过隙之倏忽,悲逝川之不停;践霜露而凄怆,怀燧谷而涕零。仲由念枯鱼而永慕,虞邱感风树而长悲;虽一至而舍生,奉二亲而何期。②
又《孝德传天性篇赞》曰:生之育之,长之畜之,顾我复我,答施何时,欲报之德,不可方思,涓尘之孝,河海之慈,废书叹息,泣下涟洏。③	梁元帝《孝德传天性赞》:生之育之,长之畜之;顾我复我,答施何时。欲报之德,不可方思;涓尘之孝,河海之慈。废书叹息,泣下涟洏④
晋夏侯湛《闵子骞赞》曰:圣既拟天,贤亦希圣,蒸蒸子骞,立体忠正,干禄辞亲,事亲尽敬,勉心景迹,擢辞流咏。⑤	晋夏侯湛《闵子骞赞》:烝烝子骞,立体中正,干禄辞亲,孝亲尽敬。勉心景迹,擢词流咏。⑥

①[唐]欧阳询撰,汪绍楹校:《艺文类聚》卷二〇《人部四》,上海:上海古籍出版社,1999 年第 2 版,第 374 页。

②[唐]徐坚等著:《初学记》卷一七《人部上》,北京:中华书局,2004 年第 2 版,第 423 页。

③[唐]欧阳询撰,汪绍楹校:《艺文类聚》卷二〇《人部四》,上海:上海古籍出版社,1999 年第 2 版,第 375 页。

④[唐]徐坚等著:《初学记》卷一七《人部上》,北京:中华书局,2004 年第 2 版,第 423 页。

⑤[唐]欧阳询撰,汪绍楹校:《艺文类聚》卷二〇《人部四》,上海:上海古籍出版社,1999 年第 2 版,第 375 页。

⑥[唐]徐坚等著:《初学记》卷一七《人部上》,北京:中华书局,2004 年第 2 版,第 423 页。

至于《初学记》与《艺文类聚》之间的诸多不同，我们其实还没有找到更为完满的答案，为何部分诗文由四言变成了七言，完全不同的文体，完全不同的文本，其实，还需要从文学发展的趋势来进一步考察。总之，我们不排除《初学记》与《艺文类聚》之间有着诸多不同之处，我们也认为，二者在文本上的确是有差距，且有些差距还不小。但是，我们要强调的是《初学记》的编纂过程中，必然是参考了《艺文类聚》的，《艺文类聚》也必然是《初学记》的底本之一，尤其是"诗文"部分。此外，《初学记》继承并发展了《艺文类聚》之内容与体例，并且实现了类书体例的巨大飞跃，对此后类书的编纂产生了深远影响。

前文我们提到，《艺文类聚》已经将之前的偏重类事，不重采文，随意摘句，不录片段的潮流做了力挽。在编纂之时，尽量收录"全文""长文"或大的"片段"，而不是以前的化"类文"为"类事"，或者是简单的"摘句"。在这方面，《初学记》是《艺文类聚》的继承与发展者，《初学记》走得更远，即《初学记》对于"全文""长文"或大的"片段"的追求更为急切，在这个"文"的引用上更加大胆，更加突出，更加倾向于"长文""全文"，这无疑是对《艺文类聚》的继承与发展。

四、《初学记》对唐代"诗文"的重视

《艺文类聚》的编纂时间在唐朝开国之初，故其中没有收录唐朝的"诗文"，而《初学记》编纂于唐玄宗时期，此时唐朝立国已过百年，产生了大量的"诗文"，且唐代帝王亦有不少"诗文"作品流传，尤其是名声显赫的唐太宗，亦有诸多"诗文"传世。唐玄宗的王子们如欲学习"诗文"，又怎能不参考学习其高祖唐太宗等人的作品呢？所以《初学记》的编纂者极其重视唐代"诗文"，更包括唐太宗诸人的"诗文"。韩建

立教授《〈艺文类聚〉编纂研究》对《艺文类聚》收录历代诗文情况做过统计(下表所示),我们以之为参考依据,分析一下《艺文类聚》之收录"诗文"情况。

朝代	作者人数	作品总计	作品比重
先秦	2 人	13 题	1.5%
西汉	14 人	29 题	3.4%
东汉	25 人	70 题	8.3%
魏	32 人	159 题	18.8%
吴	3 人	7 题	0.8%
晋	91 人	343 题	40.5%
宋	26 人	67 题	7.9%
齐	6 人	17 题	2%
梁	26 人	109 题	12.9%
陈	5 人	9 题	1.1%
北齐	1 人	1 题	0.1%
北周	2 人	15 题	1.8%
隋	2 人	8 题	0.9%
总计①	235 人	847 题	100%

以上是《艺文类聚》收录诸时代赋类作品的情况,通过这个作品比重我们可以知道《艺文类聚》收录晋代赋最多,占 40.5%,达五分之二,其次是收录曹魏时期的赋,占 18.8%,再次是对南朝梁赋的收录,占 12.9%,第四是东汉赋的收录,占 8.3%,第五是南朝宋赋的收录,占 7.9%。

---

①此表格基础数据转录自韩建立《〈艺文类聚〉编纂研究》,吉林大学博士学位论文,2008 年,第 251 页。韩氏未有总计行与作品比重列,此系笔者增加。

朝代	作者人数	作品总计	作品比重
先秦	2人	2首	0.1%
汉	18人	32首	1.4%
魏	17人	189首	8.5%
蜀	1人	1首	0%
晋	70人	347首	15.6%
后秦	1人	1首	0%
宋	27人	215首	9.6%
齐	15人	109首	4.9%
梁	97人	1006首	45.1%
陈	29人	151首	6.8%
北魏	2人	2首	0.1%
北齐	7人	15首	0.7%
北周	6人	102首	4.6%
隋	11人	58首	2.6%
总计①	303人	2230首	100%

以上是《艺文类聚》收录诸朝代诗类作品的情况，通过这个作品比重我们可以知道《艺文类聚》收录南朝梁诗最多，占45.1%，其次是收录晋代的诗，占15.6%，再次是对南朝宋诗的收录，占9.6%，第四名是对曹魏诗的收录，占8.5%，第五名是对南朝陈诗的收录，占6.8%。

---

① 此表格基础数据转录自韩建立《〈艺文类聚〉编纂研究》，吉林大学博士学位论文，2008年，第235—236页。韩氏未有总计行与作品比重列，此系笔者增加。

黎丽莎《〈初学记〉诗赋收录分类研究》对《初学记》收录历代诗文情况做过统计（下表所示），我们以之为参考依据，分析一下《初学记》之收录"诗文"情况。

朝代	作家数量	作品数量	作品比重
楚	2家	5篇	1.7%
汉	13家	17篇	5.7%
后汉	15家	32篇	10.7%
魏	10家	28篇	9.4%
吴	1家	1篇	0.3%
晋	50家	112篇	37.5%
宋	11家	23篇	7.7%
齐	5家	7篇	2.3%
梁	18家	33篇	11.0%
陈	7家	12篇	4.0%
周	2家	6篇	2.0%
隋	7家	8篇	2.7%
初唐	9家	15篇	5.0%
总计[1]	150家	299篇	100%

以上是《初学记》收录诸朝代赋类作品的情况，通过这个作品比重我们可以知道《初学记》收录晋代赋最多，占 37.5%，其次是收录南朝梁的赋，占 11.0%，再次是对后汉赋的收录，占 12.9%，第四是曹魏赋的收录，占 9.4%，第五是南朝宋赋的收录，占 7.7%。

---

[1]此表格基础数据转录自黎丽莎《〈初学记〉诗赋收录分类研究》，广西师范大学硕士学位论文，2011 年，第 8、24 页。黎氏未有总计行与作品比重列，此系笔者增加。

　　《艺文类聚》收录赋前五名的朝代是晋代、曹魏、南朝梁、东汉、南朝宋。《初学记》收录赋前五名的朝代是晋代、南朝梁、后汉、曹魏、南朝宋。可见在赋类的收录上，《初学记》与《艺文类聚》之间有惊人的相似，虽然《初学记》收录赋的总数量是299篇，而《艺文类聚》收录赋的总数量是847篇，可见《初学记》在精兵简政的同时，还较好地继承了《艺文类聚》的录"赋"标准。

朝代	作家数量	作品数量	作品比重
古诗(不题朝代)	不题作者	8首	0.8%
汉	2家	2首	0.2%
后汉	5家	6首	0.6%
魏	12家	17首	1.8%
晋	24家	44首	4.6%
宋	20家	45首	4.7%
齐	7家	28首	3.0%
梁	62家	235首	24.8%
陈	25家	77首	8.1%
北齐	10家	21首	2.2%
北周	8家	40首	4.2%
隋	44家	145首	15.3%
初唐	88家	281首	29.6%
总计①	307家	949首	99.9%

　　以上是《初学记》收录诸朝代诗类作品的情况，通过这个作品比重我们可以知道《初学记》收录初唐诗最多，占29.6%，其次是南朝梁诗的收录，占24.8%，再次是对隋诗的收录，占15.3%，第四是对南朝陈诗

---

　　①此表格基础数据转录自黎丽沙《〈初学记〉诗赋收录分类研究》，广西师范大学硕士学位论文，2011年，第8、24页。黎氏未有总计行与作品比重列，此系笔者增加。

的收录，占 8.1%，第五是对南朝宋诗的收录，占 4.7%。

《艺文类聚》收录诗前五名的朝代是南朝梁、晋代、南朝宋、曹魏、南朝陈。《初学记》收录诗前五名的朝代是初唐、南朝梁、隋、南朝陈、南朝宋。可见，在"诗"的收录上，《初学记》与《艺文类聚》有较大不同，《初学记》重视初唐"诗"的情况，一目了然，并且《初学记》在选录"诗"的时候，与《艺文类聚》有不同的旨趣。这也是我们上文所见到的，《初学记》与《艺文类聚》之间"诗"部分的题名连续相同者少的原因是《初学记》的编纂者重新按照时代对这些"诗"做了排序。

诸学者对于《初学记》重视唐代"诗文"的情况也多有研究，与我们上文的论述多有所见略同之感。黎丽莎《〈初学记〉诗赋收录分类研究》言："《初学记》对初唐赋的收录，说明了《初学记》编纂者对本朝赋的重视……《初学记》收录的初唐赋作品包括虞世南《秋赋》《琵琶赋》《狮子赋》《白鹿赋》、杨炯《盂兰盆赋》、卢照邻《秋兴赋》、唐太宗《小山赋》《凤赋》、刘允济《万象明堂赋》、杨师道《听歌管赋》、谢堰《观舞赋》《听歌管赋》《惟皇诚德赋》、陈子昂《麈尾赋》、颜师古《幽兰赋》，总计赋作家九家，赋作品十五篇。"①黎丽莎《〈初学记〉诗赋收录分类研究》又言："《艺文类聚》只收录了唐代以前的诗作，而《初学记》不仅收录了先唐的诗，还收录了一部分初唐时期的诗。《初学记》收录初唐的诗人八十八家，诗歌二百八十一首，是收录得最多的，这不仅是因为时代较近，诗作易于保存流传的缘故，更是因为在初唐时期，诗人纷纷积极地进行诗歌的创作，创作出了大量的高质量的诗作。""《初学记》收录初唐作品最多的诗人是唐太宗，共收录了六十一首。《全唐诗》收录唐太宗的诗

---

① 黎丽莎：《〈初学记〉诗赋收录分类研究》，广西师范大学硕士学位论文，2011 年，第 8 页。

九十九首，《全唐诗补编》又收录了十首，唐太宗的诗总共一百零九首，《初学记》就收录了六十一首，收录了他大半数的诗歌。"①马娜《王子教科书——论〈初学记〉对诗文创作的指导》言："经过对《初学记》的诗人身份统计可以发现，《初学记》编者大量选录历代帝王之作：唐太宗诗歌 65 首，居唐代选录诗歌数量之首；选录隋炀帝杨广诗歌 15 首，仅次于排名第一的江总（19 首）；梁简文帝萧纲选录诗歌 33 首，居梁代选录诗歌数量之首，梁元帝萧绎 23 首，梁宣帝萧詧 6 首，梁昭明太子 2 首，梁武帝萧衍 2 首等等。选录帝王诗歌也是为王子们树立榜样作用。《初学记》的阅读对象为王子，王子们学习内容之一即为前代优秀帝王的治国之方与文武德馨，选录帝王诗歌可鼓励其效仿先贤的诗歌创作。"②戎冰《〈初学记〉及其对唐诗的影响》言："通过检索内容可以看出，《初学记》中收录的诗文赋篇目大多集中在南北朝、唐朝两个时期。仔细研究收录作品的作者和内容，会发现收录大多是帝王皇子的文章。首先，在收录的南北朝诗歌中，梁朝占了其中很大一部分。我们知道，梁朝历位统治者，都热爱文学，几乎所有的文学活动都是围绕帝王皇子展开的，其中最著名的要数昭明太子，及其周围的文学集团。其次，整本《初学记》收录唐代三百九十六首诗，其中皇帝作品七十四首。高祖两首，太宗六十六首，中宗五首，睿宗一首。唐朝发展到《初学记》编修的年代仅建国百年，但《初学记》对唐代作品的收录比重很大，有些体裁甚至超过前代作品总和，其中太宗皇帝作品比重最多。""由以上三个特点，可以看出《初学记》收录作品的态度。首先，绝对肯定帝王在文学中的示

---

① 黎丽莎：《〈初学记〉诗赋收录分类研究》，广西师范大学硕士学位论文，2011 年，第 25 页。

② 马娜：《王子教科书——论〈初学记〉对诗文创作的指导》，河北师范大学硕士学位论文，2013 年，第 47 页。

范价值。其次，十分重视作品内容，大多作品都紧紧围绕宫廷生活。"①
由于《初学记》侧重对唐代"诗文"的收录，但规模又不能太大，太大不
利于皇子们学习使用，故《初学记》的编纂者们只能大量剔除唐以前的相
关"诗文"，故我们对比《初学记》与《艺文类聚》之关系时，尤其是"诗
文"之中的"诗"，就可以看见其与《艺文类聚》之大不同，但是部分"诗
文"还是被《初学记》保留，并被合理置于《初学记》之"诗文"中，并按照
时间先后顺序排列于唐太宗的诗之后。

五、小结

前辈学者多认为《初学记》与《艺文类聚》之间的关系不甚深，这主
要是基于二者的体例以及"叙事""事对"部分作出的判断，《艺文类聚》之
体例为"事文并举"，即前为"叙事"，后为"诗文"，而《初学记》则是前为
"叙事"，次为"事对"，后为"诗文"，《初学记》之体例完全不同于《艺文
类聚》。但是，如果仅凭这些不同就判定《初学记》与《艺文类聚》之间绝
无关系则是有问题的，通过上文的研究，我们有理由相信，《初学记》之
"诗文"部分的编纂中参考、因袭了《艺文类聚》之体例与内容，只不过
《初学记》的因袭是有节制的，他们在《艺文类聚》的基础上做了很多工
作，删并、增补同时存在。其实，在《初学记》编纂的时代，可供参考的
"事文并举"类书之"诗文"部分是很少的，而《艺文类聚》就是他们参
考、因袭的模范与底本；再者，由《初学记》如此重视唐代诗文来看，他
们对所在的当代典籍是乐于接受并引用的。再就是《初学记》明显对唐
代帝王之诗歌很重视，唐太宗便是例子，唐太宗的诗歌大量出现在

---

① 戎冰：《〈初学记〉及其对唐诗的影响》，河南师范大学硕士学位论文，2016 年，第 52 页。

《初学记》之中，这是唐玄宗或者编纂者的有意为之，因为他们要给王子们提供榜样的力量，而唐高祖敕令编纂的《艺文类聚》被重视、被引用亦是常理。

我们通过对《初学记》与《艺文类聚》之"体例""目录"与"诗文"内容的比较研究，发现了它们之间的诸多联系，最值得我们骄傲的是，我们由此论证了二者之间的关系，它们不是没有关系的彼此，而是关系十分紧密的两个文本。《初学记》与《艺文类聚》皆是唐代编纂的知名类书，其历史影响众所周知，其历史地位亦是彪炳史册，对于二者的研究，历代学者亦是多有关涉。但是，我们之所以还要不厌其烦地对之进行文本上的比较与考察，主要是想考察一下中古时期类书编纂之间的因袭与替代问题。类书编纂的南朝模式与北朝模式是历代学者极为关心的问题，而通过研究我们认为，在隋代，即《长洲玉镜》编纂之时，已经初步实现了南北类书编纂模式的融合，而在唐代，类书编纂的南朝模式与北朝模式更是早已经融合在一起，没有所谓的泾渭分明之说。再就是类书编纂的底本问题，因为这也是一个经常被提及的问题，但是，由于史书的记载有选择性，故有些问题是我们所不知道的。而当我们认真考察《初学记》与《艺文类聚》之"诗文"部分时，我们果然发现了它们之间的因袭，即《初学记》"诗文"部分的底本就是《艺文类聚》，当然，其中有继承也有发展，更有变化。按照这个道理来看，我们甚至怀疑《初学记》之"事对"部分也极有可能是因袭或者继承了《初学记》之前的某一部类语类书，因为，类书的编纂是很复杂的任务，在没有底本可参考的情况下，原创一部极其高水平的类书是需要多年的积累的，而官修类书成于众人之手，编纂时间也很短，其必然要有底本可参考，不然难于成书。

第十一章 《白氏六帖事类集》在类书
发展史上的典范意义

《白氏六帖事类集》又名《白氏经史事类》《白氏六帖》《白帖》《六帖》《白朴》《事类集要》《经史事类》等，是白居易早年私纂的一部类句类书，由于白居易对唐代文学影响极大，故白居易之著述多被奉为经典，《白氏六帖事类集》亦是如此，虽不如其文学作品流传广泛，但仍然在读书人中间广泛流传。其自撰《醉吟先生墓志铭》云："又著《事类集要》三十部，合一千一百三十门，时人目为《白氏六帖事类集》，行于世。"[1]通过白居易自己的命名，即《事类集要》来看，此书的特点与编纂意图更为显见，"事类"是类书之别称，"事类"更是文学创作、科举考试必备的文料，"事类"的重点在"事"，"集要"则表明编纂的目标，是汇辑精要，如此可见此书编纂的整体规划，《白氏六帖事类集》所少的"要"字，其实很关键。

《白氏六帖事类集》现存主要有单行本和添注本两个系统，单行本有陆心源旧藏北宋本和傅增湘旧藏南宋绍兴本，[2]添注本名为《新雕白

---

[1]［唐］白居易著，谢思炜校注：《白居易文集校注》，北京：中华书局，2011年，第2031页。
[2]本文所使用的《白帖》的版本，即文物出版社按傅增湘藏本原式线装影印出版。

氏六帖事类添注出经》，应为晁仲衍所注，①亦有两个版本，即藏于国家图书馆的北宋仁宗残卷本，存卷十七至二十，以及藏于中国台湾汉学研究中心图书馆的南宋坊刻本，现存二十八卷。②傅增湘先生旧藏南宋绍兴本是公认的善本，有三十卷，不标部类，分一千三百六十七门。③《郡斋读书志》"六帖三十卷"条云："右唐白居易撰。以天地事物分门类为声偶，而不载其所出书……世传白居易作六帖，以陶家瓶数千，各题名目，置斋中，命诸生采集其事类，投瓶内。倒取之，钞录成书，故所记时代多无次序云。"④故《白氏六帖事类集》摭取经传诸子书之成语故实、词藻佳句，分门辑录，"概为子目，不以部、类统率"⑤，与《北堂书钞》皆为类句体类书。⑥《四库全书总目》谓之："其体例与《北堂书钞》同，而割裂饾饤，又出其下。"⑦类句类书的特点是内容广博，而卷帙相对不大，但《北堂书钞》之卷帙其实不小，故内容更为丰富，而《白氏六帖事类集》之体量适中，编纂又精良，亦是唐代类书精品中的精品。类句类书之特点其实也没有被学界发掘出来，就广博来看，类句类书不让于类事类书，更何况类语类书，类句类书如《北堂书钞》，极有可能就是《长洲玉镜》的升级版，如此才能展现《北堂书钞》之广博，《白氏六帖事类集》又是在《北堂书钞》之后的力作，类句类书体例之优点更被大放异彩，加之白居易之学问水平、学术视野，《白氏六帖事类集》必然是不可超越的典范之作。

①胡道静：《中国古代的类书》，北京：中华书局，1982年，第109—110页。

②张雯：《白居易〈白氏六帖事类集〉纂集考》，《文献》2021年第3期，第140—142页。

③[唐]白居易：《白氏六帖事类集·前言》，北京：文物出版社，1987年，第3页。

④[宋]晁公武撰，孙猛校证：《郡斋读书志校证》，上海：上海古籍出版社，1990年，第652页。

⑤胡道静：《中国古代的类书》，北京：中华书局，1982年，第105页。

⑥刘全波：《类书研究通论》，兰州：甘肃文化出版社，2018年，第87页。

⑦[清]永瑢等撰：《四库全书总目》卷一三五《类书类一》，北京：中华书局，1965年，第1144页。

一、《白氏六帖事类集》的编纂与流传

《新唐书》卷五九《艺文三》子部"类书类"载："《白氏经史事类》三十卷。白居易。一名《六帖》。"①《通志二十略·艺文略第七》子部"类书类"载："《元氏类集》三百卷。《白氏经史事类》三十卷。《六帖》三十卷。唐于政立编。"②通过《新唐书》《通志》之记载，可见《白氏六帖事类集》早期之名为《白氏经史事类》，由书名可知，此书主要是从经史典籍中摘录事类，汇集成书，而考察其体例，则是属于类句类书。此外，《通志》所载有诸多不明之处，即"《六帖》三十卷""唐于政立编"两句如何理解？"于政立"人名有误，应为"于立政"，难道此人亦有"《六帖》"？这里应是舛误，《六帖》之名当自白居易《白氏六帖事类集》始。

《玉海》卷四二《艺文》载："唐《白氏经史事类》。《志》类书：《白氏经史事类》三十卷，白居易撰，一名《六帖》。居易著《事类集要》三十部，合一千一百三十门，时人目为《六帖》。盛均《十三家帖》。以白氏《六帖》未备而广之。卷亡。元稹《类集》三百卷。集古今刑政之书。《中兴书目》：居易采经传百家之语，摘其英华，以类分门，悉注。所出卷帙名氏于其下。孔传亦有《六帖》，合为一书。皇朝陈绍《重广六帖学林》三十卷。绍兴中，陈天麟类班史为《前汉六帖》十二卷。"③《玉海》卷五四《艺文》载："唐《白氏经史事类》。《志》：三十卷，白居易。一名《六帖》。《书目》：白居易以天地事分门类为声偶，而

---

①《新唐书》卷五九《艺文三》，北京：中华书局，1975年，第1564页。

②[宋]郑樵撰，王树民点校：《通志二十略·艺文略第七》，北京：中华书局，1995年，第1732页。

③[宋]王应麟：《玉海》卷四二《艺文》，扬州：广陵书社，2003年，第802页；[宋]王应麟撰，武秀成、赵庶洋校证《玉海艺文校证》卷八《经解·总六经》，南京：凤凰出版社，2013年，第384页。

不载所出。"①王应麟《玉海》所记亦是杂糅诸书而来，但是，有一点很重要，就是王应麟将《六帖》之影响做了清晰的阐释，即后世以"六帖"为名，模仿其体例而出的续作很多。《新唐书》卷五九《艺文三》子部"类书类"亦载："盛均《十三家贴》。均，字之材，泉州南安人，终昭州刺史。以《白氏六帖》未备而广之，卷亡。"②

《直斋书录解题》卷一四《类书类》载："《六帖》三十卷。唐太子少傅太原白居易撰。唐志作《白氏经史事类》，一名《六帖》。《醉吟先生墓志》云：又著《事类集要》三十部，时人目为《白氏六帖》。"③陈振孙之解释亦是杂糅诸书而来，其引用白居易之墓志言《白氏六帖事类集》之本名为《事类集要》，而"事类"是类书之基础。

《文献通考》卷二二八《经籍考五十五·子类书》载："《六帖》三十卷。晁氏曰：唐白居易撰。以天地事物分门类为声偶，而不载所出书。曾祖父秘阁公为之注，行于世。世传居易作《六帖》，以陶家瓶数十，各题名目，置斋中，命诸生采集其事类，投瓶内，倒取之，抄录成书，故所记时代，多无次序云。陈氏曰：唐志作《白氏经史事类》，一名《六帖》。程氏《演繁露》曰：白乐天取凡书精语，可备辞赋、制文采用者，各以门目类萃，而总名其书为《六帖》，既不自释所以名，后人亦无辨。偶阅唐制，其时取士凡六科，别其所试条件，每一事名一帖，其多者明经试至十帖，而说文极于六帖，白之书为应科策设，则以帖为名，其取

①［宋］王应麟：《玉海》卷五四《艺文》，扬州：广陵书社，2003年，第1030页；［宋］王应麟撰，武秀成、赵庶洋校证：《玉海艺文校证》卷二〇《承诏撰述·类书》，南京：凤凰出版社，2013年，第967页。

②《新唐书》卷五九《艺文三》，北京：中华书局，1975年，第1563页。

③［宋］陈振孙撰，徐小蛮、顾美华点校：《直斋书录解题》卷一四《类书类》，上海：上海古籍出版社，1987年，第424页。

此矣。又曰：唐制，开元中举行课试之法，帖经者以所习经掩其两端，中间惟开一行，裁纸为帖，凡帖三字，视时增损，可否不一，或得四，得五，得六者为通，《六帖》之名所由起，取中帖之多者，以名其书，期必中选也。"①马端临对《白氏六帖事类集》的记载最为丰富，而通过马端临的记载可知，《白氏六帖事类集》性质发生了变化，此书原本应是白居易读书之余所作之文学类书，如今转变为科举类书，其实，文学类书与科举类书的差距并不大，主要由使用者的使用目的决定，而不由编纂者决定，但是这个性质的被转变，是显而易见的，并被后世学者所接受。

《钦定天禄琳琅书目》卷九载："《白孔六帖》。十函。五十册。唐白居易纂，宋孔传续编，共成一百卷。宋韩驹序。此书樠印精良，纸墨亦出上选，系明版之最佳者。孔传，《宋史》无传。凌迪知《万姓统谱》载：传字世文，兖州人。孔子五十世孙，精于易学。建炎初，与孔端友南渡，寓居衢州，率族人拜疏于阙下，叙家门故事。历知邠州、陕州、抚州，改知建昌。进《续白氏六帖》《文枢要览》，诏送秘书省。所著有《东家杂记》《杉溪集》，官至中散大夫。《宋史》：韩驹，字子苍，仙井监人，政和中赐进士出身，累官中书舍人兼权直学士院，赠中奉大夫。考《唐书·艺文志》：作《白氏经史事类》，一名《六帖》。程大昌《演繁露》谓：开元课试之法，裁纸为帖白书，为制科特设，故以帖为名。其载于《宋史·艺文志》者，则称《白氏六帖》三十卷，《前后六帖》三十卷；注云：前白居易撰，后宋孔传撰。所云《前后六帖》三十卷者，盖谓前、后皆三十卷，共六十卷也。故陈氏《书录解题》及马氏

---

①［元］马端临：《文献通考》卷二二八《经籍考五十五·类书》，北京：中华书局，1986年，第1827页。

《文献通考》，皆先列《六帖》三十卷，后列《六帖》三十卷，合之皆止六十卷。今本分为百卷，乃明人所更，与宋椠卷目异焉。"①"《白孔六帖》。四函，三十二册。篇目同前。"②"《白孔六帖》。十函，一百二册。篇目同前。"③"以上二书，皆与前部同时橅印之本，收藏二印，未详其人。"④《天禄琳琅书目》所载之情况，是清代所见到的《白孔六帖》的情况，此时《白氏六帖事类集》已经被并入《白孔六帖》，可见，已无单行本传世了。

胡应麟《少室山房笔丛》卷二九《九流绪论下》载："欧虞皆有类书，今惟欧《类聚》传，元白皆有类书，今惟白《六帖》传，元《类集》三百卷，至宋已亡，虞《北堂书钞》见《通考》，阅今藏书家，时有此本，然非完书。白氏书见唐《艺文志》，止名《经史事类》，而不名《六帖》，于立政乃有《六帖》三十卷，而世不复传，孔氏书《通志》所无，今合白刻，然精不若徐、欧，备不如《合璧》也。孔帖见马氏《通考》。"⑤胡应麟慨叹诸类书之流传不易，最后是对《白孔六帖》的评价，其言《白孔六帖》精不若《艺文类聚》《初学记》，备不如《合璧事类》，这是对《白氏六帖事类集》的批评，有道理，但是也不能一味的否定，《白氏六帖事类集》是类句类书，与《艺文类聚》《初学记》相比，在体例上是不占优势

---

①[清]于敏中等著,徐德明标点:《天禄琳琅书目》卷九,上海:上海古籍出版社,2007年,第317—318页。

②[清]于敏中等著,徐德明标点:《天禄琳琅书目》卷九,上海:上海古籍出版社,2007年,第318页。

③[清]于敏中等著,徐德明标点:《天禄琳琅书目》卷九,上海:上海古籍出版社,2007年,第318页。

④[清]于敏中等著,徐德明标点:《天禄琳琅书目》卷九,上海:上海古籍出版社,2007年,第318页。

⑤[明]胡应麟:《少室山房笔丛》卷二九《九流绪论下》,北京:中华书局,1958年,第380页。

的，并且会让人觉得杂乱无章，这是类句类书的通病，《北堂书钞》亦是如此，多而杂；而与《合璧事类》相比，《白氏六帖事类集》亦不占优势，因为几百年之后的宋代类书必然比唐代类书详备，这也不算缺点。钱曾《读书敏求记》言："唐人类书，大都为一己采用而作，如《白朴》之类，非若宋人取盈卷帙，瞒谰诋欺，殊不足援据也。"①钱曾对《白氏六帖事类集》的评价还是较高的，这是看清了唐宋类书之区别后的高论。

《旧唐书》卷一六六《白居易传》载：

> 白居易，字乐天，太原人……居易幼聪慧绝人，襟怀宏放。年十五六时，袖文一编，投著作郎吴人顾况。况能文，而性浮薄，后进文章无可意者。览居易文，不觉迎门礼遇，曰："吾谓斯文遂绝，复得吾子矣。"贞元十四年，始以进士就试，礼部侍郎高郢擢升甲科，吏部判入等，授秘书省校书郎。元和元年四月，宪宗策试制举人，应才识兼茂、明于体用科，策入第四等，授周至县尉、集贤校理。居易文辞富艳，尤精于诗笔。自雠校至结绶畿甸，所著歌诗数十百篇，皆意存讽赋，箴时之病，补政之缺。而士君子多之，而往往流闻禁中。章武皇帝纳谏思理，渴闻谠言，二年十一月，召入翰林为学士。三年五月，拜左拾遗。居易自以逢好文之主，非次拔擢，欲以生平所贮，仰酬恩造……会昌中，请罢太子少傅，以刑部尚书致仕。与香山僧如满结香火社，每肩舆往来，白衣鸠杖，自称香山居士。大中元年卒，时年七十六，赠尚书右仆射。有文集七十

---

① [清]钱曾：《读书敏求记》，北京：书目文献出版社，1984年，第118页。

五卷,《经史事类》三十卷,并行于世。①

《醉吟先生墓志铭并序》载:

先生姓白,名居易,字乐天,其先太原人也,秦将武安君起之后。高祖讳志善,尚衣奉御;曾祖讳温,检校都官郎中;王父讳锽,侍御史、河南府巩县令;先大父讳季庚、朝奉大夫、襄州别驾、大理少卿,累赠刑部尚书右仆射;先大父夫人陈氏,赠颍川郡太夫人;妻杨氏,宏农郡君;兄幼文,皇浮梁县主簿;弟行简,皇尚书膳部郎中;一女,适监察御史谈宏谟;三侄,长曰味道,庐州巢县丞,次曰景回,淄州司兵参军,次曰晦之,举进士;乐天无子,以侄孙阿新为之后。乐天幼好学,长工文,累进士、拔萃、制策三科,始自校书郎,终以少傅致仕,前后历官二十任,食禄四十年。外以儒行修其身,中以释教治其心,旁以山水风月、歌诗琴酒乐其志。前后著文集七十卷,合三千七百二十首,传于家;又著《事类集要》三十部,合一千一百三十门,时人目为《白氏六帖》,行于世。凡平生所慕、所感、所得、所丧、所经、所遇、所通,一事一物已上,布在文集中,开卷而尽可知也,故不备书。大历六年正月二十日,生于郑州新郑县东郭宅,以会昌六年月日,终于东都履道里私第,春秋七十有五。②

①《旧唐书》卷一六六《白居易传》,北京:中华书局,1975 年,第 4340—4356 页。
②[唐]白居易著,谢思炜校注《白居易文集校注》卷三四《醉吟先生墓志铭并序》,北京:中华书局,2011 年,第 2031 页。

纵观白居易的生平履历，的确是非常丰富，白居易之仕宦，亦是顺达，官至少傅，春秋七十五，更是高寿，而在其几十年的仕宦生涯里，白居易逐渐成为文坛、政坛之宗主，后进之士亦多以他为榜样。而在其本传与墓志中皆记载了《白氏六帖事类集》，一言《经史事类》，一言《事类集要》，可见白居易自己与后世学者对《白氏六帖事类集》的重视，而所谓的"并行于世""行于世"，更可见此书在当时即有大量流传。

刘轲的小说《牛羊日历》约成于大和九年（835 年），书中提到当时人以白居易《六帖》为不语先生。

大和九年七月一日甲辰，贬京兆尹杨虞卿为虔州司马。虞卿字师皋，祭酒宁之子。弟，汉公。兄弟元和中并登进士第。二十年来，上挠宰政，下干有司。若党附者，朝为布衣，暮拾青紫。其或能输金袖璧，可以不读书为名儒，不识字为博学、传业。乃白居易《六帖》以为"不语先生"。常曰："人生一世，成童之后，精气方壮，遽能结客交游，识时知变，倾心面北，事三五要人，可以不下床，使名誉若转丸走坂，又何必如老书生辈，矻矻于笔砚间，暗记六经，思溺诗赋，发白齿落，曾不沾寸禄，而饥穷不暇？如此，岂在读书业文乎？"由是，轻薄奔走，以关节紧慢为甲乙，而三史六经曾不一面。风俗颓靡，波及举子，分镳竟路，争趋要害，故有东甲、西甲之说。主司束手，公道尽矣！其或遇文儒之士，则拱默峭揖，深作城池；其私约束，自知不以文学进取，有敢出书论文者，罚之无赦。常嫉不附己者，令其党赤舌而攻之。辇下谓三杨为"通天狐"。三十余年为朝廷之阴蠹。①

《白氏六帖事类集》为何会有如此多的简称或俗名呢？通过考察，我们认为，之所以会有如此多的简称或俗名，是由于《白氏六帖事类集》的流传极为广泛，所以才会产生如此多的简称与俗名，要是流传不广，直接被藏于秘府，后人见不得、读不到，无从传抄，无从阅读，也就不会产生各种舛误，而在大量的传抄中必然是鱼龙混杂、俗名蜂起，如此情景，正可见《白氏六帖事类集》的流传广，而流传如此之广的情况下，补注者、续编者、校定者、刻印者必然更是蜂拥而至，于是也就产生了诸多同源异本，而哪个版本流传得好，哪个版本被后来的刻书者选中，哪个版本也就可以长久地流传下来。张雯《〈白氏六帖事类集〉研究》亦言："《白氏六帖》《白帖》就从约定俗成的书名成为真正的书名，且被各家书录记载，影响极大。而《白氏六帖事类集》是现存宋以后刊本的题名，白居易最初的《白帖》抄本已经经过了长时间的转抄和流传，最初的书名与后来的俗名合为《白氏六帖事类集》。"②

现今所能见到的《白氏六帖事类集》有多个版本，暂依前辈所论，转述如下。一是陆心源旧藏，现存于日本静嘉堂文库的北宋版《白氏六帖事类集》，已经由日本汲古书院出版，③共十二册，分十二帖，行款与傅增湘旧藏略有差异，并非同一版刻，内容基本相同，仅有一些小差别以及避讳上的不同。二是傅增湘旧藏的南宋绍兴刻本《白氏

①[宋]晁载之：《牛羊日历（续谈助）》卷三，北京：中华书局，1985年，第51页。
②张雯：《〈白氏六帖事类集〉研究》，上海社会科学院硕士学位论文，2015年，第25页。
③[唐]白居易撰，[日]神鹰德治、山口谣司解题：《白氏六帖事类集》，东京：汲古书院，2008年。

六帖事类集》，分帖册一至帖册六，共三十卷。陈乃乾付印此版时，发现前三册纸背有嘉定六年至八年鄞江盐税酒税公牍文字，所以认为此本初刻在高宗朝，但嘉定初年有过补刻，文物出版社①和正光书局②都是据此版本影印。三是大约在南宋时期与孔传续六帖合在一起的《唐宋白孔六帖》中《白帖》部分，现存南宋建刊本十行本，并非全本，存四十二卷，十六册，此南宋建刊本现藏于中国台湾图书馆。此版本书字多缺，有近人杨守敬手书题记，杨氏认为宋本白孔合刻本久已不见，后来刻本都是以明刻本为祖本，明刻本的白孔合刻本存世很多。

二、《白氏六帖事类集》的体例

《白氏六帖事类集》的体例问题是一个需要重点考察的问题，我们也计划以此为例将《白氏六帖事类集》为代表的类句类书做一个重点的介绍。类句类书的出现时间我们还没有搞清楚，但是我们认为它的出现时间是比较早的，至少是南北朝时期，追求大知识量，追求博学多识的类句类书作为新的类书体例，被类书编纂者创造出来并大量使用且一直传承下来。类句类书比类事类书、类文类书简洁明了，知识点也更加凸显，比较适用于私人使用，其典型代表有《北堂书钞》《白氏六帖事类集》等，我们认为《北堂书钞》之前的南北朝时期已经有类句类书在流行，而由于散佚，典型文本找不到，到了隋朝，虞世南在《长洲玉镜》编纂完成之后，吸取了类事类书编纂之经验教训，最终编纂出一部类句类书之典范，即《北堂书钞》。类句类书的特点是摘引经典语句，且

---

① [唐]白居易:《白氏六帖事类集》,北京:文物出版社,1987年。
② [唐]白居易:《白氏六帖事类集》,台北:正光书局,1976年。

没有经过刻意的修饰，部分语句注有简单的出处，部分语句甚至没有出处，今天我们见到的《北堂书钞》之较为详细的注释、出处是陈禹谟等后人补入的，所以《北堂书钞》的原样我们不好判断。《白孔六帖》亦是如此，即被后人多次增补之后，不易看清其原始面貌，故而我们不能依据《北堂书钞》《白孔六帖》对类句类书做出特别清晰的阐释。好在《白氏六帖事类集》的留存，我们可以据之考察唐代类句类书编纂中的体例问题。

张雯《〈白氏六帖事类集〉研究》一文对《白氏六帖事类集》的体例和部类做了考察，其所关注的焦点主要是诸类书的部类比较。其言："现存的大多数类书都采用《修文殿御览》的部类划分，依照天、地、人、事、物的结构，如《艺文类聚》《兔园策府》《初学记》《太平御览》等。只有《北堂书钞》有所区别，将帝王与政术放于首位，这一体系被《册府元龟》沿袭。另有其他一些私撰的小类书，因其用途不同在分部上各有差别。《白帖》的分类也基本沿袭天、地、人、事、物的结构，《白帖》凡三十卷，卷下分部。《白帖》作为一个私人撰写和使用的类书，采用了主流正统的分类观念而有改易。""《白帖》基本沿袭了《艺文类聚》和《初学记》这一系列类书的分部格局。《白帖》与《初学记》均为三十卷规模，在门类和大体顺序上呈现出诸多的相似之处，但在具体的小类分合和前后顺序之间是有些差异的，这种差异体现了两书在编纂背景和目的上的差别。《白帖》与《艺文类聚》的差异主要源于卷帙的规模，《艺文类聚》一百卷的分类使得其在人事、杂器物等门类中可以比《白帖》三十卷分类更加详细。与《太平御览》相比这种卷帙差异所带来的分类简与略就更加明显。""《白帖》的分类重点主要集中于人、事。虽然《白帖》与《艺文类聚》《初学记》一样，都有为诗文创作的功能，但是《白帖》的门类分部更具有针对性，针对具体的人事，同时也更具有作者个人的阅读和写作的色彩。"①其实，张雯《〈白氏六帖事类集〉研究》的思路是极好的，其对《白氏六帖事类集》的部类做了较好的分析，便于我们加深对《白氏六帖事类集》的认知。

我们这里所关注的是《白氏六帖事类集》的体例问题，即类句类书的问题，前文我们多次说过，目前诸学者对类书的分类有多种分法，我们主张按照类事类书、类文类书、类句类书、类语类书、赋体类书五种体例来考察类书。而类句类书其实是相对于类事类书与类文类书的创新与发展，因为类事类书与类文类书太过庞杂，而类句类书就很灵活，类句类书只是将重要的句子与词语摘录出来，而这样的句子与词语足以应对所见不广、所知不多的问题。

天第一

高明柔克。高明，天也。柔克，寒暑不干。

阴骘下人。民言天默定下民之命。

天尊。地卑。

成象。在天成象。

观天之道。而四时不忒。

天垂象。见吉凶圣人则之。

天行健。

资始。至哉乾元，万物资始。

上浮为天。

---

① 张雯：《〈白氏六帖事类集〉研究》，上海社会科学院硕士学位论文，2015 年，第 25 页。

下降。天气下降。

高远。穷高极远。

贞观。天地之道。

无私不息。者天。

清明。象天。

天何言哉。四时行焉。

不可阶而升。

天秉阳。垂日星。

无私覆高也明也愍也久也。天之道。

昭昭。今夫天昭昭之多及其无穷，日月星辰系焉，万物覆焉。

注云昭昭小明也，本生小而成大。

覆盆。之状。

圆盖。之形。

转毂。之状。

设位石补。女娲氏炼五色石补天。

恶盈。天道。

易知立天之道。曰阴与阳。

倬彼昭回天步。艰难。

焉知。禅灶焉知天道。

恒象。天事恒象。①

试看《白氏六帖事类集》的部分内容，我们对类句类书就有了较多

---

① [唐]白居易撰，[日]神鹰德治、山口谣司解题，《白氏六帖事类集》，东京：汲古书院，2008年，第10页。

了解，此种体例对于博学多闻的读书人来说，是十分重要的，第一，此种类句类书的知识量极大，读后可以让人博学，第二，此等知识量极大的博学书籍是供有一定知识储备的读书人使用的，也就是说，如《白氏六帖事类集》之类的类句类书是高等级读书人使用的博学读物，其一可以备遗忘，其二可以供诗文之发兴，其三就是可以应对科举考试。而与《北堂书钞》相比，此书的特点是卷帙少而针对性强，白居易生活在科举盛行二百年之后的中唐，其对于科举本身就是行家，故其编纂的《白氏六帖事类集》与科举之间的关系就会紧密一些，而《北堂书钞》是隋代虞世南编纂的，其与科举之间的关系，尤其是应对性、适用性就会差一点，故《白氏六帖事类集》被后世的读书人大量使用以备科举。

三、《白氏六帖事类集》的编纂思想——以《酒门》为中心

《白氏六帖事类集》酒门内容多选自经典史籍，如《诗经》《尚书》《礼记》《周礼》《左传》《史记》《汉书》等，尤以与酒相关的经典篇章为著。《白氏六帖事类集》于《尚书·酒诰》一篇提炼出"亦罔非酒惟辜""无彝酒""饮惟祀，德将无醉""不腆于酒""崇饮""酣身""荒腆于酒""群饮""群饮勿佚"等词藻典故，分列于戒酒门与淫湎门。[1]于《诗经·宾之初筵》则又提炼出"无怠抑抑之仪""伐德""侧弁""既醉""载号""载号载呶""侧弁之俄，屡舞傞傞""屡舞""立监""佐史""不知其秩""乱我笾豆"等词藻典故，分列于酒德门、戒酒门、酗酒门、乐饮门、令罚门，以及酣醉门。[2]由此而言，白氏似不专意于博物，不追求知识的无限扩充，

---

[1]顾颉刚、刘起釪：《尚书校释译论》，北京：中华书局，2005年，第1380页。

[2][汉]毛亨传，[汉]郑玄笺，[唐]孔颖达疏，龚抗云等整理：《毛诗正义》卷一四《宾之初筵》，北京：北京大学出版社，1999年，第876—893页。

故有关酒的内容，多为常见典故。甚至同样的内容反复出现于不同门类之下，如"三爵油油以退"，出自《礼记》卷二九《玉藻第十三》，"君子之饮酒也，受一爵而色洒如也。二爵而言言斯，礼已三爵而油油，以退"①，见于酒德门与礼饮门。"既醉"见于酒德门、酗酒门与酣醉门。"伐德"见于酒德门、戒酒门与淫湎门，于戒酒门中两次出现。"世传白居易作六帖，以陶家瓶数千，各题名目，置斋中，命诸生采集其事类，投瓶内。倒取之，钞录成书，故所记时代多无次序云。"②这种说法并非空穴来风，很有可能反映了白居易先分门目，再将事典散入各目之下的编纂方式。因此内容多混乱无序，或一事复见于多门，至有一门之下，一事多见者。或许这种方式更便于检索查阅，也与典故本身包含的多重含义有关。

《白氏六帖事类集》酒门都是按照饮酒行为的性质进行划分，既有经典史籍对饮酒行为的规训，又有浓厚的现实基础。酒德门、礼饮门凸显的是饮酒行为的道德内涵和礼仪要求；淫湎门和酗酒门是有关饮酒败德失仪的种种表现；军中饮是指军事活动中与酒相关的史事；乐饮是饮酒活动中的最高追求，即"合乐设酒"；夜饮亦是饮酒酣乐，以至于废时乱日；赐酒是主上对臣下颁赐酒醴的行为；御饮则是君主日常饮宴。③令罚即述酒令之始；酒门之后尚有酤榷门、造酒门与酣醉门。酤榷门虽取自旧典，却与唐代屡变之酒政有密切关系。造酒是时人关注的酒知识之一，相关酒知识多见于唐代判文。酣醉门的典故多

---

① [汉]郑玄注，[唐]孔颖达疏，龚抗云整理，王文锦审定：《礼记正义》卷二九《玉藻第十三》，北京：北京大学出版社，1999年，第890—891页。

② [宋]晁公武撰，孙猛校证：《郡斋读书志校证》，上海：上海古籍出版社，1990年，第652页。

③ 唐代设置良酝署，生产的酒主要供朝廷国事祭祀使用，同时也酿造优质酒，供皇帝日常饮用，称为御酒。王赛时：《唐代酿酒业初探》，《中国史研究》1995年第1期，第21—32页。

与淫湎门、乐饮门重复，可见三者颇有共通之处。《白氏六帖事类集》酒门展现了白居易较为成熟和系统的酒知识体系，这些酒知识深刻地影响了他的饮酒观。兹选取酒德门、令罚门、淫湎门、酗酒门进行论述。

酒德门多从《诗经》饮酒诗中提炼典故。"思柔"取自《桑扈》，"兕觥其觩，旨酒思柔"。笺云："兕觥，罚爵也。古之王者与群臣燕饮，上下无失礼者，其罚爵徒觩然陈设而已。其饮美酒，思得柔顺中和与共其乐，言不忨敖自淫恣也。"①《白氏六帖事类集》自注云："旨酒思柔，不为乱也。""温克"取自《小宛》，"人之齐圣，饮酒温克。笺云：中正通知之人，饮酒虽醉，犹能温藉自持以胜"②。"思柔"与"温克"都是一种饮酒时美好的德行，酣畅却不至于乱。仅有"三爵油油"出自《礼记》卷二九《玉藻第十三》："君子之饮酒也，受一爵而色洒如也。二爵而言言斯，礼已三爵而油油，以退。"③洒如是肃敬的样子，言言是和敬的样子，油油则是说敬的样子。三者的程度依次降低，再多饮恐怕失态，表明节制饮酒之意。"以洽百礼"出自《载芟》，"为酒为醴，烝畀祖妣，以洽百礼。笺云：烝，进。畀，予。洽，合也。进予祖妣，谓祭先祖先妣也。以洽百礼，谓飨燕之属"④。区分饮酒的场合，酒食是为祭祀而作，不能非时饮酒。"饱德"出自《既醉》，"既醉

①［汉］毛亨传，［汉］郑玄笺，［唐］孔颖达疏，龚抗云等整理：《毛诗正义》卷一四《桑扈》，北京：北京大学出版社，1999年，第864页。

②［汉］毛亨传，［汉］郑玄笺，［唐］孔颖达疏，龚抗云等整理：《毛诗正义》卷一二《小宛》，北京：北京大学出版社，1999年，第744页。

③［汉］郑玄注，［唐］孔颖达疏，龚抗云整理：《礼记正义》卷二九《玉藻第十三》，北京：北京大学出版社，1999年，第890—891页。

④［汉］毛亨传，［汉］郑玄笺，［唐］孔颖达疏，龚抗云等整理：《毛诗正义》卷一九《载芟》，北京：北京大学出版社，1999年，第1359页。

以酒，既饱以德"。孔颖达正义曰："作《既醉》诗者，言太平也。谓四方宁静而无事，此则平之大者，故谓太平也。成王之祭宗庙，群臣助之。至于祭末，莫不醉足于酒，厌饱其德。既荷德泽，莫不自修，人皆有士君子之行焉。"①饮酒亦是一种礼仪活动，既喝得酩酊，又能感受到身被圣王的德化。"乐且有仪"出自《菁菁者莪》，"既见君子，乐且有仪。笺云：既见君子者，官爵之而得见也。见则心既喜乐，又以礼仪见接"②，虽然并不是描述饮酒的状态，但酣畅愉悦不失礼也是酒德的体现。

"孔嘉""既醉""醉而不出""无怠抑抑之仪"都出自《宾之初筵》。《诗序》曰："《宾之初筵》，卫武公刺时也。幽王荒废，媟近小人，饮酒无度。天下化之，君臣上下沈湎淫液。武公既入，而作是诗也。"③这是一首讽刺统治者饮酒无度、丧德败行的诗篇，体现了周人的饮酒观念。诗中描写的酒筵，一开始合乎礼制、气氛热烈，然后呈现宾客醉酒前后不同的情态，饮酒之初尚且貌柔而恭敬，往往自救以礼，其后醉而昏乱，便举止轻浮、大声叫嚷、弄乱食器，丑态百出。因此该诗篇劝诫人们"既醉而出，并受其福。醉而不出，是谓伐德"。笺云："出，犹去也。孔，甚。令，善也。宾醉则出，与主人俱有美誉。醉若至此，是诛伐其德也。"④喝醉了就应该主动离开筵席，才能不失态。喝醉了而不离

---

① [汉]毛亨传，[汉]郑玄笺，[唐]孔颖达疏，龚抗云等整理：《毛诗正义》卷一七《既醉》，北京：北京大学出版社，1999 年，第 1089 页。

② [汉]毛亨传，[汉]郑玄笺，[唐]孔颖达疏，龚抗云等整理：《毛诗正义》卷一〇《菁菁者莪》，北京：北京大学出版社，1999 年，第 629 页。

③ [汉]毛亨传，[汉]郑玄笺，[唐]孔颖达疏，龚抗云等整理：《毛诗正义》卷一四《宾之初筵》，北京：北京大学出版社，1999 年，第 876—877 页。

④ [汉]毛亨传，[汉]郑玄笺，[唐]孔颖达疏，龚抗云整理：《毛诗正义》卷一四《宾之初筵》，北京：北京大学出版社，1999 年，第 891 页。

开，有损饮酒的美德。"饮酒孔嘉，维其令仪"是人们应该恪守礼仪规范，有节制地饮酒。周人为了避免重蹈殷商亡国的覆辙，将饮酒行为纳入礼制的规范，用道德和礼制约束饮酒行为。《尚书·酒诰》是周公告诫康叔不要像殷人一样酗酒亡国的诰词。曰："天降威，我民用大乱丧德，亦罔非酒惟行；越小大邦用丧，亦罔非酒惟辜。"①上天降下威严，人民因为大乱失去他们的德行，这都是喝酒造成的过错，大大小小的国家灭亡，也都是喝酒造成的过愆。因此人们不应该沉湎于酒，"有正、有事，无彝酒；越庶国，饮惟祀，德将无醉"②，不应该把饮酒当作正常生活，只有祭祀的时候才能喝酒，用德行来自我控制，不落到沉醉的地步。"酒礼与酒德紧密相连，同时酒德寓于酒礼之中，通过酒礼的约束，酒德可以更好地为人们所践行。而酒德效用的发挥，又势必反过来促进酒礼有效运作，两者不可偏废，共同保证饮酒活动的合理有序。"③

令罚门的设立和古代"觞政"有很大关系，礼仪和道德无法约束饮酒行为，则通过建立一定制度、设置监督者来维持饮酒活动的秩序。"兕觥其觩"的典故也出自《桑扈》，"兕觥其觩，旨酒思柔。笺云：兕觥，罚爵也。古之王者与群臣燕饮，上下无失礼者，其罚爵徒觩然陈设而已。其饮美酒，思得柔顺中和与共其乐，言不忨敖自淫恣也"④。"兕觥"即罚酒的酒具。"军法""军法行酒"出自《史记》，指刘章借行使严峻的酒

---

①顾颉刚、刘起釪：《尚书校释译论》，北京：中华书局，2005年，第1381页。

②顾颉刚、刘起釪：《尚书校释译论》，北京：中华书局，2005年，第1388页。

③朱熠：《〈小雅·宾之初筵〉主旨探微与周人的饮酒观念》，《文化学刊》2015年第9期，第200页。

④[汉]毛亨传，[汉]郑玄笺，[唐]孔颖达疏，龚抗云整理：《毛诗正义》卷一四《宾之初筵》，北京：北京大学出版社，1999年，第864页。

令来铲除诸吕。①白居易《和梦游春诗一百韵》亦有"饮过君子争，令甚将军酷"②之语，即指此事。"觥政"的名词出自刘向《说苑》："魏文侯与大夫饮酒，使公乘不仁为觥政，曰：'饮不嚼者，浮以大白。'文侯饮而不尽嚼，公乘不仁举白浮君，君视而不应。侍者曰：'不仁退，君已醉矣。'公乘不仁曰：'周书曰：前车覆，后车戒。盖言其危，为人臣者不易，为君亦不易。今君已设令，令不行，可乎？'君曰：'善。'举白而饮。饮毕，曰：'以公乘不仁为上客'"③。觥政即酒令前身，令出必行。"立监""佐史"皆出自《宾之初筵》，"凡此饮酒，或醉或否。既立之监，或佐之史。彼醉不臧，不醉反耻"④。监通常是负责监督酒宴上醉酒失礼的人，史可能是为了记录醉酒者的言行举止，给予惩罚措施。这是后世律录事和觥录事的雏形。因此一开始用礼自我约束，避免酒祸，后来设立酒监、酒史，用强制性的酒律作辅助手段，这是酒令诞生之初。

唐代酒令文化非常繁盛，大致可以分为律令、骰盘令和抛打令三种类型。⑤律令其实是由传统觥政发展而来，"律"是酒令规则，又称"章程""令章"，同"觥政"一样，都是借用了法律术语。唐代皇甫松的《醉乡日月》有"明府""律录事""觥录事"诸条，讲解酒令的组织规则。"明府"条云："明府之职，前辈极为重难。盖二十人为饮，立一人为明府，所

---

①"尝入侍高后燕饮，高后令朱虚侯刘章为酒史。章自请曰：'臣，将种也，请得以军法行酒。'……顷之，诸吕有一人醉，亡酒，章追，拔剑斩之而还，报曰：'有亡酒一人，臣谨行法斩之。'"《史记》卷五二《齐悼惠王世家第二十二》，北京：中华书局，1959年，第2000—2001页。

②[唐]白居易撰，谢思炜校注：《白居易诗集校注》卷一四《和梦游春诗一百韵》，北京：中华书局，2011年，第1132页。

③[汉]刘向著，杨以漟校：《说苑》卷一一，北京：中华书局，1985年，第109页。

④[汉]毛亨传，[汉]郑玄笺，[唐]孔颖达疏，龚抗云整理：《毛诗正义》卷一四《宾之初筵》，北京：北京大学出版社，1999年，第892页。

⑤王昆吾：《唐代酒令艺术》，上海：东方出版中心，1995年，第3页。

以观其斟酌之道。每一明府管骰子一双，酒杓一双。"①明府是令官之首，观察饮酒的次序，统筹全局，决定酒令的开始和结束。"律录事"条云："夫律录事者，须有饮材。材有三，谓善令、知音、大户也。凡笼台，以白金为之，其中实以二十筹、二十旗、二十纛，夫旗所以指巡也，纛所以指饮也，筹所以指犯也。"②律录事掌管宣令和行酒，又被称为"席纠"或"酒纠"。他必须有三种特殊才能，其一熟悉各种酒令，便于随时改令，其二通晓音律，以便于让乐工在不同环节演奏不同的音乐，其三酒量要大。"觥录事"条云："凡乌合为徒，以言笑动众，暴慢无节，或叠叠起坐，或附耳啜语，律录事以本户绳之，奸不衰也，觥录事宜以刚毅木讷之士为之，有犯者辄投其旗于前，曰：'某犯觥令。'犯者诺，而收执之，拱曰：'知罪。'"③觥录事执旗、纛、觥，对犯令之人实施罚酒。酒令的作用在于劝饮或节饮，白居易诗文也反映了唐人行酒令的场面。《容斋续笔》卷一六"唐人酒令"条："白乐天诗：'鞍马呼教住，骰盘喝遣输。长驱波卷白，连掷采成卢。'注云：'骰盘、卷白波、莫走鞍马，皆当时酒令。'予按皇甫松所著《醉乡日月》三卷，载骰子令云：聚十只骰子齐掷，自出手六人，依采饮焉。堂印，本采人劝合席，碧油，劝掷外三人。骰子聚于一处，谓之酒星，依采聚散。骰子令中改易，不过三章，次改鞍马令，不过一章。又有旗幡令、闪擘令、抛打令，今人不复晓其法矣，唯优伶家犹用手打令以为戏云。"④

淫湎门与酗酒门多记载因饮酒败德失仪的史事，然而酗酒较淫湎更

---

①李宝林：《〈醉乡日月〉辑校疏证》，吉林大学硕士学位论文，2007年，第25页。

②李宝林：《〈醉乡日月〉辑校疏证》，吉林大学硕士学位论文，2007年，第27页。

③李宝林：《〈醉乡日月〉辑校疏证》，吉林大学硕士学位论文，2007年，第36—37页。

④[宋]洪迈撰，孔凡礼点校：《容斋随笔》卷一六《唐人酒令》，北京：中华书局，2015年，第329页。

为严重。淫湎乃无节制的饮酒，即如《易·未济卦》云："上九，有孚于饮酒，无咎。濡其首，有孚失是。《象》曰：'饮酒濡首，亦不知节也。'"①言信任他人而安闲饮酒，不致咎害，如纵逸无节则损害正道。淫湎门的"羲和淫湎""荒湛于酒"，酗酒门的"酒荒"皆出自《尚书·胤征篇》。云："羲和湎淫，废时乱日，胤往征之，作《胤征》……惟时羲和，颠覆厥德，沈乱于酒，畔官离次，俶扰天纪，遐弃厥司。乃季秋月朔，辰弗集于房，瞽奏鼓、啬夫驰，庶人走。羲和尸厥官，罔闻知，昏迷于天象，以干先王之诛。"②羲和本是掌天地四时之官，却沉湎于酒，不修其业，以至于废乱时日，没有察觉天象的变异，胤侯奉王命讨伐其罪。"窟室"出自《左传·襄公三十年》："郑伯有耆酒，为窟室，而夜饮酒，击钟焉，朝至未已。朝者曰：'公焉在?'其人曰：'吾公在壑谷。'皆自朝布路而罢。既而朝，则又将使子晳如楚，归而饮酒。"③其人日夜饮酒，荒废政事，最终为自己的败亡埋下隐患。酗酒门"生祸""酒祸"皆出自《礼记·乐记》："夫豢豕为酒，非以为祸也，而狱讼益繁，则酒之流生祸也。是故先生因为酒礼。壹献之礼，宾主百拜，终日饮酒而不得醉焉，此先王之所以备酒祸也。故酒食者，所以合欢也。乐者，所以象德也。礼者，所以缀淫也。"注云："为，作也，言豢豕作酒，本以飨祀养贤，而小人饮之善酗，以致狱讼。"④好酒无节于德行有亏，酗酒以致狱讼，先王因此制作酒礼，以防范酒祸，故酗酒一门所录典故多为因酒生祸。

---

① 黄寿祺、张善文：《周易译注》，上海：上海古籍出版社，2018年，第685—686页。

② [汉]孔安国传，[唐]孔颖达疏：《尚书正义》卷七《胤征》，北京：北京大学出版社，1999年，第180—183页。

③ [晋]杜预：《春秋左传集解》，上海：上海人民出版社，1977年，第1140页。

④ [汉]郑玄注，[唐]孔颖达疏，龚抗云整理：《礼记正义》卷三八《乐记》，北京：北京大学出版社，1999年，第1102—1103页。

"小遗"典故令人发笑，出自《汉书·东方朔传》。云："先是，朔常醉入殿中，小遗殿上，劾不敬。有诏免为庶人，待诏宦者署。"[1]"杀人"典故出自《三国志·吴书·凌统传》："先期，统与督陈勤会饮酒，勤刚勇任气，因督祭酒，陵轹一坐，举罚不以其道。统疾其侮慢，面折不为用。勤怒詈统，及其父操，统流涕不答，众因罢出。勤乘酒凶悖，又于道路辱统。统不忍，引刀斫勤，数日乃死。"[2]陈勤酗酒凶悖，辱人父祖，反遭杀身之祸。又录"酒失"典故，《世说新语》注引《陶侃别传》曰："侃在武昌，与佐吏从容饮燕，常有饮限。或劝犹可少进，侃凄然良久曰：'昔年少，曾有酒失，二亲见约，故不敢逾限。'"[3]陶侃年少时曾有酒失，想必是触忤尊长一类，成年后即饮酒节制，终身不敢逾矩，明酗酒倘能悔过，亦不致悔吝速祸。

《白氏六帖事类集》酒门体现了经典史籍中的先秦酒德观和王道酒政观，既有旧典可依，又有现实观照。为了制约饮酒行为，人们规定了他的道德内涵，制定了种种礼仪规范，以防酒祸发生。当酒德和酒礼失去了原有的效用，则通过建立制度、设置监督者来维持饮酒活动的秩序，即觞政。觞政是唐代酒令中律令的前身。历史上有诸多因酒败亡的例子，《白氏六帖事类集》亦将其收入酒门，归入淫湎、酗酒诸门，成为酒德、礼饮、令罚各门的反面例子。《白氏六帖事类集》对这些酒知识的细致分类，可视作白居易对自身所掌握酒知识的系统整理。《白氏六帖事类集》酒门是按照饮酒应当中正平和、有所节制的观念来分类的，强调

---

①《汉书》卷六五《东方朔传》，北京：中华书局，1962年，第2852页。

②《三国志》卷五五《吴书·凌统传》，北京：中华书局，1971年，第1296页。

③[南朝宋]刘义庆撰，[南朝梁]刘孝标注，王根林校点：《世说新语》卷下之上《栖隐第十八》，上海：上海古籍出版社，2012年，第141页。

饮酒以乐，又不能违背酒德、酒礼，甚至因酒致祸，这在一定程度上体现了白居易的饮酒观。

《白氏六帖事类集》是现存所见唐代对酒知识分类最为详细的类书，分为酒门、酤榷门、造酒门、酣醉门。酒门下附十一门，即酒德、戒酒、淫湎、酗酒、礼饮、军中饮、乐饮、夜饮、赐酒、御饮、令罚诸门，都是按照饮酒行为的性质进行划分的。白居易《百道判》选用淫湎门的"欧丞相之车"与军中饮门的"箪醪投河"二典故，假设甲乙，自撰判文。其判文亦应用了酒德门、礼饮门、戒酒门、酗酒门、夜饮门、赐酒门的典故。《白氏六帖事类集》酒门对酒知识的分类与唐代撰作有关酒的判文所需酒知识的类型相符，亦可反映《白氏六帖事类集》编纂的目的是为实用文章的创作积累辞藻典故。唐代有关酒的判文运用了大量酒知识，所设判题多结合现实酒事或以经典所载酒知识假设甲乙，具体内容为官员酗酒误事、酤司造酒有失、经典所载酒礼与现实典章有冲突等。故撰作有关酒的判文必须掌握多种类型的酒知识，熟悉各类酒典背后的内涵、熟悉典籍中的酒礼及酿酒流程，更应了解现实的饮酒、酿酒状况，一是能充分理解判题意义，二是能够引经据典，作出更情理通达、文采斐然的判文。唐代判文对酒知识的运用，反映了唐人饮酒风气，展现了时间长河中各类酒知识的演进以及经典史籍所载酒知识在现实中的转化和应用。

四、小结

以隋唐类书为例，《北堂书钞》酒部之下虽不再细分类目，但其排比胪列，仍有一定规律可循。为行文便利，删去其注。"天有酒旗之星，地有酒泉之郡"至"仪狄作酒，辩五齐之名"，酒之史也。"四酎三重"至

"郁积生味，久蓄气芳"，酒之酝也。"云沸渊亭"至"浮蚁萍连，醪华鳞设"，酒之状也。"甜苦无常，五味相并"至"甘如乳，清如华"，酒之味也。"三酒既醇，五齐惟醮"至"圣人贤有，从事督邮"，酒之品也。"名酎出于咸阳，甘醪贡于宜成"至"冻醴酝酎"，酒之名也。"与天同休，千岁无尽"至"所以致尊让，所以致敬洁"，酒之用也。"不为以乐，非以为祸"至"饮如牸，倾家酿"，酒之德也。"酒船"至"孟佗拜凉州史"，酒之典也。"禹恶旨酒"至"酿者罚金"，酒之弊也。"酒赋、酒颂、酒讃、酒箴、酒诲、酒诰"，皆酒之文也。[①]如此《北堂书钞》的酒部仍然可分为酒史、酒酝、酒状、酒味、酒品、酒名、酒用、酒德、酒典、酒弊、酒文，足见当时酒的知识体系已基本成型。其实，《北堂书钞》的文字也并不全是多而杂乱无章，细读其类句文字，也可见虞世南之精心安排。《白氏六帖事类集》继承了《北堂书钞》的编纂体例，其对酒知识的分类亦是更为彻底，且蕴含丰富的道德教化功能。《艺文类聚》将酒部置于食物部之下，《初学记》将酒部置于器物部下，但二者对酒部的分类相似，先事而后文。《艺文类聚》将其分为诗、赋、颂、引、戒、启、书，[②]《初学记》将其分为赋、启、赞、诫、箴、颂。[③]这些其实都是以体裁划分，并非从酒知识本身进行分类，而对酒知识分类最彻底的是《白氏六帖事类集》。纵而观之，《白氏六帖事类集》不仅在体例上有重大创新，在内容上也是无可挑剔的，这就是其流传千古、声名显赫的资本。但是，学界对《白氏六帖事类集》的研究仍然是不充分的，如此重要的类书文本，专门研究、专题研究、比较研究都有极大的开拓空间。

①[隋]虞世南：《北堂书钞》，天津：天津古籍出版社，1988 年，第 664—671 页。
②[唐]欧阳询撰，汪少楹校：《艺文类聚》卷七二《食物部》，上海：上海古籍出版社，1965 年，第1246　1251 页。
③[唐]徐坚等著：《初学记》卷二六《酒第十一》，北京：中华书局，1962 年，第 633—636 页。

第十二章　赋体类书编纂体例的发展与定型

赋体类书是一种以赋的形式组织事类的类书编纂体例，是类书诸体例中的高级形态。赋体类书的重点在注文，注文的存在是其与赋的重要区别之一，《兔园策府》就是极具代表性的赋体类书。虽然赋体类书具有赋的特点，如聚博为约、铺采摘文、体物写志等，但它并不是纯粹文学意义上的赋，而是类书的一种，即赋体类书的知识性强于文学性，赋则是相反的。故而赋体类书虽然兼具赋与类书的双重属性，但类书性质是处于首要位置的。

魏小虎先生在其硕士论文《〈事类赋注〉的文献学研究》中指出《事类赋注》是一部最早用赋体编纂成的类书，成书于北宋初期，吴淑作为编纂成员之一，曾参与《太平御览》《太平广记》《太宗实录》《说文五义》《文苑英华》等著作的编纂工作。《事类赋注》引文广博、精审可贵，颇受好评，但作者认为引文存疑，故对引文来源进行辨析，考证此书引文大部分照抄《太平御览》，认为《事类赋注》并非独立成书。①

刘天振教授在《明代通俗类书研究》一书中重点分析赋作为一种体例与通俗类书的关系，指出赋是类书渊源之一。此外，作者认为赋体

---

① 魏小虎：《〈事类赋注〉的文献学研究》，华东师范大学硕士学位论文，2004 年。

类书的特征是生僻字繁多、类型化固定，行文方式或类事方式以骈四俪六的偶句为主，作者还认为，赋体类书在明代被民间通俗类书借鉴、改造和发展，具备语言通俗、形式灵活的特点，认为这是明代后期文化发展雅俗合流的趋势。①

祝尚书先生在《论赋体类书及类事赋》中言，赋体类书及类事赋是唐宋时期出现的一类特殊的科举用书，最早的功用即为举子应对"帖经"考试。作者认为赋体类书是古人充分利用赋本身具有的类事功能编纂成书的结果，通常是由若干篇类事赋汇总起来的赋集。作者依据赋体类书及类事赋的早期用途，即科举用书这一关键点明确区分二者概念，并由此推知其撰写原则，进而指出赋体类书并非文学作品，其本质纯粹就是有韵的类书。②

蒲锐志先生在《吴淑〈事类赋〉体例简介》中指出，此书是最早使用"赋"这种文体形式加以编纂的类书。吴淑采用每句四字或六字的格式，词句押韵，读来朗朗上口，便于记颂，注释旁征博引，内容极为博大，作者认为这些特点在增强本书吸引力的同时，减轻读者的阅读负担，同时因为这是一部个人独立编纂的类书，因而在编纂的指导思想、体例、内容等方面较为自由，受外界尤其是统治者的约束较少，所以不仅在当时广受好评，也为后世保留了早已散佚的珍贵古文资料，其影响深远。③

笔者在《类书研究通论》中探寻类书的源头，认为类书或有可能受赋的影响，但并无直接关系，作为赋体类书代表的《事类赋》其强调的

---

① 刘天振：《明代通俗类书研究》，济南：齐鲁书社，2006 年。
② 祝尚书：《论赋体类书及类事赋》，《四川大学学报》2008 年第 5 期，第 78—84、100 页。
③ 蒲锐志：《吴淑〈事类赋〉体例简介》，《安徽文学》（下半月）2009 年第 6 期，第 363 页。

重点是类书与“事类并注”，而并不是其文体，笔者还通过比较唐初编纂的典型赋体类书《兔园策府》，指出赋体类书就是用赋的格式、体例将事类组织起来，并将事类艺术化、文艺化，进而表示赋体类书的发展更有可能是类句类书与类语类书的产物。[①]

许结教授在《〈事类赋〉的前因与后续》中指出《事类赋》是以赋体为形式，以类书为本质的作品，作者认为此书在文坛的地位与影响多在形式，不在本质。在吴淑《事类赋》之后，明人华希闵的《广事类赋》，清人吴世旃的《广广事类赋》、张均的《事类赋补遗》等一系列作品，功能都是“赋体类事”，共同特征是将“辞赋”的文学性和“类书”知识性凝合为一体，以押韵之文、铺采之词来呈现博学之象，以编构其知识化体系即“类书”。[②]诸位学者对赋体类书研究的开展，主要是围绕《事类赋》展开的，其实，赋体类书在唐代已经大量出现，且被广泛应用到科举考试中，当然，文学创作、学校教育中也处处可见其身影。赋体类书作为类书的高级形态，其发展变化是与历史大背景息息相关的，而科举的发展变化深刻影响赋体类书的发展变化。

面对隋唐科举制度的进一步发展与规范化，社会需求强烈且急迫。类书可谓是科举应试者不可或缺的宝书，历代文献，浩如烟海，就仿佛是运行积年的、汇聚了庞杂信息的数据库，唯有分门别类进行归纳才能达到方便取用的目的，才能发挥其最大价值，否则就是历史演进下堆积而成的一团乱麻。科举制度进一步发展，至唐代，以明经与进士两科为首要，颇受士人重视，帖经、经义、诗赋与时务策等均为其要考查的内容，且难度逐次递增，为了便于广览正经、熟于习诵，将

---

①刘全波:《类书研究通论》,兰州:甘肃文化出版社,2018 年。

②许结:《〈事类赋〉的前因与后续》,《古典文学知识》2020 年第 5 期,第 142—146 页。

幽、隐、孤、绝、怪、难的儒经章疏进行再创作以应对"聱牙、孤绝、例拔、筑注之目"①的明经题目就十分必要。遍览群书体例，不少人发现类书恰恰是到手的"圭臬"，略作调整即可应用，因而打散已有知识模式，依据需求为导向，创设新型归纳陈列知识式样的编纂方法萌芽勃发。类书这样的编纂模式有助于应对记诵默写一类的考试，而试策应对也不容忽视，因而编纂成文以范文之形式展现给科举士子，无疑在便捷程度上又迈出了一大步，而其文辞藻绘相饰、声律音韵相谐、骈散相间的四六文体，更是广受时人欢迎。

"既甚难矣，而举人则有驱悬孤绝、索幽隐为诗赋而诵习之，不过十数篇，则难者悉详矣。"②"至有帖孤章绝句，疑似参互者以惑之。甚者，或上抵其注，下余一二字，使寻之难知，谓之例援。"③即将四书五经原始文献中的内容拆分打散，按照类书的编纂方式重新分门别类加以排布，同时为了便于记诵，若是在编排过程中，参照类语体类书或类句体类书的体例，在这两者基础上加入韵语、控制字数、制造骈对排比等手法缀连成文，便会起到文辞华美、朗朗上口、事例广博且关联紧密的效果，这样的处理方式极大地提高了学习效率和记诵速度，甚至稍加调整便可在考试中随取随用，而这正是赋体类书产生的社会需求。

一、赋体类书与赋的关系

类书与赋之间的关系多为古今学者所关注，且有不少学者认为类

①[宋]王谠著，周勋初校：《唐语林校证》，北京：中华书局，1987年，第714页。
②[唐]杜佑撰，工文锦等点校：《通典》卷一五《选举典三》，北京：中华书局，1988年，第356页。
③[唐]杜佑撰，王文锦等点校：《通典》卷一五《选举典三》，北京：中华书局，1988年，第356页。

书是赋导引而来的。《三国志》卷五《魏书·后妃传》载："《魏略》曰：兰献赋赞述太子德美，太子报曰：'赋者，言事类之所附也，颂者，美盛德之形容也，故作者不虚其辞，受者必当其实。兰此赋，岂吾实哉？昔吾丘寿王—陈宝鼎，何武等徒以歌颂，犹受金帛之赐，兰事虽不谅，义足嘉也。今赐牛一头。'由是遂见亲敬。"①所谓"赋者，言事类之所附也"的意思，就是说赋是事类的集合。《三国志》卷一一《魏书·国渊传》又载："《二京赋》，博物之书也。"②此记载亦多为后世学者所引用，言赋是博物之书，赋的内容山包海汇，天地宇宙、万事万物皆在赋中，赋的这个事类之集合、博物之书，很容易给人一个感觉，就是赋具有了类书的某些功能，且形式如类书，而后世发展起来的类书，自然被怀疑是赋的新变化，故类书由赋导引而来之说，渐渐流传开来。

《西京杂记》卷二载："司马相如为《上林》《子虚》赋，意思萧散，不复与外事相关，控引天地，错综古今，忽然如睡，焕然而兴，几百日而后成。其友人盛览，字长通，牂牁名士，尝问以作赋。相如曰：'合綦组以成文，列锦绣而为质，一经一纬，一宫一商，此赋之迹也。赋家之心，包括宇宙，总览人物，斯乃得之于内，不可得而传。'览乃作《合组歌》《列锦赋》而退，终身不复敢言作赋之心矣。"③《西京杂记》卷二亦载："或问扬雄为赋，雄曰：'读千首赋，乃能为之。'"④无论是司马相如

①《三国志》卷五《魏书·后妃传》，北京：中华书局，1959 年，第 158 页。

②《三国志》卷一一《魏书·国渊传》，北京：中华书局，1959 年，第 339—340 页。

③［晋］葛洪辑，成林、程章灿译注：《西京杂记全译》卷二，贵阳：贵州人民出版社，1993 年，第 68 页。

④［晋］葛洪辑，成林、程章灿译注：《西京杂记全译》卷二，贵阳：贵州人民出版社，1993 年，第 65 页。

与友人言赋，还是扬雄言为赋，皆是务求广博，包括宇宙，总览人物，赋之广博，可想而知，既然赋者是言事类之所附也，那么当面对这个广博的事类集合体时，古今诸学者亦是多能看出其与类书之关系。

袁枚《随园诗话》卷一载：

> 古无类书，无志书，又无字汇；故《三都》《两京》赋，言木则若干，言鸟则若干，必待搜辑群书，广采风土，然后成文。果能才藻富艳，便倾动一时。洛阳所以纸贵者，直是家置一本，当类书、郡志读耳；故成之，亦须十年、五年。今类书、字汇无所不备。使左思生于今日，必不作此种赋。即作之，不过翻摘故纸，一二日可成。可抄诵之者，亦无有也。今人作诗赋，而好用杂事、僻韵，以多为贵者，误矣！①

张涤华先生《类书流别》载："洎乎西京以降，词赋炳蔚。赋家之心，包括宇宙，总揽人物，博物洽闻，信称多识。故如马、扬、班、张之赋，不啻为汉世名物制度之专书，而得之者，即以当类书读。"②范文澜先生《中国通史简编》亦载："班固的《两都赋》、张衡的《二京赋》和《南都赋》等，取材广博，按事类排比，在类书未出以前，这种大赋实际上起着类书的作用，因之文学价值虽不高，流传却很广。"③方师铎先生《传统文学与类书之关系》直言："类书是由辞赋引导出来的。"④"类书是

---

①[清]袁枚著，王英志校点：《随园诗话》卷一，南京：江苏古籍出版社，2000年，第6页。

②张涤华：《类书流别》(修订本)，北京：商务印书馆，1985年，第9—10页。

③范文澜：《中国通史简编》(修订本)第2编，北京：人民出版社，1949年，第247页。

④方师铎：《传统文学与类书之关系》，天津：天津古籍出版社，1986年，第29页。

因辞赋的需要而产生的；只不过早期的辞赋家没有类书可供獭祭，乃不得不费尽心力，搜索枯肠去自造'玮字'，采集'离词'。"①方师铎先生认为："在此之前，其所以未出现类书，是基于两个原因，一是在曹丕之前，纸未大量生产，书写工具未臻便利；二是在曹氏父子之前，辞人毫无地位。"②

简宗梧教授《赋与类书关系之考察》言："类书是接轨自汉代赋家的字书，是贵游文学转型的产物，是六朝贵游文学活动的练功秘籍，与赋成为共生结构。有了类书之后，赋受到类书的濡染，有些赋逐渐从空间的客观描述，走向掌故的分类运用，使二者有了更紧密的结合，到吴淑更将二者加以绾合，于是完成《事类赋》。然而，类书也因应文学与文化的多元发展，越来越壮硕而多元化，与赋的紧密关系，也逐渐走入了历史。"③许结教授《论汉赋"类书说"及其文学史意义》言："'赋代类书'的说法，从狭义的赋学观来看，是一种误解，如果就广义的文学观而言，又有一定的道理。因为汉赋作家的比类意识落实在创作上，充分体现于对物态的描绘，和赋体自身的修辞法则，这不仅使汉赋的'文类'特征影响到后世'类书'的编纂，而且具有中国文学从'文言'到'文类'的历史转捩的意义，这一点又与汉人的'知类'精神与思维方式切切相关。""'赋代类书'说是对汉大赋'博物'与'比类'现象的描述，是一种知识系统的认知，与赋的创作思想和艺术精神扞格不入。"④许结先生对于"赋代类书"的认知十分准确，曾经，赋与类书的确有过交集，但

---

①方师铎：《传统文学与类书之关系》，天津：天津古籍出版社，1986年，第149页。

②方师铎：《传统文学与类书之关系》，天津：天津古籍出版社，1986年，第12—16页。

③简宗梧：《赋与类书关系之考察》，《辞赋研究论文集——第五届国际辞赋研讨会》，北京：中国文史出版社，2003年，第622—646页。

④许结：《论汉赋"类书说"及其文学史意义》，《社会科学研究》2008年第5期，第168—173页。

是赋体类书本身与赋的创作思想和艺术精神扞格不入，因为赋体类书没有灵魂，只有知识。

戴克瑜、唐建华先生主编《类书的沿革》亦言："这些赋与其说是赋，不如说它是一本搜集了各类词藻的具有类书的特点的书籍更恰当一些。但是，它毕竟不是一本结构严谨，组织有序，专供人们翻检用的类书，而仍然只不过是一篇长赋而已。不过，文学家要写这样的赋，如果他的手边有一本完善的类书，也将用不了三年或十年那么长的时间就可编成。所以，这样的赋是当时历史发展的产物，它不但对类书这类工具书提出了社会要求，而且也给类书的编制提供了条件。"①可见，诸前贤对于赋的博物现象特别重视，且阅读大赋之后，就是有一种胪列事物、排比故事的感觉，类书何尝不是胪列事物、排比故事？赋之内的胪列、排比一般都是按照某种规则进行的，其效果与类书无异。且后世类书中有《事类赋》之类，即类书与赋的结合，且被后世学者公认为类书无疑。

毋庸置疑，类书与赋的关系绝非浅薄，而是深厚。但是类书果真是赋导引出来的吗？我们需要考察类书最初的编纂模式，我们看《皇览》，其最初的编纂模式是采集经传中的事类，事类的意思就是"事"之类，事类必然以故事、典故为主，必然是较多的句子，而不是字、词，但是字、词才是赋所需要的，而事类对于赋就不是急需的，所以很显然，最初的类书《皇览》与赋的需要不搭边，或者说是关系不密切。此后的类书尤其是南北朝时期的类书有《史林》《四部要略》《华林遍略》《类苑》《修文殿御览》等，皆是以事类为主，而不是以字、词为

---

①戴克瑜、唐建华主编：《类书的沿革》，成都：四川省图书馆学会编印，1981 年，第 12 页。

主，所以隋唐以前的类书与赋的关系仍然没有那么密切。或有人说《兔园策府》《事类赋》就是赋体的类书，其性质兼有类书与赋之特点，但是我们要知道赋体类书的出现是较晚的事情，其在南北朝肯定不是主流，而我们讨论类书的渊源的时候，就不能以较晚出现的赋体类书来上溯，因为只要上溯，就是有潜在的倾向在里面，故《兔园策府》《事类赋》等赋体类书必然是由类书导引出来的，是类书发展的结果，是类书在发展中出现的新体例——类句类书、类语类书的产物，而类书不一定是由赋导引而来的。当然，把类句类书、类语类书连接起来，就可以得到赋体类书，但赋体类书其实也不一定全是从此二种体例而来，在高手眼中，任何体例的类书都可以转变为赋体类书。

二、中古时期类书的发展与编纂体例的多样

从魏晋开始，到南北朝，再到隋唐五代时期，七百多年的时间里，类书的发展经历了多重变化。《皇览》是魏文帝曹丕敕令诸儒编纂的一部大型官修类书，被后人追奉为"类书之祖"。南朝皇室贵胄，多效仿古代诸侯养士之风，招揽才俊，组成文人集团，萧子良是当时最有权势的王子皇孙，声势显赫，召集了众多学士抄书、编书、译经、讲经。据统计，前后出入萧子良幕府的文人数量，有一百余人，主要是世家子弟和一些得道高僧，他们在竟陵王的组织下，从事文学活动，编纂《四部要略》，这无疑会对当时的学风、文风乃至整个社会风气产生极大的影响。就算后来萧子良争夺帝位失败而死，但是这些文人学士继续生活在萧齐或萧梁的某个地方，他们当初或者参与过《四部要略》的编纂，或者见闻过《四部要略》的编纂，这些记忆都将是他们开启新的

类书编纂的宝贵经验，都为萧梁时代的新的类书编纂奠定了坚实的基础。事实也正是如此，此后不久的萧梁时代，出现了中国历史上第一个类书编纂高潮。

隋并天下之后，编纂了多部类书，如《长洲玉镜》《北堂书钞》《玄门宝海》《玉烛宝典》《编珠》等，《长洲玉镜》是其代表。史载《长洲玉镜》源自《华林遍略》，故我们认为《长洲玉镜》的内容和体例与《华林遍略》相仿，只是避免了复记之弊，并增补了新内容，而由于诸葛颖、王劭等人早年参与过《修文殿御览》的编纂，所以我们认为《长洲玉镜》也受到了《修文殿御览》的影响，也就是说，《长洲玉镜》初步实现了南北类书编纂的融合。唐代开国以来，唐高祖、唐太宗、唐高宗、武则天皆编纂过大型类书，《艺文类聚》《文思博要》《瑶山玉彩》《三教珠英》等横空出世，走向全盛的唐王朝四夷来服，日本多次派遣遣唐使，遣唐使必然带回了大量的典籍，其中必然有类书，回国之后的遣唐使，处处以唐王朝为样板，类书编纂必然也是如此，于是《秘府略》在这样的背景下得以编纂成书。

对于类书的编纂体例，前辈学者亦是多有研究，针对中古时期的类书发展、编纂情况，笔者建议用类事类书、类文类书、类句类书、类语类书、赋体类书五种模式进行考察。[1]类事类书自始至终是中国类书的发展主流，此种体例亦有多种模式，有出处、书名、人名在前者，亦有出处、书名、人名在后者，更有不具出处、书名、人名者，但是此种体例以引用、排列段落、长句为主，《皇览》《史林》《四部要略》《寿光书苑》《类苑》《华林遍略》《修文殿御览》《长洲玉镜》《文思博要》《东殿新书》《三教

---

[1] 刘全波：《论敦煌类书的分类》，王三庆、郑阿财主编：《2013 敦煌、吐鲁番国际学术研讨会论文集》，台南：成功大学中国文学系出版，2014 年，第 547—580 页。

珠英》等，所采用的体例就是类事类书。

有些学者认为类文类书不成立，但我们通过考察认为此种体例是存在的，当然，单独的类文类书或许早已经独立于类书之外，甚至散佚殆尽，但是存在于经典类书之中的类文部分还是存在的，它们是我们研究类文类书的基础，此种体例的形成当与类事类书有关，排列组合模式亦相同，至唐初《艺文类聚》编纂之时，将此两种模式合并成新的"事文并举"体例，并被后世广为沿袭。

类句类书的出现时间是比较早的，至少是南北朝时期，追求大知识量，追求博学多识的类句类书作为新的类书体例，被类书编纂者创造出来并大量使用，且一直传承下来，类句类书比类事类书、类文类书简洁明了，知识点也更加凸显，比较适用于私人使用，其典型代表是《北堂书钞》《白氏六帖事类集》等，我们认为《北堂书钞》之前的南北朝时期已经有类句类书在流行。

类语类书是类句类书基础上的"花朵"，类句类书追求知识量的丰富与简洁，而类语类书则以二、三、四言词语的形式出现，在知识量丰富的同时变得更加简洁，同时类语类书还追求辞藻的对偶，很多时候都是成对出现的，这与中古文学的发展关系密切，类语类书的典型代表有《语对》《编珠》《纂金》等。总之，从南北朝至隋唐时期，类句类书与类语类书已经逐渐成熟完善起来，并迅速挤占官修类书之外的私纂类书舞台。

赋体类书也是类书分类里面一个比较受关注、受质疑的类书体例，或有学者说类书是赋导引而来，所以后世产生的赋体类书的性质，明显就是对"赋"的回归，且言赋体类书的重点是"赋"而不是类书，甚至有学者直接建议将"赋体类书"归入"赋"，从类书中彻底独立出来。我们认为赋体类书与赋侧重点明显不同，虽然赋体类书亦是赋，但是其只是用了赋之模式以组织事类，所以我们认为赋体类书的发展不是赋的直接作用，而更有可能是类句类书、类语类书的产物，将类句类书、类语类书之内容用赋的形式连接起来而已。

《四库全书总目》之《事类赋提要》载：

> 是编乃所作类事之书。卷首结衔称博士，盖其进书时官也。前有淑进书状，称先进所著，一字题赋百首。退惟芜累，方积兢忧。遽奉训词，俾加注释。又称前所进二十卷，加以注解，卷帙差大。今广为三十卷，目之曰《事类赋》云云。是淑初进此赋二十卷，尚无书名。及奉敕自注，乃增益卷数，定著今称也。①

> 今所见者，唐以来诸本骈青妃白，排比对偶者，自徐坚《初学记》始。熔铸故实，谐以声律者，自李峤单题诗始。其联而为赋者，则自淑始……淑本徐铉之婿，学有渊源，又预修《太平御览》《文苑英华》两大书，见闻尤博。故赋既工雅，又注与赋出自一手，事无舛误，故传诵至今。②

《事类赋》是赋体类书的代表，《事类赋》最先的名称是"一字题赋"，后来才成为今天我们见到的"事类赋并注"。也就是说，吴淑最先编纂的"一字题赋"没有得到认同，加入了注释之后才大流行于当时与后世，这显然告诉我们《事类赋》的重点是类书即"事类并注"，而非"赋"。

事文并举类书模式其实是一个组合模式，我们认为它没有固定的格

---

① [清]永瑢等撰：《四库全书总目》卷一三五《事类赋提要》，北京：中华书局，1965年，第1144页。

② [清]永瑢等撰：《四库全书总目》卷一三五《事类赋提要》，北京：中华书局，1965年，第1144页。

式，但是它是由类事、类文、类句、类语、赋体等类书基本元素组合起来的，如《艺文类聚》是类事、类文之组合，《初学记》是类事、类语、类文之组合。后来的发展中，在这些基本元素之外，还出现了叙说、总论等说明性文字，但是我们认为只要保留着类书的基本模式，这些随着时代发展新出现的叙说、总论等，不会改变类书的基本性质。这种组合体类书的编纂，难度是很高的，所以私人编纂类书多不采用这种模式，只有在人才济济的情况下，才可以做出如此经典的文本。《艺文类聚》《初学记》之所以可以流传千年，并成为经典，主要还是和它们的编纂体例有关，这是它们不可能被淘汰的质量保障。

三、以敦煌文献为中心论赋体类书的产生

敦煌写本《籝金》是敦煌文献中保存的类书写本中的一种，共有 10 个卷号，即 S.2053、S.4195b、S.5604、P.2537、P.2966、P.3363、P.3650、P.3907、P.4873、Дх.11654。①郑炳林先生认为，敦煌写本《籝金》大约可以分为四种：第一种是《略出籝金》；第二种是《籝金》删节本；第三种是唐李若立撰写《籝金》原本；第四种是《籝金》字书。②李若立撰写《籝金》原本，敦煌文书中保存有 P.3907、S.2053 两个卷号，根据《籝金》内容研究得知，编纂《籝金》的目的是博采众长、删繁就简；编纂的时间

---

①屈直敏：《敦煌写本〈籝金〉系类书叙录及研究回顾》，《敦煌学辑刊》2011 年第 1 期，第 153—165 页。

②郑炳林、李强：《敦煌写本〈籝金〉研究》，《敦煌学辑刊》2006 年第 2 期，第 1—20 页；郑炳林、李强：《唐李若立〈籝金〉编撰研究（上）》，《天水师范学院学报》2008 年第 6 期，第 22—29 页；郑炳林、李强：《唐李若立〈籝金〉编撰研究（下）》，《天水师范学院学报》2009 年第 1 期，第 13—23 页；郑炳林、李强：《阴庭诫改编〈籝金〉及有关问题》，《敦煌学辑刊》2008 年第 4 期，第 1—26 页；郑炳林、李强：《晚唐敦煌张景球编撰〈略出籝金〉研究》，《敦煌学辑刊》2009 年第 1 期，第 1—17 页；李强：《敦煌写本〈籝金〉研究》，兰州大学博士学位论文，2008 年。

开始于武则天统治期间，完成于唐中宗神龙年间，即神龙二年十月将中央政府迁回长安之前。阴庭诚删节本《纂金》，敦煌文书中有 P.2966、P.3363、P.4873、S.5604 四个卷号，阴庭诚是州学博士，大约在吐蕃占领前为教授学生对《纂金》进行删节而成新作，对《纂金》原有内容进行删节，使其变得简单实用，但是阴庭诚的改编过甚，虽然保留了五卷百篇的规模，分卷基本上相同，但是他对其中语对事例附注做了大量改动，部分解释出现偏差。晚唐敦煌名士张球改编之《纂金》，敦煌文书中保留 P.2537、P.3650、Дх.11654 三个卷号，张球改编而成《略出纂金》，不仅仅是简单删节改编和规模压缩，从格式到内容都做了全面修订和改编，有些部分进行重新撰写。《略出纂金》有其优点，内容条目简略精炼，但也存在很多不足，很多篇有叙文无事例附注，失去了《纂金》原貌。①

高天霞教授对敦煌写本的《纂金》系类书进行整理、研究，分为两大部分。其中"研究篇"考证了《纂金》系类书写本的改编者以及传抄改编，揭示了《纂金》系类书写本在文献学、汉语言文字学、童蒙教育等方面的价值；"校录篇"则以录文和校记相结合的形式，进行了点校、校勘、疏证，为学界提供了一个收集全备、校录精审的整理本，具有较高的学术价值。②高天霞教授还认为《纂金》之"叙文"明显具有"赋"特点与价

① 魏迎春、郑炳林：《敦煌写本李若立〈纂金〉残卷研究——以 S.2053v 号为中心的探讨》，《敦煌学辑刊》2011 年第 3 期，第 1—20 页；魏迎春：《敦煌写本 S.5604〈纂金〉残卷研究》，《敦煌学辑刊》2011 年第 4 期，第 7—20 页；魏迎春：《敦煌写本 P.2966 和 P.3363〈纂金〉残卷考释》，《敦煌研究》2014 年第 6 期，第 82—90 页。

② 高天霞：《敦煌写本 S.5604 号〈纂金〉疑难字句补释》，《语文学刊》2019 年第 02 期，第 39—43 页；高天霞：《从敦煌写本看失传类书〈纂金〉的编撰目的与编排体例》，《文献》2020 年第 1 期，第 128—136 页；高天霞：《敦煌写本〈纂金〉系类书的文献校勘价值例说》，《河西学院学报》2020 年第 4 期，第 48—52 页。

值，需要深入发掘其文学价值。笔者认为，《簒金》之"叙文"的文学价值应该放在次要位置，而其赋体类书的性质更应该给予较多关注。故笔者这里主要从编纂体例的角度进行考察，试看《语对》与《簒金》之体例，明显是不一样的，即《语对》是只有类语的、纯粹的类语类书，而《簒金》的类语之后还有叙文，是类语类书与赋体类书之组合，且是与类语关系极其密切的赋体类书，即编纂者依据前面的类语编纂了后面的赋体类书。

诸王篇第三

维城磐石

汉梁孝王

鲁恭王

长沙王

楚元王

东平王

陈思王

西园东苑

猿岩龙岫

兔园修竹林

玳筵金玺

碣石睢园

乾文著象，帝子之星耀于天；坤气标仪，天孙之岳峙于形。传芳折茂，资茅土而疏封；琼叶分阴，籍桐珪而列壤。曹滕毕原鄜郇之穆胤，宗社长隆；管蔡郕霍鲁卫之昭宗，维城永固。睢园博敞，

斜通修竹之林；碣石幽清，傍邀文雅之客。玳筵交映，侣郭乐而友
枚邹；金玺含辉，礼穆申而接应。兰宫晓侍，时歌猎蕙之风；桂苑
霄游，即赋流天之月。亦有望美宗枝，地邻磐石。西园飞盖，追逸
赏而忘疲；东苑腾镳，契嘉游而不极。雍容文雅，俊杰方驾于猿
岩；仁孝恭勤，英彦连芬于龙岫。芳筵顿舞，恩益封而陈机；绮阁
温书，想雄才而独擅。百枝百代，岂不然乎！

　　《文场秀句》有 P.2678 与 P.3956 号，[1]还有羽 072 号，[2]共可缀合为
两件写本，分别收藏于法国巴黎国家图书馆与日本武田科学振兴财团
杏雨书屋。《敦煌遗书总目索引》将 P.2678 号题作"小类书"，P.3956 号则
题作"类林"。《敦煌宝藏》题作"类林"，[3]《法藏敦煌西域文献》将其定作
"籯金"，王三庆先生《敦煌类书》题作"语对甲"，[4]《敦煌遗书总目索引新
编》作"语对甲"。[5]后王三庆先生发表《〈文场秀句〉之发现、整理与研
究》一文，将其定作《文场秀句》。[6]我们仅摘录其中一部分，即可见其
状况。

帝德第十

　　①上海古籍出版社、法国国家图书馆编：《法藏敦煌西域文献》第 17 册，上海：上海古籍出版
社，2001 年，第 206—207 页。

　　②武田科学振兴财团杏雨书屋编集：《敦煌秘笈》（影片册 1），大阪：はまや印刷株式会社，
2009 年，第 425—426 页。

　　③黄永武编：《敦煌宝藏》第 132 册，台北：新文丰出版股份有限公司，1986 年，第 390—391 页。

　　④王三庆：《敦煌类书》，高雄：丽文文化事业股份有限公司，1993 年，第 107 页。

　　⑤敦煌研究院编：《敦煌遗书总目索引新编》，北京：中华书局，2000 年，第 249 页。

　　⑥王三庆：《〈文场秀句〉之发现、整理与研究》，王三庆、郑阿财合编：《2013 年敦煌、吐鲁番国际学
术研讨会论文集》，台南·成功大学中国文学系，2014 年，第 1—22 页；王三庆：《敦煌吐鲁番文献
与日本典藏》，台北：新文丰出版股份有限公司，2014 年，第 455—484 页。

金镜

玉烛

南风

东户

五帝

三皇

三王

八眉

双瞳

至化

淳风

一人

万乘

驾岭

八表

梯山

九垓

有截无垠

象浦

月津

紫宸丹禁

方今道光东户，德迈南风；条玉烛以乘时，振金镜而凝化。恩沾八表，南宫象浦之乡；泽被九垓，西极月津之垲。淳风敷于有截，既驾岭而来珍；至化布于无垠，亦梯田而入贡，息飞尘于五岳，静惊浪于四溟。

总之，通过对《纂金》与《文场秀句》的考察，我们可以发现一个共同点，即《纂金》与《文场秀句》皆分为两部分，前为类语，后为赋体。我们以前更多关注的是它们的类语部分，将之主要作为类语类书进行研究，并将它们与《语对》一并对待，其实，我们忽略了《纂金》与《文场秀句》的赋体类书性质，这也导致我们没有认清它们的本质。

对于赋体类书的功用，前辈学者亦有考察，即科举试策。试策自汉文帝时始创，是历代王朝的选贤要术，唐初试策亦是科举的重要科目。《兔园策府》现存的五篇策文，全部采用问对之体，与唐代试策形制基本一致。《封氏闻见记》载："策问五道，旧例：三道为时务策，一道为方略，一道为征事。近者，方略之中或有异同，大抵非精博通赡之才，难以应乎兹选矣。"①可见，策问五道分别为时务策三道、商略策、征事策各一，时务策即针对当时国家治理中的重大或紧要问题进行策问。无论是广义的"策问五道"，还是狭义的"时务策三通"，策问在进士科举考试中都具有十分重要的地位。针对常科试策而编纂的《兔园策府》是我们所熟知的，其学术价值也是公认的，虽然《纂金》与《文场秀句》不是典型的赋体类书，但是其赋体类书性质是与策问本质相同，故我们认为《纂金》与《文场秀句》之"叙文""秀句"应是《兔园策府》之"策问"的另一种形态，且是比《兔园策府》流传更为广泛的一种教材或学习材料。

如果只看到《兔园策府》与《事类赋》，我们其实不能将赋体类书的

①［唐］封演撰，赵贞信校注：《封氏闻见记校注》，北京：中华书局，2005 年，第 17 页。

产生过程理解清楚，通过《籝金》与《文场秀句》我们至少得到了一种赋体类书的产生发展史，即赋体类书是由类语类书发展而来，尤其是像《籝金》与《文场秀句》这样的类语类书加赋体类书，当然赋体类书的产生并不是只有这一种模式。

李途所作《记室新书》是唐代类书编纂的又一个代表，它不同于前期的官修类书，亦不同于为科举与文学所编纂的科举类书和文学类书，它是中晚唐时代的产物，是藩镇割据局面之下出现的新类书模式，虽然其体例仍然是延续了前期诸类书的模式，但是，在内容方面有了变化，此时的类书有点与书仪合轨的味道，书仪是写作的范文，而类书是辞藻的渊薮，总之，藩镇时代编纂了诸多具有藩镇割据色彩的新类书。[①]对于《记室新书》的流传，也可以得到清楚的认知，因为，宋代编纂的诸类书如《记纂渊海》《古今合璧事类备要》《古今事文类聚》《翰苑新书》等多引用《记室新书》之内容，可见，此《记室新书》在两宋时代是流传较广的，但是，究竟是仅有部分佚文在流传，还是整部书都在流传，不得而知。通过对诸佚文的考察，我们认为《记室新书》的编纂体例当是赋体类书，但是，《记室新书》部分佚文明显还具有类语类书的意味。《记室新书》究竟是一部什么性质的类书呢？此前我们还有诸多疑惑，但是通过对比《籝金》与《文场秀句》之体例，我们其实可以对《记室新书》有更多新的认知。诸如"五材是宜，百工惟叙，城郭都邑合其规，士农工商得其所""汉桓荣之赐辒车，晋山涛之乘小辇""隼飞旟上，熊伏轼前，皂盖分辉，彤幨耀彩""扼束江湖，襟带吴楚"之类，属于赋体类书。诸如"秀望""熊轼""馈鲤""双旌""五马""金鸡"之类，是类语

---

① 刘全波：《唐代类书编纂研究》，新北：花木兰文化事业有限公司，2018年。

类书，也就是说，此前我们定位不够准确的《记室新书》，通过类比敦煌类书《籝金》《文场秀句》，可知其性质与编纂体例，即《记室新书》亦是类语类书与赋体类书之组合体。

四、小结

赋体类书与赋之侧重点明显不同，虽然赋体类书亦是赋，但是其只是用了赋之形式以组织事类，所以赋体类书的发展不是赋的直接作用，而更有可能是类句类书、类语类书的产物，将类句类书、类语类书之内容，用赋的形式连接起来而已。敦煌文献中的《籝金》《文场秀句》保留了赋体类书产生、发展的证据，《籝金》之"叙文"就是赋体类书，《文场秀句》之"秀句"亦是赋体类书，且二书之组织模式，皆是前为类语，后为赋，内容更是紧密相连、前后呼应，由此我们可以得到类语类书是赋体类书产生的温床与根本。传世赋体类书如《事类赋》只能见到其赋的形式，见不到其中间过程，而通过敦煌文献，我们就可以看清这个过程。学界曾以为《事类赋》是赋体类书的源起，而通过对唐代诸多赋体类书的考察，我们可以知道《事类赋》之外，尚有《翰苑》《兔园策府》《记室新书》诸赋体类书在流传，再加上《籝金》《文场秀句》，这是一个从唐初至唐末未曾中断的赋体类书编纂史、发展史。当然，《太平御览》是《事类赋》的基础，已为学界所接受，如此可见，类事类书也可以导引出赋体类书，只是这个过程有点隐秘，但在高手的世界中，从任何一种体例中都可以导引出赋体类书，类语类书、类句类书更为直接、更为便捷而已。

《翰苑》是唐高宗显庆五年（660年）张楚金编纂的一部赋体类书。《翰苑》早已失传，1917年，日本学者黑满胜美调查古籍时，在日本九州福冈市太宰府天满宫发现了抄本《翰苑·蕃夷部》残卷。1922年，日本学者内藤湖南博士将其收入日本京都帝国大学文学部影印唐抄本第一集中面世，1934年，金毓黻先生将其收入《辽海丛书》中，1977年，吉川弘文馆出版了竹内理三博士校订解说的《翰苑》，1983年，日本国书刊行会又出版了汤浅幸孙先生的《翰苑校释》。《翰苑》书中的双行夹注并不是训诂学的语译，而是客观的抄录或节录有关文献资料的原文，正文则是用一两句骈体文赋概括夹注文的内容大意。

敦煌写本《兔园策府》是唐高宗时期蒋王李恽的僚佐杜嗣先针对科举试策而编纂的一部赋体类书，通过对《兔园策府·议封禅》历史背景的深入发掘，我们认为《兔园策府》的成书时间极有可能就是唐高宗时期第一次热议封禅的龙朔二年（662年）前后。①《兔园策府》的重现，带来了赋体类书研究的热潮，学界就是通过此书逐渐了解赋体类书的。

总之，赋体类书作为一种类书编纂模式，在整个中国类书编纂史、发展史上是比较受重视的，但是，因为资料的散佚，学界原来以为《事类赋》是赋体类书的开创之作，而随着各类文献的不断涌现，尤其是敦煌类书《兔园策府》的出现，让我们知晓了唐初即有赋体类书的事实，而日本藏《翰苑》残卷的重现，更是给我们带来了诸多新的认知，即唐初编纂的赋体类书不仅有一个《兔园策府》，还有一个《翰苑》，这都是赋体类书的杰出代表，如此看来，唐初的赋体类书已经非常成熟，且广为流传，西到敦煌，东到日本，皆有其踪迹。而晚唐时代李途所编纂的《记室新书》向来不为学界所重视，有时甚至认为它是一部类语类书。通过研究，我们发现了它赋体类书的本质，可见，唐初就已经

---

①刘全波、曹丹:《论〈兔园策府·议封禅〉产生的历史背景》,《甘肃广播电视大学学报》2020年第4期,第6—10页。

开始的赋体类书编纂并没有停止，只是由于资料的散佚，让我们产生了错误的认知。现在，我们将《籯金》《文场秀句》《记室新书》置入赋体类书的编纂史、发展史中，一个中古时期的赋体类书编纂史、发展史就逐渐显现在我们眼前，这是一个从《兔园策府》《翰苑》到《籯金》《文场秀句》《记室新书》再到《事类赋》的完整的，不曾中断的赋体类书编纂史、发展史。

第十三章　文学对类书的依赖与改造

一、中古文学之嬗变

刘师培先生《中国中古文学史讲义》言："建安文学，革易前型，迁蜕之由，可得而说：两汉之世，户习七经，虽及子家，必缘经术；魏武治国，颇杂形名，文体因之，渐趋清峻，一也。建武以还，士民秉礼，迨及建安，渐尚通侻，侻则侈陈哀乐，通则渐藻玄思，二也。献帝之初，诸方棋峙，乘时之士，颇慕纵横，骋词之风，肇端于此，三也。又汉之灵帝，颇好俳词，下习其风，益尚华靡，虽讫魏初，其风未革，四也。"①钟嵘《诗品序》载："降及建安，曹公父子，笃好斯文；平原兄弟，郁为文栋；刘桢、王粲，为其羽翼。次有攀龙托凤，自致于属车者，盖将百计。彬彬之盛，大备于时矣。"②罗宗强先生《魏晋南北朝文学思想史》亦言："魏晋南北朝文学思想发展的总趋势，是沿着重文的艺术特质展开的，重抒情，重形式的美的探讨，重表现手段、表现方法。似存在着一种把文学与非文学分离开来的发展

---

①刘师培：《中国中古文学史讲义》，上海：上海古籍出版社，2000 年，第 7 页。
②[南朝梁]钟嵘撰，曹旭集注：《诗品集注》，上海：上海古籍出版社，1994 年，第 17 页。

趋势。"①诚然，魏晋南北朝时期的文学已然逐步脱离了两汉以来的文学发展轨迹，走出了重讽谏、重功利的套路，开始具有浓烈的感情，十分注重个人情感的抒发，功利性变得越来越淡薄，经学教条下已然僵化了的内心世界瞬间化作细腻婉转，重个性、重欲望、重感情，强烈而多彩的生命意识成为建安以后士人内心生活的中心。

曹丕《典论·论文》言："盖文章经国之大业，不朽之盛事。年寿有时而尽，荣乐止乎其身，二者必至之常期，未若文章之无穷。是以古之作者，寄身于翰墨，见意于篇籍，不假良史之辞，不托飞驰之势，而声名自传于后。"②诚然，人在世间生存，要让自己的人生被后人所纪念，为历史所记载，首先是修炼完美的道德品行，其次是建立伟大的功勋业绩，再次是树立精要可传的言论，也就是著书立说，而立德、立功对于读书人来说，又有些遥远，为了使自己名垂后世，流传千古，上至帝王公卿，下及黎民凡庶，必然肆意文墨间。《文心雕龙·时序第四十五》亦载："自献帝播迁，文学蓬转，建安之末，区宇方辑。魏武以相王之尊，雅爱诗章；文帝以副君之重，妙善辞赋；陈思以公子之豪，下笔琳琅。并体貌英逸，故俊才云蒸。"③中古时代，尤其是曹魏时代，在三曹的倡议、重视下，文学的地位骤然得到提升，文学开始摆脱原先所依附的经学，文学的自由解放必然带来文学的大发展，而文学的大发展必然会改变整个时代的风气。

徐公持先生《魏晋文学史》言："邺下文士还有一种倾向，即他们一

---

① 罗宗强：《魏晋南北朝文学思想史》，北京：中华书局，2006 年第 2 版，第 4 页。

② [南朝梁] 萧统编，[唐] 李善注：《文选》卷五二《典论·论文》，上海：上海古籍出版社，1986 年，第 2271 页。

③ [南朝梁] 刘勰撰，黄叔琳注、李详补注、杨明照校注拾遗：《增订文心雕龙校注》，北京：中华书局，2000 年，第 540—541 页。

方面以极大的热情描写当时军国大事，另一方面也将文学创作的注意力转向日常生活琐细事务……例如他们大量以动物、植物，以及珍饰、玩物为写作题材，这一题材上的细小化倾向，以赋的创作方面最为突出。动物如鹦鹉、鹤、莺、雁、雀、龟、蝉、蝙蝠等，植物如柳、槐、芙蓉、橘、瓜等，珍饰玩物如玛瑙勒、车渠碗、迷迭香、圆扇、围棋、弹棋、投壶等，还有气候如大暑、霖雨、霁等，皆可成赋，而且众人共作，彼此唱和，蔚成风气。这类作品，一般篇幅短小，寄托或有或无，即使有所寄托，往往寓意不深，主要以描写精细巧妙见长，逞词使才的色彩很重，甚至令人感到文士们撰写这些作品，是在互相比赛技巧和辞采。"①建安文学是魏晋南北朝文学觉醒之先声，文学追求独立，随着战争的暂时停歇、社会渐趋安定，建安文学之战争主题外，渐渐多了这种重情体裁，文学之生活情趣慢慢多起来，文学之尚丽辞，文学之追求华美恰恰为类书的产生、发展提供了一个温床。

正始时代，玄学大盛，把玄谈、哲理引入文学，文学创作中不可避免地出现了老庄的人生境界，并把一种独特的审美意识带到文学中来。玄学以老庄为宗旨，主张疏离社会，提倡"以无为本"，强调"越名教而任自然"，这无疑是对汉代烦琐经学的反抗，更是新人生观的开始。贺昌群先生《魏晋清谈思想初论》载："汉以孝治天下，而儒家重丧礼，故行厚葬，今沐以天地为一区，齐生死之素命，此种新人生观，正魏晋清谈家所持也。"②重视人生，追求享乐，追求自我的玄风，成为替代经学的一个新思路。玄学之风的大盛，玄学论文大量出现，以表述玄学见

①徐公持编著：《魏晋文学史》，北京：人民文学出版社，1999年，第9页。
②贺昌群：《魏晋清谈思想初论》，北京：商务印书馆，2000年，第26页。

解，思辨之风开拓了一种新的诗歌境界，形成一种清虚旷远的诗风。徐公持先生《魏晋文学史》言："由于玄学对文学的过度浸润，或者一些作者出于本身兴趣所钟，以诗歌为敷述玄学理趣工具，无视诗歌固有文学特征，使诗歌迷失本性，而向玄学论文靠拢，'玄言诗'遂得以产生。"①

东晋之时，玄谈之风非但没有因为西晋亡国而消歇，大有方兴未艾之势，南方文学受其影响，继续沿着追求哲理化、艺术美的方向发展，而北方向着重实用、尚真实、求朴野而去。在南方，玄学与佛教的交融使得诗歌向着更深的哲理化发展。钟嵘《诗品序》载："永嘉时，贵黄、老，稍尚虚谈。于时篇什，理过其辞，淡乎寡味。爰及江表，微波尚传，孙绰、许询、桓、庾诸公诗，皆平典似《道德论》，建安风力尽矣。"②刘勰《文心雕龙·时序第四十五》载："自中朝贵元，江左称盛，因谈余气，流成文体。是以世极迍邅，而辞意夷泰，诗必柱下之旨归，赋乃漆园之义疏。故知文变染乎世情，兴废系乎时序；原始以要终，虽百世可知也。"③总而言之，自西晋崇尚谈玄，到东晋更加盛行，在这种风气的影响之下，形成一种普遍的风格，清谈玄理之风气，玄风消磨了一代士人的意志，没有激情的一代士人，创造了缺乏激情的华美的文学。

朱自清先生《〈文选序〉事出于沉思义归乎翰藻说》言："照这样看，清言贵乎善譬，也不足怪了。还有一层，清言所论的是玄学，源虽出于老、庄，却非老、庄所能限，实在可说是新理。论此新理，苦少古

---

① 徐公持编著：《魏晋文学史》，北京：人民文学出版社，1999年，第23页。

② [南朝梁]钟嵘撰，曹旭集注：《诗品集注》，上海：上海古籍出版社，1994年，第24页。

③ [南朝梁]刘勰撰，黄叔琳注，李详补注，杨明照校注拾遗：《增订文心雕龙校注》，北京：中华书局，2000年，第541—542页。

事以征引；至于成辞，除老、庄外，也少可用。而老、庄之辞，当时人所熟知，也无须征引。所以只能一面凭天赋的才分，一面凭切至的譬喻，使人称善。所以当时用'藻'字评人语文，当是指'比类'的多。"①朱自清先生的意思就是说即使在清谈盛行的情况下，玄谈中征引古事、事类的现象还是比较多的，但是在玄风高唱之下，诗歌辞赋必然无不感染玄思。

刘宋以来，文学创作逐渐从玄思回归到抒情上来，谢灵运的山水诗即代表。沈德潜《说诗晬语》卷上载："诗至于宋，性情渐隐，声色大开，诗运一转关也。"②宋荦《漫堂说诗》言："元嘉、永明以后，绮丽是尚，大雅浸衰。"③元嘉之后，文学归于抒情，且是一种更为注重形式美的抒情。罗宗强先生《魏晋南北朝文学思想史》言："自建安时期文学的抒情性质受到重视之后，中间曾因玄理化倾向的出现而未能继续发展，重新重视抒情特质，乃是对于玄理化的反拨。"④文风从哲思回归到抒情，如痴如醉的谈玄之风渐渐淡化，其影响也变小，而抒情文学重新成为社会之潮流，史书记载了这一时期的文风转变。

《宋书》卷六七《谢灵运传》载：

有晋中兴，玄风独振，为学穷于柱下，博物止乎七篇，驰骋文辞，义单乎此。自建武暨乎义熙，历载将百，虽缀响联辞，波属云委，莫不寄言上德，托意玄珠，遒丽之辞，无闻焉尔。仲文始革

①朱自清：《朱自清古典文学论文集》，上海：上海古籍出版社，1981年，第47页。

②[清]沈德潜：《说诗晬语》卷上，[清]王夫之等辑《清诗话》，上海：上海古籍出版社，1963年，第32页。

③[清]宋荦：《漫堂说诗》，《丛书集成初编》第2587册，北京：中华书局，1985年，第1页。

④罗宗强：《魏晋南北朝文学思想史》，北京：中华书局，2006年第2版，第149页。

孙、许之风，叔源大变太元之气。爰逮宋氏，颜、谢腾声。灵运之兴会标举，延年之体裁明密，并方轨前秀，垂范后昆。①

《文心雕龙·明诗第六》载：

> 晋世群才，稍入轻绮。张潘左陆，比肩诗衢，采缛于正始，力柔于建安，或析文以为妙，或流靡以自妍，此其大略也。江左篇制，溺乎玄风，嗤笑徇务之志，崇盛亡机之谈。袁孙已下，虽各有雕采，而辞趣一揆，莫与争雄；所以景纯仙篇，挺拔而为俊矣。宋初文咏，体有因革，庄老告退，而山水方滋；俪采百字之偶，争价一句之奇，情必极貌以写物，辞必穷力而追新：此近世之所竞也。②

罗宗强先生《魏晋南北朝文学思想史》总结道："元嘉以后，从哲思又逐渐回到抒情上来。这种回归，有甚为复杂之原因，然自文学发展自身言之，依然是自我表现之一种选择。我们看到了元嘉抒情与建安抒情不同的地方，他在抒情的同时，开始有意寻找形式的美的表现。建安的抒情，一出于自然流露，虽时有骈俪之美，而以得到抒情的满足为目的。元嘉以后，形式的美却是有意的追求了。对偶、用典、辞采的讲究，至永明声律，形式的有意追求达到高峰。"③此时期的文人，以颜延之为代表，在文学的创作中，醉心于事典的使用与辞采的雕

---

① 《宋书》卷六七《谢灵运传》，北京：中华书局，1974 年，第 1778—1779 页。

② [南朝梁]刘勰撰，黄叔琳注，李详补注，杨明照校注拾遗：《增订文心雕龙校注》，北京：中华书局，2000 年，第 65 页。

③ 罗宗强：《魏晋南北朝文学思想史》，北京：中华书局，2006 年第 2 版，第 333—335 页。

琢，用词考究，字斟句酌，讲求对仗，以至于句句用典，处处含事，愈来愈重视文学的形式美。这种文学倾向的继续发展，就带来了类书的繁荣。《南齐书》卷五二《文学传论》亦载："缉事比类，非对不发，博物可嘉，职成拘制。或全借古语，用申今情，崎岖牵引，直为偶说。唯睹事例，顿失精采。此则傅咸五经，应璩指事，虽不全似，可以类从。"①

到南齐永明时代，文学又出现了一个新的发展高潮，此时期文学的主要倾向仍然是重文学特质的发扬，重个人情怀的抒发，而且渐渐由情怀抒发转向娱乐，这是一种清新的美，从皇帝到士人，渐渐都对文学产生了兴趣，文学在帝王将相、文人墨客的爱护下，茁壮成长，此时期的人们都把文学看作生活的一部分来认真对待，皇室的爱好与提倡，给文学的发展提供了一个好的氛围。宗白华先生《美学散步》言："深于情者，不仅对宇宙人生体会到至深的无名的哀感，扩而充之，可以成为耶稣、释迦的悲天悯人；就是快乐的体验也是深入肺腑，惊心动魄；浅俗薄情的人，不仅不能深哀，且不知所谓真乐。"②

此外，永明时代对诗歌的声律做了探讨，在形式美之外开始追求声调的和谐。《南齐书》卷五二《文学传·陆厥传》载："永明末，盛为文章。吴兴沈约、陈郡谢朓、琅邪王融以气类相推毂。汝南周颙善识声韵。约等文皆用宫商，以平上去入为四声，以此制韵，不可增减，世呼为'永明体'。"③《南史》卷四八《陆厥传》载："时盛为文章，吴兴沈约、陈郡谢朓、琅邪王融以气类相推毂，汝南周颙善识声韵。约等文皆用宫商，将平上去入四声，以此制韵，有平头、上尾、蜂腰、鹤膝。五字

---

①《南齐书》五二《文学传》，北京：中华书局，1972 年，第 908 页。
②宗白华：《美学散步》，上海：上海人民出版社，1981 年，第 214—215 页。
③《南齐书》卷五二《文学传·陆厥传》，北京：中华书局，1972 年，第 898 页。

之中，音韵悉异，两句之内，角徵不同，不可增减。世呼为'永明体'。"①

此后的文学，渐渐走上了繁缛华丽、错彩镂金、雕缋满眼的路子。《文心雕龙·通变第二十九》载："今才颖之士，刻意学文，多略汉篇，师范宋集，虽古今备阅，亦近附而远疏矣。"②《文心雕龙·总术第四十四》载："凡精虑造文，各竞新丽，多欲练辞，莫肯研术。"③诗歌追求形式美，必然要求使用对偶、辞藻等手法，而这些手法的使用，造就了南朝的美丽文章，齐梁时代的宫体诗亦是追求辞藻的典雅丽质，而这一切必然使用典、用事、藻饰、对仗等手法的使用越来越多，也越来越成熟，在这个走向成熟的路途中，也必然会有一个技巧、方法的锻炼与使用，这个方法与技巧就是类事、类文乃至类句类书的大量出现与繁荣。

刘师培先生《中国中古文学史讲义》对中古文学的这一现象做了深刻的总结，其言：

> 矜言数典，以富博为长也。齐、梁文翰与东晋异，即诗什亦然。自宋代颜延之以下，侈言用事，学者浸以成俗。齐、梁之际，任昉用事，尤多慕者，转为穿凿。盖南朝之诗，始则工言景物，继则惟以数典为工。因是各体文章，亦以用事为贵。《南史》称王俭尝使宾客隶事，梁武集文士策经史事。而类书一体，亦以

---

① 《南史》卷四八《陆厥传》，北京：中华书局，1975年，第1195页。

② [南朝梁]刘勰撰，黄叔琳注，李详补注，杨明照校注拾遗：《增订文心雕龙校注》，北京：中华书局，2000年，第397页。

③ [南朝梁]刘勰撰，黄叔琳注，李详补注，杨明照校注拾遗：《增订文心雕龙校注》，北京：中华书局，2000年，第529页。

梁代为盛，藩王宗室，以是相高。虽为博览之资，实亦作文之助，即《诗品》所谓"文章略同书抄"，《齐书》所谓"缉事比类，非对不发，博物可嘉，职成拘制"也。故当时世主所崇，非惟据韵，兼重长篇，诗什既然，文章亦尔。用是篇幅益恢，偶词滋众，此必然之理也。[1]

纵观魏晋南北朝时期的文学发展，从建安、正始到元嘉、永明，文学之尚丽辞，从来就没有停歇过，中间虽有玄风的冲击，但是稍稍沉寂之后，带来的是更大的渴求，以至于齐梁时代出现了一个专事铅华、刻意调律、镂心敷藻的高潮。颜延之、任昉是南朝优秀文人之代表，颜延之生活在晋宋时代，他的诗词歌赋，最大的特点就是好用典，精心雕镂，任昉生活在齐梁时代，他的文学创作更是用事极多，可谓是句句用事，以至于后人评价他病在用事太多，这两位文人的创作所代表的风格绝不仅仅是他们自己独有的，而是一个时代、一个潮流，在这样的时代里面，刻意调律，镂心敷藻，就是文学创作的常态，而所谓的雕镂，是需要积累和基础的，如何在日常的积累之中较快地增加自己的知识储备，又不至于忘记，还便于翻检，那就是编类书，于是编纂类书的风气随着文学的发展兴盛起来。

二、类书与总集

类书与总集的关系，前辈学者已有关注，我们也想表明自己的看法，其实也不够完美。类书与文学的关系是大家关注类书与总集关系

---

[1] 刘师培：《中国中古文学史讲义》，上海：上海古籍出版社，2000年，第96—97页。

的基础，类书是在文学的羽翼之下加速发展起来的，故早期与史学关系密切的类书，转而成为了文学的附庸。类书应否归入总集之中，所展现的是类书与总集之间的联系，类书独立于总集之外，所展现的是两者之间的距离，我们既要看到两者之间的联系，更要看到它们的不同。方师铎先生《传统文学与类书之关系》言："现在我们把纯粹'类文'的《文章流别》《昭明文选》《文馆词林》《文苑英华》，纳入类书范围之内，又有什么不妥呢？其实昭明太子萧统本人，在编《文选》的时候，就已经明明白白告诉我们：他所编的《文选》，本质上就是一部'类书'。他的话就刊载在他所写的《文选序》的最后两行：'次文之体，各以汇聚。诗赋体既不一，又以类分，类分之中，各以时代相次。'"①欧阳询《艺文类聚序》中有言："《流别》《文选》，专取其文。《皇览》《遍略》，直书其事。"故方师铎先生据之立论并言："我们知道《皇览》和《遍略》是两部开天辟地的类书；衡情度理，则《流别》与《文选》也应当是两部类书，这样上下两句才能互相照应。如果后一句'直书其事'的《皇览》和《遍略》，是指的类书，而前一句'专取其文'的《流别》和《文选》，是和类书毫不相干的两部闲书；请问这还成什么话？这种不通的文章，岂能出自'太常博士'和'弘文馆学士'欧阳询之手？若然，则《流别》和《文选》纵非百分之百的类书，亦必与类书有很深的关系。"②

方师铎先生亦言："将之（类书）列入子部固可，列入集部又何尝不可？照我们看来，胡应麟将类书列入集部的提议，倒是值得重视的；因为这么一来，类书与总集就可以打成一片，解决了若干不必

---

①方师铎：《传统文学与类书之关系》，天津·天津古籍出版社，1986年，第26页。

②方师铎：《传统文学与类书之关系》，天津·天津古籍出版社，1986年，第98—99页。

要的纠纷了。"①此处方师铎先生被《四库全书总目》类书类序中的以讹传讹迷惑了,《四库全书总目》言"胡应麟作《笔丛》,始议改入集部",其实,胡应麟并不是想将类书改入集部,其言"余欲别录二藏及赝古书及类书为一部,附四大部之末",也就是四大部之外,另立一部收纳类书等书。前文已述,故方师铎先生对于类书入集部的附议是不妥的。对于方师铎先生强调的《文章流别》《昭明文选》等亦可视作类书之事,后来学者亦有赞成者,但是这样非常不妥,当然,我们不能否认《文章流别》《昭明文选》与类书的关系,但是也不能一厢情愿,将唐之《文馆词林》与宋之《文苑英华》亦当作类文类书来对待。这样类书的范围势必会无限扩大,甚至与总集类典籍乱了 DNA。欧阳询为何将《流别》《文选》与《皇览》《遍略》并列比较,这是判断方师铎先生立论恰当与否的关键,但是这是个充分不必要条件,《艺文类聚》可以吸取《流别》《文选》之精华,但是《流别》《文选》不一定非要是类书。

罗国威教授在《日本弘仁本文馆词林校证》中言:"《文馆词林》一书,乃唐高宗朝中书令许敬宗所奉敕编撰的一部总集。是书将先秦至唐的诗文分类纂辑,汇为一编,勒成一千卷。显庆三年书成奏上。"②类书应该是截取文句、语对,然后将之归类,而《文选》则是将整个文章编入,这个明显是以"篇"为单位,不是我们通常认为的类书,即以摘句、摘词为中心,虽然《文选》也是按类排列,但是古今图籍中按类排列的众多,也不能通通称为类书,且按类排列并不是类书的首创,这种分类意识是人们认识事物的能力,不能因为有分类就说是类书。

---

①方师铎:《传统文学与类之关系》,天津:天津古籍出版社,1986 年,第 27 页。
②[唐]许敬宗编,罗国威整理:《日本弘仁本文馆词林校证》,北京:中华书局,2001 年,第 1 页。

《文选》类文的性质的确是明显的，但是我们对类书的界定要从严，且要考虑时代背景，考虑功用，再就是约定俗成。很多时候类书的定义要照顾类书的发展时代，当类书种类不多、卷帙稀少的时候，类书就会被归入相类似的子目中，没有独立地位，甚至某些非类书也会和类书掺和在一起，而当类书经过多年的发展，体量达到一定程度，自然可以独立，另立门户，甚至可以清理门户。田媛《隋暨初唐类书编纂与文学》亦言："总集与类书虽可能出现交叉，但仍是两个不同的范畴。"①

类书与文学的过度结合是一个趋势，整个中古时期，有愈演愈烈的趋势，依附于文学的各种类书，为了更加适应文学发展的需要，也有主动变化与创新。黄侃先生《文心雕龙札记·事类第三十八》中对古人为何多从事类书编纂做了透彻的分析："浅见者临文而踌躇，博闻者裕之于平素，天资不充，益以强记，强记不足，助以抄撮，自《吕览》《淮南》之书，《虞初》百家之说，要皆探取往书，以资博识。后世《类苑》《书抄》，则输资于文士，效用于谀闻，以我搜辑之勤，袪人翻检之剧，此类书所以日众。"②王瑶先生《中古文学史论》则言："随着数典用事之风的流行，齐梁时编纂类书的风气也盛极一时，都是为了适应文人们隶事属对之助的。"③诚然，人的记忆力是有限的，为了博闻强记，就需要把难以记忆的知识按类编排，抄撮在一起，以便随时翻阅，加深记忆，先之抄撮之力，继之编纂之功，私纂类书就在官修类书的带动下发展起来。

---

① 田媛：《隋暨初唐类书编纂与文学》，北京大学博士学位论文，2008 年，第 6 页。
② 黄侃：《文心雕龙札记·事类第三十八》，上海：上海古籍出版社，2000 年，第 188 页。
③ 王瑶：《中古文学史论》，北京：北京大学出版社，1998 年第 2 版，第 286—287 页。

对于南北朝文人而言，其诗文创作追新求变，实际是以用事繁复为出发点和归宿的，以展示其博学多识，稳固其文学地位，显示其文学功力，在具体创作中则表现为扩大典源范围，有意追求用新事、僻典。从经史子集甚至杂著以及类书中大量采用"事典""语典"入诗，的确成了那个时代文人诗歌创作的新变和突出特点。《南齐书》卷五二《文学传》载："今之文章，作者虽众，总而为论，略有三体……次则缉事比类，非对不发，博物可嘉，职成拘制。或全借古语，用申今情，崎岖牵引，直为偶说。唯睹事例，顿失精采。此则傅咸五经，应璩指事，虽不全似，可以类从。"①

钟嵘《诗品序》载：

    颜延、谢庄，尤为繁密，于时化之。故大明、泰始中，文章殆同书抄。近任昉、王元长等，词不贵奇，竞须新事，尔来作者，浸以成俗。遂乃句无虚语，语无虚字，拘挛补衲，蠹文已甚。自然英旨，罕值其人。词既失高，则宜加事义。虽谢天才，且表学问，亦一理乎！②

沈士龙《岁华纪丽序》载：

    自骈丽之体盛，文士往往采集语对以资笥腹，如《珠丛》《采璧》诸书，即休文、子慎，亦复不废。编纂至唐，而俳偶益工，《初学》等书便专取事对。今观《岁时》一部，便有专帙，当时崇尚

---

①《南齐书》卷五二《文学传》，北京：中华书局，1972 年，第 908—909 页。
②［南朝梁］钟嵘著，陈延杰注：《诗品注》，北京：人民文学出版社，1961 年，第 7 页。

可知已。①

诚然，类书最大的优点就是博而精，我国古代典籍可谓汗牛充栋、浩如烟海，如此多的典籍纵然是废寝忘食、夜以继日地读，也难免事倍功半，况且人的精力是有限的，根本无法读遍群书，类书的价值在于广采诸书之精华，分门别类，将如山之书收入巾箱，言简意赅，于是文人在运用、征引时就可以达到事半功倍的效果，这是魏晋南北朝乃至后世文学类书蓬勃发展、代有其书的主要原因。闻一多先生最先提出要把"文学和类书排在一起打量"②，去衡量唐初五十年的诗与类书的关系，此种观点既可以上移至魏晋南北朝，亦可下推至宋明。总之，类书为文人作文提供文料，文人又编纂类书以适应新的作文需要，于是类书与文学自觉地结合在一起。类书的大量流传，文人的头脑里就形成了固有的逻辑、辞藻、用典，文学创作中即使是天才般的人物，也难以摆脱类书流传形成的窠臼，这便是文学对类书的记忆。类书迎合文学，必然会把文学宠坏，尤其是私纂类书，就会向着文学总集的方向发展，庾自直《类文》、虞绰《类集》就是代表，它们与《文选》《文馆词林》必然不同，但相同点也是多不胜举，而此类类文类书也是历代多有，不胜枚举，类书研究中的类书与总集之关系是核心问题、关键问题。

对于类书与总集之间的联系，我们不再多说，主要把它们之间的区别加以分析，以展现它们之间的真实关系。总集必然是对"文"的

---

① [唐]韩鄂撰，[明]沈士龙、胡震亨同校：《岁华纪丽》，《丛书集成初编》第172册，北京：中华书局，1985年，第3页。

② 闻一多：《唐诗杂论》，北京：中华书局，2003年新1版，第1—9页。

汇辑，且是全文的汇辑，这个"全"是重点，是对文的整体的汇辑。而类书对"文"的汇辑是一个发展的过程，前文比较《艺文类聚》与《初学记》的关系时，有一些说明，早期类书如《皇览》《修文殿御览》也是收录汇辑"文"的，但彼时的"文"是依附于"事"的，化"文"为"事"是常态，所以《艺文类聚》编纂之时，类书编纂体例变成了"事文并举"，即经过几百年的发展，学者们认识到了变"文"为"事"的弊端，有了改正。自此以后，"文"取得了与"事"同样的地位，"文"的独立性、自主性、不可替代性得到加强。《初学记》在"文"的独立自主发展方向上，迈出了更为稳健的一步，对"文"的整体性追求更为强烈。如此，收录大段落、大片段乃至整体的类文类书的涌现，使类书与总集有了完全相同的取向，类书与总集之间的距离也被缩短，但是类书之"文"仍然只是倾向于"整体"，与总集还是有区别的。当然，我们要看到类书中"文"的发展变化，从化"文"为"事"，到"事文并举"，再到单独的类文类书，它们对"文"整体性的追求从未停止，但一直在路上。

三、类书与唐诗创作

黄侃先生《文心雕龙札记》载："逮及汉魏以下，文士撰述，必本旧言……用事采言，尤关能事。其甚者，掇拾细事，争疏僻典，以一事不知为耻，以字有来历为高。"[1]方诗铭先生亦言："一个不懂中国古典文学的人，也许会问：'红雨''刘郎'怎么可以代替'桃'字呢？'章台''灞岸'怎么可以代替'柳'字呢？'银钩空满'跟'书'又有甚么关系？'玉筋双垂'

---

[1]黄侃：《文心雕龙札记》，上海：上海古籍出版社，2000年，第188页。

跟'泪'又有甚么关系？'绿云缭绕'何以就是'鬓发'？'困便湘竹'可以就是指'簟'？在这里，辞章家就会告诉你，这种绕着圈儿说话的办法，就叫作'用典'！你能够在诗词里，用'典'来代替直说，就显得你有学问。"①唐人在作诗为文之时亦喜用典，除了能够彰显自己的学问外，用典亦能达到"借彼之意，写我之情"②，在有限的篇幅中深化诗作意蕴的目的。据现代学者统计，陈子昂③、孟浩然④、李白⑤、杜甫⑥、柳宗元⑦、李商隐⑧等诗人在其诗作中运用的典故可称俯拾皆是。然我国古代书籍广博浩瀚，世人难免不能尽知诸细事典故。学识渊博如欧阳询亦言："夫九流百氏，为说不同。延阁石渠，架藏繁积。周流极源，颇难寻究。披条索贯，日用宏多。卒欲摘其菁华，采其旨要，事同游海，义等观天。"⑨类书的妙处就是辞藻的堆砌，类书本身就是为读书人积累典故而编纂的。

《语对》	原始出处
帝子	《楚辞·九歌·湘夫人》："帝子降兮北渚，目眇眇兮愁予。"
秾李：华如桃李。	《诗·召南·何彼秾矣》："何彼秾矣，华如桃李。"
龙媒：好马也。	《汉书·礼乐志》："天马徕，龙之媒。"
宿草：《礼记》曰：朋友之墓有宿草而不哭焉。	《礼记·檀弓上》："曾子曰：朋友之墓，有宿草而不哭焉。"

①方师铎：《传统文学与类书之关系》，天津：天津古籍出版社，1986年，第8页。
②[清]赵翼：《瓯北诗话》，上海：上海古籍出版社，1983年，第1314页。
③徐文茂：《陈子昂论考》，上海：上海古籍出版社，2002年，第229页。
④王弯弯：《孟浩然诗歌用典研究》，湖南大学硕士学位论文，2014年，第6页。
⑤王腾飞：《李白诗歌用典研究》，暨南大学硕士学位论文，2010年，第4页。
⑥金启华：《杜甫诗论丛》，上海：上海古籍出版社，1985年，第234—254页。
⑦胡玲：《柳宗元诗歌用典研究》，湖南大学硕士学位论文，2014年，第4页。
⑧刘丽平：《李商隐七律用典研究》，西南师范大学硕士学位论文，2003年，第3页。
⑨[唐]欧阳询撰，袁慧光笺注：《欧阳询诗文笺注》，长沙：岳麓书社，2014年，第167页。

由上表可知,《语对》所载之词多为其典出之文句中的原词(如帝子、宿草等)或经简单概括而成的语词(如秾李、龙媒等),这些语词无论从文本自身还是内涵上都富有一定的美感与意蕴,且往往能够较为贴切自然地直指典故想要表达的内核,这使得这些看上去简单的语词成为内涵丰富的"典故词语",短短二三字就能将作者想要表达的情或意道出八九分。以骆宾王《游兖部逢孔君自卫来欣然相遇若旧》一诗中有"倾盖金兰合,忘筌玉叶开"①一句为例,此诗短短十字中,就有三词为"有来历"之词,即"倾盖""金兰""忘筌"三词,恰此三词在《语对》"朋友"部中均有记载。

> 倾盖:《庄子》曰:"孔子逢都子于路,倾盖而言终日。"故《史记》曰:"倾盖若旧,白头如新。"
>
> 金兰:山涛与阮籍、嵇康并一面,契若金兰。
>
> 忘筌:《庄子》曰:"筌者所以取鱼,得鱼而忘筌;言者所以取意,得意而忘言。"②

可见,骆宾王借"倾盖""金兰""忘筌"三词都意在凸显其与孔君之间的深厚情谊。然除借此三词表"情"外,"典故词语"的表意功能亦在此诗句中得以展现,如"倾盖"一词就是骆宾王与孔君之遇为"偶遇"这一情况的交代,"金兰"则暗示了其每次与孔君见面都倍感契合之意,"忘筌"一词则说明其与孔君的交谈已经达到了彼此间心领神会、得意忘言的

---

① [清]彭定求等编:《全唐诗》卷七八骆宾王《游兖部逢孔君自卫来欣然相遇若旧》,北京:中华书局,1960年,第841页。

② 王三庆:《敦煌本古类书〈语对〉研究》,台北:文史哲出版社,1985年,第134、135、140页。

境界。骆宾王用典的能力无疑是高超的，罗宗强、郝世峰在《隋唐五代文学史》中曾对骆宾王的用典作出"华艳中流露典重，气象宏阔，且有一股壮伟之气……用典出神入化，富赡而圆融"①的评论。我们不能说此句诗乃骆宾王依赖《语对》而作，然由此例出发，我们或能发现《语对》与唐诗创作之间密切的关系。《语对》为那些知识积累相对贫乏的学者提供了大量有着深刻意蕴的语词，通过一定的诗文训练，这些学者或能依赖《语对》作出类似骆宾王"倾盖金兰合，忘筌玉叶开"这样的诗句。借方师铎先生之语辞，为文作诗之时，如何尽可能多地"知事"，如何使所用之字词"有来历"，如何看懂别人"绕着圈儿说的话"的诗，如何自己作出"绕着圈儿的话"的诗，《语对》与唐诗创作的关系或正在于此。

刘师培先生《敦煌新出唐写本提要》之《古类书残卷之二》载："古类书四百五行。此书之例，亦依事区类。首行标题类名，次按类隶事，集为对偶，与徐坚《初学记》同，惟注例弗一轨。"②罗振玉《古类书三种跋》载："存四百余行，其体例略如《初学记》之事对，摘二字为目，两两相封，而注事实于下。"③二位先生不约而同地都注意到《语对》与《初学记》事对部分在编纂体例上的相似性，然经笔者进一步对照，《语对》与《初学记》在内容上相合者亦甚多。《语对》所载六百七十词中，至少有三百九十三词见于《初学记》。我们以《语对》王部为例，对《语对》与《初学记》之间的对应关系作出简要说明。④

①罗宗强、郝世峰主编《隋唐五代文学史（上）》，北京：高等教育出版社，1990年，第118页。
②刘师培：《敦煌新出唐写本提要》，《国粹学报》第7卷第1期，1911年。
③罗振玉.《罗雪堂先生全集三编》第8册，台北·大通书局，1972年，第3025—3073页。
④《语对》王部共载三十词目，此三十词目中与《初学记》所载存在对应关系者达十七词目。

《语对》	《初学记》
帝子	降帝子之渚:《楚辞》云:帝子降兮北渚,目眇眇兮愁予。王逸注云:帝子,尧子也。(卷十《帝戚部·公主第六》)
天人:陈思王有天人之才。	《帝王部·总叙帝王·叙事》:皇者,天人之总,美大之称也。
维城:《毛书》曰:怀德为宁,宗子维城。	维城:《毛诗》曰:怀德维宁,宗子维城。(卷十《帝戚部·王第五》)
磐石:汉时立子孙为磐石之固。	磐石:见犬牙注。"犬牙"条注载:《汉书》曰:高帝王子弟,犬牙相制,所谓磐石之固。(卷十《帝戚部·王第五》)
绿车:汉时亲王乘绿车,居朱邸,驾参。	绿车载:《汉书》曰:卫尉金敞疾甚,成帝拜敞子涉为侍中,使绿车载送卫尉。注曰:绿车皇孙车,所以宠之,言卫尉常清显,在朝尊贵。(卷十二《职官部下·侍中一》)
列土:《尚书》曰:王者分五色土,藉以白茅。	列土:《周书》曰:诸侯受命于周,而建太子社于国中。其壤谓东青土……苴以白茅,以土封之,故曰列土。(卷十三《礼部上·社稷五》)
猨岩	猨岩雁沼:《西京杂记》曰:梁孝王好宫室苑囿之乐……营兔园,园中有百室山,山上有落猨岩、雁池。池间有鹤洲、凫渚。《广雅》云:沼,池也。(卷十《帝戚部·王第五》)
兔苑:汉有梁孝王有落猨岩,游兔苑。	猨岩雁沼:《西京杂记》曰:梁孝王好宫室苑囿之乐……营兔园,园中有百室山,山上有落猨岩、雁池。池间有鹤洲、凫渚。《广雅》云:沼,池也。(卷十《帝戚部·王第五》)
雁池:梁孝有鴈池在宋。	
雄风:宋玉《风赋》曰:此大工之雄风。	(楚)宋玉《风赋》曰:此谓大王之雄风也。(卷十二《天部上·风第六·赋》)

续表

《语对》	《初学记》
八公:淮南王好琴书,有八公之宾。	桂山:王逸刘安《招隐士诗序》曰:《招隐士者》……八公之徒……故或称小山,或称大山,其义犹诗有《小雅》《大雅》。(卷十《帝戚部·王第五》)
小山:淮南王刘安有小山,为招隐云:攀桂兮掩留。	
七步:陈思王曹植字子建,魏文忌之,将欲害植,以其无罪,文帝命令七步成诗,若不成,将诛。王应声曰:"其在釜下然,豆在釜中泣,本是同根生,相煎何乃急。"帝善之。	七步:刘义庆《世说》曰:魏文帝命东阿王七步成诗,不成将行大法,遂作诗曰:"煮豆燃豆萁,豆在釜中泣。本是同根生,相煎何太急。"文帝大有惭色。《(卷十《帝戚部·王第五》)
戚里:亲戚之里。	唐中宗《赐驸马封制》:分荣戚里,藉宠公门。(卷十《帝戚部·驸马七·制》)
宗盟:《左传》曰:周之宗盟,异姓为后。	卷十二《职官部下·宗正卿第十八》:宋《百官春秋》云:周受命封建宗盟。
金玺:汉高帝王及诸侯初置金玺组绶。	金玺:《汉书·旧仪》云:诸侯王黄金玺。(卷十《帝戚部·王第五》)
西园:诗曰:清夜游西园,冠盖相追随。	西园:曹植诗曰:清夜游西园,飞盖相追随。(卷一《天部上·月第三》)

　　通过上表我们可以发现,《初学记》作为一部官修类书,显然在文本编纂上较《语对》更为严谨,其词下均有小注并注明词藻出处,而《语对》之注则更为简略,少有注明出处者,有的甚至无注。①然从实际使用的角度看,将二者相比,《语对》反倒较《初学记》来说更加实用方便,纵观《语对》之注,多只是简单的解释词意或讲述典故,说之言简意赅亦不为过,此外《语对》所载之词多为熟典或当时的常见语,编纂者对于其所载之词大多都了然于心,因而无注或不注明出处对于创作者"缀文"

---

①经笔者统计,《语对》所载之词无注者达95词,约占所有词目的14%。

而言似乎亦无伤大雅。若所有词目都得如《初学记》般一一详注，反倒会增长卷子篇幅，增加阅读翻检的负担。王昌龄《诗格》载："凡作诗之人，皆自抄古人诗语精妙之处，名为随身卷子，以防苦思。作文兴若不来，即须看随身卷子，以发兴也。"①作为一部私修类书，《语对》编写时的"随意性"反倒可以进一步印证《语对》是一本便携的且适用于一般文人进行诗文创作的"随身卷子"的猜测，是古人积累典故、堆砌辞藻的利器。

《语对》写卷首行标题类名，按类隶事，以二字至四字为目，词目下载夹行小注，或介绍词意，或讲述典故、指明出处，无注者约十之一二。《语对》所采之词多为一些具有典故意义的二字或三字词藻，形式上多呈两两相对的形式，不对者约十之三。以首部"王"部为例，便有"帝子、天人""列土、分茅""绿车、朱邸""八公、七步""睢园、碣馆"等，但也偶有三条互对的情况，如"兔苑、鸡山、雁池""东苑、西园、东阁"。上官仪《笔札华梁》载："凡为文章，皆须对属；诚以事不孤立，必有配匹而成。"②《新唐书·宋之问传》亦载："魏建安后迄江左，诗律屡变，至沈约、庾信，以音韵相婉附，属对精密。及之问、沈佺期，又加靡丽，回忌声病，约句准篇，如锦绣成文。"③王国维先生曾言："一切之美，皆形式之美也。就美之自身言之，则一切优美，皆存在于形式之对称、变化及调和。"④对偶作为诗文中的一种重要修辞，既

---

① [日]弘法大师撰，王利器校注：《〈文镜秘府论〉校注》，北京：中国社会科学出版社，1983年，第290页。
② [日]弘法大师撰，王利器校注：《〈文镜秘府论〉校注》，北京：中国社会科学出版社，1983年，第486页。
③《新唐书》卷二〇二《宋之问传》，北京：中华书局，1975年，第5751页。
④ 姚淦铭、王燕主编：《王国维文集》下卷，北京：中国文史出版社，2007年，第17—18页。

能彰显诗人文采，亦能使诗文看上去更为工整精巧，具有形式上的美感。

据王三庆先生考证，《语对》之编纂年代，当在神龙至景云年间（705—711 年），①《语对》以对偶形式编排文本的做法，与南北朝以来直至初唐的文学风气密切相关，一方面使得《语对》文本本身具有时人追求的形式之美，另一方面，成对的文本也有助于读者记诵，加深记忆。恰如闻一多先生在《类书与诗》中所言："一首诗做到有了'事对'的程度，岂不是已经成功了一半吗？余剩的工作，无非是将'事对'装潢成五个字一幅的更完整的对联，拼上韵脚，再安上一头一尾罢了。"②而《语对》正是一部记载了大量"事对"的典籍，因此，我们有理由猜想，《语对》这种以对偶形式编排文本的书籍，对于诗歌创作而言，无疑大有裨益，甚至于其本身就是一首"粗糙的诗"。

通过对唐人所作诗歌的反向考察，我们发现《语对》所采摘的这些"事对"，确实都是实际运用于唐人诗歌之中的"诗语"：

> 褚亮《奉和禁苑饯别应令》载："暂以绿车重，言承朱邸荣。"③
>
> 崔日知《冬日述怀奉呈韦祭酒张左丞兰台名贤》载："赋成先掷地，词高直揆天。"④
>
> 岑参《送王著作赴淮西幕府》载："湛湛万顷陂，森森千丈

---

① 王三庆：《敦煌古本类书〈语对〉研究》，台北：文史哲出版社，1985 年，第 24—29 页。

② 闻一多：《唐诗杂论》，北京：中华书局，2013 年，第 5—6 页。

③ [清]彭定求等编：《全唐诗》卷三二褚亮《奉和禁苑饯别应令》，北京：中华书局，1960 年，第 447 页。

④ [清]彭定求等编：《全唐诗》卷九一崔日知《冬日述怀奉呈韦祭酒张左丞兰台名贤》，北京：中华书局，1960 年，第 990 页。

松。"①

　　高适《别韦参军》载："兔苑为农岁不登，雁池垂钓心长苦。"②

　　杜甫《八哀诗·赠太子太师汝阳郡王琎》载："汝阳让帝子，眉宇真天人。"③

　　任华《寄李白》载："蓬莱径是曾到来，方丈岂唯方一丈。"④

　　元稹《病减逢春期白二十二辛大不至十韵》载："琴待嵇中散，杯思阮步兵。"⑤

　　白居易《酬卢秘书二十韵》载："谬历文场选，惭非翰苑才。"⑥

　　贾岛《观冬设上东川杨尚书》载："何时却入三台贵，此日空知八座尊。"⑦

　　皮日休《孙发百篇将游天台请诗赠行因以送之》载："紫府近通斋后梦，赤城新有寄来书。"⑧

　　鱼玄机《光威裒姊妹三人少孤而始妍乃有是作精粹难俦虽谢家联雪何以加之有客自京师来者示予因次其韵》载："昔闻南国容华

<hr />

　　①［清］彭定求等编：《全唐诗》卷一九八岑参《送王著作赴淮西幕府》，北京：中华书局，1960年，第2035页。

　　②［清］彭定求等编：《全唐诗》卷二一三高适《别韦参军》，北京：中华书局，1960年，第2221页。

　　③［清］彭定求等编：《全唐诗》卷二二四杜甫《八哀诗·赠太子太师汝阳郡王琎》，北京：中华书局，1960年，第2351页。

　　④［清］彭定求等编：《全唐诗》卷二六一任华《寄李白》，北京：中华书局，1960年，第2903页。

　　⑤［清］彭定求等编：《全唐诗》卷四〇五元稹《病减逢春期白二十二辛大不至十韵》，北京：中华书局，1960年，第4518页。

　　⑥［清］彭定求等编：《全唐诗》卷四三八白居易《酬卢秘书二十韵》，北京：中华书局，1960年，第4861页。

　　⑦［清］彭定求等编：《全唐诗》卷五七四贾岛《观冬设上东川杨尚书》，北京：中华书局，1960年，第6677页。

　　⑧［清］彭定求等编：《全唐诗》卷六一二皮日休《孙发百篇将游天台请诗赠行因以送之》，北京：中华书局，1960年，第7075页。

少，今日东邻姊妹三。"①

《语对》之对偶词目在唐诗中的运用其实还有很多，限于文章篇幅，不能一一列举。虽然以上所列举诗句之创作，并非有赖于《语对》，但至少可以证明，将《语对》所载之对偶词目运用于唐诗实际创作是具有可行性的，而对于作诗初学者而言，《语对》亦可称为一本有助于诗歌创作者入门的实用性书籍。以《语对》"丧葬"部为例，该部共十一词，分别为"蒿里、泉台、夜台、泉门、松风、薤露、朝露、冥泉、宿草、迁窆、奄岁"。一个从未受过诗文创作训练的初学者，可以根据这十一个词语，编出如"夜台宿草衰，泉门薤露晞""蒿里饮朝露，泉台迎松风"这样的诗句。再如，在"富贵"②"贫贱"③二部所列之词中，我们亦可以摘取出所需词藻，进行组合"装潢"，编出如"珪门燃兽炭，瓮牖点当炉"这样的诗句，以突出贫富悬殊。

闻一多先生曾指出："唐初五十年间的类书是较粗糙的诗，他们的诗是较精密的类书。"④《语对》之编纂年代虽已超出了闻一多先生唐初五十年的时限，但《语对》的性质显然属于先生所说"粗糙的诗"的范畴。换言之，《语对》更像是一堆"半成品"，从"半成品"到一首"完整的诗"，中间缺少的只是诗人的组织与编排。类书在文学创作中的意义，前辈学者已有关注，但是很多时候大家仍然认为文学高于类书很多，甚至贬低类书

---

①[清]彭定求等编：《全唐诗》卷八〇四鱼玄机《光威裒姊妹三人少孤而始妍乃有是作精粹难俦虽谢家联雪何以加之有客自京师来者示予因次其韵》，北京：中华书局，1960 年，第 9055 页。

②《语对》富贵部所载词目为："二相、五侯、千石、万钱、鱼灯、兽炭、珪门、鼎族、簪黻、簪缨、轩冕、簪裾、缙绅、鸣钟、鼎食、鹤盖、龙媒、浮云马、流水车、珍羞、玉馔、八珍、步障。"

③《语对》贫贱部所载词目为："栖衡、饮泌、寄食、传衣、灵台、茅屋、涸辙、余光、蜗舍、鹑衣、瓮牖、蓬园、卧薪、织荆、四壁、双穿、桂玉、守柈、卖茭、当炉。"

④闻一多：《唐诗杂论》，北京：中华书局，2013 年，第 6 页。

而抬高文学，像李白、苏轼这样的天赋极高的人，必然是不必参考类书的，但是普通读书人，尤其是唐诗初学者或一些知识相对贫乏的人，如何快速作出一首看上去像模像样的诗作？类书就是不可或缺的存在。

四、类书的经典化与文学创作的模式化

通过翻检《全唐诗》，笔者发现《语对》所摘录的辞藻，在唐人诗作中有着较为广泛的运用。以《语对》首部"王"部为例，"王"部所载三十词中，约有二十七词①可见于《全唐诗》收录的唐人诗作之中。另外三十九部之词在《全唐诗》中的出现情况与"王"部略同。《语对》所载之词如此广泛地出现在唐人诗作之中，这无疑从侧面说明了《语对》所采集之词语与唐人诗歌创作之间极高的适配程度。为了更好说明这些词语在唐诗中的出现情况，笔者以"帝子"为例对此进行说明。通过翻检《全唐诗》，我们将找到的带有"帝子"②一词的诗句略举如下：

卢照邻《中和乐九章歌诸王第七》载："星陈帝子，岳列天孙。"③

①经笔者初步考察，此二十七词及其在《全唐诗》中出现的次数如下：西园（122处）、帝子（82处）、小山（72处）、天人（64处）、东阁（42处）、戚里（26处）、朱邸（20处）、八公（16处）、组绶（16处）、桂苑（12）处、雄风（12处）、七步（11处）、磐石（9处）、兔苑（9处）、分茅（8处）、雁池（8处）、列土（7处）、维城（6处）、鸡山（4处）、绿车（3处）、猿岩（3处）、龙岫（2处）、宗盟（2处）、碣馆（2处）、瑶枝（1处）、琼蕚（1处）、东苑（1处）。

②"帝子"一词在《全唐诗》中出现82处，限于文章篇幅并未列全。除文中所列十二例，需要补充说明的是，李白、杜甫等曾在其多首诗作中多次使用"帝子"一词，李峤、宋之问、任希古、王维、杜审言、储光羲、钱起、张九龄、陆龟蒙、戴叔伦、司空曙、鲍溶、周昙、陈陶等在其诗作中亦对"帝子"一词有所使用。

③［清］彭定求等编：《全唐诗》卷四一卢照邻《中和乐九章歌诸土第七》，北京：中华书局，1960年，第511页。

王勃《滕王阁》载："阁中帝子今何在，槛外长江空自流。"①

李白《远别离》载："帝子泣兮绿云间，随风波兮去无还。"②

杜甫《过南岳入洞庭湖》载："帝子留遗恨，曹公屈壮图。"③

刘长卿《湘妃》载："帝子不可见，秋风来暮思。"④

岑参《感遇》载："五花骢马七香车，云是平阳帝子家。"⑤

白居易《春题华阳观》载："帝子吹箫逐凤皇，空留仙洞号华阳。"⑥

元稹《鹿角镇》载："谁能问帝子，何事宠阳侯。"⑦

孟郊《湘妃怨》载："南巡竟不返，帝子怨逾积。"⑧

李贺《帝子歌》载："九节菖蒲石上死，湘神弹琴迎帝子。"⑨

李商隐《哭遂州萧侍郎二十四韵》载："公先真帝子，我系本王孙。"⑩

韦庄《泛鄱阳湖》载："纷纷雨外灵均过，瑟瑟云中帝子归。"⑪

由上列可知，"帝子"一词不只是一般的诗人在用，卢照邻、王勃、

---

①[清]彭定求等编：《全唐诗》卷五五王勃《滕王阁》，北京：中华书局，1960年，第673页。

②[清]彭定求等编：《全唐诗》卷一六二李白《远别离》，北京：中华书局，1960年，第1680页。

③[清]彭定求等编：《全唐诗》卷二三三杜甫《过南岳入洞庭湖》，北京：中华书局，1960年，第2567页。

④[清]彭定求等编：《全唐诗》卷二三刘长卿《琴曲歌辞湘妃》，北京：中华书局，1960年，第291页。

⑤[清]彭定求等编：《全唐诗》卷一九九岑参《感遇》，北京：中华书局，1960年，第2056页。

⑥[清]彭定求等编：《全唐诗》卷四三六白居易《春题华阳观》，北京：中华书局，1960年，第4829页。

⑦[清]彭定求等编：《全唐诗》卷三九九元稹《鹿角镇》，北京：中华书局，1960年，第4477页。

⑧[清]彭定求等编：《全唐诗》卷二三孟郊《琴曲歌辞湘妃怨》，北京：中华书局，1960年，第291页。

⑨[清]彭定求等编：《全唐诗》卷三九〇李贺《帝子歌》，北京：中华书局，1960年，第4400页。

⑩[清]彭定求等编：《全唐诗》卷五四一李商隐《哭遂州萧侍郎二十四韵》，北京：中华书局，1960年，第6235页。

⑪[清]彭定求等编：《全唐诗》卷六九八韦庄《泛鄱阳湖》，北京：中华书局，1960年，第8034页。

李白、杜甫、白居易、李商隐这样的大诗人也在用，其中李白①与杜甫②等诗人更是在其多首诗作中多次使用"帝子"一词。再纵观这些诗人所处的时代，我们可以发现，唐人对"帝子"一词的运用几乎贯穿了整个唐代，从初唐的王勃、卢照邻等，到盛唐的岑参、李白等，再到中唐的孟郊、白居易等，最后到晚唐的温庭筠、韦庄等都在使用"帝子"一词。经笔者系统考察，上述对"帝子"一词的说明，亦适用于《语对》所载大部分词语在《全唐诗》中的出现情况。换言之，《语对》所载诸词在各个时期的唐人诗作中有着大量的运用，限于文章篇幅，无法一一列举，遂以宋之问、李白、白居易、杜牧四人为各个时期的代表并略举其诗进行反证说明。

初唐	宋之问	《故赵王属赠黄门侍郎上官公挽词二首其二》："绿车随帝子，青琐翙宸机。"《花烛行》："梁台花烛见天人，平阳宾从绮罗春。""庭花灼灼歌秾李，此夕天孙嫁王子。"《称心寺》："乔木转夕阳，文轩划清涣。""谬以三署资，来刺百城半。"《入泷州江》："祇应保忠信，延促付神明。"
盛唐	李白	《白毫子歌》："八公携手五云去，空余桂树愁杀人。"《至鸭栏驿上白马几赠裴侍御》："临驿卷缇幕，升堂接绣衣。"《春陪商州裴使君游石娥溪》："褰帷对云峰，扬袂指松雪。"《赠清漳明府侄聿》："蒲鞭挂檐枝，示耻无扑挞。"《经乱后将避地剡中留赠崔宣城》："无以墨绶苦，来求丹砂要。"
中唐	白居易	《长恨歌》："姊妹弟兄皆列土，可怜光彩生门户。"《斋居春久感事遣怀》："久作龙门主，多为兔苑宾。"《昭君怨》："明妃风貌最娉婷，合在椒房应四星。"《和高仆射罢节度让尚书授少保分司喜遂游山水之作》："暂辞八座罢双旌，便作登山临水行。"《寄两银榼与裴侍郎因题两绝句其二》："惯和曲糵堪盛否，重用盐梅试洗看。"

①李白在其《永王东巡歌十一首其四》《永王东巡歌十一首其八》《陪族叔刑部侍郎晔及中书贾舍人至游洞庭五首其五》《拟古》《经乱离后天恩流夜郎忆旧游书怀赠江夏韦太守良宰》《留别曹南群官之江南》《杂曲歌辞远别离》等诗中频繁使用"帝子"一词。

②杜甫在其《大历三年春白帝城放船出瞿塘峡久居夔府将适江陵漂泊有诗凡四十韵》《过南岳入洞庭湖》《哀王孙》《八哀诗·赠太子太师汝阳郡王琎》《追酬故高蜀州人日见寄》等诗中频繁使用"帝子"一词。

续表

晚唐	杜牧	《送牛相出镇襄州》："盛时常注意,南雍暂分茅。"《杜秋娘诗》："长杨射熊罴,武帐弄哑咿。"《题青云馆》："虬蟠千仞剧羊肠,天府由来百二强。"《和野人殷潜之题筹笔驿十四韵》："三吴裂婺女,九锡狱孤儿。"《赠别宣州崔群相公》："尽将舟楫板桥去,早晚归来更济川。"

除上述四位外,《语对》各部类之词在李世民、李隆基、李峤、张说、沈佺期、苏颋、王维、孟浩然、杜甫、张九龄、岑参、高适、钱起、储光羲、刘长卿、元稹、韩愈、贾岛、张籍、韦应物、刘禹锡、卢纶、皎然、杨巨源、权德舆、许浑、李商隐、温庭筠、韦庄、陆龟蒙、陈陶、吕岩、徐夤、韩偓、罗隐等人的诗作中亦多有出现。由此我们不难发现,大唐近三百年间,各个时期的诗人,无论他们是否读过《语对》,《语对》所载之词确实广泛出现在他们的诗作之中。换言之,《语对》或许在唐初就已编纂完毕,但是其所载词语,在整个唐代三百多年的诗文创作环境中,都有着极强的适用性与流行性。《语对》精选出来的这些词藻,在唐代诗坛似乎永不过时,足以堪称唐诗"经典语词",也正是这些"经典语词",使得《语对》成为一本"经典"之作,相信无论在唐朝哪个时期,《语对》都可以为作诗者所用。而其词广为"大诗人"所用的情况,不仅从侧面证明《语对》所摘词藻是符合"大诗人"诗歌创作审美的,亦间接说明其所摘词藻质量之高。

当然,很多诗人从没有见过或使用过此《语对》,但是《语对》之知识是他们熟知的,并且这些知识在稳定的人群中长时间流传。前文说,唐代编纂了大量的官修类书,其实,唐代的私纂类书亦是繁荣异常,如王义方《笔海》、张楚金《翰苑》、陆贽《备举文言》、张仲素《词圃》、于立政《类林》、郭道规《事鉴》、温庭筠《学海》、王博古《修文海》、李途《记室新书》、孙翰《锦绣谷》,等等,这一批类书的涌现与流传,造就了类书之知识的迅速传播。官修类书之间是有因袭关系的，我们已经有过证明。①私纂类书之间有没有如此直接的因袭关系，我们认为可能性较小，但是私纂类书之间必然也是有各种渊源的。第一，他们共同受到官修类书的影响，第二，他们要为共同的目标服务，其中最主要的就是科举与文学，统一的科举指挥棒，统一的文学时代，是私纂类书无法逃脱的命运。《语对》与《初学记》之"事对"之间的关系就是例子，《语对》《初学记》等唐代类书，对唐代"诗语"典型化、经典化进程的推动，以及唐代"诗语"整体风格的形成造成了巨大影响。在那个文本传播相对困难的时代，唐代不同时期不同地域的诗人，在其诗作中不约而同对同一辞藻反复使用，类书在这一过程中，势必起到了不小的推动作用。换言之，《语对》等类书精选出来的这批经典的"典故辞藻"，何以在唐代诗坛"永不过时"的答案似乎已经呼之欲出，以《语对》等为代表的唐代官私类书，使得一大批经典的"典故辞藻"在唐代文人圈层中广泛传播，唐代诗人可以从不同的类书中得见这批"典故词藻"并将之不自觉地运用于诗文创作之中。

五、小结

"类书与文学的关系"是诸多学者十分关注的话题，有学者从类书整体出发，对"类书是如何影响文人进行诗文创作的""文人的诗文创作是如何促进类书繁荣发展的"这两个问题提供了很好的解答。②还有部分

①刘全波：《再论中古时期类书编纂的因袭与替代》，《孔学堂》2020年第3期，第82—93页。
②闻一多：《唐诗杂论》，北京：中华书局，2013年；方师铎：《传统文学与类书之关系》，天津：天津古籍出版社，1986年；贾晋华：《隋唐五代类书与诗歌》，《厦门大学学报（哲学社会科学版）》1991年第3期；唐光荣：《唐代类书与文学》，成都：巴蜀书社，2008年。

学者选择缩小范围，从某一部或某几部具有代表性的类书出发进行个案研究。①在整体研究的同时，个案研究无疑能起到以小见大、举一反三的功效。通过上文对《语对》文本的分析，证实了《语对》所录词藻在唐诗创作过程中的实用性与适用性。于"初学者"而言，《语对》可以被看作是一本作诗入门书，于"操觚者"而言，《语对》可以被看作是一本积累文词书，于"秃笔者"而言，《语对》又可以被看作是一本检事缀文书，各个阶段的作诗为文之人都可以从《语对》中汲取养分，这就是《语对》的妙处与价值。葛晓音先生在谈及盛唐诗的普及时曾言："初盛唐在诗歌理论方面几乎是空白的，而在创作上出现了空前的繁荣，这一现象本身不就值得深思吗？"②从《语对》这一个案来看，在那个缺乏诗歌理论的年代，类书对唐代诗歌的生成、繁荣所起的作用不容小觑。拙著《类书研究通论》在前人研究的基础上曾言："类书与文学的结合是天然的，类书为文人作文提供文料，文人又编纂类书以适应新的作文需要。"③诚然，在类书天然的文学功能的引领下，不断地编纂类书以利文章是常有之事。沈约《袖中记》《袖中要集》《珠丛》、庾肩吾《采璧》、张缵《鸿宝》、张说《事对》、元稹《类集》、白居易《六贴》、李商隐《金钥》、温庭筠《学海》、皮日休《皮氏鹿门家抄》都是例子。且不论这些"诗人"借助类书所缀之诗的质量如何，我们不可否认的是，这一本本《语对》的存

①查屏球：《李商隐〈金钥〉》，《安徽师范大学学报(人文社会科学版)》2002 年第 4 期；张震谦：《唐代三部类书对唐诗的影响》，《中华文化论坛》2008 年第 1 期；张澜：《中国古代类书的文学观念——〈事文类聚翰墨全书〉与〈古今图书集成〉》，北京：九州出版社，2013 年；张雯：《〈白氏六帖事类集〉与白居易诗文创作的关系——兼论其对于点校〈白氏长庆集〉的价值》，《理论界》2019 年第 1 期等。

②葛晓音：《创作范式的提倡和初盛唐诗的普及——从〈李峤百咏〉谈起》，《文学遗产》1995 年第 6 期，第 30—41 页。

③刘全波：《类书研究通论》，兰州：甘肃文化出版社，2018 年，第 184 页。

在，无疑会对唐代诗歌的大量生成以及繁荣起到强有力的推进作用。类书之内容的经典化、模式化与唐诗创作的模式化、套路化相互浸润，相互影响，遂导引出唐诗在数量上的大繁荣、大发展，类书的大量涌现降低了唐诗创作的难度，一个更为广泛的作者群、诗人群得以出现，当然也产出了诸多平庸乃至牵强附会的诗歌，这就是"类书式的诗歌"。《语对》是初唐时期产生的小类书，看似与经典类书《初学记》无法对比，但是将《初学记》拆分，其"事对"部分，无疑是与《语对》极其相似的，对比之后发现，二者之间的重复率极高，这不是抄袭的问题，而是一个时代知识的经典化、模式化的文本表达，大量同类知识被不同类书收录，或者这些类书文本之间本来就有联系，这就是我们需要关注的大问题，各类知识在读书人之间的稳定传播，又是治国理念、历史知识、社会文化、大众思想的映射或折射。

第十四章　类书与科举的互动交融
——以《语对》为中心

　　敦煌写本《语对》是一部私修类语体类书，书名由王三庆先生参考朱澹远之《语对》所代拟。[①]目前可知的写卷共有六卷，即 P.2524、P.4636、P.4870、S.78、S.79、S.2588。前人对《语对》的研究，多侧重于其特点、体例，并对内容、编纂年代进行了梳理。[②]此外，还有学者关注到《语对》的文学属性与辞典属性。[③]对于《语对》与科举的关系，则少有学者关注。其实，类书与科举之关系是极其密切的。《四库全书总目》载："宋自神宗罢诗赋，用策论取士，以博综古今，参考典制相尚，而又苦其浩瀚，不可猝穷，于是类事之家，往往排比联贯，荟萃成书，以供场屋采掇之用。"[④]这则材料反映了宋代类书对科举的浸润之深，虽隐含

---

①王三庆：《敦煌本古类书〈语对〉研究》，台北：文史哲出版社，1985 年；王三庆：《敦煌蒙书校释与研究·语对卷》，北京：文物出版社，2022 年。学界已经基本接受了王三庆先生所代拟之书名，仍然需要不时地提醒大家，这个《语对》不是那个《语对》，但是事已至此，在没有充足证据的情况下，最好不要再纠结于是否要给这些写卷改名，以免增加更多麻烦与疑惑。

②王三庆：《敦煌本古类书〈语对〉研究》，台北：文史哲出版社，1985 年，第 33—82 页；［日］福田俊昭：《敦煌出土の〈籯金〉と〈无名类书〉》，《东洋研究》第 77 号，1986 年，第 31—63 页。

③［日］成田守：《敦煌类书残卷の考察》，《东洋研究》第 75 号，1985 年，第 117—131 页；王祺：《敦煌古本类书〈语对〉词汇研究》，西北师范大学硕士学位论文，2014 年；王三庆：《敦煌辞典类书研究：从〈语对〉到〈文场秀句〉》，《厦门大学学报（哲社版）》2020 年第 4 期，第 164—172 页。

④［清］永瑢等撰：《四库全书总目》卷一三五《类书类一》，北京：中华书局，1965 年，第 1151 页。

贬抑的色彩，但是也展现了科举考试中类书的不可或缺，士子利用类书以供科场采掇之用就是明证。其实早在唐代，科举与类书之间已经有了紧密的联系，只是我们很多时候只知类书有科举作用，却不知其如何发挥作用，知识在大量累积后，是如何在科举中大展身手的。我们就以敦煌写本类书《语对》为例，考察唐代类书与科举之间深层次的联系。

一、寻事检文：《语对》为科举之备

隋炀帝大业年间始置进士之科，①拉开了此后一千年科举制的序幕。科举成了读书人入仕的重要途径，为了在科举中高榜得中，读书人自然是将毕生之力用在科举上，无奈书山题海，赚得英雄尽白头。聪明的读书人发现了类书既博且精的特点，开始重视和利用它，于是各种形式的科举类书被编纂出来。学子在修习之余，多抄录文集，自撰或自抄类书，挟带韵书，以供场屋采掇。韩愈《短灯檠歌》载："太学儒生东鲁客，二十辞家来射策。夜书细字缀语言，两目眵昏头雪白。"②"缀语言"就是指采摘事例和典故词语，缀编成章，为射策做准备。这种半开卷的考试，需要的是半记诵的学习方式，而士子们在朝行公文、平时交际时，也就将类书来个半记诵。张涤华先生亦言："科举学盛，人皆欲速其读书，故多自作类书，以为作文豫备。"③《语对》正是这样一部特点鲜明，可寻事检文，为科举做预备的类书。

---

①［唐］杜佑撰，王文锦等点校：《通典》卷一四《选举典二》，北京：中华书局，1988 年，第 343 页；《新唐书》卷四四《选举志》，北京：中华书局，1975 年，第 1166 页。

②［唐］韩愈撰，［宋］魏仲举集注，郝润华、王东峰整理：《五百家注韩昌黎集》，北京：中华书局，2019 年，第 365 页。

③张涤华：《类书流别》（修订本），北京：商务印书馆，1985 年，第 28 页。

　　一者，《语对》的体例切中了科举考试的对偶之需，其体例不同于《华林遍略》《修文殿御览》《长洲玉镜》《文思博要》等大型类事类书，是以类语类书的形式编排，①书中大多每两个词条为对，或正对，或反对，偶有同类三四条含于同一目下的情况，条目下多有小注，并写明引书出处。这是因为六朝以来，文学之风大盛，"爰至齐梁，而后声律对偶之文大兴，用事采言，尤关能事。其甚者，捃拾细事，争疏僻典，以一事不知为耻，以字有来历为高……浅见者临文而踌躇，博闻者裕之于平素。天资不充，益以强记，强记不足，助以钞撮"②。然而文繁词缛，类事类书使用者仍需从事典中提炼词藻，"学者往往纬以俪语，取便记诵"③。王昌龄亦说："凡作诗之人，皆自抄古今诗语精妙之处，名为随身卷子，以防苦思。作文兴若不来，即须看随身卷子，以发兴也。"④《语对》正是这样的"俪语之书""随身卷子"，不仅将前人诗文精妙处汇总，以"输资于文士，效用于澳闻"⑤，更重要的是其与诗歌一样，以对句的体例编纂。士子若是熟读此书，就能在唱和酬赠、科举考试等场合，快速实现典故的对偶，完成诗文创作。褚亮《奉和禁苑饯别应令》载："暂以绿车重，言承朱邸荣。"⑥《语对》"王部"就记载了"绿车"对"朱邸"，《语对》这种以骈体对句的体例捃拾典故的方式，在诗文创作中起到了示范作用。

---

　　①刘全波：《论敦煌类书的分类》，王三庆、郑阿财主编：《2013 敦煌、吐鲁番国际学术研讨会论文集》，台南：成功大学中国文学系出版，2014 年，第 547—580 页。

　　②黄侃：《文心雕龙札记》，上海：上海古籍出版社，2000 年，第 188 页。

　　③[清]永瑢等撰：《四库全书总目》卷一三五《类书类一》，北京：中华书局，1965 年，第 1151 页。

　　④[日]遍照金刚撰，卢盛江校考：《文镜秘府论汇校汇考》，北京：中华书局，2006 年，第 1331 页。

　　⑤黄侃：《文心雕龙札记》，上海：上海古籍出版社，2000 年，第 188 页。

　　⑥[清]彭定求等编：《全唐诗》卷二二褚亮《奉和禁苑饯别应令》，北京：中华书局，1980 年，第 447 页。

二者，《语对》辑录的事典多来自正史及《文选》，这些正是士子应对科考时所要学习的教材，其中，摘编与改写自《史记》的有十五条，[①]《汉书》二十条，[②]《后汉书》三十六条，[③]《晋书》二十三条[④]，共九十四条。据《新唐书·选举志》记载，唐时各级学校开设了《史记》《前汉书》《后汉书》《三国志》《国语》《说文》《字林》《三苍》《尔雅》等选修课，[⑤]至唐穆宗长庆二年（822年），在谏议大夫殷侑的建言下，礼部还设立了三史科和一史科，"能通一史者，请同五经、三传例处分。其有出身者及前资官应考者，同学究一经例处分"[⑥]，以达到"旨义详明，惩恶劝善"[⑦]的目的。面对这股读史、学史的风潮，士子通过阅读《语对》等类书，就可以加强对史书的熟稔程度。《语对》辑录自《文选》约有二十六条，其中直接引用的有三条，[⑧]摘编、改写的有二十条，[⑨]只有词条无注文但典出《文选》的亦有三条。[⑩]唐时科举重诗赋，故而作为杰出文学总集的《文选》

---

①摘编、改写、辑典自《史记》的有东苑、八公、驱鸡、佩弦、乘星、倾盖、百金、千石、西河、余光、双穿、赠言、颜叔子、下机、瀛州。

②摘编、改写、辑典自《汉书》的有金玺、组绶、芝宫、丹楹、佩犊、卢鹊、解颐、截蒲、下帷、置驿、五侯、都门、雁书、亢阳、蒿里、画眉、偷枣、买臣妻、董贤、李夫人。

③摘编、改写、辑典自《后汉书》的有东阁、骢马、露冕、褰帷、百城、两歧、五裤、四知、悬鱼、蒲鞭、伐棘、三异、攀辕、利器、神明、虫避境、虎度河、鸡黍、一榻、狂生、重席、一见、五行、负笈、环堵、揖三公、侧席、八龙、姜诗妻、许升妻、齐眉、四德、叱狗、梁冀妻、宋弘、荆钗。

④摘编、改写、辑典自《晋书》的有扇风、饮泉、千里、连璧、披云、山上、南金、一枝、卖樵、瓮间、万钱、兽炭、一弦、野人舟、纵诞、白龟、三张、二陆、守果、范宣、灵菫、黄雀、石室。

⑤《新唐书》卷四四《选举志》，北京：中华书局，1975年，第1159页；《新唐书》卷四八《百官志》，北京：中华书局，1975年，第1265页。

⑥[宋]王溥：《唐会要》卷七六《贡举上》，北京：中华书局，1955年，第1398页。

⑦[清]董诰等：《全唐文》卷七五七《请试史学奏》，北京：中华书局，1983年，第7855页。

⑧直接引用《文选》的有雄风、润石、南国三条。

⑨摘编、改写《文选》的有小山、西园、南涧、丘琴、素交、势交、贿交、谈交、穷交、河梁、胡越、易水、北上、陔兰、丝萝、东邻、巫山、洛浦、秦楼、青碛共二十条。

⑩只有词条无注文但典出《文选》的有凿坯、朝露、瑰姿共三条。

深受广大士人的重视，甚至民间流传着"《文选》烂，秀才半"的谚语，
可见《文选》对唐代士人以及科举考试的影响之大。孟二冬先生《论
唐代应试诗的命题倾向之一——以李善注本〈文选〉为重心》指出，唐
代科举考试中应试诗题，以李善注本《文选》为重心。①《文选》主要收
录赋和骈文，自隋末唐初开始，成为科举教育的重要教材。唐时选学
大盛，初唐时"（曹）宪始以梁昭明太子《文选》授诸生，而同郡魏模、
公孙罗、江夏李善相继传授，于是其学大兴"②。杜甫教其子杜宗武作
诗时，亦道要"熟精《文选》理"③。因此清人李重华评论此事道："子美
家学相传，自谓'熟精《文选》理'，由唐以诗赋取士，得力《文选》，便
典雅宏丽；犹今之习八股业，先须熟五经耳。昭明虽词章之学，识力
不甚高，所选却自一律，无俗文字。子美天才既雄，学力又破万卷，
所得岂直《文选》？ 持以教儿子，自是应举捷径也。"④可见，习得《文
选》，首先可以使诗赋典雅宏丽，更为重要的是，这是应举捷径。《语
对》对《文选》中的诗文进行筛选，将书中经典、可用的诗句加以凝
练，以对语的形式呈现，对语后附上原文，这样更利于读书人记忆、
征引，相对于《文选》，《语对》的卷帙更小，作为"随身册子"携带更加
便捷。

　　三者，《语对》中每一个类目构成了一个意象群，这为士人处理各类
题材提供了丰富的辞藻与典故，有助于士人在科考时借鉴运用。类书
是唐诗生成的助推器之一，闻一多先生是近代以来最早指出类书与诗

①孟二冬：《孟二冬文存》，北京：高等教育出版社，2007 年，第 261—291 页。
②《新唐书》卷一九八《曹宪传》，北京：中华书局，1975 年，第 5640 页。
③[清]彭定求等编：《全唐诗》卷二三一杜甫《宗武生日》，北京：中华书局，1980 年，第 2535 页。
④[清]李重华：《贞一斋诗说》，《清诗话》下册，上海：上海古籍出版社，1978 年，第 936 页。

之间关系的学者，他说："章句家是书簏，类书家也是书簏。章句家是'释事而忘意'，类书家便是'采事而忘意'了。"①南北朝时期的类书编纂与文学发展之间就已有紧密联系，相较之下，初唐的诗还处于新的摸索发展阶段，若诗歌只有事典和文辞的堆砌，勉强成文，难免流于俗套。反之，若考生能将类书中的事典灵活运用，构成意象的生成，自然能在科场脱颖而出。以中唐张聿的试律诗《圆灵水镜》为例："凤池开月镜，清莹写寥天。影散微波上，光含片玉悬。菱花凝泛滟，桂树映清鲜。乐广披云日，山涛卷雾年。濯缨何处去，鉴物自堪妍。回首看云液，蟾蜍势正圆。"②"圆灵水镜"一典，出自《文选》。谢庄《月赋》载："柔祇雪凝，圆灵水镜。"③李善注："柔祇，地也。圆灵，天也。"④可见"圆灵水镜"即咏月之光彩如镜。

张聿诗文中三次用典，在《语对》中皆有详细记载：

凤池。中书名也，又曰鸡树。⑤

披云。《晋书》曰："乐广为尚书令，何晏异之，就谈。晏曰：'此人水镜也，吾一见之，若披云雾而睹青天。'"⑥

一枝。《晋书》曰："武帝问郤诜：'卿自以为何如？'对曰：'臣举贤良对[策]，为天下第一，犹桂林之一枝，昆山之片玉。'"⑦

---

① 闻一多：《类书与诗》，《唐诗杂论》，北京：生活·读书·新知三联书店，2014年，第8—9页。
② [清]彭定求等编：《全唐诗》卷三一九张聿《圆灵水镜》，北京：中华书局，1980年，第3592页。
③ [南朝梁]萧统编，[唐]李善注：《文选》卷一三《月赋》，北京：中华书局，1977年，第197页。
④ [南朝梁]萧统编，[唐]李善注：《文选》卷一三《月赋》，北京：中华书局，1977年，第197页。
⑤ 王三庆：《敦煌蒙书校释与研究·语对卷》，北京：文物出版社，2022年，第24页。
⑥ 王三庆：《敦煌蒙书校释与研究·语对卷》，北京：文物出版社，2022年，第44页。
⑦ 王三庆：《敦煌蒙书校释与研究·语对卷》，北京：文物出版社，2022年，第60页。

后人常以"乐广披云"形容人气质不凡，亦用于咏镜、咏青天、咏天。张聿此诗看似咏水镜，实则暗咏人才。"凤池"又指中书省，"片玉"指科举登第，这些语汇看似写月，实则表达了作者对科举登第的美好期冀。这种用法已成定式，在多处诗歌中皆可看到。如钱起《送虞说擢第东游》载："片玉登科后，孤舟任兴行。"①武元衡《送李正字之蜀》载："已献甘泉赋，仍登片玉科。"②辛宏《白圭无玷》载："片玉表坚贞，逢时宝自呈。"③可见《语对》等类书，为唐人的文学创作提供了表达某一特定题材所需的意象群，为典故意义的生成提供了潜在语境，使得书中的语汇有了较为固定的使用场合。

总之，《语对》的体例和内容契合了唐代文学与科举的共同需求。唐代士人之间宴饮酬唱活动繁多，为便于聚会时速成诗赋文章，需要有这样一部小型私修类书随时翻阅。经史浩瀚，子集汗牛，科举考官出题时亦需多参考内容广博的官修类书，士子为了准备科考，又模仿官修类书编纂小类书，类书与科举之间的关系更趋紧密，当然，可以用作科举考试材料的典籍绝对不只有类书一脉，但类书是其中最常用、最好用的。"须灯窗之暇，将可出之题，件件编类，如《初学记》《六帖》……广收博览，多为之备。"④《语对》正是一部便于寻事检文的私纂类语体类书，其骈体对句的行文体裁、以类相从的编纂体例、精于事典的文本内容，使它不仅是文学创作的好帮手，更在科举考试中被广泛应用，成为名副其实的作文活套。

---

①［清］彭定求等编：《全唐诗》卷二三七钱起《送虞说擢第东游》，北京：中华书局，1980年，第2633页。

②［清］彭定求等编：《全唐诗》卷三一六武元衡《送李正字之蜀》，北京：中华书局，1980年，第3556页。

③［清］彭定求等编：《全唐诗》卷七八〇辛宏《白圭无玷》，北京：中华书局，1980年，第8824页。

④［宋］王应麟：《玉海》卷二〇三《辞学指南》，京都：中文出版社，1977年，第3818页。

二、作文活套:《语对》在科举中的应用

经由上文分析可知,《语对》在文学功能之外,还有一个更为重要的功能,即科举功能。《语对》中收录了大量的科举试题,保持着与科举考试内容的高度统一。《语对》人才类载:"冰壶。古诗曰:'直如朱丝绳,清如玉壶冰。'"开元十八年(730年)进士试,即试《冰壶赋》。徐松《登科记考》卷七注:"是年试《冰壶赋》,以'清如玉壶冰,何忏宿昔意'为韵。"①题目与限韵出自南朝鲍照的《白头吟》:"直如朱丝绳,清如玉壶冰。何惭宿昔意,猜恨坐相仍。"贞元十一年(795年)宏词科,再次考察此典,试《朱丝绳赋》。②两题看似指盛冰的玉壶与琴瑟上的丝弦,实指人心地光明,品行高洁,故而《语对》将其归入人才类。士子若熟读《语对》,科考之时,见到这样的题目,自然是下笔如有神。

《语对》之典,亦可用于士子科场答卷之中。我们从现存科举试卷中看到士子作答时,对《语对》中事典的引用、化用。譬如,唐太宗贞观二十年(646年)丙午科郝连梵的《对邢狱用舍策》答卷。"剖符寄刘宽之辈,蒲鞭之教可追;分陕趋邵爽之俦,棠阴之听斯在。加以五词咸备,两造兼持运静躁于韦弦,听迟速于宽猛。"③《语对》中就辑录了"剖符"④"蒲鞭"⑤"留棠"⑥"佩弦"⑦的典故。唐太宗贞观二十年(646年)丙午科,

①[清]徐松撰,赵守俨点校:《登科记考》,北京:中华书局,1984年,第255页。

②翟杭伦:《唐代科举与试赋》,武汉:武汉大学出版社,2015年,第197—198页。

③杨寄林主编:《中华状元卷》一《大唐状元卷》,太原:山西教育出版社,2001年,第12页。

④《语对》"剖符"条下无注文。

⑤《语对》"蒲鞭"条:刘宽字饶,为南阳太守,蒲鞭示耻,言思宽也。

⑥《语对》"留棠"条:召公理陕,巡行,坐于棠树下理政,不欲烦百姓,后陕人思其德,不伐其棠树。

⑦《语对》"佩弦"条:《史记》曰:西门豹为邺令,性急,常佩弦以自缓。穿渠十二,溉灌人田,皆得水利。董安于为晋阳令,性缓,常佩弦以自急。

王昌龄的《对高洁之士策》答卷。"则天分命，箕山多长往之宾；浚亩劬劳，沧州有肥遁之客……脱荷裳而袭朱绂，解薜萝而绾青绶……犹谓寒泉独善，未臻授手之仁？薪槽兼济，有助兴王之道！谨对。"①"箕山"②"青绶"③"寒泉"④的事典，在《语对》中也可寻见。

《语对》骈体对句的形式、事典丰富的特色，也符合试赋的创作需要。张涤华先生《类书流别》载："洎乎西京以降，词赋炳蔚。赋家之心，包括宇宙，总揽人物，博物洽闻，信称多识。故如马、扬、班、张之赋，不啻为汉世名物制度之专书，而得之者，即以当类书读。"⑤类书与赋都有着辑典博物的特色，大历十年（775年）上都进士试，卢士开的《五色土赋》，"守于尔位，亦有宠子。思羁桐而是立，故分茅以共理。所以维城，所以抚封。爰作稼穑，锡之附庸。列五色以相备，和八音以相从"⑥。赋中"分茅"⑦"维城"⑧的典故，在《语对》中也有辑录。通过对比可见，唐代科举试赋中，除了一些对皇帝的溢美之词，大多数事典在《语对》中都有摘编，士子在考前若能熟读《语对》，定能在科场迅速成文。

从知识史的进路来看，类书起到了知识的传播和媒介作用，《语

①杨寄林主编：《中华状元卷》一《大唐状元卷》，太原：山西教育出版社，2001年，第7页。

②《语对》高尚类"箕山"条：许由字武仲，尧时逸人。尧闻之，聘为九州岛牧，由以为污，遂洗其耳，退耕箕山之下，颍水之阳。

③《语对》公卿类"赤车"条《齐职仪》曰：太常卿银章青绶，冠绛朝服，佩水仓玉。王朗云：西京太常行陵，赤车千乘。

④《语对》丧孝类"寒泉"条《毛诗》曰：爰有寒泉，在浚之下。

⑤张涤华：《类书流别》（修订本），北京：商务印书馆，1985年，第9—10页。

⑥［宋］李昉等撰：《文苑英华》卷二五《地类一》，北京：中华书局，1966年，第115页。

⑦《语对》王类"分茅"条《尚书》曰：王者分五色土，藉以白茅。

⑧《语对》王类"维城"条《毛诗》曰：怀德唯宁，宗子维城。赋文中"列五色以相备"一句化用自"分茅"条的小注。

对》使简化了的经史子集与科举考试联结起来，书中的知识得以外化为诗词歌赋、各类策文、官样文章。具体而言，《语对》中知识的被选择、被传播、被应用，又有着纵向的持久性。萧统曾言："夫文典则累野，丽亦伤浮，能丽而不浮，典而不野，文质彬彬，有君子之致。"①这正是在强调文学中"典"与"丽"需要有机结合，类书辑录事典的性质，使之成为唐诗与前典沟通的桥梁。据统计，在现存的唐代试律诗题中，典故类的就有 181 例，②其中许多典故都在《语对》中有所辑录。如唐末殷文圭的《春草碧色》言："细草含愁碧，芊绵南浦滨。"③诗题典出江淹《别赋》："春草碧色，春水渌波，送君南浦，伤如之何。"《语对》送别类"南浦"条载："《楚辞》曰：'悲莫悲兮生别离。'又曰：'僚栗兮若在远行，登山临水送将归。'又曰：'超北梁兮永辞，送美人兮南浦。'"

中唐钱可复的《莺出谷》载："玉律阳和变，时禽羽翮新。载飞初出谷，一啭已惊人。拂柳宜烟暖，冲花觉露春。抟风翻翰疾，向日弄吭频。求友心何切，迁乔幸有因。华林高玉树，栖托及芳晨。"④《莺出谷》典出《诗经·小雅·伐木》，"伐木丁丁，鸟鸣嘤嘤，出自幽谷，迁于乔木"⑤，后指代及第，诗歌以莺喻己，以玉树比主司，以莺栖玉树，表明渴望及第之情。"伐木"在《语对》朋友类中有辑录："《毛诗》曰：伐木丁丁，鸟鸣嘤嘤；出自幽谷，迁于乔木；嘤其鸣矣，求其友声。"钱可

---

① [南朝梁]萧绎著,陈志平、熊清元校注:《萧绎集校注》,上海:上海古籍出版社,2018 年,第 1322 页。

② 朱栋:《唐代试律诗用典研究》,上海:上海交通大学出版社,2019 年,第 29 页。

③ [宋]李昉等撰:《文苑英华》卷一八八《省试九》,北京:中华书局,1966 年,第 923 页。

④ [宋]李昉等撰:《文苑英华》卷一八五《省试六》,北京:中华书局,1966 年,第 907—908 页。

⑤ [清]阮元校刻:《十三经注疏》,北京:中华书局,1980 年,第 410 页。

复诗中，尾联中的"玉树"，典出《世说新语·容止》。"魏明帝使后弟毛曾与夏侯玄共坐，时人谓蒹葭倚玉树。"①《文选·甘泉赋》又载："翠玉树之青葱兮，璧马犀之磷璃。"②《语对》人才类"玉树"条，正记载了此典。

再如唐末张友正的《锦带佩吴钩》："的皪宜骢马，斓斑映绮裘。"③锦带佩吴钩典出鲍照《代结客少年场行》："骢马金络头，锦带佩吴钩。""骢马"出自《后汉书·桓典传》。"是时，宦官秉权，典执政，无所回避。常乘骢马，京师畏惮，为之语曰：'行行且止，避骢马御史。'"④《语对》御史类"骢马"条亦有载："骢马：桓讳为御史，常乘骢马。"

通过以上几例可知，知识的生长在很长的一段时间里具有稳定性、传承性。产生于先秦的"伐木""南浦"等典，在漫长的知识传承过程中，经过南朝诗人的再次创作，知识发生了增长，成为经典，以至于在唐代科举试诗中作为题目被考察，在这个漫长的知识传播过程中，《艺文类聚》《初学记》《语对》《篹金》等类书起了十分关键的作用。我们以前也对这样的现象做过总结："类书为文人作文提供文料，文人又编纂类书以适应新的作文需要；类书的大量流传，文人的头脑里就形成了固有的逻辑、辞藻、用典，文学创作中即使是天才般的人物，也难以逃脱类书流传形成的窠臼，这便是文学对类书的记忆。"⑤

---

①［南朝宋］刘义庆撰，［南朝梁］刘孝标注，徐震堮校笺：《世说新语校笺》，北京：中华书局，1984年，第334页。

②［南朝梁］萧统编，［唐］李善注：《文选》卷七《甘泉赋》，北京：中华书局，1977年，第113页。

③［清］彭定求等编：《全唐诗》卷七二七，北京：中华书局，1980年，第8406页。

④《后汉书》卷三七《桓典传》，北京：中华书局，1965年，第1258页。

⑤刘全波：《类书研究通论》，兰州：甘肃文化出版社，2018年，第158页。

类书知识的被选择、被传播、被应用，还有着横向的统一性、广泛性。以《语对》中的"披云"条为例："《晋书》曰：乐广为尚书令，何晏异之，就谈。晏曰：此人水镜也，吾一见之，若披云雾而睹青天。"大历十年（775年），东都试《日观赋》。①佚名《日观赋》载："披云阙而斜视，豁天门而俯对。依檐乍吐，威生齐鲁之间；过岭逾明，煦及草茅之内。"②贞元九年（793年），博学宏词科试《太清宫观紫极舞赋》。③张复元《太清宫观紫极舞赋》载："轻风飒然，杳兮俯虹霓而观列仙。飘飘迁延，或却或前。清宫肃然，俨兮若披云雾而睹青天。"④除此之外，使用"披云"一词的唐人赋作还有很多。冯宿《星回于天赋》："每披云而见质，恒耿汉而流光。"⑤纥干俞《至人用心若镜赋》："乐广播披云之词，庄生谐止水之论。冀因照以元鉴，岂逢时而在困。"⑥钱起《图画功臣赋》："貔武之臣，忽披云而鹗视；股肱之佐乃捧日而山立。"⑦

"披云"出自《晋书·乐广传》："尚书令卫瓘，朝之耆旧，逮与魏正始中诸名士谈论，见广而奇之，曰：'自昔诸贤既没，常恐微言将绝，而今乃复闻斯言于君矣。'命诸子造焉，曰：'此人之水镜，见之莹然，若披云雾而睹青天也。'"⑧披云雾睹青天，比喻冲破黑暗，见到光明，也比喻冤屈得到申雪。虽唐代诸多士子的知识背景和生活地域不同，但在

---

① [清]徐松撰，赵守俨点校：《登科记考》，北京：中华书局，1984年，第387页。
② [宋]李昉等撰：《文苑英华》卷二九《地类五》，北京：中华书局，1966年，第131页。
③ [清]徐松撰，赵守俨点校：《登科记考》卷一三下，北京：中华书局，1984年，第482页。
④ [宋]李昉等撰：《文苑英华》卷一二五《道释》，北京：中华书局，1966年，第571页。
⑤ [宋]李昉等撰：《文苑英华》卷一〇《天象十》，北京：中华书局，1966年，第50页。
⑥ [宋]李昉等撰：《文苑英华》卷九四《人事五》，北京：中华书局，1966年，第427页。
⑦ [宋]李昉等撰：《文苑英华》卷一一四《图画》，北京：中华书局，1966年，第519页。
⑧ 《晋书》卷四三《乐广传》，北京：中华书局，1974年，第1243页。

作赋时都用到了"披云"一词，"披云雾而睹青天"在《初学记》《蒙求集注》中也有记载，但只有《语对》提炼出了"披云"一词，这更加加强了"披云"之典，是在经过《语对》等类书整理凝练后，才被士人广泛使用的可能性。大量试赋作品对此典的运用，也从侧面说明了《语对》等类书在唐代士人间广泛地横向流传，即一个时代的不同地域、不同背景的人，竟然拥有着同样的知识背景与典故自觉。

三、忠贤隽彦：类书对人格的塑造与道德的培养

类书编纂不仅与文坛风尚、政府政令联系密切，更具有一定的时代特征，在增强用书者知识与能力的同时，还具有人格塑造与道德引导功能。《册府元龟》载显庆五年（660年）六月诏："内外官四科举人：或孝悌可称、德行夙著，通涉经史、堪居繁剧；或游咏儒术、沉研册府，下帷不倦、博物驰声；或藻思清华、词锋秀逸，誉标文雅、材堪远大；或廉平处事、强直为心，洞晓刑书、兼包文艺。"[1]这里虽然没有明确说明唐四科取士的分科名目，但是指出了选官除了有经史、儒术、文辞等文采方面的要求外，还要注重孝悌德行等道德品格，所以唐时的类书编纂，也要突出对人品行的塑造，《语对》及《励忠节钞》《勤学书钞》等类书皆有明显的道德训诫功能。

《语对》的四十部类中，多偏重人事知识，排布精巧，王三庆先生将其大致分为五类，即贵族公卿、人事社交、孝悌伦常、两性姻亲及神仙类，并认为撰者"汇集有关为人处世、立身行孝等有关的国民日常生活须知，以及五伦及社交关系等种种善知识；甚至将来为官作宰时，

---

① ［宋］王钦若等编：《册府元龟》卷六四五《贡举部·科目》，北京：中华书局，1960年，第2135页。

也能够树立这里所标举有关勤政爱民的典范""编制内容指涉不外传统一再呼吁君臣、父子、兄弟、夫妻、朋友之间五种伦常理念，用于教导庶民大众应该遵守的行为事迹的小型类书"①。等级秩序鲜明、重视纲常伦理正是此《语对》类目的核心特色，在这个秩序里，王置于最前，后承公主、公卿、御史、刺史、县令，接朋友、人才、文笔、谈讲、劝学、宴乐、富贵、酒、高尚、贫贱、送别、客游、荐举、报恩等关于士人日常生活、交游的内容，再是兄弟、父母、孝养、丧孝、孝行、孝感、孝妇、丧葬、婚姻、重妾、弃妻、弃夫、美男、美女、贞男、贞妇、丑男、丑女、闺情等关于家庭人伦的事典，最后以身处缥缈之界的神仙类收尾。如此，《语对》呈现了先君臣后父子，先公后私，先人界后仙界的编排秩序，建构了皇权导向下的个人微观世界。

爱民廉政是《语对》所强调的理政观，撰者抱有朴素的"民惟邦本，本固邦宁"②思想，重视民间疾苦。职官类汇集了渤海太守龚遂、颍川太守黄霸、冀州刺史贾琮、渔阳太守张堪等良吏典范，并主要着眼良吏与百姓的互动，强调勤政爱民、公正廉洁等美好品德。书中辑录的"六条"正是撰者所肯定的为官之道："一先诚心，二敦教化，三举贤良，四尽地利，五恤刑狱，六均赋役。"诚心、教化、贤良甚至先于具体的行政能力，这是因为一旦这些士人通过科举考试，一颗爱民廉政之心才是他们安身立命的基础，只有拥有这样的道德品质，才能得到民众的肯定和拥护。如"攀辕"条的刘宠"为平陵令，训民以礼，上下有序"，因母病辞官时，"百姓士女攀辕巨轮，充塞道路"。通过《语对》的词条，

---

① 王二庆:《敦煌蒙书校释与研究·语对卷》,北京:文物出版社,2022年,第13—14页。
② 李民、王健:《尚书译注》,上海:上海古籍出版社,2004年,第93页。

我们发现不仅"猛虎渡河""蝗不入界"是典型的良吏叙述模式，①"甘雨""还珠""双凫"等词也在唐时成为良吏德政的意象投射。这些意象与良吏形象的绑定，既便于士人科考试策时成文，也利于他们为官后形成仁德亲民的处事风格。

孝悌仁爱是《语对》所主张的家庭观。唐时为整饬魏晋时混乱的风俗礼法，重整衣冠文物，倡导孝悌之风。科举帖经考《孝经》，唐高祖号召幼童读《孝经》并设置童子科。"凡童子科，十岁以下能通一经及《孝经》《论语》，卷诵文十，通者予官。"②仪凤三年（678年），更是将《道德经》《孝经》并为上经，③还嘉奖民间孝悌之士。《新唐书·孝友传》载："唐受命二百八十八年，以孝悌名通朝廷者，多闾巷刺草之民，皆得书于史官。"④《语对》中设置了大量关于孝子的类目，相较于《北堂书钞》的"孝德"部，《艺文类聚》《初学记》的"孝"部，撰者对孝行进行了细分和规整，共设"孝养""丧孝""孝行""孝感""孝妇"五类，足以体现对孝的重视，其中"孝女"类更是首次单独成类，这也是因为唐代读书人多有因科举求学、远游仕宦不能侍奉父母的情况，许多女性承担了孝顺父母、训育子女等家庭重责，逐渐获得大众的关注和肯定。除了孝敬父母，《语对》中还强调"同爨""共被""推梨""让枣"的兄友弟恭，"如宾""伉俪""琴瑟""齐眉"的夫妇和睦，"断金""倾盖""金兰""连璧"的朋友情谊，如此种种，就是要构建稳定和谐的亲朋

---

① 孙正军《中古良吏书写的两种模式》中认为"良吏—德政—猛虎渡河"和"良吏德政—蝗不入界"是中古史籍中典型的两种良吏叙述模式，不仅在各史书中多有照搬，甚至还出现了变体，可为良吏书写的模板。孙正军：《中古良吏书写的两种模式》，《历史研究》2014年第3期，第4—21页。

② 《新唐书》卷四四《选举志》，北京：中华书局，1975年，第1162页。

③ ［宋］王溥：《唐会要》卷七五《贡举上》，北京：中华书局，1955年，第1373页。

④ 《新唐书》卷一九五《孝友传》，北京：中华书局，1975年，第5575页。

关系。

勤学入仕是《语对》所倡导的学习观。因唐代科举制度发展，改变了魏晋南北朝时"上品无寒门，下品无士族"的职官格局，整个社会读书进取氛围非常浓厚，《语对》除了在内容、体例上为科举考试服务，更直接表达了鼓励士人勤学苦读，努力入仕的思想。书中设"劝学"类，包括下帷、截蒲、悬头、刺股、穿壁、聚萤、流麦、带经、一见、五行、负笈、编柳、绛帐、百遍、忘冠、折尺、卖樵共十七条，记载了如董仲舒、路温舒、孙敬、苏秦、匡衡、车胤、高凤、常林、王充等勤学博采的士人典范，这些士人家境贫苦，但仍然勤学苦读，终有一番作为。如带经条："常林少在田，带经而锄。又桓荣带经庸耕，捃拾之暇，开卷田头。后光武诏征贤良，策为太子博士，赐以车马衣服。"穿壁条："匡衡字稚[圭]，东海人，家贫，凿壁引邻舍火光读书，仕至丞相。"书中所表达的劝学思想，与这首《劝学》所书写的完全一致。"三更灯火五更鸡，正是男儿立志时。黑发不知勤学早，白头方悔读书迟"。

《语对》在敦煌的使用与风靡，正是敦煌地区中华优秀传统文化蓬勃生命力的体现，虽然敦煌地处边陲，但书中提倡的为官爱民廉政、治家孝悌仁爱、对己勤学修身的品德，仍然是中华民族最核心的价值观。对整个唐王朝而言，"政治秩序与道德行为规范包含在文化传统之中，而文化传统能为新的大一统的国家秩序提供必要的典范，于是传统累积起来的典籍和历史，便成了学者们挽救时代、重建秩序的共同资源和价值基础"①。

---

① 屈直敏：《敦煌写本类书〈励忠节钞〉的成书背景》，《敦煌学辑刊》2005 年第 2 期，第 16 页。

同为举业用书的《策府》亦与《语对》有着类似的知识内容。国家图书馆藏的 BD14491 号和 BD14650 号《策府》写卷，共三十章，是唐初有关进士科试策的模拟试题。[1]我们通过对比《语对》与《策府》，发现《策府》全文一共三十篇，除了部分时政性较强的策文，与《语对》有紧密联系的文章达到十五篇之多，占到了半数（如下表所示）。

《策府》篇名	《策府》内容	《语对》内容
兰菀(苑)	梁孝王东菀(苑)三百里，甚足李捺(奈)	王类"东苑"
断贪浊	擢仁者以安人，使民谣五袴	刺史类"五袴"
世间贪利不惮刑书	贪泉已息涌浪	刺史类"饮泉"
	宁止解官留犊	刺史类"留犊"
	受物送台，而无宗子	王类"维城"
善治术	桓公佐时，兽投河而去境	县令类"虎度河"
	至若岑君除其枳棘(棘)	县令类"伐棘"
问豪富	至如石崇锦障，五十里以霞生	富贵类"步障"
	岂止羊琇娇豪家然(燃)兽炭，王孙傲岸室累千金而已	富贵类"兽炭"
括放客户还乡	可谓马无北思，鸟绝南枝	客游类"胡马"
审官授爵	方之舟楫，实曰盐梅	公卿类"舟楫""盐梅"
	蜀葛孔明，楚昭奚恤，可称梁栋，得号股肱	公卿类"栋梁""股肱"

[1]关于《策府》的研究，主要参见郑阿财《敦煌本〈明诗论〉与〈问对〉残卷初探》，《第四届唐代文化学术研讨会论文集》，台北：成功大学教务处出版组，1999 年，第 303—325 页；郑阿财、朱凤玉：《开蒙养正：敦煌的学校教育》，兰州：甘肃教育出版社，2007 年，第 123—126 页；刘波、林世田：《敦煌唐写本〈问对〉鉴证》，《文津学志》第 3 辑，北京：国家图书馆出版社，2010 年，第 115—142 页；金滢坤：《敦煌本"策府"与唐代社会——国图藏敦煌版"策府"研究》，《文献》2013 年第 1 期，第 84—98 页。

续表

《策府》篇名	《策府》内容	《语对》内容
问富贵人唯觅财利亦有清洁	或紫盖临朝,或绣衣本邑。	御史类"绣衣"
隐居不仕为是无才为不遇时	于是许由闻乎帝位,遂洗耳于箕川	高尚类"箕山"
问俊乂聪辩	何必悬头刺股,遂着金箱; 亦乃辩出无端,传兹玉箧	劝学类"悬头""刺骨"
断贪浊	惧四知之士无可胜阶	刺史类"四知"
	羊(卓)茂清谨,誉重汉朝	县令类"虫避境"
	邦除李盛之谣	刺史类"卢鹊"
孝子感应	郭巨埋于爱子,大孝倾其[常]	孝感类"埋儿"
	书曰:唯孝动[天](后缺)	孝感类"冬笋"
山石	昔夷齐首阳之阿,巢许箕山之曲	高尚类"箕山"
	列长求道,便逢石髓之泥	神仙类"石髓"
江河	姜诗之母好焉,传于列女之说	孝妇类"姜诗妻"

两书重复的事典共二十六条,其中十三条歌颂廉洁的官员,三条刻画孝子孝女,两条督促士子勤学,一条赞扬高洁之士,所强调的还是爱民廉政、孝悌友爱、勤学修身、品行高洁的价值取向。他们之所以对这些典故大量辑录,正是因为科举所要选拔的就是忠君孝亲、廉洁正直的官员。在唐建立之初,太宗就宣布"天下一家",选官不看民族、地域及门第等,只按"功效""忠孝""学艺"擢用,[①]乡贡州郡荐举时也"以德行贡士"[②],如此,至开元、天宝年间,"忠贤隽彦辒才毓行者,咸出于是"[③]。从小的方面说,《语对》与《策府》等书作为帮助士子科考的举

---

① 《旧唐书》卷六五《高士廉传》,北京:中华书局,1975 年,第 2443—2444 页。
② [唐]杜佑撰,王文锦等点校:《通典》卷一八《选举典六》,北京:中华书局,1988 年,第 446 页。
③ [唐]杜佑撰,王文锦等点校:《通典》卷一五《选举典三》,北京:中华书局,1988 年,第 358 页。

业之书，是唐代社会重要的文化载体，其中共有的内核是唐王朝对思想文化的无形管控。通过这些举业用书，科举知识逐渐占据了士人的知识世界，从而建构了传统中国士人的知识内核与价值共识。从更广阔的历史图景观照，《语对》之流体现了统治者"树风声，流显号，美教化，移风俗"①的统治需求，折射出李唐王朝规训思想、统一意志、稳固统治的努力。综此，揆诸史实，《语对》等书在搜集、整理、承载、传播科举所需知识的同时，也折射、反映出了当时政治、思想、制度、文化的若干面相。

四、小结

类书与科举的关系前辈学者虽有涉及，但显然是不充分的。随着研究的推进，类书与科举之交叉研究，必然是类书学与科举学研究中重要的增长点之一，究其原因，其一科举的重要性毋庸置疑，其二类书的研究还不充分，故我们计划以唐代类书与科举为题开展全面考察，《语对》就是最先考察的一个典型。《语对》的编纂时间是在唐代，但是类语类书体例在此前已经出现，南朝齐梁间朱澹远的《语对》《语丽》即代表，隋代杜公瞻的《编珠》相对稍晚，但是十分典型，此《编珠》具有很强的文学性，是隋炀帝的"随身卷子"，而敦煌本《语对》除了文学属性之外，还有科举属性，既是文学创作的利器，更是科举考试的必备。士子在练习科考各种文体的写作时，多面临着难以快速成文的困境，也就催生了大量可用于科举考试的类书，《语对》骈体对句的体例满足了考试时的对偶需求，辑录的事典多来自正史、《文选》等科举要考察的知

---

①《隋书》卷三二《经籍志》，北京：中华书局，1973 年，第 903 页。

识，每类词条构成的类目又是一个个意象群，使考生作诗赋时免于事文的空泛堆砌，能快速实现意象的生成，因为科举考试的题目、答卷中的典故，很多都可以在《语对》中找到，它就像一座桥梁，维系、承载着知识的传播。科举考试对科目、教材、文体等都有严格要求，这必然约束着全国各地士子的意志和行动，也塑造着士人群体的知识世界。正如河正洙教授所言："以礼部试为核心的科举制度，是国家权力和对该时期社会文化具有支配性影响力的士人之间相互妥协而逐渐形成并持续运行的'合作品'。"①随着类书的大量流传与使用，其中的知识又形成窠臼，士人难以逃脱这种潜移默化的影响。当然《语对》《兔园策府》等类书中所共有的、常常被科举考试所考察的知识，是爱民廉政、孝悌友爱、勤学修身等为官做人所需的道德品质，这也正展现了《语对》等类书对人格的塑造与道德的培养。最后，也许要做一个补充说明，《语对》是否被我们夸大解读了？的确，一个小小的《语对》哪来那么多价值与意义，过分夸大是危险的，也是不准确的，故我们做一个补充说明。《语对》是一个简单的小类书，但是《语对》从不是一个独立的个体，《语对》是一群典籍的代表，比《语对》更有名的有《类林》《籯金》《文场秀句》，乃至其他，经籍志与艺文志中记载的还有很多，如《锦绣谷》《珠玉钞》《翰苑》《类要》《精骑集》等，这一群类书共同构成了类书典籍群，他们共同承担着类书的价值与意义，他们的内容有共同性，他们的体例有同一性，他们都在流传，有的影响大，有的影响小，有的流传千年，有的转瞬即逝。当然，也不是只有类书能承载上述功能，正经正史才是核心，诸多类型的文献各有用武之地，而类书亦是其中不可或缺、不容小觑的一脉。

---

① [韩]河元洙：《科举制度形成史》，首尔：成均馆大学出版社，2021年，第3页。

第十五章　从"事类""类事"到"类书"：类书概念的生成与演变

　　《旧唐书·经籍志》子部对于类书之别名的记载是前后不一的，前言"事类"，后言"类事"，并且这个问题至少在明代就出现了，我们在梳理中国古代类书编纂史、发展史的基础上，对这个问题做了浅显的解释，以展现类书发展的历史脉络，这个问题是类书发展中的重要问题，是类书独立意识增强、自觉意识高涨的结果，不是简单的文字考证或饾饤小事。中古时期，"事类"应该是较为正式的类书之别名，强调个体，而"类事"在此处的使用亦有合理之处，强调整体，二者之间的互通互换也是经常出现的，即它们的共同简称，都是一个"事"字，这个"事"字蕴含着丰富的信息，也是"事类""类事"的核心。从 220 年曹丕敕撰《皇览》至今，已有 1800 多年的历史，我们也借此对类书概念的生成与演变做粗浅的考察，类书之学囊括天地，博而广，深而邃，深入发掘其价值，阐释其流变与脉络，应该就是今后的主要任务。

一、"事类"与"类事"

　　中华书局 1975 年点校本《旧唐书》卷四七《经籍下》之"事类"十五载：

　　丙部子录，十七家，七百五十三部，书一万五千六百三十七卷。儒家类一、道家类二、法家类三、名家类四、墨家类五、纵横家类六、杂家类七、农家类八、小说类九、天文类十、历算类十一、兵书类十二、五行类十三、杂艺术类十四、事类十五、经脉类十六、医术类十七。①

　　右类事二十二部，凡七千八十四卷。②

　　可见，《旧唐书》卷四七《经籍下》对于子部之二级分类，也就是类书之别称的记载是前后不一的，前者称"事类十五"，后者称"右类事二十二部"，究竟是"事类"为是？还是"类事"为是？我们查阅了以下几个版本的《旧唐书》，发现这个问题仍然存在。明嘉靖十八年（1539年）闻人诠刻本《旧唐书》，亦是前言"事类"，后言"类事"。清李慈铭校，同治十一年（1872年）浙江书局刻本《旧唐书》，亦是前言"事类"，后言"类事"。商务印书馆编1958年版《缩印百衲本二十四史》之《旧唐书》卷四七《经籍下》则是依据闻人诠刻本而来。由此可见，对于类书之别称的记载，即此前言"事类"、后言"类事"之事，也就是前后不一问题，自明嘉靖年间就已经出现。

　　"类书"这个名称出现比较晚，北宋欧阳修等人编纂《新唐书》时在子部设立了"类书类"，正史目录中才出现"类书"这个名称，并被广为沿用至今。《新唐书》卷五九《艺文三》载：

　　丙部子录，其类十七：一曰儒家类，二曰道家类，三曰法家

_____

①《旧唐书》卷四十《经籍下》，北京：中华书局，1975年，第2023页。
②《旧唐书》卷四七《经籍下》，北京：中华书局，1975年，第2046页。

类，四曰名家类，五曰墨家类，六曰纵横家类，七曰杂家类，八曰农家类，九曰小说类，十曰天文类，十一曰历算类，十二曰兵书类，十三曰五行类，十四曰杂艺术类，十五曰类书类，十六曰明堂经脉类，十七曰医术类。①

其实在欧阳修编纂《新唐书》之前，其曾参与编纂的《崇文总目》中就出现了"类书类"。

> 类书类（以下原卷三十）。谨按此类以下《欧阳修集》无叙释。类书上，共四十六部，计一千六百五十卷。类书下，共五十一部，计八百六十五卷（以下原卷三十一）。②

由上可知，《崇文总目》的部类之中已经明确出现了"类书类"，《崇文总目》应该是我们目前所知道的古今著作中比较早出现"类书"称谓与"类书类"子目的著作，但是非常可惜的是，《崇文总目》中欧阳修对类书的"叙释"在流传中佚失了。所谓"谨按此类以下《欧阳修集》无叙释"，我们也就无法知道欧阳修在使用"类书"这个名词、子目时的最初含义。北宋之前的类书被称为什么，一直是我们想要解决的问题。但是诚如上文所言，《旧唐书》对类书之别名的记载前后不一，更使得我们茫然。

在《崇文总目》之前，《龙图阁书目》中亦出现了"类书类"。《宋史》卷

---

① 《新唐书》卷五九《艺文三》，北京：中华书局，1975 年，第 1509 页。
② ［宋］王尧臣、王洙、欧阳修：《崇文总目》卷六《类书类》，《文渊阁四库全书》第 674 册，上海：上海古籍出版社，2003 年，第 72 页。

二〇四《艺文三》载："杜镐《龙图阁书目》七卷。"①其书虽已亡佚，但是在《玉海》《续资治通鉴长编》等书中都有记述，其基本分类情况仍可考知。

高似孙《纬略》载："我祖宗时，内则太清楼藏书、龙图阁藏书、玉宸殿藏书，外则三馆秘阁，凡四处藏书。"②可见龙图阁是北宋中央政府的藏书机构之一。《续资治通鉴长编》咸平二年（999年）闰三月庚寅条载"诏三馆写四部书二本来上，一置禁中之龙图阁，一置后苑之太清楼，以备观览"③。可见龙图阁建阁当早于咸平二年（999年）三月。

龙图阁建阁的目的是"以奉太宗御集"④，但"龙图阁藏书的最大来源，应当是真宗时期的大规模写书和校书"⑤。而前引《续资治通鉴长编》咸平二年（999年）闰三月庚寅条所记正是当时大规模抄书以充实龙图阁一事。⑥为了更好地完成这一工作，宋真宗还安排了大量的官员从事这一工作。程俱《麟台故事》咸平二年（999年）亦有"闰三月，令三馆写四部书二本，一置禁中之龙图阁，一置后苑之太清楼，以便观览。以馆阁官少，令吏部流内铨选幕职州县官有文学者赴馆阁校勘群书，乃择取馆陶尉刘筠、宛丘尉慎镛、郏乡尉沈京、安丰令张正符、上蔡尉张遵、固始尉聂震、桐城主簿王显等入馆校勘。正符未卒业而

---

① 《宋史》卷二〇四《艺文三》，北京：中华书局，1977年，第5146页。

② [宋]高似孙撰，左洪涛校注：《高似孙〈纬略〉校注》卷七《三本书》，杭州：浙江大学出版社，2012年，第134页。

③ [宋]李焘：《续资治通鉴长编》卷四四《真宗咸平二年》，北京：中华书局，1995年，第935页。

④ [宋]高承撰，[明]李果订，金圆、许沛藻点校：《事物纪原》卷六《京邑馆阁部》，北京：中华书局，1989年，第329页。

⑤ 赵庶洋：《宋景德二年〈龙图阁书目〉考》，《国家图书馆学刊》2014年第3期，第106页。

⑥ [宋]李焘：《续资治通鉴长编》卷四四《真宗咸平二年》，北京：中华书局，1995年，第935页。

死。景德初，写校毕，进内"①。经过校勘，龙图阁藏书"屡经雠校，最为精详"②。

在扩大藏书量的同时，编目的工作也在进行。《玉海》云："（咸平）五年十月己卯，召近臣观书于龙图阁。于阁之四壁设五经图，阁上藏太宗书帖三千七百五十卷。上执目录示近臣，曰：先帝留意词翰，朕孜孜缀缉，片幅寸纸不敢失坠。至于题记时事及书在屏扇，或微损者，悉加装背。又幸崇和殿后阁，悉藏本朝名臣集；次御资政殿，壁有唐杨相如《政要论》。"③上文所言真宗皇帝所阅目录，应是《咸平龙图阁太宗御书目录》，该目所著录的当为太宗所遗留下的御集，而非《宋史·艺文志》所载之七卷本《龙图阁书目》。对于七卷本《龙图阁书目》的完成时间，王重民先生在《中国目录学史论丛》中指出为"公元1007—1008年"④，即真宗景德四年至大中祥符元年，先生并未言明此段时间的理据。而赵庶洋教授则认为《龙图阁书目》的编纂始于景德元年（1004年）十月真宗以杜镐、戚纶为龙图阁待制一事，历时六月，至景德二年（1005年）四月完成。⑤此前龙图阁藏书已编太宗御集之目录，而四部藏书也经过精校入藏，当已有分类，故而《龙图阁书目》成书较快。

《龙图阁书目》早已亡佚，我们无法直接获知其分类法。但《玉海》卷二七记载了景德二年真宗幸龙图阁阅书一事，此条详细记载了各阁

---

① [宋]程俱撰，张富祥校证：《麟台故事校证》卷二中《书籍》，北京：中华书局，2000年，第259页。

② [宋]王应麟撰，武秀成、赵庶洋校证：《玉海艺文校证》卷一八《祥符龙图阁四部书景德六阁图书》，南京：凤凰出版社，2013年，第872页。

③ [宋]王应麟：《玉海》卷二七《帝学·观御制御书》，南京：江苏古籍出版社，1987年，第536页。

④ 王重民：《中国目录学史论丛》，北京：中华书局，1984年，第102页。

⑤ 赵庶洋：《宋景德二年〈龙图阁书目〉考》，《国家图书馆学刊》2014年第3期，第107页。

所藏书之卷数与阁藏书籍的分类。《玉海》载：

> 景德二年四月戊戌，幸龙阁，阅太宗御书，观诸阁书画。阁藏太宗御制御书并文集总五千一百十五卷、轴、册。下列六阁，经典总三千三百四十一卷（目录三十卷，正经、经解、训诂、小学、仪注、乐书），史传总七千二百五十八卷（目录四百四十二卷，正史、编年、杂史、史抄、故事、职官、传记、岁时、刑法、谱牒、地理、伪史），子书总八千四百八十九卷（儒家、道书、释书、子书、类书、小说、算术、医书），文集总七千一百八卷（别集、总集），天文总二千五百六十一卷（兵书、历书、天文、占书、六壬、遁甲、太一、气神、相书、卜筮、地理、二宅、三命、选日、杂录），图画总七百一轴卷册古画上中品、新画上品，又古贤墨迹总二百六十六卷。①

可以看出龙图阁分六阁藏书，然其藏书实分为经典、史传、子书、文集、天文、图画、古贤墨迹七类，图画阁藏图画与古贤墨迹两类书籍。"《玉海》虽并未明言这个分类方法就是《龙图阁书目》的分类法，但实际上《龙图阁书目》的分类方法应该与此相同。"②我们可据《玉海》所记藏书分类将《龙图阁书目》的类目设置勾稽如下：

---

① ［宋］王应麟撰，武秀成、赵庶洋校证：《玉海艺文校证》卷一八《祥符龙图阁四部书景德六阁图书》，南京：凤凰出版社，2013 年，第 872 页。

② 白金从藏书与编目工作不分家、后世目录多有与《玉海》所记分类相似之处、《玉海》所记实分六阁七类与《宋志》所记《龙图阁书目》七卷吻合三个方面考辨了龙图阁藏书分类与《龙图阁书目》类目设置的关系，认为两种分类当是一致的。参见白金《北宋目录学研究》，河南大学博士学位论文，2012 年，第 126—127 页。

经典阁	正经、经解、训诂、小学、仪注、乐书	6
史传阁	正史、编年、杂史、史抄、故事、职官、传记、岁时、刑法、谱牒、地理、伪史	12
子书阁	儒家、道书、释书、子书、类书、小说、算术、医书	8
文集阁	别集、总集	2
天文阁	兵书、历书、天文、占书、六壬、遁甲、太一、气神、相书、卜筮、地理、二宅、三命、选日、杂录	15
图画阁	古画上中品、新画上品、古贤墨迹	3

《龙图阁书目》采用了独特的分类法，多有创新之处，这些创新建立在唐宋社会、学术、思想急速转型的基础上，通常我们认为《崇文总目》开创的类例模式，事实上均是由该目所创立，对后世目录学产生了较大而深远的影响。从这个角度来说，"《龙图阁书目》标志着宋代目录学的开始"①。《龙图阁书目》在相对于经史子集四部分类法中子部的子书阁下开创性地设立了"类书"一类，《龙图阁书目》成书于景德二年（1005年），而《崇文总目》则成书于景祐元年（1034年），可见类书二级类目当较早地设置于《龙图阁书目》。②

很显然，目前来看，"类书"最早出现于北宋，那此前的类书的别称是什么呢？更进一步，《旧唐书》对于类书别名的两个记载，即前文所说的"事类"与"类事"，或许亦不是它们的首创或首误，有可能是因袭前人而来。

---

① 白金：《北宋〈龙图阁书目〉对分类法的革新及影响》，《中国文化研究》2013 年第 4 期，第 169 页。

② 刘全波、代金通：《论时令类典籍的目录学流变》，王宁主编：《民俗典籍文字研究》2021 年第 1 期，总第 27 辑，北京：商务印书馆，2021 年，第 83—93 页。

《旧唐书》卷四六《经籍上》载：

开元九年十一月，殷践猷、王惬、韦述、余钦、毋煚、刘彦真、王湾、刘仲等重修成《群书四部录》二百卷，右散骑常侍元行冲奏上之。①

四部者，甲、乙、丙、丁之次也……丙部为子，其类一十有四：一曰儒家，以纪仁义教化。二曰道家，以纪清净无为。三曰法家，以纪刑法典制。四曰名家，以纪循名责实。五曰墨家，以纪强本节用。六曰纵横家，以纪辩说诡诈。七曰杂家，以纪兼叙众说。八曰农家，以纪播植种艺。九曰小说家，以纪刍辞舆诵。十曰兵法，以纪权谋制度。十一曰天文，以纪星辰象纬。十二曰历数，以纪推步气朔。十三曰五行，以纪卜筮占候。十四曰医方，以纪药饵针灸。②

《旧唐书》卷四六《经籍上》又载：

自后毋煚又略为四十卷，名为《古今书录》，大凡五万一千八百五十二卷。③

孰有四万卷目，二千部书，名目首尾，三年便令终竟，欲求精悉，不其难乎？所以常有遗恨，窃思追雪。乃与类同契，积思潜心，审正旧疑，详开新制。永徽新集，神龙近书，则释而附也。未

①《旧唐书》卷四六《经籍上》，北京：中华书局，1975年，第1962页。
②《旧唐书》卷四六《经籍上》，北京：中华书局，1975年，第1963页。
③《旧唐书》卷四六《经籍上》，北京：中华书局，1975年，第1962页。

详名氏，不知部伍，则论而补也。空张之目，则检获便增。未允之序，则详宜别作。纰缪咸正，混杂必刊。改旧传之失者，三百余条，加新书之目者，六千余卷。凡经录十二家，五百七十五部，六千二百四十一卷。史录十三家，八百四十部，一万七千九百四十六卷。子录十七家，七百五十三部，一万五千六百三十七卷。集录三家，八百九十二部，一万二千二十八卷。凡四部之录四十五家，都管三千六十部，五万一千八百五十二卷，成《书录》四十卷。①

据《旧唐书》卷四六《经籍上》记载，开元九年（721年），元行冲、殷践猷、王惬、韦述、余钦、毋煚、刘彦真、王湾、刘仲等编纂成《群书四部录》二百卷，其后，毋煚删减《群书四部录》新编成《古今书录》四十卷，五代刘昫编纂《旧唐书·经籍志》时多据《古今书录》。

《群书四部录》按四部区分，子部的子目有十四类，依次是儒家、道家、法家、名家、墨家、纵横家、杂家、农家、小说家、兵法、天文、历数、五行、医方。而毋煚根据《群书四部录》新编的《古今书录》亦是按照四部分类法分类，只不过其子部不是十四类，而是十七类，遗憾的是，《旧唐书·经籍志》记载中没有说明这十七类的子目名称，但是，毋煚根据《群书四部录》新编《古今书录》的时候，对子部的子目做了调整，将原来的十四子目调整为十七子目，很可惜，我们不能知道毋煚作出的具体改动。不过《旧唐书·经籍志》的编纂是依靠《古今书录》编纂的，它们之间的渊源关系也是众所周知的，更为重要的是，《旧唐

---

① 《旧唐书》卷四六《经籍上》，北京：中华书局，1975 年，第 1965 页。

书·经籍志》子部的子目也是十七类，与《古今书录》相同，这样我们可以根据《旧唐书·经籍志》的子目情况推测《古今书录》的子目情况，也就是说《旧唐书·经籍志》出现的子部"事类"或"类事"极有可能是从《古今书录》因袭而来。

故胡道静先生认为类书在子部里独辟成为一类是始于唐开元时毋煚编《古今书录》，这种推测的确也是有道理的。①但是由于《古今书录》的散佚，我们不知道当时毋煚给类书起了一个什么样的别名，究竟是"事类"还是"类事"。

此前的《隋书》中，类书是处于子部杂家的。魏征等人编纂《隋书》之时，被迫从史部分裂出来的类书被收入了子部"杂家"，为何说是被迫？因为那时的类书是无家可归的，没有独立地位，不然就不会依附在子部"杂家"之中。此时期依附在"杂家"的还有佛教典籍，也就是说，《隋书》的编修者把当时他们认为暂时无法归类的著作，如类书、佛教典籍，在没有找到合适的地方，又不足以单立门类安置他们之前，只好将之暂时置于"无所不包"的杂家之末，当然类书与杂家也是有几分渊源的。

经过唐初的迅猛发展，到编纂《古今书录》之时，类书家族已经蔚为壮观，故毋煚感觉有必要给类书独立的目录学地位。因为唐初编纂了多部大型类书，如《艺文类聚》《文思博要》《三教珠英》《东殿新书》《瑶山玉彩》《策府》《初学记》等，加上唐以前的诸类书《皇览》《华林遍略》《修文殿御览》《长洲玉镜》等，已经是一个相当庞大的典籍群，故毋煚做了调整，即子部二级目录由十四类变成了十七类，给了类书家族一

---

①胡道静：《中国古代的类书》，北京：中华书局，2005年，第3页。

个独立的位置。但是毋煚此时给类书家族所起的类名是什么？我们只能根据《旧唐书》猜测，因为《旧唐书》基本就是沿袭毋煚《古今书录》而来。如此这般，类书家族在目录学中独立的确切时间可以提前至开元时代。

二、"事类"为是

虽然我们对《旧唐书》的版本及类书发展史等做了梳理，但是由于文献的散佚，我们仍然不能解决《旧唐书》所载类书别名的前后不一问题，那么只能将研究的视角转回文本本身，通过加强文本本身的研究来找答案。

什么是"事类"呢？刘勰《文心雕龙·事类篇》载：

> 事类者，盖文章之外，据事以类义，援古以证今者也……夫经典沉深，载籍浩瀚，实群言之奥区，而才思之神皋也。扬班以下，莫不取资，任力耕耨，纵意渔猎，操刀能割，必裂膏腴。是以将赡才力，务在博见，狐腋非一皮能温，鸡跖必数千而饱矣。是以综学在博，取事贵约，校练务精，捃理须核，众美辐辏，表里发挥。①

陈松雄《齐梁丽辞衡论》又载：

> 盖事类者，据事以类义，援古以证今者也。怀文报质之士，挥

---

① ［南朝梁］刘勰撰，周振甫注：《文心雕龙注释》，北京：人民文学出版社，1981年，第411—413页。

翰铺采之流，苟能据古事以证今情，引彼语以明此义，则辞简而意赅，言近而指远。是以类事用典，其来有自，屈宋诸骚，着无先鞭。张蔡赋碑，挹其余韵。然皆意到笔随之作，非苦虑劳情而为也。逮乎建安，始专引古之意，讫于正始，方见指事之勤。太康以后，用典益繁。潘岳西征，几于盈篇事类，陆机连珠，堪谓通章故实。流风所至，递相追逐，怀铅吮墨之徒，布丽典以逞渊博，载笔撒文之士，引古事以增繁缛。延及南朝，隶事最富，凡情韵之倾泻，事理之铺陈，莫不吐胆呕心，经营刻画。或借古语以申今情，或用先典以明近理。学者博识子史，忽礼乐之是非，文士广搜前言，昧经教之宗旨。但务多学广识，因书立功，缉事比类，持刀以割膏腴，用旧博古，操斧以伐山林。宋之颜、谢，承其流而扬波，齐之任、王，变其本而加厉。梁代文苑，推引最深，沈、刘逞博瞻之学，引事无谬，徐、庾展俊迈之才，用旧合机，工如良匠之度木，美比骈爽之雕龙，达意切情之作，处处能见，出身入化之篇，时时或闻。驯至一事不知，或承之羞，一语无据，自觉其陋。非典故无以成章，非博物不足称美。此隶事之富，所以造极于齐梁，丽辞之美，所以致绩于博古者也。①

诚然，在刘勰的眼中，"事类"首先是一种文学创作手法，是借古言今，是征引、引用，是用古人之言辞、典故表达今人之思想、情感。而刘勰对于"事类"的这个阐释，必然是历代学者所熟知的，毋庸也不

---

① 陈松雄：《齐梁丽辞衡论》，台北：文史哲出版社，1986 年，第 114—115 页。

例外，而毋煚也是根据其中含义，对类书类典籍做了归集，并使用了"事类"一词来命名这一类典籍。南北朝以来，大量的类书出现，它们的主要功能就是为文人作文提供"事类"支持，而经过一段时间的发展，尤其是"事类"之书多到一定数量之时，反过来用"事类"命名这一类典籍亦是合情合理。

历代多有以"事类"为名之典籍，《宋史·艺文六》即载有多部，如：《辂车事类》三卷、《引证事类备用》三十卷、《十史事类》十二卷、《三传分门事类》十二卷、《鹿革事类》二十卷、《唐朝事类》十卷、《书林事类》一百卷、吴淑《事类赋》三十卷、吴曾《南北分门事类》十二卷、《引证事类》三十卷。

清代学者孙星衍在对类书进行分类之时，仍然使用了"事类"一词，可见此"事类"是类书别名中影响力较大的一个。《孙氏祠堂书目外编》卷三"类书第九"载：

《天中记》六十卷。明陈耀文撰。《焦氏类林》八卷。明焦竑撰。《日涉编》十二卷。明陈阶撰。《五车韵瑞》一百六十卷。明凌迪知撰。《三才图会》一百六卷。明王圻撰。《潜确类书》一百二十卷。明陈仁锡撰。《广韵藻》六卷。明方夏撰。《文选锦字》二十一卷。明凌稚隆撰。《读书记数略》五十四卷。宫梦仁撰。《韵府约编》廿四卷。邓恺撰。《唐诗金粉》十卷。沈炳震撰。《廿一史言行略》四十二卷。过元旺撰。右事类。

《姓源珠玑》六卷。明杨信民撰。《尚友录》二十二卷。明廖国贤撰。《宋明诗人姓氏韵编》二卷。无撰人名氏。右姓类。

《经籍考》七十六卷。元马端临撰明刊本。《世善堂藏书目录》二卷。

明陈第撰。《绛云楼书目》一册。写本。《皇宋书录》三卷。董史撰。《浙江天一阁书目》三册。《汇刻书目》十册。顾修撰。右书目。①

如此看来，"事类"应该是更准确的类书之别名，我们或许也可以就此断定《旧唐书》之前言"事类"为是，后言"类事"为非。但是，果真是这样的吗？也不一定。

按照《旧唐书》卷四七《经籍下》子部诸类目的排列顺序，我们可以见到，诸类目的结尾皆有一个"类"字，即"儒家类一、道家类二、法家类三、名家类四、墨家类五、纵横家类六、杂家类七、农家类八、小说类九、天文类十、历算类十一、兵书类十二、五行类十三、杂艺术类十四、事类十五、经脉类十六、医术类十七"，此模式是以"类"字结尾，而在文中再次提及此类目时，皆把"类"字省略，只余下"儒家、道家、法家、名家、墨家、纵横家、杂家、农家、小说、天文、历算、兵书、五行、杂艺术、经脉、艺术"，而"事类"去掉"类"之后，单余一个"事"字，文义不通且多有歧义，肯定是不能作为"事类"类目之简称独立存在的，为了区别，或者是为了适应上述变化，故在"事"前加"类"字，以不失"事类"之本义。

如此来看，所谓的前言"事类"后言"类事"前后不一的问题，竟然不是问题，但他困扰了我们很久，因为我们在对类书进行研究的过程中，总是想要搞清楚"类书类"类目产生之前，诸类书类典籍的类名是

① ［清］孙星衍：《孙氏祠堂书目》，《丛书集成初编》第40册，北京：中华书局，1985年，第116—118页。此处我们将"事类""姓类""书目"并列，是为了展现"事类"是类书之别名，并说明"事类"所对应的其他类目之状况，而对于清儒孙星衍将"姓类""书目"列入"类书"，我们是有不同意见的。具体可参刘全波《类书研究通论》，兰州：甘肃文化出版社，2008年。

什么，而通过上文的考察，"事类"无疑就是"类书类"产生之前诸类书之别名、总称，但是也不能因为这个原因，就断定《旧唐书》所载之"类事"是错误的，它的存在也是可以解释通的。曾经想要证明孰是孰非，竟然得到了新的认知，总之，我们不能对流传已久的文本轻易做出大刀阔斧的修正，或许随着理解的加深，问题会自然解决，所以发现问题之后最需要的是不断地思索，而不是急于去纠正错误，去篡改古书。

当然，我们还是不满足的，"事类"简化为"事"亦是可以的，为何非要变为"类事"呢？还是需要进一步考察。

三、"类事"为是

其实我们对于这个问题还可以有另外的解释，即以"类事"为出发点。诚如前文所说，《旧唐书·经籍下》子部小叙部分诸类目的结尾皆有一个"类"字，即"儒家类一、道家类二、法家类三、名家类四、墨家类五、纵横家类六、杂家类七、农家类八、小说类九、天文类十、历算类十一、兵书类十二、五行类十三、杂艺术类十四、事类十五、经脉类十六、医术类十七"。此叙述模式很显然以"类"字结尾，而诸类目在正文中再次出现时，皆把"类"字省略了，只余下"儒家、道家、法家、名家、墨家、纵横家、杂家、农家、小说、天文、历算、兵书、五行、杂艺术、类事、经脉、医术"，如此来看，我们所见到的"类事"其实是去掉尾巴"类"之后的状况，如果加上尾巴，其就变成了"类事类"，继续按照这个思路往前推，"事类"一词极有可能就是前面丢掉了一个"类"字。

脱脱等人编纂《宋史》之时，将欧阳修等人所定的子部"类书类"子目，改为了"类事类"。《宋史》卷二〇五《艺文四》载：

> 子类十七：一曰儒家类，二曰道家类（释氏及神仙附），三曰法家类，四曰名家类，五曰墨家类，六曰纵横家类，七曰农家类，八曰杂家类，九曰小说家类，十曰天文类，十一曰五行类，十二曰蓍龟类，十三曰历算类，十四曰兵书类，十五曰杂艺术类，十六曰类事类，十七曰医书类。①

由《宋史》将"类书类"改为"类事类"一事可知，"类事类"在中古时代，亦是常用作类书之别名的，或许此"类事类"之名，就是从《旧唐书》而来，因为《旧唐书》以前的《隋书》中类书类典籍是处于子部"杂家"的，没有可参照性。而元初编纂《宋史》之时，能够参照的就是比《新唐书》还早的《旧唐书》。诚如上文所言，唐宋以来，"类事类"多被目录学者所提及，并使用到目录学著作中，虽然"类书类"的使用频率明显高于"类事类"。

直到清代，仍然有学者使用"类事类"总称类书。《浙江采集遗书总录》己集、庚集载"子部"诸家依次为："儒家类、杂家类、说家类一（总类）、说家类二（文格诗话）、说家类三（金石书画）、说家类四（小说）、艺玩类、类事类、丛书类、天文术算类、五行类、兵家类、农家类、医家类、道家类、释家类。"②

总之，对于类书之别名的考察，也就是"事类""类事"之纷争，我们其实倾向于"事类"，因为自南北朝以来，"事类"一词不断地被使用，

---

① 《宋史》卷二〇五《艺文四》，北京：中华书局，1977年，第5171页。
② [清]沈初等撰，杜泽逊、何灿点校：《浙江采集遗书总录》，上海：上海古籍出版社，2010年。

并且刘勰《文心雕龙》亦有"事类"篇。"事类"是偏名词性质的，而当"事类"之"类"去掉时，就变成了"事"，其实，一个"事"字，亦是可以恰当表达清楚的，中古的文人对此字所代表的意思也是完全可以明了的，故"事类"甚至包括"事"当是早期常用的类书别名。

有学者认为这个"类书之别名"问题，是个小问题，但是笔者不这样认为，我们认为这是一个关系类书理论研究的大问题，因为如果不能够把"类书"之名称的由来搞清楚的话，所谓"类书"之"自觉"，所谓类书之"独立"就成为无根之木，而对于研究类书的发展史、编纂史更是极大的缺失，所以我们要搞清楚"类书"的别名的出现与独立时间，每一个阶段的别名，反映的是类书在特定时期的发展与变化，更代表着类书的自觉与独立，怎能不重要？

明清诸图书目录中，在"类书类""类事类"之外，亦有其他别名称呼类书，如"类家类""类家""类编""汇书类"。这些称呼的中心其实都在强调"类"，与我们前文的说法有异，前文我们强调"事"，而此处是"类"，至于原因，我们的猜测是，中古时期对于类书的认知在于"事"，而明清诸人对于类书的认知更侧重于"类"。

明	《国史经籍志》	四部分类	子部·类家类
明	《澹生堂藏书目》	四十六类	类家类
明	《世善堂藏书目录》	六大类	史类·类编
明	《红雨楼书目》	四部分类	子部·汇书类
清	《读书敏求记》	四部分类	子·类家

四、小结

类书在目录学中的演变反映的是类书的发展史、学术史，是类书在各个时代的发展历程。魏晋南北朝时代，类书主要是类事类书，类书与史学、文学关系密切，但是随着史学与文学的自觉，类书被排挤到子部"杂家"。唐宋时代，类书的编纂模式多样化，类书在目录学中开始获得了独立地位，并经历了从"事类""类事"到"类书"的转变，此时的类书数量大增，影响深远，无形中融入中国文化的各个角落。明清时代，学者对类书的目录学位置提出了越来越多的新见解，主要是要提升类书的地位，但是官方主流目录学观点一直强调沿袭旧例，即继续将类书作为子部一家对待。历代对类书目录学位置的探讨对于我们今天研究类书是十分有价值的，尤其重要的是古代学者对类书内部诸典籍性质的探讨，它对我们了解类书内部诸典籍之性质有着启发作用。因为，类书这一大家族包含的典籍虽都是强调以类相从、分门别类，但是体例不一、来源各异，我们要加强类书研究，就必须弄清楚类书一门之内诸典籍的性质，剔除那些不属于类书范畴的典籍，正本清源。以往学者对类书进行目录学考察时，屡屡被杂乱无章的类书所迷惑，其实他们所欠缺的就是对类书本身的分类整理，故而当他们面对纷繁杂乱、五花八门的类书时，得出的结论总是不如人意。类书的流传、演变是一个大问题，且是个很冗杂的问题。就目前的材料看，我们以目录学著作中的类书位置、归类、演变为中心，去考察类书的流传、演变，得到的结果总体上还是令人满意的。古人做学问，编制图书目录，多重实证，少有妄谈者，故我们完全可以根据历代目录学材料来构建类书的流传、演变史，这个问题前贤亦多有讨论，但是少有学者深入、全面地分析原因。如胡道静先生曾说，类书的独立可以上推到开元时代的《古今书录》，胡先生真是慧眼卓识，但是后来的研究者就没有对这个问题进行深入考察。我们通过对史料的梳理，发现了其中的演变过程，这对于类书在开元时代的独立来说无疑是一个有力证据。此外，以前我们常说"类书"一名首出于《崇文总目》，目前来看，《龙图阁书目》中已有"类书"出现，故《龙图阁书目》是目前可知的最早出现"类书"类目的目录学著作，且此《龙图阁书目》是官方目录，《龙图阁书目》多有创新，是四部分类法之外依据藏书内容进行的分类，而类书竟然能在此时有一个独立的地位或位置，其实是唐代类书大发展的结果，如果没有如此多高质量且影响重大的大类书的涌现，类书之得名与受重视程度都是无源之水。宋代以来的目录学著作对类书的重视是可以看到的，官方系统的目录学著作之外，私家系统更是多姿多彩，不同的观点是并行不悖的，不必因为众说纷纭就要做出一个彻底的决断，越是彻底的决断，越容易犯错误，诸说并存才是最真实、最靠谱，也是最有学术意义的存在。

余论　类书研究的知识史方法与博物学进路

　　类书与知识史、博物学之间的关系皆十分紧密，类书的产生本身就是"知识主义"的结果，亦是博物观念发展到极致的产物，①如欲加深对类书的研究，就必须沿着知识史、博物学的来路回溯。知识史与博物学本质上都是知识扩张的结果，在魏晋南北朝时期尤其是南北朝时期快速发展起来，并在历代读书人、士大夫的承接、传续中一直延续到今天，知识史更多的是知识的纵向生长，博物学则是知识的横向扩张。

一、类书研究的知识史方法

　　知识是人们在实践活动中所获得的认识和经验的总结，是人类智慧的结晶。胡泳教授《知识史需要全面更新》言："当知识这一概念最早在人类历史上出现的时候，理解世界的能力，是我们和其他动物之间最根本的区别。"②其实，人们认识到的每一个事物、每一项规律，人们发展的每一种技术、每一个技巧、每一个方法，完成特定工作的方案、

---

①刘全波：《论魏晋南北朝时期的博学风尚与类书编纂》，张福贵主编：《华夏文化论坛》2012年第2期，总第8辑，长春：吉林文史出版社，2012年，第68—77页。
②胡泳：《知识史需要全面更新》，《网络空间研究》2016年第4期，第56页。

策略、程序，以及建议、方案、观点、创意等，都是知识。①英国学者迈克尔·马尔凯认为："只有那些普遍有效的和必需的知识形式，才可称得上是真正的知识。"②英国学者彼得·伯克指出："'信息'一词来特指相对'原始的'、特殊的和实际的，而以'知识'一词表示通过深思'熟虑的'、处理过的或系统化的。"③可见，从单一"知识"到"一般知识"是有一个进程的，诸位学者所强调的具有重要学术意义的知识，皆是所谓的"一般知识"。葛兆光先生言："我所说的'一般知识与思想'，是指的最普遍的、也能被有一定知识的人所接受、掌握和使用的对宇宙间现象与事物的解释……是一种'日用而不知'的普遍知识和思想。"④当然，知识作为人类精神的消费对象和创造结果，同人们消费的物质生活资料是不一样的，物质生活资料是僵死的、静止的，一旦被创造出来就不再改变，直到被人类吸收、消费掉为止，知识却是人类的精神产物，是有生命力的，它是被创造和自我创造的统一，是不断地被修改、被扩充和被完善与自我修改、自我扩充和自我完善的统一。

"知识史"其实是从"知识"出发，去探索"知识"的发展史、变迁史、内在动力、内在逻辑。换一种说法，从"知识"到"知识史""知识论""知识史观"，其实是大家不满足于知识表层问题的一种表现，是探索知识内部结构、外在表现、深层逻辑的一个思路。葛兆光先生《知识史与思

①李建华：《知识生产论》，北京：中国社会科学出版社，2008年，第71页。

②[英]迈克尔·马尔凯著，林聚任等译：《科学与知识社会学》，北京：东方出版社，2001年，第18页。

③[英]彼得·伯克著，陈志宏、王婉旎译：《知识社会史：从古登堡到狄德罗》，杭州：浙江大学出版社，2016年，第18页。

④葛兆光：《一般知识、思想与信仰世界的历史》，《读书》1998年第1期，第102—113页。

想史:思想史的写法之二》言:"知识史,尤其是一般知识的历史比起不断出现天才的思想史来,那种突然超前和相对滞后的波动和异常要少得多,历史平缓而有序。"①葛兆光先生对待知识史的观点,其实是从一个长的角度、大的视野看待知识史,他关注的是用来提供基本知识的课本如《龙文鞭影》、解说字词意味的字典如《说文解字》,以及用来学习各类知识的类书如《艺文类聚》,这些知识性的书籍,是给人们,包括天才思想家们提供基本知识的。其实,我们既要看到知识在一个长时间段的传承性、稳定性,又要看到知识亦是不断在发展、变化的。

彭继红教授《知识史观:一种新的社会历史方法论》言:"一部人类社会发展史,也就是人类的知识发展史。""知识史观就是以含载知识的各种媒体中所蕴藏的信息作为观察分析的对象,以知识发展过程为研究线索和以知识生产方式为内在动力的历史观。"②彭继红教授所强调的知识,其实就是一种发展变化中的知识观,即对知识的考察,不应该只包括认识论和知识本身的增长论,还应该包括知识的历史学和社会学方面的诸多意义。潘晟教授《知识史:一个简短的回顾与展望》言:"讨论一个时代各层次知识的形式、内容、概念、累积、选择与被选择,描述与被描述,以及传播与传播方式的过程,可由此探索社会各具体组成部分的变迁过程,以及这种变迁与知识的关联程度,并由此而上,探索知识变迁在何种程度上影响社会形态变迁。"③潘晟教授所言即从知识史出发,重新审视社会变迁,要重点关注某个时代或地区有

①葛兆光:《知识史与思想史:思想史的写法之二》,《读书》1998 年第 2 期,第 132—140 页。

②彭继红:《知识史观:一种新的社会历史方法论》,《湖南师范大学社会科学学报》2000 年第 4 期,第 28　33 页。

③潘晟:《知识史:一个简短的回顾与展望》,《史志学刊》2015 年第 2 期,第 103 页。

什么知识，并将知识作为与信仰、政治相互阐发的手段，关注知识的累积、演变、选择与被选择的历史过程，注重知识的历史性复原研究。

类书研究亟须上述知识史方法，或者说，我们原来对这种方法的使用是一种天然的、自觉的、无意识的使用，还没有将其发挥到极致。例如，敦煌类书从体例上至少可分为类事、类文、类句、类语、赋体等类型，敦煌类书大量地被运用于敦煌本地的教育教学活动中，张球编纂、传授《略出籝金》就是最为真实的例子，而这些类书中的知识，如何内化为思想、信仰，外化为诗词歌赋、官样文章，就需要我们进一步考察。目前的敦煌类书及相关研究，还更多停留在编纂者、编纂时间、编纂过程、篇章结构、引书来源、辑佚校勘等问题的考察上，如果要加强对敦煌类书的纵深研究，必须摆脱原来的模式，或可从知识史的角度深入探索，不仅要讨论一个时代各层次知识的内容、累积、选择与被选择、描述与被描述，更要探索知识的纵向生长问题，即知识的被生产、被改造、被传播、被运用过程。

杏雨书屋藏敦煌写本"羽050号"是一卷类句类书，自刊布以来，学界尚未有人对其进行过研究，笔者对此写本进行了全面的录文与校勘，试图分析其体例与性质，但是效果一般。此写卷无疑是唐代作品，反映的也是唐人的世界观、知识观，其编纂年代的上限是武则天时期，因为文中出现了武则天时代诗人乔知之的诗句，而抄写时间目前尚不可知。[①]此写卷之内容涵盖"天""地""日""月""星""风""云""雨""雪""人""牛""马"等知识，是典型类书的编排模式，至于此写本的功用，

---

① 刘全波：《杏雨书屋藏敦煌类书羽050号杂考》，余滢坤主编：《童蒙文化研究》总第6卷，北京：人民出版社，2021年，第194—207页。

我们认为其具有教材性质，是教师或学郎的知识文本，但是这个内容
丰富的知识文本究竟有什么用呢？

月。月以阴灵，异姓月也，一岁十二月，卿月，日月盈昃。

星。文星，武星，使星，将星，狼星，周鼎星，酒星。

风。大王之风，君子之得风，风不鸣条，风得雨，巢居知风。

云。云从龙，大风起兮云飞扬，密云不雨自我西郊，卿云，云
如匹布。

雨。穴鼠知雨，今日不雨明日不雨，雨不破块，雨有酒气，雨
以润物。

雪。苏武食雪，映雪聚萤，冬无积雪，拂雪夜食天山草。

人。天生万物唯人为贵，得人者昌失人者亡，一人有庆，人能
弘道。

马。马以代劳，伯乐相马，齐景公有马千驷，马有垂疆之报，
人马同相，斑马之声。

牛。犁牛之子，邴吉视牛喘，污我牛口，宁作鸡口无为牛后，
如九牛去一毛。

驴。王武子好驴鸣，孙子荆驴鸣相知，阮籍白驴四头。

鸡。割鸡焉用牛刀，宁作鸡口，鸡有五德。

犬。展草而死，犬马之劳，犬有点眼之恩，有巨者犬。①

我们以上述内容中的两个词语 "卿月""卿云"为例，探讨敦煌类书

①武田科学振兴财团杏雨书屋编集：《敦煌秘笈》(影片册 1)，大阪：ほほや印刷株式会社，
2009 年，第 340—342 页。

在知识史方法下的新研究趋势，并由此讨论敦煌类书知识被选择、被传播、被应用等情况。"卿月"是月亮的美称，亦借指百官。《尚书》卷一二《洪范》载："王省惟岁，卿士惟月，师尹惟日。"孔传载："卿士各有所掌，如月之有别。"①唐宋时代的诸多诗人，拥有着不同的知识背景和成长经历，但时代不同且天各一方的杜甫、岑参、皎然、刘长卿、柳宗元、李商隐等人，竟然在他们的诗歌中皆使用了"卿月"一词。

　　　　刘长卿《送许拾遗还京》载："文星出西掖，卿月在南徐。"②

　　　　岑参《东归留题太常徐卿草堂》载"卿月益清澄，将星转光芒。"③

　　　　岑参《送李卿赋得孤岛石》载："君心能不转，卿月岂相离。"④

　　　　岑参《送张郎中赴陇右觐省卿公》载："还家卿月迥，度陇将星高。"⑤

　　　　岑参《河西太守杜公挽歌四首》载："唯余卿月在，留向杜陵悬。"⑥

　　　　杜甫《暮春江陵送马大卿公恩命追赴阙下》载："卿月升金掌，王

---

①[唐]孔颖达等正义：《尚书正义》卷一二《洪范》，[清]阮元校刻：《十三经注疏》，北京：中华书局，1980年，第80页。

②[清]彭定求等编：《全唐诗》卷一四八刘长卿《送许拾遗还京》，北京：中华书局，1960年，第1513页。

③[清]彭定求等编：《全唐诗》卷一九八岑参《东归留题太常徐卿草堂》，北京：中华书局，1960年，第2041页。

④[清]彭定求等编：《全唐诗》卷二〇〇岑参《送李卿赋得孤岛石》，北京：中华书局，1960年，第2069页。

⑤[清]彭定求等编：《全唐诗》卷二〇〇岑参《送张郎中赴陇右觐省卿公》，北京：中华书局，1960年，第2071页。

⑥[清]彭定求等编：《全唐诗》卷二〇〇岑参《河西太守杜公挽歌四首》，北京：中华书局，1960年，第2094页。

春度玉墀。"①

柳宗元《杨尚书寄郴笔知是小生本样令更商榷使尽其功辄献长句》载："桂阳卿月光辉遍，毫末应传顾兔灵。"②

李商隐《今月二日不自量度辄以诗一首四十韵干渎尊严伏蒙仁恩俯赐披览奖逾其实情溢于辞顾惟疏芜曷用酬戴辄复五言四十韵诗献上亦诗人咏叹不足之义也》载："将星临迥夜，卿月丽层穹。"③

皎然《同诸公奉侍祭岳渎使大理卢幼平自会稽回经平望将赴于朝廷期过故林不至》载："攀桂留卿月，征文待使星。"④

范仲淹《寄秦州幕明化基寺丞》载："共居卿月下，独得将星邻。"⑤

宋祁《光禄叶大卿哀词》载："丛兰秋寂寞，卿月夜苍茫。"⑥

王拱辰《耆英会诗》载："衣冠占数盛文雅，台符卿月光离离。"⑦

秦观《次韵王仲至侍郎》载："天近省闱卿月丽，春偏戚里将

①[清]彭定求等编：《全唐诗》卷二三二杜甫《暮春江陵送马大卿公恩命追赴阙下》，北京：中华书局，1960年，第2558页。

②[清]彭定求等编：《全唐诗》卷三五一柳宗元《杨尚书寄郴笔知是小生本样令更商榷使尽其功辄献长句》，北京：中华书局，1960年，第3931页。

③[清]彭定求等编：《全唐诗》卷五四一李商隐《今月二日不自量度辄以诗一首四十韵干渎尊严伏蒙仁恩俯赐披览奖逾其实情溢于辞顾惟疏芜曷用酬戴辄复五言四十韵诗献上亦诗人咏叹不足之义也》，北京：中华书局，1960年，第6244页。

④[清]彭定求等编：《全唐诗》卷八一六皎然《同诸公奉侍祭岳渎使大理卢幼平自会稽回经平望将赴于朝廷期过故林不至》，北京：中华书局，1960年，第9190页。

⑤北京大学古文献研究所编，傅璇琮等主编：《全宋诗》卷一六六范仲淹《寄秦州幕明化基寺丞》，北京：北京大学出版社，1995年第2版，第1881页。

⑥北京大学古文献研究所编，傅璇琮等主编：《全宋诗》卷二〇八宋祁《光禄叶大卿哀词》，北京：北京大学出版社，1995年第2版，第2391页。

⑦北京大学古文献研究所编，傅璇琮等主编：《全宋诗》卷三九四王拱辰《耆英会诗》，北京：北京大学出版社，1995年第2版，第4839页。

星闲。"①

"卿云"即庆云，一种彩云，古人视为祥瑞，又指歌曲名。《史记》卷二七《天官书第五》载："若烟非烟，若云非云，郁郁纷纷，萧索轮困，是谓卿云。卿云，喜气也。"②《后汉书》卷五二《崔骃传》注引《尚书大传》曰："舜时百工相和为《卿云之歌》曰：'卿云烂兮，纠漫漫兮，日月光华，旦复旦兮。'"③唐宋时代的诸多诗人，如李峤、皎然、崔立之、刘禹锡、晏殊、宋庠等，在他们的作品中皆使用了"卿云"一词。

李峤《江》载："英灵已杰出，谁识卿云才。"④

崔立之《南至隔仗望含元殿香炉》载："圣日开如捧，卿云近欲浑。"⑤

柳宗元《省试观庆云图诗》载："设色既成象，卿云示国都。"⑥

刘禹锡《平齐行二首·其二》载："妖氛扫尽河水清，日观杲杲卿云见。"⑦

---

①北京大学古文献研究所编，傅璇琮等主编：《全宋诗》卷一〇六〇秦观《次韵王仲至侍郎》，北京：北京大学出版社，1995年第2版，第12104页。

②《史记》卷二七《天官书第五》，北京：中华书局，1959年，第1339页。

③《后汉书》卷五二《崔骃传》，北京：中华书局，1965年，第1720页。

④[清]彭定求等编：《全唐诗》卷五九李峤《江》，北京：中华书局，1960年，第703页。

⑤[清]彭定求等编：《全唐诗》卷三四七崔立之《南至隔仗望含元殿香炉》，北京：中华书局，1960年，第3882页。

⑥[清]彭定求等编：《全唐诗》卷三五三柳宗元《省试观庆云图诗》，北京：中华书局，1960年，第3960页。

⑦[清]彭定求等编：《全唐诗》卷三五六刘禹锡《平齐行二首·其二》，北京：中华书局，1960年，第3998页。

刘禹锡《送僧仲剸东游兼寄呈灵澈上人》载："晴空礼拜见真像，金毛五髻卿云间。"①

李绅《庆云见》载："礼成中岳陈金册，祥报卿云冠玉峰。"②

蒋防《望禁苑祥光》载："仙雾今同色，卿云未可章。"③

李商隐《寓怀》载："彩鸾餐颢气，威凤入卿云。"④

李群玉《将离澧浦置酒野屿奉怀沈正字昆弟三人联登高第》载："卿云被文彩，芳价摇词林。"⑤

和凝《宫词百首》载："五色卿云覆九重，香烟高舞御炉中。"⑥

张聿《望禁苑祥光》载："山雾宁同色，卿云未可彰。"⑦

皎然《送德清卫明府赴选》载："凤门多士会，拥佩入卿云。"⑧

宋白《牡丹诗十首·其三》载："深染鲛绡笼玉槛，莫教飞去作卿云。"⑨

宋太宗《逍遥咏》载："贤圣人天常法则，卿云岭上白皑皑。"⑩

①［清］彭定求等编：《全唐诗》卷三五六刘禹锡《送僧仲剸东游兼寄呈灵澈上人》，北京：中华书局，1960年，第4005页。

②［清］彭定求等编：《全唐诗》卷四八二李绅《庆云见》，北京：中华书局，1960年，第5489页。

③［清］彭定求等编：《全唐诗》卷五〇七蒋防《望禁苑祥光》，北京：中华书局，1960年，第5761页。

④［清］彭定求等编：《全唐诗》卷五四一李商隐《寓怀》，北京：中华书局，1960年，第6250页。

⑤［清］彭定求等编：《全唐诗》卷五六八李群玉《将离澧浦置酒野屿奉怀沈正字昆弟三人联登高第》，北京：中华书局，1960年，第6580页。

⑥［清］彭定求等编：《全唐诗》卷七三五和凝《宫词百首》，北京：中华书局，1960年，第8397页。

⑦［清］彭定求等编：《全唐诗》卷七八七张聿《望禁苑祥光》，北京：中华书局，1960年，第8872页。

⑧［清］彭定求等编：《全唐诗》卷八一八皎然《送德清卫明府赴选》，北京：中华书局，1960年，第9217页。

⑨北京大学古文献研究所编，傅璇琮等主编：《全宋诗》卷二〇宋白《牡丹诗十首·其三》，北京：北京大学出版社，1995年第2版，第290页。

⑩北京大学古文献研究所编，傅璇琮等主编：《全宋诗》卷三〇宋太宗《逍遥咏》，北京：北京大学出版社，1995年第2版，第384页。

晏殊《元日词》载："影庭玉殿炉烟起，霭霭卿云瑞日高。"①

宋庠《从幸翠芳亭观橙》载："宫掌遥分露，卿云别护霜。"②

由此，在知识史的视野下，我们发现了敦煌类书中两个辞藻"卿月""卿云"的纵向生长过程，原来它们从来不是枯燥、孤立的知识，它们是有生长空间的，它们竟然如此活灵活现、意味悠远地出现在了诗人笔端，是什么让诗人长久地记住了它们，这个从知识到诗文的变化过程，多么值得我们深思。再进一步，不同时代、不同地方的诸多文人，共同使用着同样的辞藻，上文所举的例子，其实只是冰山一角，词语为何有如此的生命力，知识的被传播、被使用为何能够如此持久，文学、科举、教育又起了什么作用？这里面又有了思想乃至信仰意味，更是中国传统文化历久弥深、源远流长、传承有序、博大精深的真实写照。

通过诗文中类书辞藻的积累，我们可以更加清楚地认知古代读书人、士大夫作诗作文的真实景象。《文镜秘府论》南卷《论文意》载："凡作诗之人，皆自抄古人诗语精妙之处，名为随身卷子，以防苦思。作文兴若不来，即须看随身卷子，以发兴也。"③《文镜秘府论》这一段经典的论述经常被引用，因为这就是古人作诗作文的真实写照，类书其实是诗人最合用的"随身卷子""兔园策"，故类书在知识的流传中起了很重

---

① 北京大学古文献研究所编，傅璇琮等主编：《全宋诗》卷一七二晏殊《元日词》，北京：北京大学出版社，1995 年第 2 版，第 1949 页。

② 北京大学古文献研究所编，傅璇琮等主编：《全宋诗》卷一九四宋庠《从幸翠芳亭观橙》，北京：北京大学出版社，1995 年第 2 版，第 2224 页。

③ ［日］弘法大师原撰，王利器校注：《文镜秘府论校注》，北京：中国社会科学出版社，1983 年，第 290 页。

要的作用，是古代读书人、士大夫认知世界、塑造认同的普遍记忆与知识底色。

二、类书研究的博物学进路

古代中国有"博物"之说，但没有"博物学"概念。在中国传统文化中，"博物"是一个与"博学""博通"相近的词汇，《诗经》里就记载了不少反映各地风俗、物产乃至鸟兽鱼虫的内容，《论语·阳货》中也载有孔子谈论《诗经》多识于鸟兽草木之名的句子。但严格说来，古代中国不存在"博物学"这门学科，"博物学"是一个近代以来被广泛使用的来自西方的词汇。[1]中国古代的博物，按其字面意思就是能"辨识许多事物"的学问，所谓"博物洽闻"指的就是这个意思，也就是见多识广，知识渊博，通晓万物。[2]刘宝楠《论语正义》载："鸟兽草木，所以贵多识者，人饮食之宜，医药之备，必当识别，匪可妄施，故知其名，然后能知其形，知其性……可知博物之学，儒者所甚重矣。"[3]西晋张华作《博物志》，《博物志》子目有地、山、水、人民、物产、外国、异人、异俗、异产、异兽、异鸟、异虫、异鱼、异草木、物性、物理、物类、药物、药论、食忌、艺术、戏术、方士、服食等。[4]博物之学，果然是广收博采，内容博瞻。

而西学中的博物学，更多的是自然史的内容。《知识帝国：清代在华

---

①吴国盛：《自然史还是博物学》，《读书》2016 年第 1 期，第 89 页。

②周金泰：《孔子辨名怪兽——试筑一个儒家博物学传统》，《史林》2021 年第 1 期，第 70 页。其言："辨兽故事虽然为假，但其生成尊重并反映了'孔子'和'儒家'的逻辑，其演变也是'孔子'及'儒家'被诠释的历史。""孔子本人的博物洽闻及其承载的'君子'意义、圣人通达天道继而为万物立法、孔子对巫传统的继承与改造等观念，是高度统一的。"

③［清］刘宝楠：《论语正义》，北京：中华书局，1990 年，第 689—690 页。

④［晋］张华撰，范宁校正：《博物志校正》，北京：中华书局，1980 年。

的英国博物学家》言："博物学意欲研究自然界的万物。"①吴国盛教授
《自然史还是博物学》言："典型的博物学包括关于自然界中各种事物特
别是动物、植物、矿物的观察记录、考察报告、文献典籍汇编。"②当然，
意欲研究自然界万物的博物学，他与类书的编纂理念是有可比性的，
类书就是要完成对天地人事物的囊括，但是，二者之间的内在逻辑还
是有很大区别的。王昕教授《论志怪与古代博物之学——以"土中之怪"
为线索》言："中国古代博物之学和现代博物学是两种不同的知识传统与
认知方式。古代博物之学并非科学的自然史知识，而是建立在方术基
础上的，包含着人文性和实用性的一套价值系统和认识方式。"③所以，
我们所说的博物学是中国古代的博物之学，不是近代学术意义上的博
物学，中国古代的很多知识，其实不能和所谓的西方概念画等号，就
如"类书"与"百科全书"，可以暂时对比、比拟一下，但是绝不可直接
画等号。

　　刘华杰教授《理解世界的博物学进路》言："博物学更有诗情画意，
千百年来也一直实实在在地支撑着人们的生活。""中国古代主要是农耕
社会，博物学比数理科学要发达得多，目前的科学通史并没有很好地
反映这一特征。"④刘啸霆、史波教授《博物论——博物学纲领及其价值》
言："知识分类。这也是博物学最主要的工作，通过分类把握知识的脉
络和谱系。较之数理知识，博物学知识经常显得散碎、不连贯、说不

---

　　①[美]范发迪著，袁剑译：《知识帝国：清代在华的英国博物学家》，北京：中国人民大学出版
社，2018年，第215页。
　　②吴国盛：《自然史还是博物学》，《读书》2016年第1期，第95页。
　　③王昕：《论志怪与古代博物之学——以"土中之怪"为线索》，《文学遗产》2018年第2期，第
129页。
　　④刘华杰：《理解世界的博物学进路》，《安徽大学学报(哲学社会科学版)》2010年第6期，第21页。

清，这实际是按照现代逻辑化眼光审查的效果。而实际上博物学有自己的处理方式，为了把握和辨识万事万物，博物学最主要的工作是分类，由此人们也增进了自己的知识。"①如此看来，博物之学是中国古人认知世界的一种中国特色的方式，其特点是注重知识分类，通过分类把握知识的脉络和谱系。

所谓知识分类，其实就是对知识进行自然、合理地区分，分类意识其实是人的本能，是人类天生把握世界的基本生存能力之一。②姚名达先生《中国目录学史》之《事物之分类》言："分类之应用，始于事物，中于学术，终于图书。"③如此看来，分类在图书知识上的应用是分类的高级形态。类书的最大特点就是以类相从，博物之学的重分类与类书的以类相从有着天然的联系，且是博学之学在前，或是早期的博物思想催化了类书的产生，张舜徽先生就有这样的观点。张舜徽先生《清人文集别录》卷一五《玉函山房文集、续集》载："类书之起，昉于明分部类，据物标目，盖必推《尔雅》为最先。"④张舜徽先生《四库提要叙讲疏》之《类书类叙》又载："类书之兴，当溯源于《尔雅》……分类登载，有条不紊，此非类书而何。"⑤至于《尔雅》与类书的渊源，笔者已经做过考察。⑥我们这里要强调的是，《诗经》《论语》《尔雅》《博物志》等典籍所宣扬的博物观念与类书确有颇深的渊源。《皇览》之后，历代王朝多有类书编纂，直至《四库全书》编纂之时，类书竟然占到了《四库全书》的十分之

①刘啸霆、史波：《博物论——博物学纲领及其价值》，《江海学刊》2014年第5期，第6页。

②刘全波：《类书研究通论》，兰州：甘肃文化出版社，2018年，第1页。

③姚名达：《中国目录学史》，上海：上海古籍出版社，2002年，第49页。

④张舜徽：《清人文集别录》卷一五《玉函山房文集、续集》，武汉：华中师范大学出版社，2004年，第392页。

⑤张舜徽：《四库提要叙讲疏》之《类书类叙》，台北：学生书局，2002年，第169页。

⑥刘全波：《论类书的渊源》，《图书情报知识》2013年第1期，第78—84、113页。

一。大量类书的流传，深刻地影响了各个时代的读书人，读书人亦不断地新编、续编、节抄、删略类书，而今天我们如欲重新认识类书，必须用博物的视野回望类书，才能发现类书的本质。

> 星。文星，武星，使星，将星，狼星，周鼎星，酒星。
>
> 扇。夏不操扇，合欢扇，云茂扇，雉尾扇，王敦斩其扇者。
>
> 将军。二师将军，细柳将军，大树将军，□□将军，伏波将军。
>
> 酒名。日炙春，鹅儿黄，鸭头绿，素洛，竹叶青，松花酒，九酝酒。①

通过这几条文献，我们可以知道敦煌类书的博物特点，即类书用以类相从的方式将相关内容汇聚在一起，展现"物"的汇聚，完成对各类知识的极致追求。"酒名"一条最为典型，日炙春、鹅儿黄、鸭头绿、素洛、竹叶青、松花酒、九酝酒，这些酒名首先反映的就是中古时期的酒知识，而此博物景观背后的文化，其实极其丰富多彩，意味深长。无独有偶，敦煌写本《语对》中也有"酒"类，并记载了九酝、兰英、桂醑、蒲桃、石榴、竹叶、金罍、玉爵、中山、玉膏酒，以及著名文士马融、郑泉、敬仲饮酒的故事。②如此，酒知识的汇聚，本身就是一道引人入胜的博物景观。

敦煌写本 P.3661 写卷亦是一卷佚名类书，共有十卷，每卷十五门，

---

①武田科学振兴财团杏雨书屋编集：《敦煌秘笈》(影片册1)，大阪：ほまや印刷株式会社，2009年，第340—342页。

②王三庆：《敦煌本古类书语对研究》，台北：文史哲出版社，1985年，第205—208页。

共一百五十门，目前仅存目录和第一卷前半部分，但是此写卷之内容是极其丰富的，不仅有"朝聘""爵位"等为政为官的知识，"诬诈""刚强"等或明或暗的品质，"器用""车服"等衣食住行的内容，还有"巫医""卜筮"等医学占卜知识。此写卷与诸敦煌类书多有不同，即此写卷的内容更加博瞻与专业，博物理念被贯彻得更为彻底。敦煌写本《语对》共有三十九个门类，后王三庆先生根据事文内容，从"文笔"类中析出"谈讲"类，共计四十门类。[①]而此 P.3661 写卷有一百五十门类，对天、地、人、事物的阐释，极其详尽。

一。帝王、政令、命、隐讳、忠臣、恶臣、朝聘、爵位、职官、谏诤、俊选、福禄、盟会、征伐、射御。

二。畋猎、囚俘、服、整理、狱讼、赏罚、恩泽、流放、过恶、有罪、悔过、私、贪欲、怠惰、盗窃。

三。背叛、乱败、灭忘（亡）、杀戮、道德、仁义、礼、智勇、诚信、敬让、节操、贞洁、威仪、美貌、性情。

四。刚强、正直、宽猛、慈惠、抚恤、荣贵宠、安逸、奢侈、矜夸、专擅、贫俭、劳苦、忧患、恐惧、怨思。

五。耻辱、逃穷、嗟叹、谗佞谤、疑贰、诬诈、妖淫、报恩、忘旧、仇雠、善、谋略、桓权、艺业、工商。

六。等差、法度、器用、车服、货贿、宝利、丝麻、契约、修营、成功、学校、教戒、史籍、古典。

七。名氏、冠婚、夫妇、亲族、父母、兄弟、朋友、子孙、和

---

① 王三庆：《敦煌本古类书语对研究》，台北：文史哲出版社，1985 年，第 14 页。

好、赠遗、酒食、饥、享晏(宴)、音乐、衣服

八。游戏、言笑、老寿、孤寡、幼贱、疾、巫医、卜筮、社稷、丧祸、死伤、祭祀、祈祷、灾祥、阴阳。

九。征税、田农、贡赋、旅客、山川、使行、戎狄、风俗、宫室、居处、都鄙、封疆、不仕、不得志、废弃。

十。数助、草木、天地、兽畜、形体、叠句、诸我、诸子、吾余、尔汝谁、人臣士、国号、之夫兮、焉然乎、者也耳、已矣止。①

《颜氏家训》卷三《勉学第八》载:"故士大夫子弟皆以博涉为贵,不肯专儒。"②"夫学者贵能博闻也。郡国山川,官位姓族,衣服饮食,器皿制度,皆欲根寻,得其原本。"③类书的发展、兴盛乃至出现高潮,就是在这种博学风气的带动下出现的。张涤华先生《类书流别》言:"类书所以滥觞于魏世者,亦自有故。原夫由汉至魏,文体丕变,单行浸废,排偶大兴,文胜而质渐以漓。其时操觚之士,驰骋华辞,而用事采言,益趋精密。于是记问之学,缘以见重。其或强记不足,诵览未周者,则乞灵抄撮,效用谀闻,期以平时搜辑之勤,借祛临文翻检之剧;故网罗欲富,组织欲工,类书之体,循流遂作。是知一物之微,亦时代之所孳育,其来有自,非偶然也。"④于是,一个崇尚博学多闻的知识主

①图版见上海古籍出版社、法国国家图书馆编《法国国家图书馆藏敦煌西域文献》第26册,上海:上海古籍出版社,2002年,第256页;录文参王三庆:《敦煌类书》,台北:丽文文化事业股份有限公司,1993年,第445页。

②[北齐]颜之推撰,王利器集解:《颜氏家训集解》,上海:上海古籍出版社,1980年,第169页。

③[北齐]颜之推撰,王利器集解:《颜氏家训集解》,上海:上海古籍出版社,1980年,第209页。

④张涤华:《类书流别》(修订本),北京:商务印书馆,1985年,第14—15页。

义时代悄然来临了，类书的编纂就此肇兴，在此后，历朝历代愈加繁荣，文人墨客在帝王将相的招揽之下自愿埋身于其中而不能自拔。

温志拔教授《宋代类书中的博物学世界》言：“博物学是古代中国人精神信仰与文化学术的知识基础，宋代类书博物部类所呈现的知识演进，是宋代博物学转变的一个侧面，也是精神文化史变迁的一个侧面。”①宋代类书的博物学世界在其他时代也是相通的，作为传统社会中“观察世界的方式”的博物学，在现代科学建立以后，往往只被看作是前科学时代粗糙的知识和技能的“杂烩”，或者被偏狭地认为仅仅是关于花草树木、鸟兽虫鱼的趣味“杂学”，其实不然。余欣教授《敦煌的博物学世界》言：“中国博物学不仅是一个知识体系，而且是理解世界的基本方式。”“中国博物学的本质，不是‘物学’，而是‘人学’，是人们关于‘人与物’关系的整理理解。”②诚然，博物学研究的意义，或许就在传统的政治、经济、社会史研究范式之外，更为活性化地探求中国历史深层波澜之源和天数世道潜移运默之故。

三、不断开启类书研究的新境界

《古今图书集成·凡例》载：“法象莫大乎天地，故汇编首历象而继方舆，乾坤定而成其位，其间者人也，故明伦次之，三才既立，庶类繁生，故次博物，裁成参赞，则圣功王道以出，次理学经济，而是书备言。”③葛兆光先生又言：“以各种庞大的图书汇集、类书编撰等形式，对

---

①温志拔：《宋代类书中的博物学世界》，《社会科学研究》2017 年第 1 期，第 186 页。

②余欣：《敦煌的博物学世界》，兰州：甘肃教育出版社，2013 年，第 4—5 页。

③［清］陈梦雷编纂，［清］蒋廷锡校订：《古今图书集成·凡例》，北京、成都：中华书局、巴蜀书社，1985 年，第 13 页。

知识、思想和信仰作了归纳。"①诚然，从魏晋至明清，类书在知识的排列组合方面，在知识的生产与再生产方面，都达到了极致，某种意义上说，类书就是"知识"的代名词，再也没有哪种典籍如类书这般"博学"。彼得·伯克从中西比较的角度得出如下判断："这两种知识体系也许可以被称为中国的'官僚式知识组织模式'和欧洲的'企业式知识组织模式'。"②"在近代早期的中国，知识总是与强权联系在一起的，（也就是说）在这种情况下，知识（的生产、保存和传播）依靠的是官吏和毛笔而非武士与刀剑。"③官僚式知识组织模式是古代中国的特色，也是类书的特色，但这更展现了传统中国知识传播的官方性、稳定性、一贯性。孔颖达《礼记正义序》载："博物通人，知今温古，考前代之宪章，参当时之得失，俱以所见，各记旧闻。错总鸠聚，以类相附。"④可见，读书人对于博学的追求是无止境的，以博学为核心的知识主义的扩张也是无终止的，这无形中又刺激并塑造了类书的编纂模式、体例，类书从最初的辑录事类，发展到辑录故事、典故、诗文、词语，从单纯的类事类书发展到事文并举，类书的取材范围越来越广阔，山包海汇，以至六合之内，靡所不载，所以，知识在类书中集聚是一个不断加速的过程，而随着文学、科举、教育的发展，愈加不可遏制，于是《永乐大典》《古今图书集成》就不可避免地出现了。

余欣教授《博物学与写本文化：敦煌学的新境域》又言："中国博物学

---

① 葛兆光：《中国思想史——七世纪至十九世纪中国的知识、思想与信仰世界》，上海：复旦大学出版社，2000 年，第 77 页。

② [英]彼得·伯克著，陈志宏、王婉旎译：《知识社会史：从古登堡到狄德罗》，杭州：浙江大学出版社，2016 年，第 196—197 页。

③ [英]彼得·伯克著，陈志宏、王婉旎译：《知识社会史：从古登堡到狄德罗》，杭州：浙江大学出版社，2016 年，第 196—197 页。

④ [汉]郑玄注，[唐]孔颖达疏：《礼记正义》，北京：北京大学出版社，1999 年，第 3 页。

最重要的贡献在于他提供了一种科学时代之前的理解世界的方式，即不同于'科学宗教'的世界观和思维方式。"①诚然，中国古代的博物之学是自成体系的认知方式与思维方式，是古人体察万物、摹想世界的知识汇集。王昕教授《论志怪与古代博物之学——以"土中之怪"为线索》言："丛集知识的类书编纂方式。无论《山海经》还是《博物志》，都是把各类知识与传闻按照各自的分类标准汇辑起来。"②"博物之书就是类似百科全书式的类书，不但包括自然知识也包括社会人文知识，以及'传说闻见'一类，如《山海经》《博物志》，等等。"③可见，无论《山海经》，还是《博物志》，博物观念落到实处还是知识，都是把各类知识按照各自的分类标准汇辑起来。朱渊清先生《魏晋博物学》言："魏晋博物学的兴起是中国传统知识积累的结果，传统各种学术中对博物学形成影响最大的是名物学、地志学、农学、本草学、图学等。魏晋博物学具实用、志异和知识累积的特征。""魏晋博物学是中国知识进化史上重要的一页。"④如此，知识史与博物学之间的交叉是天然的，二者本身都是知识扩张的结果，知识史更多是知识的纵向生长，博物学则是知识的横向扩张。

　　敦煌类书是敦煌文献中的一小分支，且多是残缺不全的，但是敦煌类书的知识内容是极其珍贵的，因为传世大类书皆是大而全，皆是被后人不断地修订补充，导致我们反而看不清很多问题。敦煌类书的

①余欣:《博物学与写本文化:敦煌学的新境域》,《中国高校社会科学》2015 年第 2 期,第 80 页。

②王昕:《论志怪与古代博物之学——以"土中之怪"为线索》,《文学遗产》2018 年第 2 期,第 129 页。

③王昕:《论志怪与古代博物之学——以"土中之怪"为线索》,《文学遗产》2018 年第 2 期,第 130 页。

④朱渊清:《魏晋博物学》,《华东师范大学学报(哲社版)》2000 年第 5 期,第 43—51 页。

原始性、真实性非常强，不时出现的学郎题记、学郎杂写，更是给我们带来惊喜，所以敦煌类书的价值与意义不容小觑。敦煌类书与教育的研究起步最早，成果丰硕，但是我们不满足于此，我们更希望通过这批写本文献看到更多的历史真实。"卿月""卿云"的知识史，可以给我们更多的认知，其实，当我们认真去考察敦煌类书与文学的关系时，这样的发现比比皆是，于是我们对唐代文学的认知会发生变化，对类书尤其是敦煌类书的认知更会发生变化，吃到了鸡蛋，还需要认识一下母鸡，甚至是母鸡的饲料。如此，回望知识集聚的进程，研究博物观念的兴衰，就有了多重意义。再者，关注敦煌类书与教育、文学的密切关系之外，更需要关注敦煌类书与科举之关系，多年的知识积累，难道仅仅是机械的知识集聚，"用"还是最重要的，而科举就是最重要的指挥棒。

类书研究的博物学进路看起来比较简单，即追索同类知识的无限扩张及其回溯，甚至此种博物学方法，经常是"日用而不知"，可是，就算是在最为基础的童蒙教育中，都会时时出现此类现象，知识的累积、集聚，都有典型的博物学理念在里面。"孝"的故事，必须要连缀成"二十四孝"，"美人"的故事，必须累积成"四大美人"，圣君、贤王、名士的故事亦是如此，"三皇""五帝""四公子""竹林七贤"，等等，就是果实。再进一步，博物知识的累积，亦是复杂万分，甚至是变化多端。例如梁元帝《纂要》中关于"春"的知识："春曰青阳，亦曰发生、芳春、青春、阳春、三春、九春，天曰苍天，风曰阳风、春风、暄风、柔风、惠风，景曰媚景、和景、韶景，时曰良时、嘉时、芳时，辰曰良辰、嘉辰、芳辰，节曰华节、芳节、良节、嘉节、韶节、淑节，草曰弱草、芳草、芳卉，木曰华木、华树、芳林、芳树，林曰茂林，鸟曰阳鸟、时鸟、阳禽、侯鸟、时禽、好鸟、好禽。"①此等关于"春"的知识，非常丰富，今人看来多有不解之处，但是在中古时期的读书人心中，这些都是必备的知识，甚至是常识，几多传世名句，不就是从中而来的吗？当然，博物知识的积累，为读书人提供了方便之门，但进门之后，就变成了故事中人，无形中，又成为博物知识的传承者、弘扬者、守护者；当然，食古不化者，更或有之，生搬硬套，人云亦云，鹦鹉学舌，囫囵吞枣，成为被人不屑的"獭祭""饾饤""渔猎""剿袭"。

　　总之，如欲加深对类书及相关文献的整理研究，需要沿着知识史、博物学的来路回溯。从知识史出发探究类书，可以见到诸多生涩乃至艰涩的知识如何被选择、被传播、被使用的痕迹，这比仅仅把类书作为一个整体，进行思想史、文化史、文体学的考察要更加微观、更加具体。类书研究的博物学进路扩展了我们的视野，古人对博物知识的分类之细致、严谨、不厌其烦，更是超出我们的想象，而利用此等博物观念、博物知识，回望其产品、成果，也就是诗词歌赋、墓志碑铭、书仪愿文、官样文章，便有豁然开朗之感。当然，任何方法都不可能是包治百病的良药，以变化的视角去推动类书研究则是不变的初心，理论的不断创新与古籍整理实践的相互砥砺更是不二法门。不远的将来，随着越来越多的具有不同学科背景的研究者的涌入，学术交流碰撞的星星之火，必然会成燎原之势，而不断开启类书研究的新境界，就是新时代类书研究的使命与责任。

---

　　①［清］马国翰辑：《玉函山房辑佚书·经编小学类》，扬州：广陵书社，2004 年，第 2423 页。

参考文献

一、古籍

［三国魏］曹丕著，易健贤译注：《魏文帝集全译（修订版）》，贵阳：贵州人民出版社，2009 年。

［西晋］张华撰，范宁校正：《博物志校正》，北京：中华书局，1980 年。

［南朝宋］刘义庆著，［南朝梁］刘孝标注，余嘉锡笺疏，周祖谟、余淑宜、周士琦整理：《世说新语笺疏》，北京：中华书局，2007 年第 2 版。

［南朝梁］萧统编，［唐］李善注：《文选》，上海：上海古籍出版社，1986 年。

［南朝梁］钟嵘撰，曹旭集注：《诗品集注》，上海：上海古籍出版社，1994 年。

［南朝梁］释僧祐著，苏晋仁、萧錬子点校：《出三藏记集》，北京：中华书局，1995 年。

［南朝梁］刘勰撰，黄叔琳注，李详补注，杨明照校注拾遗：《增订文心雕龙校注》，北京：中华书局，2000 年。

［南朝梁］刘峻著，罗国威校注：《刘孝标集校注（修订本）》，北京：

学苑出版社，2003 年。

[北齐]颜之推撰，王利器集解：《颜氏家训集解》，上海：上海古籍出版社，1980 年。

[隋]虞世南：《北堂书钞》，天津：天津古籍出版社，1988 年。

[隋]杜公瞻撰，[清]高士奇补：《编珠》，《文渊阁四库全书》第 887 册，上海：上海古籍出版社，2003 年。

[唐]徐坚等著：《初学记》，北京：中华书局，1962 年。

[唐]白居易：《白氏六帖事类集》，北京：文物出版社，1987 年。

[唐]杜佑撰，王文锦等点校：《通典》，北京：中华书局，1988 年。

[唐]李林甫等撰，陈仲夫点校：《唐六典》，北京：中华书局，1992 年。

[唐]欧阳询撰，汪绍楹校：《艺文类聚》，上海：上海古籍出版社，1999 年第 2 版。

[唐]白居易原本，[宋]孔传续撰：《白孔六帖》，《文渊阁四库全书》第 892 册，上海：上海古籍出版社，2003 年。

[唐]杜宝撰，辛德勇辑校：《大业杂记辑校》，西安：三秦出版社，2006 年。

[唐]白居易撰，[日]神鹰德治、山口谣司解题：《白氏六帖事类集》，东京：汲古书院，2008 年。

[唐]刘知几著，[清]浦起龙通释，王煦华整理：《史通通释》，上海：上海古籍出版社，2009 年。

[唐]白居易著，谢思炜校注：《白居易文集校注》，北京：中华书局，2011 年。

[宋]王溥：《唐会要》，北京：中华书局，1955 年。

［宋］李昉等撰：《太平御览》，北京：中华书局，1960 年。

［宋］王应麟：《玉海（合璧本）》，京都：中文出版社，1977 年。

［宋］李昉等撰：《文苑英华》，北京：中华书局，1982 年。

［宋］王尧臣等编次，钱东垣等辑释：《崇文总目》，《丛书集成初编》第 22 册，北京：中华书局，1985 年。

［宋］尤袤：《遂初堂书目》，《丛书集成初编》第 32 册，北京：中华书局，1985 年。

［宋］赞宁撰，范祥雍点校：《宋高僧传》，北京：中华书局，1987 年。

［宋］陈振孙撰，徐小蛮、顾美华点校：《直斋书录解题》，上海：上海古籍出版社，1987 年。

［宋］郑樵撰，王树民点校：《通志二十略》，北京：中华书局，1995 年。

［宋］王应麟撰，孙海通校点：《困学纪闻》，沈阳：辽宁教育出版社，1998 年。

［宋］王应麟：《玉海》，扬州：广陵书社，2003 年。

［宋］王钦若等编纂，周勋初等校订：《册府元龟》，南京：凤凰出版社，2006 年。

［宋］晁公武撰，孙猛校证：《郡斋读书志校证》，北京：中华书局，2011 年。

［宋］王应麟撰，武秀成、赵庶洋校证：《玉海艺文校证》，南京：凤凰出版社，2013 年。

［元］马端临：《文献通考》，北京：中华书局，1986 年。

［明］胡应麟：《少室山房笔丛》，北京：中华书局，1958 年。

［明］焦竑：《国史经籍志》，《丛书集成初编》第 27 册，北京：中华书

局，1985年。

[明]杨士奇等编：《文渊阁书目》，《丛书集成初编》第30册，北京：中华书局，1985年。

[清]彭定求等编：《全唐诗》，北京：中华书局，1960年。

[清]永瑢等撰：《四库全书总目》，北京：中华书局，1965年。

[清]董诰等编：《全唐文》，北京：中华书局，1983年。

[清]章学诚著，叶瑛校注：《文史通义校注》，北京：中华书局，1985年。

[清]陈梦雷编纂，[清]蒋廷锡校订：《古今图书集成》，北京、成都：中华书局、巴蜀书社，1985年。

[清]章学诚：《章学诚遗书》，北京：文物出版社，1985年。

[清]孙冯翼辑：《皇览》，《丛书集成初编》第172册，北京：中华书局，1985年。

[清]周中孚：《郑堂读书记》，北京：中华书局，1993年。

[清]姚振宗：《隋书经籍志考证》，《续修四库全书》第915册，上海：上海古籍出版社，2002年。

[清]马国翰辑：《玉函山房辑佚书》，扬州：广陵书社，2004年。

二、著作

王重民：《敦煌古籍叙录》，北京：商务印书馆，1958年。

刘叶秋：《类书简说》，上海：上海古籍出版社，1980年。

陈垣：《陈垣学术论文集》第1集，北京：中华书局，1980年。

戴克瑜、唐建华主编：《类书的沿革》，成都：四川省图书馆学会编印，1981年。

洪业：《洪业论学集》，北京：中华书局，1981 年。

陈垣：《陈垣学术论文集》第 2 集，北京：中华书局，1982 年。

庄芳荣：《中国类书总目初稿》，台北：学生书局，1983 年。

刘乃和主编：《〈册府元龟〉新探》，郑州：中州书画社，1983 年。

王重民：《中国目录学史论丛》，北京：中华书局，1984 年。

远藤光正：《类书の伝来と明文抄の研究：军记物语への影响》，佐久：あさま书房，1984 年。

王三庆：《敦煌古类书〈语对〉研究》，台北：文史哲出版社，1985 年。

张涤华：《类书流别(修订本)》，北京：商务印书馆，1985 年。

方师铎：《传统文学与类书之关系》，天津：天津古籍出版社，1986 年。

张忱石：《永乐大典史话》，北京：中华书局，1986 年。

陈松雄：《齐梁丽辞衡论》，台北：文史哲出版社，1986 年。

汪辟疆：《汪辟疆文集》，上海：上海古籍出版社，1988 年。

郑阿财：《敦煌写卷〈新集文词九经抄〉研究》，台北：文史哲出版社，1989 年。

郑炳林：《敦煌地理文书汇辑校注》，兰州：甘肃教育出版社，1989 年。

戚志芬：《中国的类书、政书与丛书》，北京：商务印书馆，1991 年。

余嘉锡：《目录学发微》，成都：巴蜀书社，1991 年。

罗宗强：《玄学与魏晋士人心态》，杭州：浙江人民出版社，1991 年。

乔好勤：《中国目录学史》，武汉：武汉大学出版社，1992 年。

史金波、黄振华、聂鸿音：《类林研究》，银川：宁夏人民出版社，

1993 年。

王三庆：《敦煌类书》，高雄：丽文文化事业股份有限公司，1993 年。

郑阿财：《敦煌文献与文学》，台北：新文丰出版公司，1993 年。

小川阳一：《日用类书による明清小说の研究》，东京：研文出版，1995 年。

周丕显：《敦煌文献研究》，兰州：甘肃文化出版社，1995 年。

梁启超：《中国历史研究法》，上海：上海古籍出版社，1998 年。

刘乃和：《历史文献研究论丛》，桂林：广西师范大学出版社，1998 年。

王瑶：《中古文学史论》，北京：北京大学出版社，1998 年第 2 版。

葛兆光：《中国思想史——七世纪前中国的知识、思想与信仰世界》，上海：复旦大学出版社，1998 年。

神谷胜广：《近世文学と和制类书》，东京：若草书房，1999 年。

黄侃：《文心雕龙札记》，上海：上海古籍出版社，2000 年。

徐俊纂辑：《敦煌诗集残卷辑考》，北京：中华书局，2000 年。

刘师培：《中国中古文学史讲义》，上海：上海古籍出版社，2000 年。

贺昌群：《魏晋清谈思想初论》，北京：商务印书馆，2000 年。

葛兆光：《中国思想史——七世纪至十九世纪中国的知识、思想与信仰世界》，上海：复旦大学出版社，2000 年。

裴芹：《古今图书集成研究》，北京：北京图书馆出版社，2001 年。

彭邦炯：《百川汇海——古代的类书与丛书》，台北：万卷楼图书有限公司，2001 年。

吴慧芳：《万宝全书：明清时期的民间生活实录》，台北：政治大学历史学系，2001 年。

夏南强：《类书通论》，武汉：湖北人民出版社，2001 年。

黄永年：《古籍整理概论》，上海：上海书店出版社，2001 年。

姚名达：《中国目录学史》，上海：上海古籍出版社，2002 年。

董治安主编：《唐代四大类书》，北京：清华大学出版社，2003 年。

来新夏：《古典目录学浅说》，北京：中华书局，2003 年新 1 版。

福田俊昭：《敦煌类书の研究》，东京：大东文化大学东洋研究所刊，2003 年。

闻一多：《唐诗杂论》，北京：中华书局，2003 年新 1 版。

张舜徽：《清人文集别录》，武汉：华中师范大学出版社，2004 年。

胡道静：《中国古代的类书》，北京：中华书局，2005 年新 1 版。

吴枫：《中国古典文献学》，济南：齐鲁书社，2005 年。

张围东：《宋代类书之研究》，台北：花木兰文化工作坊，2005 年。

赵含坤：《中国类书》，石家庄：河北人民出版社，2005 年。

程章灿：《赋学论丛》，北京：中华书局，2005 年。

郝润华：《六朝史籍与史学》，北京：中华书局，2005 年。

曹之：《中国古籍编撰史》，武汉：武汉大学出版社，2006 年。

逯耀东：《魏晋史学的思想与社会基础》，北京：中华书局，2006 年。

张弓：《敦煌典籍与唐五代历史文化》，北京：中国社会科学出版社，2006 年。

许建平：《敦煌经籍叙录》，北京：中华书局，2006 年。

罗宗强：《魏晋南北朝文学思想史》，北京：中华书局，2006 年第 2 版。

江秀梅：《〈初学记〉征引集部典籍考》，台北：花木兰文化出版社，2006 年。

屈直敏：《敦煌写本类书〈励忠节抄〉校录研究》，北京：民族出版社，2007年。

孙永忠：《类书渊源与体例形成之研究》，台北：花木兰文化出版社，2007年。

郑阿财、朱凤玉：《开蒙养正：敦煌的学校教育》，兰州：甘肃教育出版社，2007年。

唐光荣：《唐代类书与文学》，成都：巴蜀书社，2008年。

周生杰：《〈太平御览〉研究》，成都：巴蜀书社，2008年。

陈桥驿：《水经注论丛》，杭州：浙江大学出版社，2008年。

詹惠媛：《〈古今图书集成·经籍典〉体制研究》，新北：花木兰文化出版社，2009年。

张升：《〈永乐大典〉流传与辑佚研究》，北京：社会科学文献出版社，2010年。

罗国威：《六朝文学与六朝文献》，成都：巴蜀书社，2010年。

董志翘主撰：《〈经律异相〉整理与研究》，成都：巴蜀书社，2011年。

宫井里佳、本井牧子：《金藏论：本文と研究》，京都：临川书店，2011年。

酒井忠夫：《中国日用类书史の研究》，东京：国书刊行会，2011年。

雷敦渊：《隋代以前类书之研究》，新北：花木兰文化出版社，2011年。

郑阿财：《敦煌佛教文献与文学研究》，上海：上海古籍出版社，2011年。

韩建立：《〈艺文类聚〉纂修考论》，新北：花木兰文化出版社，2012年。

唐雯：《晏殊〈类要〉研究》，上海：上海古籍出版社，2012年。

吕季如：《〈古今图书集成·山川典〉山水版画研究》，新北：花木兰文化出版社，2012 年。

屈直敏：《敦煌文献与中古教育》，兰州：甘肃教育出版社，2013 年。

尤陈俊：《法律知识的文字传播：明清日用类书与社会日常生活》，上海：上海人民出版社，2013 年。

张澜：《中国古代类书的文学观念：〈事文类聚翰墨全书〉与〈古今图书集成〉》，北京：九州出版社，2013 年。

曾礼军：《宗教文化视阈下的〈太平广记〉研究》，北京：中国社会科学出版社，2013 年。

李玲玲：《〈初学记〉引经考》，北京：中国社会科学出版社，2013 年。

张围东：《宋四大书编纂出版与流传》，台北：渤海堂出版，2013 年。

余欣：《敦煌的博物学世界》，兰州：甘肃教育出版社，2013 年。

韩建立：《〈艺文类聚〉编撰研究》，长春：吉林文史出版社，2014 年。

刘天振：《明代类书体小说集研究》，北京：中国社会科学出版社，2014 年。

吴福秀：《〈法苑珠林〉分类思想研究》，北京：社会科学文献出版社，2014 年。

大渊贵之：《唐代敕撰类书初探》，东京：研文出版，2014 年。

刘安志：《新资料与中古文史论稿》，上海：上海古籍出版社，2014 年。

全建平：《宋元民间交际应用类书探微》，北京：中国社会科学出版社，2015 年。

王珂：《〈宋史·艺文志·类事类〉研究》，杭州：浙江大学出版社，2015 年。

李华伟：《〈法苑珠林〉研究》，北京：中国社会科学出版社，2015 年。

孙猛：《日本国见在书目录详考》，上海：上海古籍出版社，2015 年。

杜希德著，黄宝华译：《唐代官修史籍考》，上海：上海古籍出版社，2015 年。

丁治民：《〈永乐大典〉小学书辑佚与研究》，北京：商务印书馆，2015 年。

崔伟：《〈永乐大典〉本江苏佚志研究》，新北：花木兰文化出版社，2015 年。

彼得·伯克著，陈志宏、王婉旎译：《知识社会史：从古登堡到狄德罗》，杭州：浙江大学出版社，2016 年。

周生杰：《〈太平御览〉史话》，北京：国家图书馆出版社，2016 年。

程乐松：《中古道教类书与道教思想》，北京：宗教文化出版社，2017 年。

郭醒：《艺文类聚研究》，沈阳：辽海出版社，2017 年。

刘全波：《类书研究通论》，兰州：甘肃文化出版社，2018 年。

刘全波：《魏晋南北朝类书编纂研究》，北京：民族出版社，2018 年。

刘全波：《唐代类书编纂研究》，新北：花木兰文化事业有限公司，2018 年。

何春根：《类书与中国古代小说研究》，南昌：江西人民出版社，2018 年。

王燕华：《中国古代类书史视域下的隋唐类书研究》，上海：上海人民出版社，2018 年。

韩建立：《〈艺文类聚〉选文研究暨篇目分体索引》，新北：花木兰文化事业有限公司，2018 年。

范发迪著，袁剑译：《知识帝国：清代在华的英国博物学家》，北京：中国人民大学出版社，2018 年。

项旋：《清代古今图书集成馆研究》，郑州：河南人民出版社，2019 年。

张升：《〈永乐大典〉流传与辑佚新考》，北京：社会科学文献出版社，2019 年。

韩建立：《文献学视域下的〈艺文类聚〉研究》，新北：花木兰文化事业有限公司，2019 年。

高天霞：《敦煌写本〈籯金〉系类书整理与研究》，北京：中国社会科学出版社，2020 年。

郭正宜：《晚明日用类书劝谕思想研究》，新北：花木兰文化事业有限公司，2020 年。

刘全波：《类书研究合集》，新北：花木兰文化事业有限公司，2020 年。

王金娥：《敦煌写本蒙书十种校释》，北京：中国社会科学出版社，2020 年。

张升：《永乐大典流传与辑佚研究》，北京：北京师范大学出版社，2021 年。

耿彬：《敦煌写本类书〈应机抄〉研究》，北京：中国社会科学出版社，2021 年。

王京州、周生杰主编：《采玉群山：类书与文学关系论集》，扬州：广陵书社，2021 年。

钱汝平：《日藏宋刻释氏六帖研究》，上海：上海交通大学出版社，2021 年。

简意娟:《〈经律异相〉故事研究》，新北：花木兰文化事业有限公司，2021 年。

王三庆:《敦煌蒙书校释与研究·语对卷》，北京：文物出版社，2022 年。

杜新豪:《农桑本务：明代中后期日用类书中的农学知识》，济南：山东科学技术出版社，2023 年。

唐雯:《金匮探赜——唐宋文献丛考》，上海：上海古籍出版社，2023 年。

任占鹏:《敦煌蒙书校释与研究·习字卷》，北京：文物出版社，2023 年。

贾慧如:《元代类书研究》，北京：人民出版社，2023 年。

后 记

　　这本书本来是没有准备后记的，但是在校稿即将结束时，正好余出了空白页码，感觉还是有必要对整本书做一些补充说明，所以就把最近写在其他文章中的结语，本来要发表却被嫌弃文字太多而删掉的部分文字挪到了这里，这是我自己关于中国古代类书编纂史、发展史的小总结，也不一定准确，供大家批评。

　　《皇览》开创了一个新的图书编纂模式，也被后人追奉为"类书之祖"，《皇览》之后出现了千余种各式类书，这个庞大的文献家族竟然占据了《四库全书》的十分之一。从魏文帝曹丕敕纂《皇览》以来，类书的编纂与正史的修撰一样受到历代帝王的重视，逐渐成为一个王朝的文化工程，甚至成为一个王朝文治兴盛与否的标志。从梁武帝到隋炀帝，从唐太宗到武则天，从宋太宗到明成祖，从康熙到雍正，皆组织当时的文人墨客编纂类书，于是一部部皇皇巨著应时而出，《四部要略》《华林遍略》《修文殿御览》《长洲玉镜》《艺文类聚》《文思博要》《三教珠英》《初学记》《太平御览》《册府元龟》《永乐大典》《古今图书集成》《渊鉴类函》等就是代表，那些古代的博学之士，如王象、缪袭、沈约、萧琛、刘杳、刘孝标、颜之推、虞世南、欧阳询、高士廉、房玄龄、魏征、岑文本、李峤、张说、徐坚、刘知几、白居易、李商隐、李昉、晏殊、吴淑、秦观、吕祖谦、解缙、陈梦雷等，多编纂过类书。任何一部优秀的类书都是一个时代知识的总结，宇宙的、国家的、历史的、动物的、植物的乃至日常生活的知识都被网罗搜集，且分门别类、清晰而整齐的排列组合在一起，一展卷，天下万事万物尽在于此，册府之巨观，群书之渊海，这就为读书人积累知识、开拓视野提供了极大的便利，也正因如此，"肴馔经史""渔猎子集"的类书才被一代代读书人所重视、认可，并不断编纂成新的类书以实现类书的新陈代谢。

《皇览》之后的类书之间，明显是有因袭、替代关系的，《史林》《四部要略》是《皇览》之流，《四部要略》有可能就是《皇览》的翻版，《寿光书苑》的编纂又受到了《四部要略》的影响，《华林遍略》是《寿光书苑》与《类苑》的结晶，《修文殿御览》则直接剿袭《华林遍略》，《长洲玉镜》亦是受到了《华林遍略》的影响，而参与编纂《修文殿御览》的诸葛颖、王劭等人，又参与编纂了《长洲玉镜》，如此种种，可见整个魏晋南北朝时期的类书编纂不曾断裂一点。《文思博要》的编纂者多是由隋入唐的重臣、老臣，他们必然也无法脱离整个时代的发展潮流，而他们选择的类书编纂体例，完美地展现了他们的思想，他们没有采用《艺文类聚》所开创的新体例，而是延续了从《皇览》直至《长洲玉镜》的旧体例，《三教珠英》更是直接剿袭《文思博要》，但是作为后来者，他们也的确做了诸多努力，最直观的努力就是他们在他们的时代，将类书的卷帙推向新的高峰，1200 卷的《文思博要》、1300 卷的《三教珠英》，皆是不容置疑的极致，此后几百年也无人能超越。唐高宗时代夹在中间，但是通过多部官修类书的涌现，我们认为此时期绝不是类书编纂的低谷，《东殿新书》《累璧》《瑶山玉彩》《碧玉芳林》《玉藻琼林》《策府》皆是极其有特点的官修类书，只可惜他们皆散佚殆尽，故我们不能知道他们的面貌，我们猜测他们的编纂质量不会很差，因为类书发展至此，如果还是编纂出一部"殆同书抄"的类书来，是交不了差的，是不容于时代潮流的，所以我们认为唐高宗时代的类书编纂，必然是在某些方面展现了鲜明特色的，尤其是专门化、个性化方面。

《太平御览》是整部流传下来的官修大类书，其价值不容置疑，与其说《太平御览》是因袭《修文殿御览》而来，不如说是因袭唐代类书而来，北宋初年《修文殿御览》存世与否，其实不好判断，但是唐代编纂的诸大类书应是更容易见到，唐代诸大类书应该更是《太平御览》必须参考的经典。《册府元龟》是专门性更强的类书，编纂内容的专门化取向，是他与《太平御览》不同的地方，也是他的故意而为，这就是类书编纂的全面性、综合性与专门化、个性化之区别，如此也就造就了一部专门性更强的《册府元龟》，他的史鉴意义也就更大，唐高宗时代编纂的第一部大类书是《东殿新书》，也是抄撮史部文献而成，唐高宗其实并不满意，但是仍然为《东殿新书》做了序，藏于秘府，几百年后，同样性质的《册府元龟》成功胜出，既可见类书编纂之延续与发展，更可见类书编纂的创新与因袭。

《永乐大典》是不是类书？很多人会产生疑惑，细看文字，粗看体例，分析对比，很显然，《永乐大典》在某些方面的确与上文我们所说的唐宋经典类书的经典体例有诸多不同，但是可以说，甚至是毫无质疑地说，《永乐大典》仍然是类书，将之视作类书若有疑惑，将之不视作类书更是难以接受，类书是知识性的资料汇编，类书是博物观念与知识主义扩展的结果，《永乐大典》更是知识无限扩张的结果。明成祖朱棣与解缙为了超越古今类书，也为了超越历代君臣，对《永乐大典》的编纂提出了包括乾坤、贯通今古、本末精粗、粲然备列的宏大目标，然会把类书编纂引向极端，就像一个胖子，仍然感觉自己不够胖，于是把自己变成了超级胖子，《永乐大典》为了无所不包、囊括古今天地，于是把自己变成了更高级的胖子，但是分析《永乐大典》之内容，又处处可见中国类书编纂史、中国类书发展史上留下的种种痕迹，故《永乐大典》仍然是中国古代类书这个大树上的果子，只不过是一个超级大并且有点与众不同或是异化了的果子。《古今图书集成》的体例就是比较严谨的，他也有很多创新，更有诸多变化，他虽然也在知识搜罗上追求极致，但是他还是极其严格地限制了枝蔓的滋长，规规矩矩之中开展突破与创新，完成了清代类书编纂的集大成之作。《永乐大典》则是任由枝蔓肆意生长，也就导致了篇章结构的不均衡，知识的无限扩展也使得《永乐大典》看起来不像类书，这是主持类书编纂者的主观意志所决定的，这也是类书编纂时代背景不同所导致的，更与类书编纂主持人的学识、眼界、性格、志趣息息相关。

总之，类书编纂是很复杂的任务，在没有底本可参考的情况下，原创一部极其高水平的类书是需要多年积累的，而官修类书在成于众人之手，编纂时间也很短的情况下，其必然要有底本可参考，而对前朝类书的因袭与替代就是常事，不然难于成书。当然，历代类书的编纂者也不是无原则地剿袭，他们的学问与志趣，我们还是要认可与信赖的，他们必然是在原有底本的基础上进行了新的探索，完成了他们的时代使命，在他们的时代，萃取了诸底本之精华，而又编纂出一部部推陈出新、与众不同的新作。

2024 年 12 月 4 日

刘全波于衡山堂 201 教室